박정희와 김대중의 대화

우리들의 자화상

박정희와 김대중의 대화

우리들의 자화상

류상영 지음

논형

우리들의 자화상, 『박정희와 김대중의 대화』

시간의 흐름에 인간의 의지와 행위가 더해질 때 그 시간은 역사가 된다. 인간이 역사를 만들기도 하고 역사가 인간을 만들기도 한다. 수많은 인간이 서로 부딪히고 어울려 사회를 형성한다. 우리가 살아온 한국 사회와 역사는 격정과 소용돌이의 연속이었다. 하지만, 시간이 흐르면서 우리는 마음의 여유를 갖게 되고 역사가 주는 지혜를 발견하게 된다. 박정희와 김대중은 험하게 요동치던 한국현대사의 한복판에서 살아냈다. 그들이 역사를 만들기도 하고 역사가 그들을 만들기도 하였다.

　박정희와 김대중은 한국현대사에 매우 큰 족적을 남겼다. 빛도 있고 그림자도 있으며, 자산도 있고 부채도 있다. 그들의 족적은 한국 사회와 역사에 유전자처럼 남아서 오늘도 우리와 같이 살아가고 있다고 해도 과언이 아니다. 김대중과 박정희는 한국현대사와 우리 사회의 자화상이다. 박정희는 경제성장을 통하여 한국을 가난에서 구해낸 인물로, 김대중은 민주화 투사로서 한국을 독재에서 구해낸 인물로 불린다. 그만큼 그들이 걸어온 길과 생각, 철학, 전략, 그리고 역사적 역할과 의미는 다를 수밖에 없다. 그 점에서 이두 인물에 대한 해석과 평가가 극명히 나뉘고, 여전히 대결적 논쟁으로 치닫는 것은 어쩌면 당연한 현상일 수 있겠다. 정치세력, 세대, 지역, 대상 부문, 이론적 시각에 따라, 그리고 정치의 계절이 바뀔 때마다 이 두 인물에 대한 한국 사회의 눈은 크게 갈라지고, 대화와 토론이 아닌 정치적 공방으로 번진 것이 사실이다. 하지만, 한국 사회는 오랫동안 박정희와 김대중을 지금 각자가 처한 위치, 시각, 필요에 따라 너무 쉽고 편협하게 재단하고 평가하고 사용하고 동원한 것은 아니었는지 자문해 볼 필요가 있다. 후세들이 자신들의 필요에 따라 박정희와 김대중을 놓아주지 않았던 것은 아닌지 반문해 본다. 다행히도, 그동안 자주 들어온 두 인물에 대한 극단적이거나 일방적인 찬양과 비난의 목소리는 조금씩 잦아들고 있는 것 같다. 두 주역이 혼신을 다해 일구어 놓은 경제성장과 민주주의의 풍요와 자유 속에서 이제 우리는 마음의 여유를 갖고 역사가 주는 지혜를 발견하고 되새겨 볼 수 있는 단계에 와 있는 것이 아닐까. 그들이 산 시대와 그들이 꿈꾸고 고민한 세상, 그리고 고단하고 거친 역사의 현장에 모든 것을 내던진 그들의 삶의 방식을 우리들은 제대로 읽고 있는 것일까? 그리고 정작 김대중과 박정희 본인은 과연 현재 자신들을 바라보는 우리들의 모습과 인식을 어떻게 생각할까? 우리들에게 무언가를 말하고 싶은 것이 있는 것은 아닐까? 한국 사회와 역사에 관심이 있는 이라면 누구든 궁금하리라고 본다.

이 책은 박정희와 김대중, 김대중과 박정희, 이 두 인물이 산 시대와 고민한 세상, 그리고 서로 부딪힌 역사적 현장에 대해 자신들의 생각과 언어로 질문하고 대답하고 소회를 밝히는 대화이다. 이미 고인이 된 두 분이 만나서 대화하는 것이기 때문에 형식은 가상이고 구름 위의 정담이지만, 내용은 철저히 역사적인 기록과 자료에 기초하고 있다. 이 대화는 박정희와 김대중이 남긴 연설문, 일기, 시, 서신, 구술, 기자회견, 자서전, 저서, 국내외의 외교문서,

평전, 기타 발언과 사료, 그들의 가족과 측근 등 직접적인 관계에 있던 사람들의 회고록과 기록, 그리고 일부 연구 서적 등을 기반으로 이루어진 것이다. 때로는 격정적인 비판과 반론이 이어지고 때로는 역지사지의 입장에서 서로 이해하고 동병상련하는 장면이 나온다. 필자는 역사적 사실과 맥락에 충실하면서 그들이 걸어온 길과 그들의 생각을, 그들의 시대와 그들의 시각에서 그리고 그들다운 분위기에서 각자의 언어와 논리로, 차분하고 생생하게 소개하고 묘사하고 재구성하고자 노력했다. 그동안 한국현대사에는 대립된 시각에 매몰된 정치적 공방이나 연구의 부족에 의하여 사건의 실체를 제대로 파악하지 못했던 쟁점들이 많이 남아 있다. 두 인물이 서로 다가가지 못한 부분에 대하여는 필자가 억지로 그들을 다가서게 하거나 결론지으려 하지 않고, 그들의 대화를 지켜본 독자들의 상상이나 역사의 여백으로 남겨두었다.

이 대화는 두 인물에 대한 필자의 몇 가지 지적 호기심과 역사적 상상력에서 시작되었다. 시대를 앞서간 두 지도자는 각각 자신과 그 시대 및 역사를 어떻게 읽었을까? 두 인물이 서거한 지 오랜 시간이 지난 만큼, 우리 사회가 두 인물을 좀 더 객관화하여 여유롭게 볼 수 있는 시간적·공간적 여건은 어느 정도 마련되었다. 박정희와 김대중은 자신의 인생을 어떻게 생각하고 있을까? 그들은 역사와 부딪히면서 어떤 관점과 전략을 가졌을까? 두 인물은 많은 역사적 현장에서 무엇을 생각했고 어떻게 살아갔을까? 그들은 현재의 한국 사회를 어떻게 보고 있을까? 필자는 두 인물의 대화를 통하여 한국현대사의 주요 장면들과 그 역사적 맥락을 추적해보고, 그들의 인간적 고뇌와 철학적 논쟁 그리고 그들의 역사적 역할을 재조명해보고자 하였다. 이 대화는 박정희와 김대중을 대통령이나 정치인보다는, 한국현대사를 만들고 그 역할을 다한 인간이자 역사적 인물로 접근하고자 했다. 요즘 흔히 사용되는 정치 혹은 정치인이라는 단어가 담아내기에는 두 인물의 삶이 너무 치열했고, 그 시대가 주는 역사적 무게감이 너무 컸기 때문이다. 또한, 두 인물이 남긴 정치적 자산은 이미 고갈되었지만, 역사적 자산은 사라질 수도 없다. 우리가 이를 어떻게 읽어 내느냐에 따라 그들이 남긴 역사적 자산은 더 커질 것이라는 게 필자의 판단이다.

『박정희와 김대중의 대화: 우리들의 자화상』은 전체 네 부분으로 구성되어 있다. 제1부는 나는 누구인가?라는 질문을 두고 두 인물이 인간적 대화를 나눈다. 여기에는 어머니, 기쁨과 슬픔, 정치와 권력, 눈물, 생사관과 유언 등 그들의 인생에 대한 담담한 인간적 대화와 성찰이 담겨 있다. 아무리 격동기를 헤쳐나온 인물들이라 해도, 그들 역시 연약한 인간이었고 거센 파도에 휩쓸린 한 개인이었다. 제2부에서는 사회와 역사를 어떻게 볼 것인가?라는 질문 아래 그들의 관점과 전략에 대한 철학적 대화가 진행된다. 인간, 사회, 역사, 경제성장, 민주주의, 민족과 민족주의 등에 대하여 그들 나름의 관점과 전략을 논리적으로 토론한다. 그들이 평생 보여주었던 철저한 삶의 방식과 전략적 선택들은 일관된 철학적 논리와 정치적 신념 없이는 불가능했을 것이다. 제3부에서는 김대중과 박정희가 얽히고 설키며 연출한 주요 역사적 현장과 사건들에 대한 대화가 펼쳐진다. 한국전쟁에서부터 10·26까지 어느 것 하나 쉽지 않았던 숨 막히는 역사적 현장과 순간들에 대한 그들의 격정적인 논쟁과 해석, 그리고 상호 이해의 장면들이 등장한다. 여기서는 주요 사건의 전말을 소개하거나 밝히는 것이 목적이 아니다. 두 인물이 같은 사건과 현장을 어떻게 생각했는지 그 인식과 이해의 접점들을 발견할 수 있을 것이다. 박정희와 김대중이 서로 다가서지 못하는 현장도 남아 있지만, 서로의 이견을 확인하고 대화한 것만으로도 이해의 폭이 넓어지고 상생의 꽃으로 피어날 수 있을 것이다. 마지막으로 〈에필로그 1〉에서 김대중과 박정희는 대화를 마친 후 잠시 차를 마시며 청년기와 청춘에 관한 이야기를 나누게 된다. 그들은 고뇌에 찬 청년기를 보냈지만, 누구보다도 혁신적인 사고와 행동을 한 젊은 청년이었다. 그들이 오늘 한국에서 살아가고 있는 청년과 나누는 대화가 현재 우리 사회에 어떤 반향을 주게 될지 흥미롭고 기대된다.

필자는 오랫동안 박정희와 김대중, 그리고 한국현대사에 대하여 관심을 가져왔고, 국내외에 많은 연구 결과를 발표해 왔다. 역사적 사실과 이론적 분석을 어떻게 결합시켜 나갈 것인지가 필자의 학자로서의 주요 과제다. 1995년에 완성한 박사학위 논문은 포항제철의 성공 요인에 관한 연구였다. 이 논문은 박정희와 그의 경제정책에 관한 정치경제학적 사례 연구라 할 수 있다. 이 연구를 위하여 1995년 1월, 김영삼 정부하에서 사실상 동경에 유배되어 있던 박태준 포항제철 회장을 찾아가 장시간에 걸쳐 인터뷰를 한 적이 있다. 이 인터뷰에는 포항제철 건설 과정에서 박태준 회장이 박정희 대통령과 함께 한 일화가 많이 담겼다. 그리고 1996년 4월, 필자가 삼성경제연구소에 재직하던 중 한국정치학회 월례 학술회의 라운드 테이블에서 "박정희(시대) 연구: 쟁점과 과제"라는 제목의 기조 발제를 한 적이 있다. 당시 다수의 주요 논객들이 토론자로 참여하여 뜨거운 논쟁이 전개되었고, 토론의 요지는 『한겨레신문』(1996년 4월 2일)에 소개되었다. 아마도 이때가 박정희와 그의 시대에 관하여 국내 학계에서 본격적인 학술 논쟁이 시작된 시점이 아닌가 생각된다. 박정희와 그의 시대를 학문적 연구영역으로 가져오려는 시도의 하나였다. 다른 한편, 필자는 2004년부터 2009년까지 연세대학교 김대중도서관의 관장으로서 도서관의 전시실을 개관하였고 국내외로부터 많은 사료를 발굴 수집하였다. 그리고 김대중 대통령과 40여 회에 걸친 인터뷰를 중심으로 방대한 〈김대중 구술사 컬렉션〉을 구축하였다. 이어 수집된 사료를 바탕으로 김대중 연구를 위한 첫 작업으로서 『김대중 연보, 1924-2009』, 『김대중 저작목록집』, 『김대중 전집 I』 등을 대표 집필하고 발간하였다. 2007년 5월 29일 오후, 김대중 구술사 인터뷰 제1부의 마지막 회인 제35차 녹화를 마친 자리에서 환하게 웃으시면서 "류 관장이 나를 깨를 벗기네, 그래야제!"라고 말씀하시며 기록의 중요성을 강조하시던 모습이 선하다.

필자는 이 책을 준비하면서 아내와 함께 목포와 구미를 다녀왔다. 하의도에 있는 김대중 대통령의 생가는 오래전에 탐방한 적이 있었고 이번에는 목포에 있는 〈김대중 노벨평화상 기념관〉을 둘러보았다. 구미의 박정희 대통령 생가를 둘러 보았고 〈박정희 대통령 역사자료관〉을 탐방하였다. 김대중의 어렸을 적 추억이 서려 있고 1967년 제7대 총선 유세에서 관권선거를 고발하면서 "유달산이여! 너에게 넋이 있으면, 이 김대중이를 보호해 달라"고 외쳤던 유달산도 올라 보았다. 박정희가 어릴 적 꿈을 키웠고, 1960년 12월 대구 제2군 부사령관으로 좌천된 후 5·16에 대한 결의를 다졌던 금오산에도 올라 보았다. 박정희는 1961년 4월 18일 거사에 대한 자신의 결의를 담은 「국민에게」와 「향토 선배에게」라는 시를 남겼다. 동교동의 〈연세대학교 김대중도서관〉은 필자가 모든 사료를 기증해 주신 김대중 대통령 내외분의 적극적인 협력과 성원으로 전시실을 개관하고 사료와 연구 작업을 한 곳이다. 상암동의 〈박정희 대통령 기념도서관〉도 다시 방문하여 전시실과 사료실을 살펴보았다. 잊었던 장면과 기억을 되살리고 두 인물이 걸었던 역사의 발자취를 다시 밟아보는 기회가 되었다. 무엇보다도 두 곳을 방문하는 다양한 사람들의 발길과 마음을 지켜볼 수 있었다. 젊은 세대의 방문도 꽤 많이 눈에 들어왔다. 필자는 한국정치 관련 강의에서 한국인, 외국인 수강생에게 상암동의 〈박정희 대통령 기념도서관〉과 동교동의 〈연세대학교 김대중도서관〉을 둘러보고 간단한 소감을 적는 보고서를 제출하도록 하였다. 세계 각국에서 한국으로 유학 온 많은 외국인 학생의 절반은 경제성장에, 절반은 민주화에 관심이 있다고 대답한다. 필자는 시간이 흐르면서 후세들의 마음에 향수도 강해지지만, 더 여유로운 마음과 열린 눈으로 두 인물을 만나는 모습을 확인할 수 있었다. 두 곳 모두 그 시대를 누린 사람보다 그 시대를 살기 위해 더 고생하고 땀 흘린 이들의 발길이 많다는 것을 확인할 수 있었다. 그 사람들이 더 진솔하게 두 인물과 역사적 숨결을 같이 하고 있음도 느낄 수 있었다. 구미의 박정희 대통령 생가 옆에 2011년 11월에 세워진 동상 뒤 벽면에 기증자들의 명단이 길게 새겨져 있다. 박정희 대통령을 자주 내세우던 인사들의 이름은 거의 보이지 않고 대부분 그 시대를 함께한 민초들의 이름이 더 많았다. 2013년 6월 개관한 목포의 〈김대중 노벨평화상 기념관〉에서는 "유명 정치인들은 우르르 몰려와 사진만 찍고 싹 빠져나간다"는 한 직원의 푸념이 씁쓸히 귓전을 스쳐 갔다.

필자는 이 책을 준비하면서 학자로서의 호기심 외에도 살아가면서 개인적으로 품고 있던 몇 가지 단상을 다시 떠올리게 되었다. 필자의 아버지는 1923년생으로 박정희 시대에 평생 농촌의 공무원으로 사시면서 조국 근대화에 일조한 것을 자랑으로 생각하시고 박정희 대통령을 존경한 분이셨다. 형들은 대학 시절에 1980년 광주항쟁을 겪었고 김대중 시대를 살아가면서 그의 민주화 투쟁을 지지하고 동참하였다. 필자는 대학원 시절에 1987년 6월 민주항쟁을 경험했고 2016년 촛불시위에 참여했다. 대한민국의 어느 가족사에서나 있을 듯한 세대별 역사 흐름과 시대의 진화가 필자의 가족사에도 그대로 배어있다. 필자는 일제강점기와 한국전쟁, 그리고 가난하고 어려운 시절에 가족을 지켜내고 시대를 헤쳐 나가려 무척이나 애쓰신 아버지의 삶의 방식과 생각을 존중하고 연민을 느끼며 이해하게 된다. 그리고 민주화의 파도에 함께 한 형들의 생각과 경험에 동감하며 자부심을 느낀다. 필자가 이 책을 발간하는 데는 아버지 세대와 형 세대 그리고 다음 세대의 시대정신과 역사 흐름이 한 가족사에는 어떻게 투영되는지를 음미해보고자 하는 개인적인 관심도 작용하였다.

　　이 두 인물을 연구하면서 항상 사료에 기초하여 객관적인 사실을 엄격하고 생생하게 읽어내되, 정제된 표현으로 차분하게 묘사하고자 노력하였다. 학자로서 자칫 빠지기 쉬운 이론적 오만이나 성급한 주장을 경계하면서, 역사적 인물과 그 시대가 가진 무게와 도도함에 겸손함과 긴장감을 유지하고자 하였다. 평소 필자는 해석에 앞서 있는 그대로를 묘사하고자 하였다. 또 결론에 앞서 많은 사건과 현상에 대한 차분한 자료 천착과 사실 규명에 힘쓰고자 하였다. 김대중과 박정희, 그리고 그들의 역사와 시대는 필자에게 항상 지적 희열을 주고 끊임없이 연구 아젠더를 발굴하게 해 준 역사 연구의 화수분과 같은 것이었다. 물론 한국현대사에 인연이 있거나 박정희와 김대중에 관심을 가진 사람이라면 누구나 역사가 주는 메시지와 지혜를 찾아 기행하게 되고 여러 교차되는 감정을 느끼면서 지적 갈증을 풀어나갈 것이라 생각한다.

필자는 이 대화를 진행하면서 몇 가지 의미 있는 현상을 확인할 수 있었다. 첫째, 인간과 사회는 대체로 역사발전의 단계에 맞추어 움직이고 특정 시기의 역사는 그때의 눈으로 볼 때 더 잘 이해할 수 있다는 점이다. 2011년 12월 북한 지도자의 서거에 울부짖던 평양의 모습이 납득되지 않았지만, 1979년 10월 남한 지도자가 서거한 서울의 모습도 별반 다르지 않았다. 1960년대 초 박정희와 김대중은 모두 농업 중시의 내포적 공업화 전략을 주장한 바 있다. 이는, 발전전략을 위한 담론에서 두 인물의 상이한 정책 노선보다, 당시의 경제현실과 발전수준이 더 강하게 반영된 결과라 할 수 있다. 또한, 1970년 11월 분신한 전태일이 "소자된 도리"로써 "국부"에게 남긴 「대통령에 보내는 탄원서」 내용은 우리에게 역사발전의 지난한 행로를 보여주는 것 같다. 둘째, 당시 지도자들의 생각이나 국민의 의식 속에는 확실히 규정하기는 어렵지만 쉽게 변하지 않는 한국 고유의 문화적 맥락이나 유교적 요인이 잠재되어 있었음을 부인하기 힘들 듯하다. 지도자가 갖는 가부장적 리더십과 애민의식, 나부터 잘해야 한다는 소명감과 자기규율, 그리고 이를 수용하고 따르는 대다수 국민의 애국심과 헌신 등은 어느 하나의 이론으로 간단히 분석하기 힘든 현상들이다. 경제위기 당시 전개된 금 모으기 운동도 한국에서만 가능한 사회적 현상 아니었을까. 김대중은 자서전 몇 군데에서 "박정희 씨가 운이 좋았다"라고 회고한 바 있는데, 아마도 그가 말한 운은 유교적 맥락과 발전의 수준이 결합된 결과를 지칭하는 것은 아닌지 모르겠다.

역사에는 맥락이 중요하다. 맥락을 무시한 채 인간의 행위와 역사의 구조가 상호작용하는 현장과 사건을 제대로 파악해내기는 힘들다. 필자는 이 대화를 진행하면서 다양한 역사적 맥락을 찾아 연결해 보려고 노력하였다. 관련 개별적 기록과 사건은 있으나 이 두 인물의 직접적인 연결점이 누락된 부분에 대해서는 가족이나 측근 등의 자료를 통해 보강하고자 하였다. 일부러 혹은 기회가 없어 직접 언급하지 못했을 가능성이 있어 보이는 부분에 대해서는 약간의 역사적 상상력을 발휘하여 논리적으로 보강하였다. 하지만, 필자가 덧붙인 이 맥락은 독자의 이해를 돕는 차원에 그쳤다는 점을 미리 밝히고자 한다.

필자는 이 대화에서 발견한 다음의 몇 가지 역사적 장면과 사실에 얽혀있는 맥락을 매우 흥미롭게 느꼈다. 첫째, 1961년 집권한 직후 박정희는 그의 책에서 "도둑맞은 폐가를 인수한 것"과 같다고 개탄했고, 취임 전 1998년 1월 18일 국민과의 대화에서 김대중은 "금고가 비었습디다"라며 한탄했다. 이 두 장면은 새로운 집권자가 갖는 단순한 울분이 아닌 당시 한국이 처해 있던 경제사적 맥락과 지도자의 고뇌를 보여주고 있다. 둘째, 1964년 12월 10일 박정희는 독일 함보른 탄광을 방문하여 한국에서 온 광부와 간호사를 만나 연설하면서 모두 함께 눈물을 훔쳤다. 1998년 2월 25일 김대중은 대통령 취임식 연설에서 국민에게 닥쳐올 더 큰 고통을 생각하면서 울먹거리며 말을 잊지 못하였다. 이 두 눈물은 시간과 장소는 달랐지만, 당시 한국의 어려웠던 현실과 두 지도자가 느낀 인간적 고뇌와 무거운 책임감을 담고 있지 않았을까. 셋째, 박정희는 집권한 후 1960년 4·19 혁명을 촉발한 김주열 열사의 어머니 권찬주 여사에게 서대문에 거처할 집을 마련해 주었다. 김대중은 1970년 11월 분신한 전태일 열사의 어머니 이소선 여사에게 사건 얼마 후 동대문 근처에 거처를 마련해 주었다. 이 사실은 한국현대사와 두 인물의 행로를 따라가 보는 데에 매우 뜻깊은 맥락을 담고 있다. 넷째, 같은 장소에서 김대중이 연설한 지 일주일 후, 1971년 4월 25일 박정희는 밀집한 백만 군중 앞에서 자신의 장충단공원 연설을 마치고 내려오면서 보좌진에게 바로 휴전선은 이상 없냐고 물었고, 1979년 10월 28일 10·26 후 발표한 짧은 성명서의 첫 대목에서 김대중은 북한에게 오판하지 말라는 경고를 보냈다. 둘 다 국내정치 상황을 북한이 오판하거나 악용할 것을 우려했던 것으로, 그 정치적·역사적 맥락이 매우 흥미롭다.

이 책은 일종의 역사 연구에서의 크로스 오버다. 독자들이 역사적 현장에 더 쉽고 의미있게 다가갈 수 있는 길을 만들어 보고자 한 시도다. 필자는 이 책을 통해 박정희와 김대중이라는 두 개의 강과 산을 여행객이 편하게 넘나들 수 있도록 가교를 놓고 싶었다. 그리고 서로 다른 세대들이 한국현대사를 함께 기행할 수 있는 길을 넓히고 싶었다. 이 책은 사료와 사실에 기초하여 박정희와 김대중, 그리고 그들이 살아간 한국현대사의 주요 사건과 현장을 생생하게 묘사하고 있다. 다만 일반적인 학술 논문의 형태가 아니라 두 주인 공이 직접 만나 대화하는 형식으로 구성하였다. 역사를 만든 김대중과 박정희가 우리들의 역사기행에 안내자 역할을 하는 격이다. 그동안 김대중과 박정희는 각자 자기만의 이야기를 한 측면이 있었는데, 이번 대화에서는 서로 상대방에게 직접 묻고 답하며 상대방의 이야기를 경청함으로써 이해의 폭을 넓히고 공감하는 기회를 갖도록 하였다. 두 지도자가 직접 만나 대화하고 이해를 넓히는 마당에, 그동안 닫힌 대화에 그쳤던 한국 정치와 사회가 잃어버린 반쪽을 찾아 새로운 대화와 역사기행에 나설 것을 기대해 본다. 그것이 곧 박정희와 김대중이 우리에게 남긴 역사적 자산을 제대로 이해하고 키워나가는 길이 아닐까.

이 책이 나오기까지 항상 성원해 준 아내 구 순영, 딸 류 진과 알렉스 부부, 그리고 아들 류 현에게 고마움을 전한다. 필자가 지적으로 갈증을 느낄 때 항상 풍부한 독서량과 인문학적 지식으로 대화의 상대가 되어준 다섯째 형 유남영 변호사께 감사드린다. 마지막으로 20여 년 전 도쿄 게이오대학 앞 지하철역에서의 인연이 이 책의 출간으로 이어졌다. 도서출판 논형의 소재두 대표님께도 감사의 마음을 전한다.

2022년 8월

류상영

이 책의 독자를 위해

역사서로서의 엄밀함을 유지하면서도 독자의 이해를 돕는 차원에서 이 책의 집필과 편집에서 유지하고자 한 몇 가지 원칙과 방향을 밝혀두고자 한다.

① 역사적 인물의 호칭은 성함만으로 표기하는 게 일반적인 상식이나, 이 책에서 사회자는 두 인물의 최종 직위가 대통령이었기 때문에, '…대통령' 혹은 그냥 '두 분'으로 호칭하였다. 하지만, 역사 사료를 직접 인용한 부분에서는 그곳에서 사용된 호칭을 그대로 사용하였고, 두 분이 서로 대화하는 과정에서는 서로 '…씨'라는 호칭을 사용하였다.

② 두 분의 대화 중에 나오는 대부분의 문장이나 발언은 그들이 남긴 기록과 사료를 기초로 작성되었다. 필자가 해당 사료를 기초로 풀어 쓰거나 재구성해 놓은 부분은 직접 인용 표시를 생략하였다. 특히, 독자들이 편하게 읽어 나갈 수 있도록, 쟁점이 되지 않고 이미 널리 알려진 일반적 사실에 관련해서는, 너무 세세하게 출처나 주석을 다는 일은 피하고자 하였다. 하지만, 사료에서 가져온 부분이 꽤 길거나, 짧더라도 중요한 의미를 담고 있는 표현은 직접 인용 "…" 표시와 정확한 출처 및 간단한 주석을 달아 두었다.

③ 이 대화가 다루는 주요 시기와 사건은 두 인물이 같이 생존하여 활동
하였던 시기인 1979년까지이지만, 인간적 대화나 철학적 대화를 나
누는 부분에서는 다양한 맥락을 추적하고 연속적인 역사적 현상을 그
려낸다는 차원에서 그 이후 최근의 현상까지 포함하였다. 그리고 그
분석 수준이나 단위에서도 대중적 이해의 폭을 넓히기 위하여 너무
세세한 사실이나 복잡한 논리는 피하는 방향으로 조절하였다.

④ 박정희 시기와 김대중 시기에는 논쟁적인 수많은 역사적인 사건과 현
상들이 있다. 이 책은 두 분의 직간접적인 기록과 대화가 있는 사례만
으로 그 범위를 제한하였다. 박정희 시기에는 각종 인권유린의 어두
운 역사도 많아 이를 제외하고 총체적 해석을 하기는 쉽지 않다. 하지
만, 이 책은 박정희와 김대중이 주도적으로 얽혀 부딪히고 이에 대해
구체적으로 주고받은 말들이 있는 사건이나 현장만을 다루었다는 점
을 미리 밝히고자 한다. 이 책이 중요한 역사적 현장이나 사건에서 의
미있는 역할을 했던 많은 인물이나 조직을 충분히 언급하지 못한 점
에 대하여 미리 양해를 구하고자 한다.

⑤ 김대중은 놀랄 정도로 많은 기록을 남겼다. 그는 평생 독서를 즐겼고
오랫동안 직접 쓴 글이나 구술, 그리고 언론회견 등이 방대하다. 반면,
박정희는 그 생애 대부분이 최고 권력자였기 때문에 대부분 사료가
공적 기록이고 사적으로 남긴 자료는 상대적으로 많지 않은 편이다.
그만큼 그의 생각을 재구성하고 맥락을 파악하는 데는 주변 인물의
기록에 많이 의존할 수밖에 없었다. 따라서 이 책에서 필자가 박정희
의 말을 전달하는 데 박정희 본인의 기록과 함께 주변 인물의 기록, 그
리고 필자의 상상력이 조금 더 반영된 부분이 몇 군데 있음을 미리 밝
혀둔다.

⑥ 정확하고 엄격한 의미 전달과 생생한 역사적 현장감을 살리기 위하여, 두 인물의 대화를 뒷받침해줄 만한 당시의 발언이나 글을 선별하여 해당 대화의 뒷부분에 별도의 형식으로 편집하여 간단한 설명과 함께 원문을 그대로 덧붙여 놓았다. 직접 인용한 당시의 문건 부분은 문법이나 표현상 오류가 있더라도 원본의 의미를 살리기 위하여 그대로 적어 두었음을 밝힌다.

⑦ 해당 사건이나 자료를 더 자세히 추적해 보거나 역사적 맥락을 풍부히 찾아보는 데 도움이 되는 사항은 각주에 담았다. 자주 사용한 몇 가지 대표적 사료나 자료에 대해서는 학술적 형식이 아닌 간략한 형식으로 바꾸어 소개해 두었다. 같은 책이라도 여러 번 인쇄된 경우나 개정판이 나온 경우, 필자가 사용한 책의 인쇄 연도를 발행연도로 기재하였다.

⑧ 역사적 사건과 현장을 다루는 대화인 만큼, 언급되는 특정 사건에 대하여 되도록 더 정확하고 구체적인 일시와 장소를 적시하면서 대화가 진행되도록 하였다.

⑨ 역사의 현장감을 살리고 독자의 이해를 돕기 위하여 사건이나 현장을 담은 사진을 게재하였고, 맥락과 배경 등을 이해하는 데 도움이 될 수 있도록 주석을 달아 두었다. 때로는 한 장의 사진이 더 많은 이야기와 시대상을 말해 줄 수 있을 것이다.

| 차 례 |

인간적 대화

나는 누구인가?

사회자 오늘 이 자리에 흔쾌히 함께해 주신 박정희 대통령과 김대중 대통령 두 분께 감사드립니다. 오늘 두 분의 이 만남은 수많은 국민이 오랫동안 기다려온 것이지만 두 분께서도 내심 준비해 오신 것으로 알고 있습니다. 얼굴을 맞대고 대화를 나누고 싶어하신 두 분의 개인적 기대와 더불어 어쩌면 대내외적 도전과 갈등에 휩싸여 있는 조국의 현실과 낙관적일 수만은 없는 미래가 두 분을 이 자리로 이끌지 않았나 생각됩니다. 어쨌든 두 분의 대화는 한국 사회가 역사를 차분히 성찰해 보고 우리가 살고 있고 또 살아가야 할 현재와 미래의 문제를 잘 해결해 나갈 수 있도록 큰 지혜를 제공해 줄 것으로 기대가 큽니다.

우선 본격적인 대담에 앞서, 만일 이번과 같은 두 분의 대화가 1971년 대통령 선거를 앞두고 TV 토론 형식으로 진행되었더라면 어떠했을까 하는 상상을 잠시 해보게 되었습니다. 토론이 재미있었을까요? 토론은 누가 이겼을까요? 그리고 선거결과에는 어떤 영향을 미쳤을까요? 두 분의 생각은 어떻습니까?

박정희 아시다시피 말수가 적고 웅변에도 능숙하지 않습니다. 그러한 토론 형식을 즐기는 편도 아니고요. 사실 대중 앞에서는 수줍고 불안하기도 했어요. 김대중 씨는 참 열정적이고 웅변에도 뛰어난 40대의 야당 대선 후보였지요. 아마 대선 토론에서는 언변과 논리에 강한 김대중 씨가 이겼을 겁니다. 그렇다고 선거결과가 바뀌지는 않았을 것입니다. 부정선거라는 비판도 있었고 90여 만 표의 간발의 신승이라는 말도 있었지만, 당시 한국 경제의 시대적 과제와 국민의 기대는 여전히 나를 향하고 있었다고 생각합니다. 급속한 경제성장의 폐해도 나타나기 시작했음을 부인할 수 없으나, 대다수 국민은 한국경제가 가난에서 벗어나고 있음을 실감하고 있었고 그 추세를 나를 통해서 더 지속하고자 하는 소망이 여전히 강하게 남아 있었지요. 나 자신도 빵을 더키워야 하고 북한 김일성과의 체제 경쟁에서 이겨야 한다는 안보 위기감을 갖고 있었지요. 1972년에야 비로소 한국의 경제력이 북한과 비슷하게 된 사실을 다 아시지 않습니까. 재래식 군사력에서 한국이 북한을 따라잡기 시작한 것도 1982년 경이 되어서야 가능했어요. 김대중 씨가 제시한 참신하고 민주적인 공약들은 훌륭했지만 당시 한국정치가 수용하기에는 쉽지 않았다고 생각합니다. 선거결과가 나에게는 큰 위기로 다가왔지만, 경제성장의 추세를 더 지속하기 위하여 주변을 다잡는 계기가 되었습니다. 김대중 씨는 투쟁적이고 힘든 상대였지만, 시대를 앞서가고 있었지요. 우리 둘 사이의 본격적인 경쟁은 선거 이후부터 시작되었다고 볼 수도 있지 않나 생각합니다.

김대중　 아직도 장충단 공원에서 울려 퍼진 백만 군중의 함성을 잊을 수가 없습니다. 나는 한국 최초의 정책대결 선거를 위하여 많은 노력을 했습니다. 나의 선거운동을 반대하기 위하여 박정희 씨는 모든 수단을 다 동원했지요. 박정희 씨의 조직적인 전방위 방해를 극복하는 데 많이 힘들었어요. 장충단 공원으로 가는 무개차 위에서 선거에 이겼다고 생각했어요. 군중이 운집하여 차가 전진할 수 없어 걸어서 이동할 정도였으니까요. 나랑 무개차에 올랐던 양일동 통일당 당수는 "동생 선거는 끝났네"[1]하고 나를 격려했습니다. 유세에서 "박정희가 군부를 다시 동원할 빌미를 주지 않기 위해 모두 얌전히 집으로 돌아가고, 나중에 청와대에서 만나자"고 연설한 기억이 납니다. 지금 생각하면 너무 젊었던 것 같아요. 후에 박정희 씨는 무슨 수를 써서라도 더 많

---

[1]　김대중, 「김대중 구술사 인터뷰, 13차」, 2006년 12월 9일. 연세대 김대중도서관 소장.

은 사람을 동원할 것이니 너무 온건하게 대응하지 말라고 독려하던 강원룡 목사의 충고가 귓전에 남아 있습니다. 사실 박정희 씨는 선거 승리 후 남북대화 등 몇 가지 중요한 나의 공약을 정부 정책으로 가져갔어요. 그 어려운 게임에서 그만큼 표를 얻고 민주주의의 필요성을 널리 알린 것에 대해 뿌듯하게 생각합니다. 하지만 정권교체에 실패해 아쉬웠고 곧 유신체제로 치달은 박정희 씨가 안타까웠습니다.

사회자 1971년 대선 당시의 주요 장면들이 주마등처럼 스쳐 갑니다. 한국이 처해 있던 역사적 발전의 수준과 구조적 현실, 그리고 그 속에서 새로운 내일을 찾기 위한 두 분의 다른 인식과 전략이 부딪치고 상호작용해 가는 그 치열했던 정치의 장면들을 생생하게 기억하고 복원해 볼 수 있을 것 같습니다. 선명하게 표출된 역사의 큰 흐름과 인간들의 움직임은 두 분이 걸어온 전 인생의 역정에 반영되어 있고, 현재 한국의 역사적 사건이나 정치현장에도 유전자처럼 지속되고 있다고 생각됩니다. 두 분의 정치역정과 역할은 가장 뜨겁고 지속적인 논쟁의 소재가 되어 있습니다. 보는 시각에 따라 두 분은 최대의 정적으로서 경쟁의 한 시대를 연출했지만, 사회적·역사적 맥락의 산물로서 두 분 모두 의도하였든 그렇지 않았든, 그리고 예견하지도 못했지만 결국 시차를 둔 동행 내지는 합작의 역사를 만들어냈다는 해석도 가능하다고 봅니다.

어린 시절과 어머니

사회자 그럼, 오늘의 대화를 시작하도록 하겠습니다. 우선 두 분의 개인사를 중심으로 각자의 인생을 회고하고 인간적으로 서로 공감대를 넓히고 회포를 풀어보는 기회를 가져 보도록 하겠습니다. 여기 차려놓은 막걸리와 나물, 그리고 생선과 떡을 드시면서 이야기를 나누도록 하겠습니다. 두 분이 각각 평소에 즐겨하시던 음식이기에 옛날이야기로 돌아가는 데 도움이 될 것으로 생각됩니다. 우선 어린 시절을 간략히 회고해 주십시오.

박정희 일제하 1910년대 조선 농촌의 현실은 가난과 핍박 그 자체였어요. 나라를 빼앗기고 일제의 본격적인 수탈이 진행된 식민지 조국의 현실이 농촌은 더 심각했다고 봅니다. 1910년대는 일제가 조선총독부를 신설하였고 무단통치와 토지조사사업을 통해 조선 민족의 저항을 무력으로 누르고 토지를 법적으로 강탈하는 조치가 한창 진행되는 시기였어요. 내 고향은 겉으로는 평화로웠어요. 하지만 제국주의적 수탈의 고통이 고스란히 전달되던 제일 말단 지역이라고 볼 수 있지요. 이같은 시기에 나는 경상북도 선산군 구미면 상모리

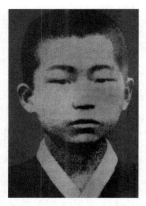

구미 공립보통학교 6학년 때 한복 교복 차림(1932년, 박정희 대통령기념관 홈페이지)

에서 1917년 11월 14일에 태어났습니다. 내가 태어난 동네는 몇 집을 제외하고는 여유가 없었고 우리 집이라고 다르지 않았어요. 끼니를 거르지는 않았지만 식구가 많은 편이었으니까요. 동네에 시계 있는 집이 한 집밖에 없을 정도였어요. 이십 리나 되는 먼 거리 등교를 위해 동트는 새벽에 서둘러 일어나야 했어요. 등교 도중 정기적으로 마주치는 우편배달부나 지나가는 기차가 어린 나에게는 시계였지요. 늦었다 싶으면 지각하지 않으려고 중간에 뛰어서 학교에 도착하기도 했고요. 당시 월사금 60전 마련이 힘들어 어머니^백_{남의}가 쌀 몇 되를 팔거나 계란 몇 개를 양말 주머니에 들고 가 학교 앞 일본인 문방구에서 돈으로 바꾸어 마련한 기억이 생생합니다.[2] 추운 겨울날 손발

---

2   박정희, 「나의 소년 시절」, 『월간 조선』, 1984년 5월호, pp.84-95.

이 꽁꽁 얼어도 결석하지 않으려고 무진장 애를 썼습니다. 하지만, 보통학교를 다니는 것만으로도 행운이었고 즐거워서 이 때는 우리 집이 별로 가난하다는 생각도 하지 않았어요. 봄 가을에 연도에 피어있는 꽃이나 풍경을 보면서 다니던 등교길은 늘 재미있었어요. 나는 체구도 작고 허약한 체질인데도 열심히 학교를 다녔고 공부도 잘 했습니다. 구미보통학교에서 1등을 여러 번 했고, 3학년부터는 급장도 했습니다. 내가 지금 생각해도 이 때부터 나름의 자기규율도 만들고 야무진 모범생이었던 것 같아요.

김대중 　농촌이 아니라 섬에서 태어나 어린 시절을 보냈어요. 일제의 식민통치가 주는 고통이야 전국 방방곡곡 어느 한 곳 예외가 있었겠습니까. 다만, 내가 태어난 시기는 1919년 3·1 운동이 발생한 이후로 일제가 무단통치를 동화정책으로 전환하던 때입니다. 무력으로 억압하는 데 한계를 느낀 일제는 이른바 문화정책이라는 이름하에 다양한 미디어를 통해 조선 민족을 문화적으로 동화시키고 일본의 제국주의를 근대성이라는 이름으로 합리화하려고 노력한 시기였

목포제일 공립보통학교 때 한복 교복금지후 '국민복' 차림(1937년, 김대중도서관 제공)

다고 봅니다. 1924년 1월 8일 전라남도 무안군 하의면 후광리에서 태어났습니다. 하의도는 상당히 넓고 염전과 어업, 농사 등으로 그렇게 가난한 섬은 아니었어요. 우리 집도 농사를 지었어요. 그리고 아버지김운식가 동네에서 하나뿐인 주낙배를 가지고 있어서 농한기에는 마을 사람들과 고기잡이를 했어요. 아버지는 소리를 좋아하셨는데, 당시 하의도에서 하나 뿐인 축음기를 가지고 있어서 동네 어른들에게 소리를 틀어드리고는 했어요. 아버지가 구장을 맡았기에 조선어 신문인 매일신보가 배달되었는데, 어려서부터 신문 읽기를 좋아했고 특히 정치면은 더 열심히 읽었던 것으로 기억합니다. 하의도

에 초등학교가 생기기 전 초암 선생의 덕봉서당에서 천자문, 사자소학 등 한학을 배웠고, 열 살 때 신설된 하의보통학교에 2학년으로 편입했는데, 공부가 재미있고 좋았습니다. 잘 외웠고 문과 과목이 적성에 맞았던 것 같고, 특히 역사과목에 흥미를 느꼈습니다. 아이들과 잘 어울렸고 운동장에서 씨름도 했습니다. 왕복 3킬로미터의 거리를 걸어다녔는데, 겨울에는 눈보라가 하도 심해 벙거지를 뒤집어 쓰고 다녔던 기억이 생생합니다.[3] 또한 바다와 갯벌은 나의 놀이터였습니다. 친구들과 어울려 낙지도 잡고 수영도 즐겼습니다. 그때 다져진 체력이 평생을 지탱해 주었다고 생각합니다. 그리고 바다 건너 세상에 대한 호기심과 희망은 나의 상상력을 자극하는 평생의 정서적 자원이 되지 않았나 생각합니다.

사회자   아마도 어린 시절은 누구에게나 재미있고 그리운 것 같습니다. 고향이 어디든, 집안이 부유했든 가난했든 상관없이, 심지어 안 좋았던 어릴 적 기억도 어른이 되어 삶에 지칠 때 잠시 마음의 휴식처가 된다고 생각합니다. 등굣길에서 경험한 자연과 꽃, 그리고 갯벌과 바다에서 놀았던 추억은 두 분의 전 생애와 마음속 깊은 곳에서 항상 살아있지 않았을까 생각해 봅니다. 농업에 대한 애착이 유난히 강한 박정희 대통령의 인생은 어린 시절을 보지 않고는 이해할 수 없을 것으로 생각합니다. 상인적 현실인식을 가진 김대중 대통령의 인생도 실제 배를 갖고 싶었고 바다를 상상하던 어린 시절에서 기인했다고 볼 수 있을 것 같습니다.

사회자   다음에는 두 분의 어머니에 대한 기억을 들려 주십시오. 모든 사람에게 어머니는 특별합니다. 그리고 어머니는 항상 강하면서도 모든 희생을 떠안은 저 넓은 바다와 같은 존재가 아닌가 생각합니다. 모든 이에게 그리고

---

3   김대중, 『김대중 자서전 1』, 서울: 삼인, 2019, pp.30-31.

당시 이 땅의 모든 민중에게 어머니는 가장 큰 인생의 기억이자 사회적 상징으로 살아 숨쉬는 존재입니다. 누구보다도 강하고 큰 사랑을 몸소 실천하신 두 분의 어머니는 성장에 결정적인 영향을 미쳤을 것으로 생각됩니다.

박정희   어렸을 때는 실감하지 못했지만, 지금 돌이켜보면 나의 어머니도 식민지의 가난한 가정에서 자식들을 건사하려 무척 노력하셨던 분이셨지요. 어머니가 며느리까지 본 이후에 나를 가지셔서 남부끄럽다고 여기시는 한편 가난하고 식구도 많은 집에 입이 하나 더 늘어난 것에 부담을 가지셨는지, 나를 유산시키려고 간장도 마시고 높은 곳에서 뛰어내리기도 하셨답니다. 당시 많은 어머니가 겪었을 참 애절하고 가슴 아픈 일이지요. 몰락한 양반이라 할 수 있는 아버지박성빈는 벼슬하시겠다고 서울에 자주 올라다니시면서 가산을 탕진하셨습니다. 그만큼 어머니의 고생이 더 늘어났습니다. 하지만, 어머니는 어려서 몸이 약하던 저를 끔찍이 아끼셨습니다. 어머니는 나처럼 몸은 작았지만 미인이셨고 빈틈없고 자상한 분이셨습니다. 어린 시절 내가 영양실조로 밤눈이 어두웠을 때 어머니는 나를 업어서 변소에 데려가기도 했습니다. 그 어려운 환경에서도 나를 학교에 보내시고 등록금을 마련하기 위해 백방으로 뛰어다니시던 어머니가 참 그립습니다.

        …밭두렁 길을 뛰어가다가 뒤를 돌아보면 청녕둑 소나무 사이에서 우리들을 보내놓고 애처러워 지켜보고 서 계시는 어머니의 흰 옷 입은 모습이 희미하게 보인다. 학교에서 돌아오는 시간이 늦어도 어머니께서는 늘 그 장소에 나와 계시거나 더 늦을 때는 동네 어귀 훨씬 밖에까지 형님들과 같이 나오셔서 "정희 오느냐," "정희야"하고 부르시면 "여기 가요" 하면서 집으로 돌아간다…집에 돌아가면 구들목 이불 밑에 밥그릇을 따뜻하게 넣어 두었다가 밥을 다 먹을 때까지 어머니는 상머리에 앉아서 지켜 보신다. 신고 온 버선을 벗어보면 흙투성이다. 어머니는 밤에 버선을 빨아서 구들목 이불 밑에서 말

린다. 내일 아침에 또 신고 가야 하기 때문이다. 하루 종일 얼었다가 저녁을 먹고 온돌방에 앉으면 갑자기 졸음이 몰려 오기 시작한다. 숙제를 하다가 그대로 엎드려 잠이 들어 버린다. 어머니가 억지로 나를 깨워서 소변을 보게 하고 옷을 벗겨서 그대로 재우면 곤드래가 되어 떨어져 자 버린다. 나의 나이 9세에서 15세까지 6년 동안은 이렇게 지냈다.

| 박정희, 「나의 소년 시절」, 『월간 조선』, 1984년 5월호, pp.90-91.

김대중   내 어머니^{장수금}도 참 강하셨습니다. 농사일과 집안일로 항상 바쁘셨고 쉬지 않고 일하셨습니다. 아버지가 한량이어서 어머니의 역할이 더 컸다고 보아야지요. 그런 억척스러운 어머니가 계셨기에 현재의 내가 있는 것이고, 우리 집이 하의도에서 여유 있었던 것도 전적으로 어머니 덕분이었습니다. 어머니가 자식들에 대하여 각별한 사랑을 쏟으셨지만 편애하는 일은 없었고 예의범절은 엄격히 가르쳤습니다. 친구들이랑 잠든 엿장수의 담뱃대에 손을 댔다가 어머니에게 사리나무 횟초리로 장단지에 피멍이 들도록 맞은 적이 있어요. 어머니는 내가 공부를 잘하면 그렇게 좋아하시고 칭찬해 주셨습니다. 교육을 위해 어머니가 목포로 이사를 하기로 결정한 것도 참 대단한 결정이라 생각합니다. 어머니의 그 결정은 나의 인생에 큰 전환점이었다고 생각합니다. 참 감사하고 감탄스럽습니다.

여하튼 자식욕심이 굉장히 강한 분이시고, 특히 나한테 그랬어요…내가 잠자면서 들으니까 아버지 보고 "이 애가 공부를 잘 하는데 여기서 이대로 썩히기는 아까우니까 목포로 우리 나가자"고. "나가서 거기서 뭐 장사라도 해 갖고 가르치자." 그런데 그 때 30년대의 시골이라는 것은 캄캄하던 곳인데 거기서 자기가 안정된 생활을 하고 있는 농업이라든지 뭐 여러 가지 자산 놔두고 목포로 나올 결심을 한다는 것은 그건 보통 결심이 아니었거든요. 어머니가 그렇게 하니까 아버지가 또 동의를 하시고 그래 갖고 결국 목포로 나왔는데, 어머니가 그런 결정을 안 했으면 오늘날의 나는 없는 거지요. 그것을 생각하면 항상 참 감탄스러워요. 어떻게 그런 생각을 하셨는지. 참 사람이란 것은 우연이란 게 많아요. 어머니가 그걸 안했으면 나는 지금 시골서 그대로 있는 거거든요. 그래서 그런 부모의 특별한 은혜를 느끼고 있지요.

| 김대중, 「김대중 구술사 인터뷰, 1차」, 2006년 07월 27일. 연세대 김대중도서관 소장.

박정희　나는 지금도 어머니와 바가지에 비벼서 먹던 비름나물 비빔밥의 맛을 잊을 수가 없습니다. 학교에서 돌아오면 점심 시간을 훌쩍 넘긴 시간인데, 어머니가 부엌에서 커다란 바가지에 나물을 비벼서 드시다가, 배가 얼마나 고프냐면서 부엌으로 들어오라 하여 함께 먹었던 비름나물 비빔밥은 꿀맛이었습니다. 보리가 절반 이상 섞인 밥에 비름나물과 참기름을 넣고 비빈 밥은 참으로 별미였어요. 나는 청와대 시절에도 가끔 내자에게 부탁하여 비름나물을 사다가 비빔밥을 만들어 먹곤 하였습니다. 겨울에 어머니가 주신 홍시도 맛있었고, 때로는 저녁에 먹다 남은 밥에 어머니가 손으로 찢어서 얹어 주신 배추김치 맛도 당신을 생각나게 합니다. 1949년 음력 7월 10일, 어머님께서는 선산 구미 상모동 옛집에서 노환으로 타계하셨습니다. 어머니 연세 79세, 내 나이 32세 때입니다. 내가 7남매의 막내로 태어나 32년간 어머니를 모실 수 있었던 것은 큰 행복이었습니다. 어머니의 사랑은 참으로 하늘보다 높고 바다보다 넓다 할 수 있지요. 나는 1978년 8월 13일 어머니의 29주기를 맞아, 생전에 효도 못한 게 불효 막급하지만, 내가 대통령으로서 선정을 하여 조국이 발전하는 모습을 어머니가 보시면 천국에서라도 기뻐하실 것으로 다짐한 바 있습니다.[4]

4　박정희, 『박정희 시집』, 서울: 기파랑, 2017, pp.153-154.

김대중   어머니의 손맛을 평생 안고 살았습니다. 어머니의 음식 솜씨는 마을 전체가 알아주었습니다. 겨울에 먹는 어머니의 동치미는 먼 데 사는 사람들도 찾아와 맛을 보자고 할 정도로 유명했습니다. 당시 춘궁기가 되어 식량이 부족하고 모두 곤궁했을 때도 어머니는 구석방으로 나를 불러 떡을 주시고는 했는데, 나는 그 떡이 얼마나 맛있고 배가 불렀는지 지금도 그 맛을 잊을 수가 없습니다. 평생 식사 후에 떡을 입가심으로 즐겨 먹었습니다. 이것도 어릴 때 어머니가 해 주신 그 떡 맛이 이어진 게 아닌가 싶습니다. 하의도에서 어린 시절을 보냈기 때문에 여러 해산물을 즐겨 먹었지만, 그 시절 먹던 떡을 생각하면 어머니 생각이 절로 납니다. 1972년 5월 10일, 동교동에서 어머니가 돌아가셨는데, 늘 놀란 가슴을 안고 사셔야 했으니 나로서는 불효였지요. 그래도 어머니는 내색하지 않고 담대하게 역경을 이겨내셨습니다. 돌이켜 보면 어머니라는 존재가 나에게 커다란 힘이고 용기였다고 생각합니다.[5] 그런데 한편으로 지금 생각해 보면 이 때 어머니가 돌아가신 게 그나마 다행이란 생각이 들 때도 있었습니다. 이후 나의 정치여정이 더 험로였고 역경이 많았기 때문에 어머니가 더 살아 계셨다면 얼마나 더 마음 조리고 슬퍼하시고 걱정하셨을까 하는 생각이 들기도 했습니다. 하지만, 어머니가 떠난 자리는 나에게 내내 너무나 크고 넓었습니다. 내가 대통령이 되었을 때 어머니가 계셨더라면 얼마나 기뻐하셨을까 하는 아쉬움이 있습니다.

민족적 비애

사회자   두 분 모두 식민지 조선에서 일본 제국주의의 강점기를 경험하셨습니다. 일본의 식민지 통치가 한국사회와 역사에 남긴 영향은 매우 심대하였

---

5   김대중, 『김대중 자서전 1』, 서울: 삼인, 2019, p.267.

습니다. 그에 대한 찬반론이 있습니다만, 조국에 대한 지독한 수탈이 있었고 결국에는 민족의 분단을 초래하는 한 요인이 된 것은 부인할 수 없습니다. 두 분의 의식과 향후의 행보에도 일제 강점기의 영향은 상당했다고 생각됩니다. 두 분이 해당 시기에 살아간 길은 차이가 있습니다. 개인적으로 민족적 비애나 울분을 느끼고 이를 분출하기 위한 선택들을 해 나간 것으로 이해됩니다. 우리 민족 누구에게나 암울하고 불만스러운 시기였다고 할 수 있습니다. 두 분 모두 소년기와 청년기에 일본 제국주의를 경험하셨는데 그때의 생각들을 들려주십시오.

박정희　솔직히 일제 강점기는 불만에 가득 찬 시기였습니다. 모든 것이 나를 옥죄는 것 같았고 이 같은 불운을 타개하기 위하여 발버둥치던 시기였다고 할 수 있습니다. 소년기를 지나 청년기에 접어들면서 개인적 민족적 비애를 뼈저리게 느끼게 되었어요. 물론 모든 식민지 청년에게 현실은 암울하고 미래는 보이지 않았을 겁니다. 조선의 청년들은 사방이 자신을 가두어 놓은 커다란 감방과 같고 사소한 행동도 일제의 억압적 통제하에 놓여서 만사가 갑갑하게 느껴졌을 겁니다.

김대중　박정희 씨에 비하면 일곱 살 어리기 때문에 민족적 비애와 울분을 덜 느꼈습니다. 아직 일제의 식민지 수탈이 무엇인지 구체적으로 느끼지는 못했지만, 아버지가 일본 천황을 살아있는 신의 뜻을 지닌 히로히토라 부르기를 거부하고, 유인裕仁이라 부르시는 것을 보고 일본을 싫어한다는 정도만 느꼈습니다. 내가 보통학교 6학년 때 조선어 수업이 폐지되었고 조선어 사용이 금지되어 어린 마음이었지만 식민지 조국의 비참한 현실을 체험하게 되었습니다. 1945년 8월 15일 일본 천황의 항복 방송을 듣고, 장인의 인쇄소에서 종이를 가져와 무조건 항복 소식을 전하는 벽보를 시내 골목에 붙이고 다닌 기억이 지금도 생생합니다. 그만큼 해방의 기쁨은 벅찬 것이었습니다.

박정희　　대구사범학교를 다닐 때는 반일적인 행동을 하거나 저항적인 언어를 사용하지 않았지만, 최소한 친일적인 학생은 아니었습니다. 사실 대부분의 학생이 일제의 황민화 교육을 저항없이 받아들이기에는 너무나 민족적 차별이 심했습니다. 원래 말수가 적었지만, 이런 환경에서 더 조용한 학생이 될 수밖에 없었지요. 결석하는 날도 많았고 성적도 점점 하락하여 3학년 때는 관비생에서 탈락하였습니다. 상급생에게 인사를 하지 않는 학생이었고 학교 생활에 잘 어울리는 학생이 아니었습니다. 단지, 군사훈련이나 체육 과목에는 흥미를 느꼈습니다.

김대중　　목포공립상업학교에서의 생활은 일제 치하였지만 나쁘지 않았고 배울 것이 많았습니다. 역사과목에 가장 흥미를 느꼈습니다. 선생님들로부터 들은 국제정세 이야기를 다시 뒤집어 보면서 일제의 패망을 점쳐 보는 것도 재미있었습니다. 유달산에 올라 바다를 보는 것도 즐거웠고 친구들과도 사이좋게 지냈습니다. 하지만, 1941년 겨울, 일본과 미국의 전쟁이 시작되면서 학교 상황은 크게 바뀌었습니다. 그러던 중 당번으로 남아 청소를 하고 있었는데, 일본인 동급생이 신발을 신은 채 바닥을 더럽혀 말다툼을 하다 매쳐 바닥에 내동댕이 쳤더니, 다음 날 일본인 상급생들에게 학교 뒤쪽으로 끌려가 죽도록 맞은 적이 있습니다. 그들은 나를 사상이 불량한 학생으로 낙인찍었고, 징병제도가 생겨 군대에 끌려갈 위험에 처하기도 했습니다.

박정희　　1937년 4월 문경공립보통소학교 교사로 임용되어 조선 학생들을 가르치는 큰 보람을 느꼈지만, 마음속 울분을 완전히 덜어내기에는 역부족이었습니다. 나는 교사 시절에도 군대식으로 머리를 깎지 않았습니다. 장학사는 황민화 정책에 저항하는 일로 비판했고, 교장이 연이어 질책했습니다.

문경보통학교 교사시절 여제자들과 함께(1939년, 정운현 제공). 박정희는 제자인 정순옥에게 만주
군관학교 입교 후에도 편지와 사진을 보내 남다른 마음을 표시한 바 있다. 윗줄 왼쪽 끝이 당시 4학년
이었던 정순옥. 박정희는 민족적 비애 속에서도 교사 생활에서 위로와 즐거움을 찾았다.

제1부 인간적 대화: 나는 누구인가?

이 일로 울분을 참지 못하여 교장을 때린 적도 있고 수석 교사가 말다툼 끝에 나에게 조선인 놈이라 무시하여 의자를 집어던진 일도 있었습니다. 나는 조선 학생들하고는 조선어를 사용하였고, 학생들에게 민족의식을 심어주기 위해 한국 역사나 태극기, 그리고 한국의 가요 등을 몰래 가르치기도 했습니다. 일본 제국주의 시기가 아니었으면 교사를 천직으로 삼고 평생을 보냈을 지도 모릅니다. 학교에서 소풍갔다가 가난해 도시락을 못 가져온 학생에게 도시락을 나누어 먹인 일이나 노독으로 걷기 힘든 학생을 업고 십수리를 학생들과 같이 걸은 기억은 지금도 생생합니다. 나는 홀연히 만주군관학교로 떠난 이후에도 이 때의 제자들에게 훌륭한 사람이 되고 풍년이 되어 잘 살 수 있기를 바란다는 편지를 보냈었지요.[6] 어쩌면 제자들을 가르치는 교사생활이 울분 속에서도 가장 즐겁고 보람찼던 것 같습니다.

사회자 당시 만주는 중화 제국과 일본 제국이 교체되는 전환기 속에서 관련 국가들과 인간들의 정치와 욕망이 적나라하게 드러나던 특이한 공간이었습니다. 가난에 굶주린 조선 백성들이 먹을 것을 찾아 조국을 탈출한 생존의 현장이었고, 독립투사들에게는 장기적인 항일운동을 위해 이주한 고난과 독립운동의 근거지였으며, 엘리트들에게는 출세와 선진 문물을 배우기에 적합한 욕망과 근대화의 상징이었습니다. 만주는 두 분에게 어떤 의미를 가졌습니까? 그리고 왜 만주를 탈출구로 삼았는지 말씀해 주십시오.

박정희 나는 긴 칼을 차고 싶어서 만주행을 선택했습니다. 교사 시절 나를 구박하던 문경의 일본인 순사부장이 꼴보기 싫어서 실제로 긴 칼을 차고 문경에 들른 기억이 납니다. 교사 시절 교장을 구타하고 사표를 던진 것이 직접

---

6   박정희의 문경보통학교 시절에 대한 가장 상세하고 정확한 기록과 당시 제자들의 인터뷰, 그리고 만주행에 대하여는 정운현, 『실록 군인 박정희』, 서울: 개마고원, 2004, pp.53-82; 조갑제, 『박정희 1』, 서울: 까치, 1992, pp.75-79.

적인 계기였습니다.[7] 하지만, 어렸을 때부터 군인에 대한 동경이 있었습니다. 그 시절 대구에 있던 일본군 보병 제80연대가 가끔 구미지방에 와서 야외 훈련하는 것을 구경하곤 했습니다. 나는 군인들이 좋아 보였습니다. 일본 역사에 나오는 위인들을 좋아했고 이광수가 쓴 소설 『이순신』을 읽고 감동했으며, 6학년 때는 『나폴레옹 전기』를 읽고 나폴레옹을 숭배하게 되었습니다. 내가 연령 초과로 자격 조건이 안 되었지만, 혈서를 두 번이나 쓰면서까지 만주군관학교에 입학한[8] 것은 어렸을 때부터 갖고 있던 꿈을 실현하는 길이라 믿었기 때문입니다. 개인적으로는 식민지 조국의 암울한 현실로부터 벗어나고 자아를 실현하기 위한 선택이기도 했습니다. 문경 보통학교를 사직하면서 몇몇 동료들에게 "내 전사 소식이 들리면 향 한 대 피워주게"라고 말한 기억이 납니다. 물론 만주가 가진 다양한 의미를 인식한 선택은 아니었지만, 내가 만주군관학교에서 배우고 경험한 생각과 생활방식 등은 이후 우리나라의 경제발전 전략을 설계하고 집행하는 데 많은 영향을 주었다고 생각합니다.

김대중　나도 만주로 가려고 한 적이 있습니다. 만주는 식민지 조선에 비해 일제의 억압이 덜하고 덜 갑갑할 것이라고 생각했습니다. 집안에 형님 되시는 분이 만주에 계셨는데 그 형님이 고향에 들릴 때마다 만주에 대한 이야기를 자주 들려 주셨습니다. 사실 조선 청년에게 만주는 식민지 현실을 타개하

7　박정희 대통령의 수행기자와 공보비서관이었던 김종신은 그가 쓴 전기에서 박정희의 만주행 결심의 배경을 아래와 같이 적고 있다. "우리나라가 독립이 되면 군대를 가지게 된다. 내 손으로 우리나라의 군대를 한번 만들어 보아야겠다. 군대를 만들려면 군사지식을 배워야 한다." 김종신, 『가난을 물리친 박정희 대통령』, 서울: 한림출판사, 1970, p.115.

8　Carter J. Eckert, *Park Chung Hee and Modern Korea: The Roots of Militarism, 1866-1945*. Cambridge, Mass: The Belknap Press of Harvard University Press, 2016. pp.97-98; Rhyu, Sang-young, "Stirring up debate on a Korean Caesar: Book review of Park Chung Hee and Modern Korea by Carter J. Eckert," *Global Asia*, vol.11, no.4 (winter 2016), pp.126-128.

기 위한 몇 가지 대안 중의 하나였습니다. 실제로 해방 이후 1980년대에 이르기까지 한국의 정관계에는 만주 건국대학 출신들이 상당히 많았습니다. 나는 3학년 때 진학반으로 옮겨 대학을 준비했는데, 집에서 등록금을 마련하는 것도 쉽지 않아서 만주의 건국대학교를 마음에 두고 있었습니다. 등록금과 기숙사가 모두 무료였기 때문이었습니다. 돌이켜 보면 그때는 이미 일본의 패색이 짙어져 만주로 가는 교통편도 순조롭지 않았습니다. 징병에 불려갈지도 모른다는 혼란한 상태에 묶여있다가 못 가게 된 것이지요. 그리고 그 이후 곧 해방을 맞았습니다. 진학의 꿈은 좌절되었지만 지금 생각하면 다행스러운 일이었습니다. 만일 만주로 갔다면 해방 후 조국으로 돌아오지 못했을 수도 있었을 것이라 생각합니다.

사회자　만주와는 별도로 제2차 세계대전에서 패망하기 전까지 일본은 아시아에서 가장 근대화된 나라였고 서양의 강대국들을 능가하는 국력을 가진 제국이었습니다. 식민지 국민으로서 민족적 비애와 함께 일본 제국주의가 보여준 국력과 위세에 압도당하지 않을 수 없었을 것으로 생각됩니다. 때로는 반항하면서도 때로는 동경하게 된 경험이 많았을 것 같은데요, 성장기에 두 분이 겪은 일본은 어떤 모습이었습니까?

박정희　1931년 9월 만주사변 이후 일본이 보여준 국력과 영향력 확장은 경제력과 군사력을 실감하게 만든 생생한 증거들이었습니다. 나에게 일본 제국주의의 힘은 저항의 대상인 동시에 동경의 대상이었습니다. 평소 일본의 명치유신과 주요 전략가들에 대해 공부하던 나로서는 두려움과 부러움의 대상이기도 했습니다. 1894년 청일전쟁, 1904년 러일전쟁에서 일본이 승리하고, 외교에서도 영국과 미국 등 강대국이 일본을 돕는 국제정치 환경에서 조선은 미래가 보이지 않았습니다. 눈 앞에 보이는 엄청난 크기의 일본의 전함, 발달된 선진 군사무기와 일본군의 근대화된 군사전략 그리고 압도적인 경제력 등을 보면서 군인이 되기로 다시 한번 다짐하게 되었지요. 개인의 삶을 위해서든 갑갑한 조국의 현실 타개를 위해서든 군사력과 경제력을 키우지 않으면 안 된다는 점을 뼈저리게 느꼈습니다. 일본을 배우고 따라잡고 결국은 극일하기 위한 나름의 길과 전략을 이 때부터 키우게 되었다고 생각합니다.

김대중　나는 박정희 씨가 느낀 그러한 경험은 적습니다. 하지만, 나에게도 일본은 반항과 동경의 대상이었습니다. 내가 목포 앞바다에서 본 일본의 커다란 상선과 전함은 소년기의 어린 나를 압도하였고, 일본은 얼마나 강한 나라일까 생각하곤 했습니다. 내가 즐겨 읽던 신문을 통해 접한 일본은 잘 사는 나라였고 힘 쎈 나라였습니다. 보통학교 때 혼자 일본에 가서 공부하겠다고 부모님께 조르기도 했습니다. 신문배달을 해서라도 독학 하겠다며 부모님을 설득한 기억이 납니다. 단식 시위를 한 적도 있었지요. 정치인이 된 이후에도 일본과의 각별한 인연과 경험을 갖게 되었지요. 한편, 어릴 적 일본의 제국주의적 모습과 조선이 겪었던 고통의 역사는 쉽게 잊을 수 없지만, 어떻게 미래지향적인 한일관계를 구축할 것인지는 평생 나의 고민이었습니다.

사회자　학교 교육은 한 사람의 성장 과정에 커다란 영향을 준다고 생각합니다. 특히 어느 시대나 한 학생의 인생을 좌우할 선생님들의 일화가 많이 있습니다. 두 분도 평생 잊지 못할 선생님이 계셨던 것으로 알고 있습니다. 두 분이 집권 이후 일본을 방문한 자리에서 그 선생님들을 불러 인사를 나눈 적이 있습니다. 어떤 분이 어떤 영향을 주셨다고 생각하는지 소개해 주십시오.

김대중　박정희 씨가 자상한 교사로서 보여준 모습이 충분히 상상됩니다. 당시 제자들이 기억한 교사 박정희 씨는 존경받는 선생님이었을 것으로 생각됩니다. 참 훌륭한 선생님들이 많았습니다. 비록 당시 일제 강점기에 조선인을 황국신민으로 만드는 것이 교육의 목표였지만, 몇몇 일본인 선생님들도 그 같은 국가목표와 무관하게 한 인간을 잘되게 하기 위해 교육자로서의 본분을 다 하신 것으로 기억합니다. 목포 상업학교 2학년 때 담임이었던 무쿠모토 이사부로椋本伊三郎 선생님은 나를 많이 격려해 주고 영감을 주셨습니다. 선생님은 정치문제를 많이 말씀하셨는데, 내가 현 시국에 대하여 길게 발표를 하자, "김대중이가 한 것은 일본 대의사가 의사당에서 한 것 못지 않다, 훌륭하다"고 격려해 주신 적이 있습니다. 내가 대통령이 되어 1998년 일본을 방문하였을 때 무쿠모토 선생님을 초청하여 담소를 나누었습니다. 일제시대 목포상고의 선생님과 제자가 일본의 은퇴한 외교관과 한국의 대통령으로 59년 만에 재회하는 순간이었습니다. 선생님은 귀국 후 일본에서 외교관을 지내셨고, 내가 1973년 8월 동경에서 납치당했을 때 주 터키 일본공사를 맡고 계셨습니다. 이 때 알았지만, 선생님은 내가 납치현장에서 한국으로 생환한 후 내 안부도 궁금하고, 도움을 주기 위해 편지를 보내셨지만, 그 편지는 내게 전달되지 않았습니다.[9] 한 인간이 성장하는 데 참 많은 인연들이 작용을 하는 것 같습니다.

박정희　김대중 씨는 어려서부터 연설에 소질이 있었던 모양입니다. 나에게는 지금도 그 당시 제자들과 함께한 장면들이 스스로를 미소짓게 하는 좋은 추억으로 남아 있습니다. 나에게도 좋은 선생님들이 있었습니다. 아마도 그분들에게 나도 영향을 많이 받아 학생들에게 좋은 교사가 되려고 노력한 것 같습니다. 당시 조선어를 담당하던 김영기 선생님과 한문의 염정권 선생님, 그리고 교육학을 가르친 박관수 선생님이 나에게 많은 영향을 주었습니다. 김영기 선생님은 조선어 시간에 금지되었던 조선사를 몰래 가르치기도 했

9　김대중, 『김대중 자서전 1』, 서울: 삼인, 2019, p.45.

42
박정희와 김대중의 대화

습니다. 또 학생들이 비밀결사를 조직해 항일 운동을 하는 것을 적극적으로 돕고 학생들 사이에 민족의식을 일깨우는 활동을 하다 구속되기도 했습니다. 내가 아내 육영수와 결혼할 때 장인의 반대로 결국 결혼식에 김영기 선생님이 신부의 손을 잡고 입장하였지요. 염정권 선생님은 한문시간에 민족정신을 불어넣은 분으로, 나의 서예 및 한문 실력은 염 선생님의 영향이 컸습니다. 염 선생님은 해방 후 여운형의 근로인민당 청년부장으로 일한 민족주의자였습니다.[10] 저는 1967년 5월 15일 스승의 날을 맞이하여 김영기 선생님과 박관수 선생님, 그리고 내자의 배화여고 은사 여섯 분을 청와대로 모셔 식사를 대접했습니다.[11] 그동안에 불민했던 제자로서 은혜에 감사드리고 싶었습니다. 다른 한편, 나는 1961년 11월 12일, 5·16 직후 국가재건최고회의 의장 신분으로 미국 방문길에 일본에 들렀을 때, 만주군관학교 시절 교장이었던 나구모 신이찌로南雲親一郎 선생님을 만나 인사하고 보은의 술을 따랐습니다. 당시 동석한 이케다 총리 등이 기립박수를 쳤습니다. 그는 나를 일본육군사관학교에 추천해 준 분이고, 개인적으로 큰 학은을 입었다고 생각합니다.[12] 은혜를 갚을 줄 아는 사람이 되어야 한다는 게 나의 개인적인 생활신조였습니다. 재임기에도 은혜를 갚을 줄 아는 민족이 되어야 한다는 신념으로 한국전쟁 때 우리를 도와준 미국을 돕기 위해 월남파병에도 나섰던 것입니다.

10   조갑제, 『박정희 1』, 서울: 까치, 1991, pp.64-65.

11   『조선일보』, 1967년 5월 16일.

12   문명자 기자는 회고록에서 일본인 교장이 이날 반말 비슷한 어조로 박정희에게 응대, 박정희가 숙소로 돌아와 매우 언짢아 했다고 이날의 분위기를 전하였다. 문명자, 『내가 본 박정희와 김대중』, 서울: 도서출판 말, 1999, p.69.

가난

사회자　우리나라는 한국전쟁으로 폐허가 된 이후 구호물자로 연명하였고 세계적으로도 가장 가난한 나라 중 하나였습니다. 두 분이 가난에 대해 느끼신 정도는 많이 달랐을 수 있지만, 당시는 어느 특정 개인이나 가정의 가난이었다기보다 나라 전체의 문제였지요. 사실 1954년 한국의 1인당 국민소득은 67달러였고, 1961년 1인당 국민소득은 81달러에 불과했습니다. 두 분은 본인과 사회의 가난을 어떻게 느꼈고 그것을 해결하기 위해 무슨 전략이 필요하다고 생각하셨는지 궁금합니다. 특히, 이 문제에 대해서는 박정희 대통령께서 하실 말씀이 더 많을 것으로 생각됩니다.

박정희　어렸을 때 시골에서 느낀 가난의 기억이 어찌 나에게만 있었겠습니까? 한국 전체가 배고픔에 서러웠고 헐벗었을 때지요. 일제 강점기가 더 가난했다고 생각합니다. 배고픈데 나라도 없었으니까요. 해방 이후에도 다를게 없었지요. 한국전쟁 중에 가난한 아이들이 미국 트럭을 따라가면서 그들이 던져주는 초콜릿 한 조각에 즐거워하는 장면이 한국의 추억 아닌 추억이었지 않습니까? 어렸을 때는 '이것이 가난이구나'라고 절실히 느끼지 못했지만, 차츰 커가면서 가난한 현실을 절실히 깨닫게 되었고 이를 타개하기 위한 의지를 다지게 되었습니다.

김대중　해방 직후 한동안 조선소를 운영했고, 1947년부터는 배 몇 척으로 목포해운공사를 설립하여 경영하는 한편, 1951년 10월에는 목포일보사를 인수하였습니다. 목포에서 지프 차를 타는 청년 실업가였지요. 1951년 이후에는 부산으로 주무대를 옮겨 흥국해운주식회사를 설립하고 금융조합연합회와 계약을 맺어 곡물, 비료 등을 실어 나르는 사업을 하기도 했습니다. 나름 돈을 버는 사업을 하고 있었고 사업에 눈을 뜨고 상인 기질을 터득해 가고 있었습니다. 개인적으로는 그렇게 가난에 쪼들리지는 않았습니다. 하지만, 서울로 올라와 대흥동 셋방살이를 하면서 많은 식구들과 좁은 방에서 어렵게 살았습니다. 수도 없이 이사를 다녔고, 전처가 아픈 몸에도 외숙모가 원장으로 있던 양재학원에 사무직으로 나가면서 생활비를 충당한 기억이 납니다.[13] 지금 생각해도 미안하고 가슴이 저밉니다. 나라 전체가 가난할 대로 가난한 현실이었습니다. 특히, 특권층의 부패나 부조리가 심해 힘없는 사람들은 더욱 가난할 수밖에 없었습니다. 박정희 씨의 가난에 대한 철저한 인식과 의지가 한국을 가난에서 벗어나게 하는 데 크게 공헌한 점을 인정합니다.

박정희 장군 시절에도 곤궁한 때가 한 두번이 아니었습니다. 1954년 1월 17일 미국 오클라호마주의 육군포병학교로 5개월 예정의 유학을 떠났습니다. 가족은 현재의 신설동 셋집에 머물렀는데, 집에 쌀이 떨어지고 땔감도 없어 내자가 2사단 포병단 근무 시 부관이었던 원병오 부관에게 도움을 요청할 정도였습니다. 당시 26사단 참모장이던 김재춘 대령의 도움으로 쌀 한가마니와 땔감용 나무를 얻을 수 있었습니다.[14] 1955년 7월 1일 내가 제5사단장으로 전보된 이후, 노량진 한 운수업자의 문간방에 세 들어 살 때 가족들이 가장 비참한 가난을 경험하지 않았나 생각됩니다. 방에 불도 들지 않고 물이 줄줄 새어 군인들의 비옷을 바닥에 깔고 지냈고 눕기도 힘들어 낮이나 밤이나 서성거리기 일쑤였습니다. 솥을 걸 데가 없어서 풍로를 사다가 냄비로 음식을 끓일 수밖에 없었습니다. 근혜는 아파서 울곤 했지요.[15] 가정의 살림을 돌보지 않은 내 성격 탓도 있지만, 부대 물자를 빼돌려 돈을 마련하지 않으면 달리 방법이 없었습니다. 참 나쁜 가장이었다고 생각합니다. 그 때 가족들을 생각하면 아직도 많이 미안합니다.

---

13 정순자, 「DJ는 나의 두 번째 아버지」, 『충청 리뷰』, 2005년 5월 12일.

14 노재현, 『청와대 비서실 2』, 서울: 중앙일보사, 1993, p.159.

15 조갑제, 『박정희 1』, 서울: 까치, 1992, p.224.

박정희　물을 아끼기 위해 청와대 화장실 변기통에 벽돌을 넣은 것이나 절전을 위해 에어컨을 끄고 부채를 사용한 것, 그리고 집무실에 날아드는 파리를 잡기 위해 항상 파리채를 책상 위에 둔 일 등은 내 생활과 정신에 오래 전부터 자리 잡고 있었습니다. 내가 최고회의 의장이 된 후 이 방에 들린 많은 사람들이 초라한 방과 가구에 청자 담배, 그리고 10원짜리 냄비우동 한 사발과 단무지가 전부인 내 점심 식사에 놀라기도 했습니다. 사실 내가 마지막 먹은 술안주도 대부분 나물 반찬이었습니다. 입는 것도 그랬어요. 겨울에 추워도 간단히 입었고 고급 옷은 싫어했기 때문에, 한번은 내자의 부탁을 받은 처남이 나몰래 일본 출장 때 일제 브랜드 표시가 없는 따뜻한 쉐터를 구해온 적도 있습니다.[16] 나는 이같은 생활이 그렇게 불편하지도 않았고 그냥 몸에 배어 있지 않았나 생각됩니다. 따라서 저에게는 별로 특별할 것도 자랑할 것도 아니었습니다.

　이십여 년 간의 군대생활, 그리고 소년 시절에도 본인은 자립에 가까운 생활을 배워왔다. 그만큼 가난했기 때문이다. 그것은 본인에게 큰 도움이 되었다. 그 환경이 본인으로 하여금 깨우쳐 준 바 많았고, 결의를 굳게 하여 주기도 하였다. 이같이 '가난'은 본인의 스승이자 은인이다. 그렇기 때문에 이십사 시간은, 이 스승, 이 은인과 관련 있는 일에서 떠날 수가 없는 것이다. '소박하고 근면하고 정직하고 성실한 서민 사회가 바탕이 된, 자주 독립된 한국의 창건' 그것이 본인의 소망의 전부이다. 동시에 이것이 본인의 생리인 것이다.
　| 박정희, 『국가와 혁명과 나』, p.292.

박정희　빈곤으로부터 민족을 해방시켜 경제자립을 이룩하자는 게 나의 철학이었습니다. 우리 민족은 소규모의 농업사회로 항상 경제적 영세화에 시

16　최서면, 『최서면에게 듣다 2』, 서울: 나남, 2020, p.321.

달려 왔고 빈곤은 고질화하여 탈피할 수 없는 것이라는 생각에 굳어 있었습니다. 민간에서 민족자본의 형성을 보지 못하고 정치 브로커들이 난무하는 가운데 기형적인 관권 의존 경제의 폐해는 굳어지고 근대화를 저해해 왔지요.[17] 내가 집권 기간 동안 추진한 많은 정책들은 가난한 조국의 현실을 타개하기 위한 것이었다고 생각합니다. 개인적 차원이 아니라 국가적 차원의 해결책을 찾아야 한다는 강박관념과 의지가 내 일생을 지배했다고 해도 과언이 아닙니다. 경제개발 5개년 계획, 새마을운동, 중화학공업화 등은 모두 가난이라는 스승에게서 배운 정책이라 할 수 있겠지요. 경제성장 없이는 국방도 없고 통일도 없으며 민족의 중흥은 불가능했기 때문입니다.

> 하늘은 한 민족이 자기의 운명을 스스로의 힘으로 해결하고 개척하겠다는 결의와 노력을 경주할 때는 반드시 거기에 응분한 보상을 준다는 것을 우리는 믿어야 한다. 농촌 사회에서의 5천 년의 유산인 가난이 하나하나 벗겨져 나가고 새로운 생기 약동하는 농촌 모습으로 달라져 가는 것은 새마을운동의 성과다. 농민들의 의지와 의욕과 노력의 대가가 농촌의 모습으로 나타나고 있는 것이다.
>
> | 박정희, 「10월 유신 4주년(1976년 10월 17일 일기)」, 『박정희 시집』, p.127.

김대중 우리 민족이 빈곤에서 탈피하게 된 것은 대단히 큰 성과입니다. 박정희 씨의 일관된 정책과 의지가 큰 역할을 한 것은 사실입니다. 하지만, 이를

---

17 박정희, 『우리 민족의 나갈 길: 사회재건의 이념』, 서울: 동아출판사, 1962, pp.128-129. 박정희는 1963년 선거를 앞두고 여성 단체에서 제기한 공개 질문에 대하여 답하면서 마지막 항목에 일부 여성들의 과소비와 외국 상품 선호에 대하여 아래와 같이 되물었다. "외래품이 판매금지 된다니까 외래화장품, 일용품을 사모으기에 아우성 치던 젊은 여성의 열의며 어떤 물품이 귀해진다 하면 와-하고 사모으기에 바쁜 아낙네들을 여러분은 어떻게 보시는지요. 일본과 독일의 부흥에는 얼마나 여성들의 근로 내핍의 피땀이 서려 있는지 아시지 아니합니까?" 박정희, 「대통령으로서의 포부와 약속」, 『여원』, 1963년 12월호, p.127.

위해 국민들이 얼마나 고생하고 큰 공헌을 했는지에 대해 잊어서는 안될 것입니다. 노동자, 농민, 화이트칼라, 그리고 모든 가정에서 모든 국민들이 땀과 눈물을 흘린 결과라는 점을 절대로 간과해서는 안됩니다. 나도 박정희 씨와 같이 농촌경제를 살리고 이를 기초로 공업발전으로 가야 한다고 주장했습니다. 경제발전 단계로 보나 1960년 현재 농업 등 1차산업 종사자가 전 인구의 83% 이상을 차지하던 당시 인구구성으로 보나 한국이 그만큼 열악한 상황에 놓여 있어서 그같은 내포적 전략이 현실적이라고 생각했습니다. 그리고 절대적 빈곤과 함께 상대적 빈곤문제를 함께 해결하려는 노력이 더 필요했다는 생각을 했습니다. 특히, 빈곤을 타파해 나가는 과정에서 공정성과 투명성을 확보하지 못했고, 직접적인 국가통제가 부패와 비효율을 초래한 점을 부인할 수 없습니다. 이같은 문제들이 누적되어 결국은 1997년 경제위기의 한 원인이 된 점은 참 아쉬운 일이었습니다.

　　대중지배의 자유경제 체제로 전환하는 동시에 소수 독점의 이윤 체제를 다수 분배의 방향으로 전환시킬 것입니다. 무엇보다도 농촌 경제발전의 기초 위에 공업화를 서두를 것이며, 공업의 건설은 제1차적으로 우리의 체질과 국제 분업의 여건에 알맞은 노동집약적인 경공업 분야에 치중할 것이며, 특히 중소기업을 육성 강화해서 건전한 민족자본을 형성해 나갈 것입니다.

I 김대중, 「내가 걷는 1970년대: 서울 외신기자 구락부 연설문(1970년 5월 12일)」, 『김대중 전집 II』, 제6권, p.272.

둘이 만났던 순간들

사회자　지금 대화를 하고 계시지만, 생존 당시에 두 분이 자주 만나고 대화를 나누었으면 어땠을까 하는 생각이 듭니다. 역사에서 가정은 무의미하지만, 한국 현대 정치사에서 두 분이 실제로 자주 만나서 이야기를 나누셨다면 개인적으로나 국가적으로 더 흥미로운 역사가 펼쳐졌을 것이라는 생각이 듭니다. 물론 두 분이 몇 번 만날 기회가 있었고 만남이 시도된 적도 있습니다. 두 분이 만났거나 만나려고 한 기억들을 더듬어 주십시오. 왜 만나려 하셨는지, 굳이 자리를 함께하길 원하지 않은 이유는 무엇인지, 많은 후세 국민들이 궁금해하실 것 같습니다.

김대중 참 여러 번 허심탄회하게 이야기를 나누고 싶었는데 아쉬웠습니다. 처음 박정희 씨와 대면한 것은 엉뚱한 상황에서였지요. 1966년 10월 미국의 존슨 대통령이 방한하여 두 정상이 워커힐에서 리셉션을 열 때 국회의원으로 초대받았습니다. 만찬 시작 즈음 갑자기 정전이 되었는데 존슨은 경호원들에 의해 자리를 피했어요. 1분 정도 후에 전기가 다시 들어왔는데, 박정희 씨만 그 자리에 그대로 서 있었고 우리는 깜짝 놀라 어색하고 긴장된 표정으로 서로의 얼굴을 쳐다본 적이 있습니다. 경호상 긴장된 순간이었기 때문에 서로 놀라기만 한 것이지요. 얼마 뒤 1968년 신년 인사회에서 잠시 대화를 나눈 것이 평생 단 한번의 만남이었습니다. 1967년 6월 8일에 실시된 제7대 국회의원 선거 때 목포에서 당선된 후, 1968년 1월 1일 새해 인사차 청와대로 박정희 씨를 찾아갔습니다. 나를 미워하는 사람 얼굴도 볼 겸해서 나섰지요. 내 아내가 의아하게 쳐다 보았습니다. 세배객은 고흥문, 김상현 등 야당 의원들도 몇 명 있었지만 주로 공화당과 정부 인사들이었고 그 속에 줄을 서 차례를 기다렸지요. 나를 발견한 박정희 씨가 다른 사람들을 제치고 다가와 인사를 나누었습니다. 나는 "각하 목포에서 많은 공약을 하셨는데 이제 선거가 끝났으니 해주셔야지요?"하고 내가 말을 건네자, 박정희 씨가 "합시다. 그렇게 하지요"하고 대답했습니다.[18] 그때 선 채로 약 5분 정도 얘기를 나누었

18 이희호, 『이희호 자서전, 동행』, 서울: 웅진 지식하우스, 2008, pp.185-186.

습니다. 짧은 시간이었지만 박정희 씨는 친절하게 대해 주었고 질문에 성의 있게 대답해 주었습니다.[19] 그때 육영수 여사는 만나지 못했지만, 평소 온화한 미소로 부드럽게 사람들을 대하던 육영수 여사에 대해 줄곧 좋은 인상을 가지고 있었습니다.[20] 육영수 여사는 차가운 인상의 박정희 씨를 보완해 주고 청와대 안에서 야당 역할을 했다는 사실에도 동감하는 부분이 있습니다. 어쨌든, 이것이 생전에 박정희 씨와 얼굴을 맞대고 나눈 유일한 대화였습니다.

박정희 그 순간을 기억합니다. 여야 간 선거 유세 경쟁이 대단했던 목포 선거에서 당선된 김대중 씨를 보게 되어 너무 반가웠고 고마웠습니다. 예상치 못했는데, 김대중 씨가 일행 가운데 줄을 서 있었습니다. 나에게는 매우 귀한 손님이었지요. 희망과 용기에 가득찬 야당 정치인 김대중 씨를 보는 느낌이 나쁘지 않았습니다. 당찬 요구였고 짧은 시간이었지만 화기애애한 분위기였습니다.

김대중 박정희 씨를 만나려고 한 시도는 1958년 6월에 실시된 제4대 국회의원 선거 때도 있었습니다. 내가 민주당에 입당하고 지역구를 강원도 인제로 옮겼을 때입니다. 외지에서 온 야당 신인에게는 험지였는데, 특히 자유당과 경찰이 사사건건 나의 활동을 방해하여 결국 후보 등록이 무산된 상황이었습니다. 하도 실망스럽고 갑갑하여 어딘가 호소라도 해볼 작정으로 인제

---

19 김대중, 『김대중 자서전 1』, 서울: 삼인, 2019, pp.171-172, p.356.

20 『조선일보』, 1968년 1월 5일, 이 행사에는 약 2,000명의 하례객이 참여했고 약 3시간 동안 선 채로 진행되었다. 박정희는 28일 밤 국회에서의 예산안 통과를 지켜보느라 밤샘을 한 뒤여서 아직 피로가 풀리지 않아 상당히 피곤한 표정이었다. 이날 신년 인사에 육영수 여사는 감기로 불참하였다. 1974년 8월 15일 제29회 광복절 기념행사에서 육영수 여사가 피격되었다는 뉴스가 나올 때, 김대중은 "무사해야 할텐데…"라며 육영수 여사의 안위를 걱정했다. 그날은 김대중의 장남 김홍일의 결혼식 날이기도 하여 김대중과 이희호 여사는 바쁜 중에도 긴장하며 뉴스에 귀를 기울였다. 이희호, 『이희호 자서전, 동행』, 서울: 웅진 지식하우스, 2008, p.149.

지역 육군 사단장의 관사를 찾았습니다. 사단장이 부재중이었지만 당번병에게 물어보니 사단장 이름이 박정희 씨였습니다. 그 후에도 다시 한번 찾았지만 여전히 부재중이라 결국 만나는 것을 포기하고 말았습니다. 참 얄궂은 인연이지요. 내가 그 후 1961년 5월 14일 인제의 보궐선거에서 당선되었지만, 이틀 후 5·16 군사 쿠데타가 발생하여 국회의원 선서도 못하고 말았습니다. 악연이 시작되었다고 볼 수 있겠네요.

박정희　나는 군대 내에서 일어나는 자유당의 부정선거 움직임에 반대하는 입장이었습니다. 1956년 5월 제3대 대통령 선거를 앞두고 군단에서 내가 사령관으로 있던 제5사단에도 부정선거 지령을 내렸습니다. 나는 그때 "지금부터 선거에 관한 한 나는 사단장이 아니다"고 부하들에게 천명한 적이 있습니다. 특히 부통령 후보로 나온 이기붕에 대해 거친 욕설도 서슴치 않았습니다.[21] 김대중 씨가 찾아 온 시기는 내가 1957년 제7보병사단장으로 있을 때였을 것입니다. 그때 김대중 씨를 만났다고 해도 어찌할 도리는 없었겠지만 같이 부정선거를 개탄하는 마음은 확인할 수 있었겠지요. 만일 그때 실제로 만났다면 어떤 좋은 인연으로 발전해 나갔을지도 모르는 일이었겠네요. 어쨌든 부정선거와 군대 내 부패상에 대한 나의 분노와 사회적 불만이 군사혁명의 한 배경이었는데, 의도치 않게 김대중 씨에게는 개인적인 불운으로 이어지게 되어 안타깝고 미안할 따름입니다.

김대중　1979년 여름에도 박정희 씨를 꼭 만나고 싶었습니다. 저와 가까웠던 예춘호, 양순직, 박종태 등을 청와대로 보내 차지철 경호실장에게 만남을 주선해 달라고 전했습니다. 조건없이 대화를 나누고 싶었습니다. 나라가 위태로운 지경이라고 느꼈고 이를 회피하는 것은 나나 박정희 씨 모두에게 부

21　조갑제, 『박정희 1』, 서울: 까치, 1992, pp.231-232.

끄러운 일이며 민족과 역사에 죄를 짓는 일이라 생각했습니다. 그러나 한참 후에 거절의 대답이 돌아왔습니다. 차실장이 내 뜻을 전달했는지 아니면 자기 선에서 거부했는지 알 수 없지만, 생전에 충분히 얘기를 하지 못해 내내 한스러웠습니다.

> 조건은 없습니다. 나한테 하고 싶은 얘기를 모두 해 주십시오. 비난해도 다 듣겠습니다. 대신 내 이야기도 다하겠습니다. 내 안의 애국 충정도 다 꺼내 놓겠습니다. 합의점을 찾으면 좋겠지만 합의가 안 되더라도 상관없습니다. 그렇게 되면 왜 서로를 싫어하고 왜 의견이 다른지 그 실체는 알 수 있는 것 아니겠습니까. 대통령과 나는 20년 가까이 대립하고 있습니다. 그러면서도 마주 앉아 대화한 적은 한번도 없습니다. 이제는 서로를 경계하며 경쟁하는 단계는 지났다고 보입니다. 서로의 눈을 보면서 육성으로 나누는 대화가 중요하다고 생각합니다. 서로 얘기를 주고받음이 나라와 우리 두 사람을 위해 절실한 시점에 서 있습니다. 실로 나라가 위중합니다. 이를 회피하는 것은 부끄러운 일이며 민족과 역사에게 죄를 짓는 일이라 생각합니다.
> | 김대중, 『김대중 자서전 1』, p.357.

박정희　당시 김대중 씨를 만나 허심탄회하게 이야기를 나눌 만큼 여유롭지 않았고 마음도 편하지 않았습니다. 야당의 거센 저항이나 사회적 불만 등이 커지고 있다는 것을 느끼고는 있었지만 그렇게 심각한 수준은 아니라고 봤고 충분히 잘 관리해 나가고 있다고 생각했습니다. 위기감이 크지도 않았습니다. 차지철 등 강경파의 견해가 더 귀에 들어왔지요. 지금 생각해 보면 내 주위에 인의 장막이 두터워지면서 스스로도 판단력이 흐려져 많은 스트레스를 받고 있던 상황이었는데 그때는 그것을 깨닫지 못했던 것이지요. 그리고 당시 김대중 씨가 사사건건 반대만 하고 국정의 발목을 잡고 있다고 생각했습니다. 그 전부터 김대중 씨가 국내에서 떳떳하게 말하지 않고 해외에서 반체제운동을 하고 있다고 봤어요. 국익에 대한 배반행위라고 믿고 있었습니다. 차 실장이 어떻게 보고했는지는 기억이 나지 않지만, 그런 상태에서 만나자는 제의를 선뜻 받아들일 수 없었습니다. 지금으로서는 못 만난 게 아쉬울 따름입니다만, 다 무상한 일들이었지요.

김대중　그 만남 제의가 거절된 후, 군인 사전에는 적만 있지 경쟁자는 없는가 보다라고 생각했습니다. 우리의 만남이 계속 엇박자가 난 것도 크게 보면 둘의 운명이고 역사의 섭리라고 보아야겠지요. 나의 종교적 신념에 따르면 하느님의 뜻이고 계획이었지 않나 싶습니다. 지금이라도 이렇게 대화를 나누게 되어 다행입니다.

기뻤던 순간들

사회자　두 분은 한국 역사에서 많은 것을 이루셨습니다. 돌이켜 보면 한국 사회에서 벌어진 결정적인 역사적 장면들 한 복판에 두 분이 서 있기도 했고, 수많은 발자취를 남기셨습니다. 개인적으로 영광과 기쁨의 순간이 많이 있었을 것으로 짐작됩니다.

김대중　고난에 찬 인생을 경험했지만, 매 순간 낙관적으로 살려고 노력했고 기쁜 순간도 많았습니다. 1981년 4월 청주교도소에 갇혀 있을 때, 아버지인 나 때문에 대전교도소에 수감 중이던 큰 아들 홍일이가 보낸 편지를 읽고 너무나 가슴이 메었습니다. 눈물이 앞을 가려 몇 시간을 못 읽다가 자기 전 이불 속에서 겨우 읽었지만, 너무 기쁜 순간이었습니다. 나의 생명을 지켜주신 주님께 감사한다는 것과 아버지인 내 건강을 걱정하는 내용이었습니다. 홍일이는 편지에서 보람있는 감옥 생활을 위하여 무언가 한 가지는 반드시 얻

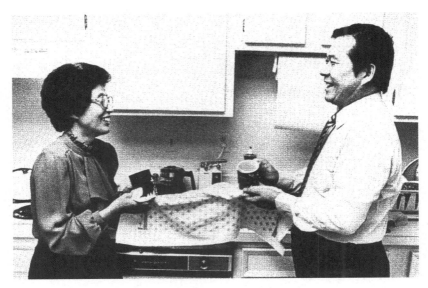

미국 망명 중 『피플』지에 게재된 김대중과 이희호(1984년, 김대중도서관 제공)

어 나갈 것이라 다짐하면서, 천주님의 자녀인 자신을 태워 세상을 비추고, 또 자신을 녹여 세상의 부패를 막는 소금이 되는 삶을 살아야겠다고 했습니다. 홍일이가 편지를 쓴 날짜가 14일이니 부활주간이었습니다. 나는 이 편지를 주님의 큰 선물로 알고 감사기도를 드렸습니다.[22] 1982년 전두환 정권에 떠밀려 치료 명분으로 미국 망명길에 올랐는데, 미국에서의 생활은 나름대로 심신의 안정을 꾀할 수 있는 시간이었고 감옥과 구속에서 벗어나 아내와 함께할 수 있어서 좋았습니다. 물론 조국에 남겨두고 온 민주화 동지들과 국민들을 떠올릴 때면 한 순간도 마음이 편치 않았습니다. 한국의 민주화를 위해 매 순간 게을리하지 않았고 살인적인 일정들을 소화해 나갔습니다. 그 당시 미국의 잡지 『피플』에 실린 아내와 나의 설거지 장면은 바쁜 일정 중에도 개인적으로 기쁨을 느낀 순간을 보여준 것 같습니다.

22 김대중, 『옥중서신 1』, 서울: 시대의 창, 2009, pp.207-208.

박정희　집권하기 이전까지 불만과 불운에 긴장감을 놓을 수 없는 나날이 계속 되었지만, 1937-1940년 사이 문경보통학교에서 어린 제자들을 가르치는 교사로서 즐거운 순간들이 많았습니다. 소풍날 갑자기 비가 쏟아져 트럭에 학생들을 태우고 귀가하면서 큰 소리로 노래도 부르고 내가 나팔을 불어 주기도 했습니다. 학생들이 보는 앞에서 내가 문경군에서 100미터 달리기를 제일 잘한다는 일본인 교사 쓰루다를 제친 것도 잊을 수 없는 추억입니다. 가정방문 때 문경 벽촌을 자전거로 찾아다니며 학부모, 제자들과 이야기하는 것도 참 즐거웠습니다. 그때도 단지 자녀 교육이야기만 한 것은 아니고 농촌 개발 등의 진취적인 대화도 많이 나눴습니다. 평생 잊을 수 없는 기쁜 순간들이었습니다.

김대중　1997년 12월 19일 39만여 표 차로 대한민국 제15대 대통령으로 당선된 순간이 떠오릅니다. 내가 네 번 도전 끝에 당선된 점도 있겠지만, 그동안 독재에 시달린 민주화 운동 동지들과 국민들 그리고 내 인생에 오랫동안 쌓여온 독재의 한이 풀린 것 같았습니다. 나는 평소 무엇이 되느냐 보다 어떻게 사느냐가 더 중요하다고 말해 왔습니다. 하지만, 당선이 확정된 순간 어떻게 경제위기를 조속히 극복하고 민주주의를 더 향상시킬 것인가에 대한 벅차고 설레는 마음을 달래기 힘들었던 것이 사실입니다. 연세대 김대중 도서관에 전시되어 있는 여러 유물 중에서도 중앙선거관리위원회가 발급한 대통령 당선증에 남다른 애착을 가지고 있었던 것도 이 같은 생각에서 비롯된 것입니다. 이외에 사회적으로 가장 기뻤던 순간은 뭐니 뭐니 해도 1999년 한국이 IMF 위기로부터 일년 반만에 공식적인 졸업 선언, 2000년 6·15 남북공동선언 발표, 그리고 2000년 12월 10일 오슬로에서 치러진 노벨평화상 수상 등은 나에게 참 기쁘고 영광스러운 순간들이었습니다. 2000년 10월 13일 나는 아내와 관저에서 노벨평화상 수상자로 내 이름을 호명하는 것을 듣고 서로 부둥켜 안았습니다. 그리고 잠시 나의 눈시울이 붉어졌습니

노르웨이 오슬로에서 거행된 노벨평화상 수상식(2000년, 김대중도서관 제공)

다. 꿈만 같았습니다.[23]

　　비행기 문이 열리고 마침내 나는 트랩 위에 섰다. 하늘과 주위를 살펴 보
았다. 북한의 조국 강산을 처음 보는 심정은 감개무량했다. 참으로 형언키
어려웠다. 순간임에도 수많은 생각들이 떠올랐다. 북녘 하늘과 땅 사이에 대
한민국 대통령, 내가 있었다. 울컥울컥 뜨거운 것이 올라왔다. 꽃술을 흔드
는 군중이 보이고, 그들이 외치는 함성이 들렸다. 공항 청사에는 김일성 주
석의 대형 초상화가 걸려 있었다. 저 아래 김정일 위원장이 있었다. 인민복
을 입은 김정일 위원장, 그가 마중을 나왔다. 트랩을 내려갔다. 북녘땅을 처
음 밟았다. 무릎을 꿇고 그 땅에 입을 맞추고 싶었다. 그러나 다리가 불편해

23　김대중,『김대중 자서전 2』, 서울: 삼인, 2017, pp.366-382.

서 그리 할 수 없었다.

| 김대중, 『김대중 자서전 2』, p.253. 2000년 6월 13일 평양 순안공항에 도착한 순간의 기억.

이 상은 내게 인권과 민주주의, 평화를 위해서 더 많은 노력을 하라는 격려의 뜻으로 받아들입니다. 저는 일생을 두고 믿기를 정의는 항상 승리하지만 당대에 승리하지 못더라도 역사 속에서 반드시 승리한다는 '정의 승리의 신념'을 갖고 살아왔습니다. '정의 필승'을 믿는 일생이었다고 생각합니다. 상을 받고 보니 현세에서 과분한 보상을 받은 것 같습니다.

| 김대중, 『김대중 자서전 2』, p.339. 2000년 10월 13일 노벨평화상 수상식에서 노르웨이 국영 TV(NRK)와의 전화 인터뷰.

박정희 국가적인 차원에서 가장 기뻤던 순간은 역시 농촌의 소득과 한국의 수출이 증가하게 된 장면들이었습니다. 특히 농가 소득증가는 새마을운동의 효과가 드러난 것이라 특별한 의미가 있었습니다. 간혹 직접 농촌에 나가 모내기를 하면서 농민들과 막걸리 마시던 기억도 잊을 수 없습니다. 우리의 농촌도 지긋지긋한 가난의 굴레를 벗고 근대화의 대열에 참여할 수 있겠구나라는 확신과 보람이 있었습니다. 1977년 12월 한국의 총수출량

모내기를 마치고 농부와 막걸리 마시는 모습
(1962년, 박정희대통령기념관 홈페이지)

이 100억 불을 달성했습니다. 1964년 11월 말에 수출액 1억 불이었던 점을 감안하면 한국도 이제는 가난에서 벗어나는 것 뿐만 아니라 잘사는 나라가 될 수 있겠다는 희망과 확신을 가질 수 있게 된 것입니다. 그전에도 나는 김

학렬 경제기획원 장관의 집에 들러 같이 막걸리를 마시면서 경제정책이나 경제성장의 수치들을 논의하던 일이 종종 있었는데 즐거운 기억으로 남아 있습니다. 서로 성격도 잘 맞았는데 김 장관이 나보다 먼저 세상을 떠나 참 안타까웠습니다. 내 주위에는 국가의 경제성장의 현장에서 기쁨을 찾는 사람이 많았습니다. 1973년 6월 9일 포항제철소에서 첫 쇳물이 쏟아지던 날 박태준 사장이 눈물을 흘렸습니다. 그 눈물은 슬픔의 눈물이 아니라 안도와 기쁨의 눈물이었습니다. 나도 똑같은 심정이었고 참으로 감개무량한 순간이었습니다. 사실 그 순간까지 얼마나 어

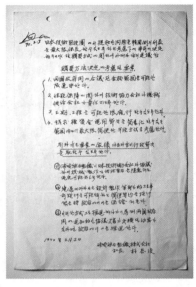

포항제철 건설사업 과정의 로비와 부정청탁을 막기 위해 박정희가 박태준 사장에게 싸인해 준 설비구매재량권, 일명 종이마패(1972년, 포스코 역사박물관 제공)

려움이 많았고 힘들었습니까. 나도 포항제철의 건설 현장을 13회 이상 방문하여 격려하고 살폈습니다. 1992년 10월 3일 박태준 회장이 내 무덤을 찾아와 포항, 광양 양대 제철소의 대역사를 성공적으로 마친 후 "각하! 이제 마쳤습니다"라고 보고했을 때 나는 "임자 너무 수고 많았고 고맙네"라고 대답했습니다.[24] 이 순간들은 모두 나 개인은 물론 국가적으로도 매우 기쁜 순간들이라 할 수 있을 것입니다. 그러한 재미로 세월 가는 줄을 몰랐던 삶이었지요.

팔월 한가위 해가 뜨고 달이 지고 지구가 돌고 돌면 해마다 가을이면 이 날이 오건만은 올해는 보기 드문 풍년 중에 대풍년. 농민들의 흘린 땀이 방울

---

24 조용경 엮음, 『각하! 이제 마쳤습니다. 청암 박태준 글 모음』, 서울: 한송, 1995. pp.380-383.

방울 결실했네. 높고 맑은 가을 하늘 아래 들과 산에 단풍이 물들어 가는데 오곡이 풍성하고 백과가 익어가니 나라는 기름지고 백성은 살쪄가니 이 어찌 천우와 조상의 보살핌이 아니랴. 국화의 향기 드높은 중천에 팔월 대보름 둥근 달 높이 떠서 온 누리를 비치니 격양가도 높아라. 이 강산 방방곡곡에 풍년이 왔네, 이 강산 좋을시고 풍년이 왔네.

❙ 박정희, 「추석 유감(1976년 9월 26일 일기)」, 『박정희 시집』, p.35.

　　1970년에는 10억 불 7년 후인 금년에 드디어 100억 불 목표를 달성하였다. 그동안 정부와 우리 국민들의 피땀어린 노력과 의지의 결정이요 승리다…우리 민족의 무서운 저력이 이제야 폭발적으로 발산될 때가 왔다. 더욱 허리띠를 졸라매고 분발해야 한다. 오늘 이날은 우리 한국경제사상 길이 기록될 역사적인 날이 될 것이다. 뿐만 아니라 민족중흥의 역사적 과업 수행에 있어서도 길이 부각될 하나의 이정표가 될 것이 틀림없을 것이다. 100억 불, 이것을 이제 우리의 새로운 출발점으로 하자. 새로운 각오와 의욕과 자신을 가지고 힘차게 새 전진을 굳게 다짐하자.

❙ 박정희, 「100억불 수출의 날(1977년 12월 22일 일기)」, 『박정희 시집』, pp.148-149.

슬펐던 순간들

사회자　영광과 박수 갈채 뒤에는 개인적인 슬픔과 괴로움, 그리고 쓸쓸함도 많았을 것으로 생각됩니다. 역사와 정치에는 지도자들에게 주어지고 각자가 떠안아야 할 역할이 있고, 영광과 고통도 따르게 되어 있지 않습니까. 남들은 모르지만, 당사자는 물론 가족들이 겪은 고통도 적지 않았을 것 같습니다.

가족사진(1961년, 한국일보 제공)

박정희　청년기 가장 큰 슬픔은 선산 동아일보 지국장을 지낸 셋째형 박상
희의 죽음이었습니다. 1946년에 일어난 대구 10월사건 당시 형은 좌익단체
의 난동에 대해 그들을 설득하고 무마하여 질서를 바로잡으려고 한 공으로
경찰이 형에게 주연을 베풀어 주었습니다. 그런데 하필 그때 난동자가 경찰
서를 점령했다는 잘못된 정보로 출동한 토벌대가 오인하여 무차별 사격하
는 바람에 불의의 희생을 당한 것입니다. 형은 1928년 11월 신간회 지회 활
동을 하다가 일경에 체포되어 구금되는 등 항일투쟁을 전개한 민족주의자였
습니다.[25] 나는 형이 고초를 겪은 이후 어린 나이였지만, 일제에 대한 반항심을

25　박정희, 「대통령으로서의 포부와 약속」, 『여원』, 1963년 12월호, p.123. 박정희가 형 박상
　　희로부터 받은 영향에 대하여는 김학민·이창훈, 『박정희 장군, 나를 꼭 죽여야겠소: 한국현
　　대사의 미스터리 황태성 사건의 전모』, 서울: 2015, 푸른역사, pp.135-148.

갖기 시작했습니다.[26] 나는 형을 존경했고 형은 나를 끔찍이 아껴 주셨는데, 형의 죽음은 더없이 큰 슬픔이었습니다. 1962년 5월 8일 내가 중앙의료원에 입원해 계시던 독립운동가 심산 김창숙 선생을 병문안한 것도 상희 형의 영향이 컸습니다. 내가 평소 심산 선생을 존경했기 때문에 인사를 드리고 싶었지만, 심산 선생의 둘째 아들 김찬기와 상희 형은 친구였고 둘이 항일운동을 한 점도 작용하였습니다. 내가 병실에서 심산 선생에게 환영받지는 못한 것을 나중에 알았지만, 상희 형과 관련된 인연을 소중히 하고 싶었습니다.[27] 그리고 무엇보다 나에게 괴롭고 슬픈 일은 1974년 8월 15일 장충동 국립극장에서 열린 8·15 기념식에서 내자가 불행히 유명을 달리한 사건이었습니다.[28] 내가 평소에 살갑게 챙기지 못한 면도 있어서 너무나 미안하고 허전하고 슬펐습니다. 아무리 잊으려 해도 안 되고 그럴수록 그리움과 슬픔이 더 엄습해 오곤 했습니다. 나는 장례식장에 홀로 남아 한송이 흰 목련이 봄바람에 지듯이 떠난 내자를 생각하며 단장의 슬픔을 느꼈습니다. 외로움과 슬픔을 달랠 길 없어

---

26 박정희 정부 시절, 1931년 11월에 적발된 대구사범 현준혁 교사의 독서회(사회과학연구회) 사건과 그 이후 대구사범 8, 9기 학생들에게까지 이어진 문예부, 다혁당 등에 연루되어 퇴학당하고 옥고를 치렀거나 해방 전 감옥에서 옥사한 다수의 대구사범 동문들에 대하여 독립장, 애국장 등이 서훈된 바 있다(『동아일보』, 1962.10.18.). 신청은 유족이나 동료들에 의하여 이루어졌으나, 매우 상세한 조사와 승격을 위한 재심까지 있었던 것으로 미루어 보아 정부의 적극적인 의지가 반영된 것으로 보인다. 가장 핵심적인 인물인 현준혁과 그의 제자 몇 명에게는 2020년에 애국장이 서훈되었다. 국가보훈처의 공적조서의 자세한 내용은 https://e-gonghun.mpva.go.kr/diquest/Search.do 참조.

27 민병래, 「김구의 평생 동지였지만 여관방을 떠돌던 독립운동가의 80대 손녀」, 『오마이뉴스』, 2021년 4월 16일.

28 육영수 여사의 서거에 관하여 김대중은 사건 당일 일기에서 다음과 같이 기록하고 있다. "육영수 여사가 흉탄에 서거한 것은 참으로 충격적인 일이다. 1968년 정초에 세배갔을 때 퍽 친절하게 대하던 모습이 눈에 선하다. 여자는 숙명적으로 남편과 같은 운명을 가기 마련이라지만 이와 같은 참변은 너무나 애처롭다. 아무튼 테러리즘은 절대 배격되어야 한다. 테러는 민주주의의 적이다. 테러로 민주주의가 성공한 예를 우리는 알지 못한다. 아무리 시간이 걸려도 민주주의는 국민의 자각과 단결과 투쟁으로 평화적 원칙 위에 해결되어야 한다. 4·19의 위대성도 바로 여기 있는 것이다. 이번 사건으로 박 대통령은 어떤 생각과 교훈을 갖게 되었을까?"(김대중, 「테러리즘(1974년 8월 15일 일기)」, 『김대중 전집 II』, 제8권, p.607.

여러 편의 시를 쓰기도 했습니다.[29] 1977년 1월 29일 지만이가 육사에 입교하기 전날 내자의 묘소에 인사하고 왔는데, 어머니가 남에게 지지 말고 열심히하라 했다고 전하더군요.[30] 1940년 만주로 떠나던 날 눈물을 훔치시며 나를 배웅하던 어머니 생각과 겹치면서, 지만이가 너무 안쓰럽기도 하고 내자가 생각나기도 하여 많이 슬펐던 기억이 생생합니다. 그리고 또 하나 근혜가 자유의 몸이 아닌 채 옥고를 치렀다는 것입니다. 근혜는 내자가 유명을 달리하고 어릴 때부터 영부인 역할을 대신하느라 안쓰러웠는데, 영어의 몸이 되었으니 모든 것이 내 잘못 때문은 아닌지 자책감을 지울 수 없습니다.

이제는 슬퍼하지 않겠다고 몇 번이고 다짐했건만 문득 떠오르는 당신의 영상 그 우아한 모습 그 다정한 목소리 그 온화한 미소 백목련처럼 청아한 기품. 이제는 잊어버리려고 다짐했건만 잊어버리려고 하면 더욱 더 잊혀지지 않는 당신의 모습 당신의 그림자 당신의 손때 당신의 체취. 당신이 앉아 있던 의자 당신이 만지던 물건 당신이 입던 의복 당신이 신던 신발 당신이 걸어오는 발자국 소리. "이거 보세요", "어디 계세요" 평생을 두고 나에게 "여보"하고 한번 부르지 못했던 결혼하고 그날부터 이십사 년간 하루같이 정숙하고도 상냥한 아내로서 간직하여 온 현모양처의 덕을 어찌 잊으리 어찌 잊을 수가 있으리.

ㅣ 박정희, 「잊어버리려고 다짐 했건만(1974년 9월 4일 일기)」, 『박정희 시집』, pp.62-63. 육영수 여사를 그리워하며 박정희가 쓴 여러 일기나 시 중의 하나.

---

29 박정희는 육영수를 그리는 내용의 시를 여러 편 남겼다. 「한 송이 흰 목련이 봄바람에 지듯이(1974년 8월 20일)」, 「상가 세월(1974년 8월 31일)」, 「추억의 흰 목련(1974년 8월 31일)」, 「아는지 모르는지(1974년 9월 1일)」, 「잊으려고 다짐했건만(1974년 9월 4일)」, 「백일홍(1974년 9월 14일)」, 「당신이 그리우면(1974년 9월 30일)」, 「저도의 추억(1975년 7월 28일)」, 「임과 함께 놀던 곳에(1975년 8월 6일)」, 「임이 고이 잠든 곳에(1975년 8월 14일)」 등이 『박정희 시집』에 실려 있다.

30 박정희, 「지만이 집 떠나기 전날(1977년 1월 29일 일기)」, 『박정희 시집』, pp.128-129.

어느 봄날 청와대 경내에서 하얀 목련을 배경으로 육영수 여사와 함께
(1970년대 초반, 박정희대통령기념관 홈페이지)

김대중　　나는 평생 다섯 번의 죽을 고비를 넘기고 6년여 동안 투옥되었습니다. 납치사건에서 생환한 1973년 8월 6일부터 연금을 당한 것을 시작으로 민주화가 이루어진 1987년 6월까지 총 55회에 걸친 가택연금을 견뎌내야 했습니다. 전화와 편지 등이 모두 도청·감청되고 검열이 지속되어 집안에서조차 늘 라디오를 크게 틀어 놓고 필담을 해야 하는 상황이 지속되었습니다. 지금이야 아무렇지 않게 말하는 것 같지만 당시는 얼마나 고통스럽고 경계심에 힘들었는지 모릅니다. 나는 그렇다 쳐도 아내와 아들 등 모든 가족들이 겪은 고통과 불이익은 너무나 미안하고 괴롭고 슬픈 기억들입니다. 나에게 가장 큰 슬픔은 장남 홍일이가 고문 후유증으로 건강이 악화되어 결국 일찍 세상을 뜬 일입니다. 1980년대 남산의 군 수사기관에 불법연행되어 갖은 고문을 당했습니다. 게다가 네 아버지가 빨갱이라고 자백하라며 잠도 재우지 않은 채 고문을 이어갔습니다. 그때 홍일이가 거짓으로 아버지에 대한 조작을 자백할 수

도 없고 정신적·육체적으로 너무 괴로워 스스로 죽으려고 지하 조사실의 시멘트 바닥에 계속 머리를 부딪쳤다고 합니다.[31] 그 후유증으로 그렇게 듬직하고 자랑스러운 아들이 병을 얻어 오랫동안 휠체어 신세를 지게 되었습니다. 몸이 점점 굳어지고 신경이 마비되어 갔던 것입니다. 참 아버지로서 가슴이 메어지고 찢어지는 심정입니다. 내가 병석에서 사경을 넘나들 때와 나의 국장 현장에서 홍일이가 나에게 아버지라는 세 마디를 겨우 어렵게 내뱉었습니다. 나의 생명이 며칠 안 남은 상태에서도 홍일이의 그 소리를 느낄 수 있었습니다. 나는 평생 홍일이의 건강이 회복되도록 하느님께 기도했습니다.

김대중 　 내 아내 이희호는 "정치는 아이들에게는 최대의 적이었다"고 말했습니다.[32] 원대한 꿈을 갖고 모진 고난을 극복하며 대통령이 된 나였지만 내 가족은 늘 외롭고 힘들었습니다. 나와 내 아내는 아이들의 부정사건이 터졌을 때 그들의 행동에 무한히 야속하고 절망스러우면서도, 아이들의 고민과 아픔에 신경 쓸 겨를도 없었던 부모로서 자책했습니다. 아내는 "주여, 저의 기도가 부족했습니까? 저희가 교만했나요?"라고 기도했고 저도 병이 악화되었지요. 이희호는 박정희 씨의 가족에 대해서도 늘 비슷한 생각을 갖고 있었습니다. 1997년 대선 기간 중 구미 생가를 방문했을 때 아버지를 많이 닮은 박지만을 잠시 본 적이 있었습니다. 이희호는 박정희 씨의 자녀 중에서도 박재옥과 어린 나이에 어머니를 잃은 박지만이 유독 상처가 깊었을 것으로 느꼈습니다. 전처가 낳은 아이들의 심정을 이해하고 그들이 마음을 열 때까지 기다렸던 어머니로서 내 아내는 박재옥과 박지만을 유독 무척 안타깝고 가슴 아파했습니다. 아내는 동병상련을 느끼면서 "평범한 가정의 단란함이 얼마나 그리웠을 것인가"라고 생각했습니다. 지만이의 어머니에 대하여 아

31　김홍일, 『나는 천천히 그러나 쉬지 않는다』, 서울: 나남출판, 2001, p.220.
32　이희호, 『이희호 자서전 동행』, 서울: 웅진 지식하우스, 2008, p.374.

제7대 대선 즈음 동교동 자택에서 가족과 함께(1971년, 김대중도서관 제공)

주 좋은 인상을 가졌던 이희호는, 같은 어머니의 심정으로, 박재옥과 박지만
의 손을 잡고 한번 따뜻하게 안아주고 싶은 마음이 간절했지만 그러지 못했
던 점을 못내 아쉬워했습니다.[33] 그 점에서 부족한 부모로서 박정희 씨와 나는
다를 게 없습니다. 대통령의 길보다 아버지의 길이 더 소중하고 힘든 일인지
도 모르겠습니다.

사회자 두 분은 개인적인 차원이 아니라 공식적인 정치역정에서도 슬프고
괴로운 순간들이 많았을 것으로 생각됩니다. 어느 순간이 가장 기억에 남으
셨는지요.

---

33 이희호, 『이희호 자서전 동행』, 서울: 웅진 지식하우스, 2008, p.152.

박정희   나는 국가안보의 최고책임자로서 한국의 안보가 위기에 처하고 미국이 우리 정부의 정책에 비협조적일 때 가장 걱정스럽고 괴로웠습니다. 1969년 7월 25일 닉슨이 '아시아의 안보는 아시아인의 손으로'라는 괌 독트린을 발표함으로써 한국의 안보위기가 쟁점으로 떠올랐습니다. 나는, 1969년 8월 21일, 샌프란시스코에서 닉슨 대통령과 회담을 가졌습니다. 월남에서 발을 빼려던 미국이었지만, 닉슨은 한국에서의 미군 철수나 감축은 없을 것이라 공언했고, 나는 미국의 별도 요구가 있을 때까지 한국군은 월남에 주둔할 것이라 약속했습니다. 하지만, 이 일이 있고 3개월도 지나지 않은 시점에 닉슨은 주한 미군 철수 방안을 지시했고, 1970년 3월 20일 키신저는 주한미군 2만 명을 1971년 말까지 철수하겠다는 방침을 나에게 직접 설명하라고 국무부에 지시했던 것입니다. 그 후 미국 대사가 나에게 이 같은 방침을 공식적으로 전해왔습니다. 나는 바로 타자 칠 겨를도 없이 손편지를 써서 미군 철수의 위험성과 약속의 중요성을 강조하는 뜻을 닉슨에게 전달했습니다. 월남파병으로 인한 경제적 이득도 컸지만, 한국의 안보가 절대위기에 봉착한 셈이었지요. 이 뜻이 전해졌는지 계획은 실행되지 않았습니다. 그 순간 나는 닉슨에 대한 배신감에 분노가 치밀었고, 약소국으로서 비정한 국제정치의 현실을 절감했습니다. 대통령으로서는 가장 괴로운 순간이었습니다.

박정희   이를 계기로 나는 핵무기 개발을 구상하게 되었습니다. 그즈음 나는 김종필 총리에게도 "우리 원자폭탄을 연구해야겠어. 미군이 언제 떠날지 모르니 우리를 지켜줄 무기가 필요해"[34]라고 했습니다. 프랑스 드골 대통령이 핵무기 개발에 성공한 것을 보면서 하루빨리 핵무기를 개발하고자 극비리에 프로젝트를 진행하였지요. 사실 나는 김일성의 북한을 이겨야 한다는 경쟁심과 압박감도 많았습니다. 그런데 1974년 하반기부터 미국의 방해 압력이

---

34   김종필, 『김종필 증언록 1』, 서울: 와이즈베리, 2016, p.426.

거세지기 시작했습니다. 정부 간의 공식 회의석상에서 미국 관계자들이 '한국은 재처리의 재자도 꺼내지 말라'고 공언했고, 우리 측 국방과학연구소나 대전기계창 등에 갑자기 들이닥쳐 연구시설과 관련 서류들을 감시하고 들추는 사건이 비일비재 했습니다. 1975년 6월 미국 워싱턴포스트와의 회견에서 나는 "한국은 미국의 핵우산 보호를 받지 못할 경우 우리의 안전을 위해 핵무기 개발을 포함한 가능한 모든 수단을 동원할 것이다"라고 했지요. 미국은 핵무기 개발을 포기하지 않을 경우, 모든 경제적·안보적 지원을 중단하겠다고 압력의 강도를 높여 왔습니다. 1975년 8월 25일에서 28일까지 방한한 미 국방장관 슐레징거는 나에게 최후 통첩을 해왔고 나는 불쾌하고 자괴감이 들었지만 몇 가지 조건을 달아 사실상의 핵무기 개발 포기각서를 적어 주었습니다. 미국은 그 대가로 '북한 도발 시 선제 핵무기 사용 가능성', '한국 수도권 방위 9일 속결전' 등의 방위공약을 약속했습니다.[35] 이 사건은 나에게 최악의 굴욕이었고, 한 국가의 안보책임자로서 가장 괴로운 순간이었습니다. 청소년 시기부터 미국인들을 항상 미국놈이라 불렀고, 어떻게 하면 한국의 자주외교와 자립경제를 달성할지 고민했던 나로서는 매우 수치스럽고 속이 뒤집히는 순간이었습니다. 그 날 얼마나 담배를 피웠는지 머리가 어지러울 지경이었습니다.

김대중   광주 항쟁이 일어나기 하루 전인 1980년 5월 17일 늦은 밤, 신군부의 착검한 헌병들과 중앙정보부 요원 수십 명이 집으로 쳐들어와 나를 남산의 중앙정보부 지하 대공수사국 303호 조사실로 끌고 갔습니다. 홍일이와 동생 대현이, 권노갑, 한화갑, 김옥두 등 비서와 경호원들도 불법으로 강제 연

---

35 노재현, 『청와대 비서실 2』, 서울: 중앙일보사, 1993, pp.77-83. 이 포기 각서에 대하여 함구령이 내려졌고 각서 중 한 부는 청와대 대통령 전용금고에 보관돼 있었다 한다. 김정렴 전 청와대 비서실장 같은 인사는 "핵문제는 국가의 영원한 최고 기밀"이라며 일체 언급 하지 않았다.

행되었습니다. 이 일은 전두환의 신군부가 '김대중 내란 음모사건'을 조작하기 위한 수순이었습니다. 광주 민주항쟁을 부추기고 용공으로 몰아가서 전두환의 집권을 정당화하기 위하여 미리 기획된 것들이었습니다. 알고 보니 나에 대한 본격적인 수사가 이루어지기도 전에 전두환의 합동수사본부에서 조작한 내란음모 시나리오가 그들의 일정대로 언론에 차근차근 발표되고 있었습니다.[36] 참 기가 막혔습니다. 그 안에서 내가 겪은 고초는 정신적으로나 육체적으로 고통스러웠고 괴로웠습니다. 같이 잡혀 온 아들 홍일이와 비서들은 물론 민주 인사들이 고문받느라 비명지르는 소리가 옆 방에서 들렸습니다. 나도 인간으로서 참기 힘든 수모와 고통을 받았습니다.

김대중   나는 이 과정에서 인간적 존엄과 정치적 신념을 잃지 않으면서 하느님이 주신 생명을 지켜나가기 위해 처절하게 맞섰습니다. 내가 왜 잡혀있는지 억울함과 절망감이 매 순간 나를 엄습했지만, 이 무도한 집단에 의한 위기를 넘겨야 민주화도 가능했기 때문에 스스로를 채찍질하고 기도했습니다. 전두환을 설득하기 위한 나름의 논리도 펴면서 싸워 나갔습니다. 나중에 알았지만 내가 잡혀 온 직후인 5월 18일 새벽 0시 30분 전두환이 중앙정보부 부장실에 급히 들려 바로 내가 갇힌 남산 지하 조사실 303호의 폐쇄카메라를 직접 켜서 보았고, 이후에도 대공수사국장을 수시로 불러 수사를 독촉했다고 합니다.[37] 교대로 들어온 수사관들은 어둠침침하고 싸늘한 방에서 내가 마주하고 있는 책상에 군화발을 걸치고 앉아서 이미 짜여진 각본대로 반복된 질문을 계속하면서 나를 협박하고 포기하도록 만들었지요. 당시 나는 광주항쟁이 일어난 사실도 모르고 있었던 시기인데 이 천벌을 받을 전두환 집단이 많은 시민들을 희생시키고도 모든 것을 조작하고 있었던 것입니다.

36 이기동, 「전 중앙정보부 대공 수사관 증언: 남산 지하실에서 만난 김대중, 김홍일, 한화갑」, 『신동아』, 1999년 7월호.

37 『JTBC 뉴스』, 2021년 11월 24일.

이런 오만방자한 수사관들의 태도에도 아랑곳하지 않았지만, 속으로는 참담함과 모욕감에 견디기 힘들었습니다. 푸른 색 수의를 입고 있었던 나는 괴로움을 조금이라도 덜기 위해 담배를 계속 피우면서 스스로를 단련해 나갔습니다.

김대중　내가 5·18 광주 민주항쟁에 대해 알게 된 것은 5월 17일 불법 연행된 지 50여 일이 지난 1980년 7월 10일이었습니다. 그날 합동수사단장 이학봉 대령이 조사실로 찾아와 나를 회유하고 협박한 것이지요. "당신이 우리와 함께 간다면 대통령직만 빼고 어떤 자리라도 드리겠습니다. 만일 우리 요구를 거부하면 살려 둘 수 없습니다. 반드시 죽이겠습니다. 재판은 요식행위에 불과합니다. 협조하면 살고 거부하면 죽는 것입니다." 이 말을 던진 이학봉은 이삼일 후에 오겠다며 잘 생각해 보라 하고 나갔습니다. 그리고 잠시 후 수사관이 신문 한 뭉치를 던져주었습니다. 신문은 온통 광주 이야기고 기사는 하나같이 충격적이었습니다. 무고한 민주시민들이 계엄군의 총칼에 생명을 잃었습니다. 신문은 흡사 거대한 부고장 같았습니다. 나는 큰 충격에 의식을 잃고 쓰러졌습니다. 무슨 말로도 그때의 충격과 괴로움을 표현할 수 없을 것입니다.[38] 한편, 2009년 5월 23일 노무현 대통령의 안타까운 서거 소식을 듣고 심신을 가눌 수가 없었습니다. 내 몸의 반쪽이 무너져내린 느낌이었습니다. 전생에 형제나 다름없이 여기고 있었는데, 갑작스런 비보에 슬펐습니다. 광화문 광장에서 열린 마지막 가는 길에 나는 권양숙 여사를 보자 눈물과 슬픔을 주체할 수 없었습니다. 한국의 민주주의를 위해 동행한 동지이자 동생, 그리고 유쾌한 지도자를 잃었습니다.

　　깨어나 보니 링거 주사를 맞고 있었다. 의사도 곁에 있었다. 나도 그만 죽

38　김대중, 『김대중 자서전 1』, 서울: 삼인, 2019, pp.383-384.

광주 민주항쟁 당시 전남 도청앞 분수대 집회(1980년, 나경택 촬영, 5·18 기념재단 제공). 김대중에게 광주 민주항쟁은 한이고 통곡이었다. 한국 민주주의의 눈물이고 우리 민족의 눈물이었으며 민주주의와 인권을 원하는 모든 인류의 한이자 투쟁이었다. 그리고 꽃보다 더 아픈 민초들의 생명이었고 도도한 민중의 바다이자 들불이었다.

고 싶었다. 광주시민들이 나를 위해, 민주주의를 위해 항쟁하다가 희생을 당했으니 이 일을 어찌한단 말인가. 죽자, 차라리 죽어버리자. 의로운 시민들을 총칼로 짓밟은 무리들이 감히 나에게 협력을 당부하다니…가증스러웠다. 광주에서 희생당한 사람들, 내 어찌 살아서 그들을 볼 수 있단 말인가. 나도 옥중에서라도 싸우다 죽어야 했다. 사흘 후 이 대령이 찾아왔다. 나는 내 결심을 얘기했다. 협력할 수 없으니 당신들이 죽인들 내 어찌하겠소. 이 대령은 당황한 기색이 역력했다. 이틀 후 다시 찾아왔다. 나는 더욱 단호하게 거부했다.

┃ 김대중, 『김대중 자서전 1』, p.384.

    존경하고 사랑하는 노무현 대통령님. 이 무슨 청천벽력 같은 일입니까. 당신보다 스무 살도 더 먹은 이 몸이 조사를 하다니, 이 기막힌 현실이 믿기지 않습니다. 서거 소식을 전해 듣고 나는 "내 몸의 반이 무너진 것 같다"고 했습니다. 왜 그때 그런 표현을 했는지 생각해 봅니다. 그것은 우리가 함께 살아온 과거를 볼 때 그렇다는 것만이 아니었습니다. 나는 노 대통령 생전에 민주주의가 다시 위기에 처해 있는 상황을 보고 아무래도 우리 둘이 나서야 할 때가 머지않아 올 것 같다고 생각해 왔습니다. 그러던 차에 돌아가셨으니 그렇게 말했던 것입니다. 노무현 대통령, 당신, 죽어서도 죽지 마십시오. 우리는 당신이 필요합니다…당신같이 유쾌하고 용감하고, 그리고 탁월한 식견을 가진 그런 지도자와 한 시대를 같이 했던 것을 큰 보람으로 생각합니다.

┃ 김대중, 『김대중 자서전 2』, p.564. 김대중이 직접 작성한 고 노무현 대통령 조사. 이명박 정부의 반대로 2009년 5월 29일 열린 국민장에서는 발표되지 못하였다.

눈물

사회자   시인 김현승은 1957년 「눈물」이라는 시를 발표했습니다. 그에게, 눈물은 인간적 삶의 처음이자 마지막이었고, 우리 삶에서 가장 값진 것이 아니었나 생각됩니다. 사람들은 슬플 때도 눈물을 보이고 기쁠 때도 눈물을 보이지요. 인간의 행동 중에 눈물을 흘리는 것보다 진실된 것은 없다고 합니다. 그 눈물에는 개인적 감정이 나타나기도 하지만 사회적 의미도 담기게 됩니다. 눈물은 때로 인간의 나약함을 고백하는 과정이기도 하고 종교나 신에 대한 귀의를 의미하기도 합니다. 두 분도 인생에서 다양한 의미를 담은 눈물을 흘리신 적이 있으신 것으로 알고 있습니다.

김대중 1959년 첫 번째 아내 차용애가 세상을 떠났습니다. 여러 번의 낙선으로 가산을 탕진하여 어려워진 살림을 미장원 직원으로 겨우 생활을 꾸려가던 아내였습니다. 평소에 가슴앓이가 심해 약을 먹었는데 그게 어찌 잘못되었는지 혼수상태에 빠졌고, 한걸음에 의사를 불러왔으나 이미 숨을 거두었습니다. 어린 홍일이와 홍업이를 남기고 저 세상으로 간 것이지요. 나는 아내를 보내고 두 아들 손을 잡고 남산 팔각정에 올라 당부했습니다. "어머니가 세상에 없다고 좌절해선 안 된다. 잘 커야 한다. 그것이 어머니가 바라는 것이다. 어머니는 좋은 분이셨다."[39] 두 아들은 말이 없고 나는 돌아서서 울고 또 울었습니다. 나는 평생 차용애에 대한 감사와 추모의 정을 간직하고 살았습니다. 1961년 5월 14일 인제군 보궐선거에 당선되어 군 선거관리위원회로부터 민의원 당선증을 받았습니다. 세상을 떠난 차용애가 먼저 생각났습니다. 금배지를 달고 아내 앞에 서고 싶었고 무덤을 찾아가 보여주고 싶었습니다. 그동안 고생만 하다 먼저 간 그녀를 생각하며 당선증을 쥐고 통곡했습니다.[40] 인생 처음으로 국회의원에 당선된 날이었지만 너무나 야속하고 눈물 나는 순간이었습니다.

39   김대중, 『김대중 자서전 1』, 서울: 삼인, 2019, p.104.
40   김대중, 『김대중 자서전 1』, 서울: 삼인, 2019, p.128.

박정희 나도 김대중 씨가 배우자를 잃었을 때의 심정을 충분히 이해합니다. 남의 일이 아닙니다. 특히 어려운 시절을 같이 지내고 애환이 겹겹이 스며있는 아내를 먼저 떠나 보낸 사람으로서 그 슬픔과 눈물을 어떻게 가눌 수 있겠습니까. 내자 육영수가 1974년 8월 15일 광복절 기념식장에서 흉탄에 목숨을 거둔 날 나는 망연자실했습니다. 어머니가 수술 중인 것으로 알고 있던 아이들을 데리고 청와대로 돌아온 후 지만이를 안고 엉엉 울었습니다. 나는 평생 내자가 생각날 때마다 눈물이 흘렀습니다. 아무리 생각해 봐도 살아있을 때 잘해 준 것이 하나도 없었습니다. 그리고 울적할 때마다 국립묘지에 가서 내자와 이야기를 나누고 오면 기분이 풀리곤 했습니다. 나는 내자가 세상을 떠난 후 술보다 차를 더 들었습니다. 청와대 식당 한쪽 벽에 내자의 커다란 초상화를 걸어놓고 그 앞에서 혼자 식사하면서 내자와 대화를 나눈 적이 많았습니다. 1975년 5월 21일, 신민당 제9대 대표 김영삼과의 회담 때에도 창가에 날아드는 한 마리 새를 보면 홀로된 내 신세와 같다는 생각이 절로 들어 하염없이 눈물이 나곤 하였습니다. 내자가 떠난 후 내 인생은 쓸쓸함과 허무함 그 자체였습니다. 앞서 말씀드렸다시피 내 마음을 둘 곳이 없어 그 심정을 여러 편의 시로 적어보기도 했습니다.

누나와 저는 어머님이 아직 수술 중인 것으로 알고 있었어요. 아버님은 무표정했습니다. 집 본관에 들어가시면서 직원들에게 밥 먹었냐고 말하기도 하셨어요. 주위에 사람들이 없는 곳으로 가자 아버님이 제 손을 잡고 어머니가 쓰던 접견실로 끌고 가더군요. 문을 닫고는 갑자기 저를 껴안고 "네 엄마가 돌아가셨대…"라며 엉엉 우시는 거예요. 굉장히 큰 소리로 우셨지요. "이게 꿈이 아닌가. 아직 수술 중이라는데…"하는 생각이 겹쳤고, 생전 처음 엉엉 우는 아버님의 모습을 보니 당황도 되고…

ㅣ 노재현, 『청와대 비서실 2』, p.169. 육영수 여사의 서거 소식을 자식에게 전하던 아버지의 모습에 대한 박지만의 회고.

박정희와 나의 회담은 5월 21일 이루어졌다. 지금은 허물어지고 없는 일제 총독관저, 당시 대통령 집무실에서 나는 박정희와 단독 대좌한 채 커피를 마시고 있었다. 그때 창밖 나무 위에 새 한 마리가 날아와 앉았다. 나는 지난해 사고를 당한 부인에 대한 위로를 해야 할 것 같아서, "마음이 얼마나 아프냐"며 조의를 표했다. 박정희는 나의 위로 인사를 받자 망연한 표정을 짓더니 창밖의 새를 가리키면서, "김 총재, 내 신세가 저 새 같습니다"라고 하고는 바지 앞주머니에서 손수건을 꺼내 눈물을 닦는 것이었다. 느닷없는 행동이었지만, 그 모습을 보니 나는 인간적으로 안되었다는 생각이 들었다.

Ⅰ 김영삼, 『김영삼 회고록 2』, p.83.

김대중 나도 배우자를 잃은 남편이자 아버지로서 박정희 씨와 동병상련을 느낍니다. 당해 보지 않은 사람은 잘 모를 것입니다. 둘 다 아버지로서 지금도 자식들을 보면 안타깝고 눈물 흘릴 일이 한두 가지가 아니지요. 나도 남모르게 흘린 눈물이 참 많습니다. 무기징역으로 감형된 후 1981년 1월 13일 청주교도소로 이감된 나는 면회 온 가족에게 눈물을 보이지 않게 해 달라고 하느님께 매일 기도했습니다. 아내 이희호가 면회 와서 흘린 눈물을 보고 얼마나 가슴이 아팠는지 모릅니다. 나에게 치욕과 고독을 준 하느님께 감사 기도를 드렸습니다. 하지만, 어느새 이불 속에서 '하느님 아버지'를 부르면서 울었습니다. 눈물이 하염없이 쏟아져 나왔습니다.[41] 병석에 누워계시던 정일형 박사가 문병 온 강원룡 목사에게 "대중이를 살려줘"라고 외치셨다는 말을 듣고 나는 다시 눈물을 쏟았습니다. 그리고 가족들이 보낸 편지를 읽으면서는 기뻐서 눈물이 난 적도 많습니다. 내가 고난의 인생역정을 이겨내고 헤쳐 나온 데는 하느님의 은혜와 가족들의 성원이 가장 큰 힘이 되었던 것입니다. 육군교도소에서 사형수로서 아내를 만났을 때는 눈물 한 방울도 보이지 않았

---

41 김대중, 「1981년 2월 21일 편지」, 「1981년 4월 22일 편지」, 『김대중 옥중서신 1』, 서울: 시대의 창, 2009, p.193, p.207.

청주교도소 수감 중 가족면회(1981년, 김대중도서관 제공)

지만, 청주교도소에서 아내를 만났을 때는 눈물을 참을 수 없었습니다. 청주
교도소로 이감된 날 머리를 깎을 때 눈물이 쏟아졌습니다. 죽음을 면하고 살
아있다는 의미의 기쁨의 눈물이었습니다.[42]

박정희　여순 반란사건 이후 숙군肅軍 과정에서 남로당 군사책 혐의로 사형
선고를 받은 나는 당시 백선엽 정보국장의 도움으로 1949년 2월 목숨을 부
지하게 되었습니다. 당시 김안일 소령 등 많은 선후배 장교들과 미 군사고문
단의 재심사와 협조에 힘입어 처형 집행 10일 전에 형 집행 정지로 풀려나
군대를 제대하게 되었습니다. 수갑을 찬 나는 그날 백선엽 대령과 만난 자리
에서 "나를 한번 도와주실 수 없겠습니까"라는 말이 한참 만에 튀어나왔습니
다.[43] 당시 나는 눈가가 붉어졌습니다. 겉으로는 울지 않았지만, 불안감과 초
조함에 속으로 울고 있었습니다. 1963년 8월 30일, 나는 철원군 제5군단 비

42　김대중, 『김대중 자서전 1』, 서울: 삼인, 2019, p.405.

43　백선엽, 「백선엽 회고록, 6·25 전쟁 60년, 144, 145, 146회」, 『중앙일보』, 2010년 8월, 3, 4,
　　5일.

행장에서 열린 전역식에서 알 수 없는 울음을 참을 수 없었습니다. 전우들의 원한의 넋이 잠든 산야에서 나의 무상한 반평생을 함께 해온 군복을 벗으려니 가슴이 먹먹해지고 울음이 복받쳤습니다. 나는 이날 "다시는 나 같은 불행한 군인이 나오지 않기를 바란다"는 말을 남기며 울음을 쏟았습니다.[44]

박정희　나는 가난한 나라의 대통령이 되어 서럽고 슬픈 일화도 많았습니다. 1964년 12월 10일 독일 루르 지방의 한 탄광회사 강당을 메운 우리 한국인 광부와 간호사들을 만나면서 눈물을 훔칠 수밖에 없었습니다. 그 자리에 참석한 모든 동포들도 같이 울었습니다. 애국가가 시작되면서 노래가 아니고 눈물이 쏟아져 강당이 온통 울음바다였습니다. 경제성장을 위해 돈이 필요했지만 가난하고 신용이 없어 한국에 돈을 빌려주려는 나라가 없었던 상황이었지요. 우리 국민 광부 5천 명과 간호사 2천 명이 외화벌이를 위해 독일로 파견되어 갖은 고초를 겪으며 땀을 흘리고 있던 현장에 대통령으로서 방문한 것이었습니다. 우리 국민들이 가엾기도 하고 미안하기도 했습니다. 무엇보다 국민들의 안위를 책임져야 할 대통령으로서 무한히 침통하기도 하고 면목이 없어서 얼굴을 들 수가 없었습니다. 가난한 나라의 대통령으로서 겪었던 쓰라린 경험 중의 하나였습니다.[45]

김대중　1973년 8월 13일 밤, 나는 납치에서 풀려난 후 극비리에 옮겨졌습니다. 사방을 살펴보니 동교동 집 앞이었습니다. 그날 밤 11시부터 다음날 새벽 2시까지 계속된 기자회견 도중 나는 보도진들 앞에서 눈물을 보였습니다.

44　이정훈, 「동훈, 박정희 전역식 원고 불운한 군인, 내가 쓰고 이후락이 고쳤다」, 『주간 동아』, 2009년 11월 03일 (709호).

45　재독한인글뤽아우프회, 『파독광부 45년사』, 서울: 재독한인글뤽아우프회, 2009; 『중앙일보』, 2009년 10월 26일; 『대한신보』, 2021년 5월 18일; 파독산업전사세계총연합회, 『재독동포 50년사 1963-2013』, 서울: 한국고용복지연금 연구원, 2015.

괴한들이 나를 바닷속으로 던지려 할 때 예수님께 살려달라 기도했다는 대목에서 서러움과 안도감이 복받쳐왔습니다.[46] 1982년 12월 23일 밤 우리 가족은 워싱턴에 내려 사실상 제2차 망명생활을 시작하였습니다. 〈한국인권문제연구소〉를 개설하는 등 한국의 민주화를 원하는 교포들과 미국 의원 및 여론 주도층 등 많은 분들이 나를 도와주었고, 나는 조국의 민주화를 앞당기기 위해 왕성하게 활동했습니다. 많은 사람들이 내 연설과 삶에 박수와 격려를 보내고 후원해 주었지만 돌아서면 무한히 외로웠습니다. 그 뒤에는 나홀로 흘려야 할 눈물도 많았습니다. 심지어 아내도 때론 몰랐던 적이 적지 않습니다.[47] 당시 광주 민중항쟁을 공부하는 연구모임에 초청되어 항쟁 관련 비디오를 본 적이 있는데, 눈물 때문에 영상을 볼 수 없었습니다.[48]

김대중   내가 가장 통곡하고 또 통곡한 것은 1987년 9월 8일 묘역이 생긴 지 7년 만에 찾은 광주 망월동 민주묘역에서였습니다. 묘역을 뒤덮은 하얀 소복 차림의 5·18 유가족과 부상자들을 끌어안고 통곡했습니다. 그동안 내 심신에 켜켜이 쌓인 광주의 한이 통곡과 눈물로 쏟아졌습니다. 나는 "영령들이여! 김대중이가 여기 왔습니다. 꼭 죽게 되었던 내가 하느님과 여러분의 가호로 죽지 않고 살아서 7년 만에 망월동의 여러분 앞에 섰습니다"라고 시작하는 조문을 읽어 내려갔습니다. 추도사를 읽는데 여러 번 통곡이 나왔습니다.[49] 망월동 묘역 전체가 통곡했습니다. 퇴임 후 연세대 김대중도서관과 비서실 식구들과 함께 2007년 개봉된 〈화려한 휴가〉를 보면서도 30년 전 망월동 묘

46   김대중, 『김대중 자서전 1』, 서울: 삼인, 2019, p.300.
47   김대중, 『김대중 자서전 1』, 서울: 삼인, 2019, pp.428-429.
48   김대중, 『김대중 자서전 1』, 서울: 삼인, 2019, p.383.
49   고명섭, 「이희호 평전: 고난의 길, 신념의 길」, 제21회, 『한겨레신문』, 2016년 5월 8일. 김대중이 광주를 방문한 것은 1973년 납치사건 전이 마지막이었고 줄곧 연금과 수감 생활이 이어져 1987년 방문은 16년 만의 방문이었고, 망월동 묘지는 1980년에 생겼기 때문에 김대중의 망월동 방문은 7년이 된 것이다.

7년만에 찾은 망월동 민주묘역에서 유가족과 함께 통곡(1987년, 조선일보 제공). 김대중도서관 전시실을 구축하는 과정에서 이 장면을 소개하는 패널에 '오열'이라고 적힌 표현을 김대중이 직접 '통곡'으로 수정한 바 있다. 이 통곡의 동영상은 연세대학교 김대중도서관 1층 전시실에서 볼 수 있다. 김대중에게 5월 광주는 한국민주주의의 성지이자 혼이었다.

역을 참배했을 때와 똑같은 눈물이 흘렀습니다. 광주 항쟁은 동학과 3·1 운동으로 이어지는 한국 민주주의의 눈물이고 우리 민족의 눈물입니다. 그리고 민주주의와 인권을 원하는 모든 인류의 눈물이라고 생각합니다.

> 영령들이여! 김대중이 여기 왔습니다. 꼭 죽게 되었던 내가 하느님과 여러분의 가호로 죽지 않고 살아서 7년 만에 망월동의 여러분 앞에 섰습니다. 광주! 무등산! 망월동! 감옥에서, 이국땅에서, 그리고 서울의 하늘 아래서 얼마나 나의 피눈물을 짜내고 떨리게 한 이름들이었던가! 그토록 그립고 그토록 외경스럽던 광주와 무등산과 망월동에 오니 어머니의 품에 안긴 안도감과 준엄한 심판자 앞에 선 것 같은 두려움을 아울러 느끼지 않을 수 없습니다…그날, 금남로에 타오르던 민족의 함성은 국민이 참다운 나라의 주인이 되어야 한다는 역사의 결연한 자기주장이었습니다…광주의 영령들이시여! 여러분은 죽어서 다시 살게 된 것입니다. 여러분의 의거는 일월같이 빛나고, 여러분이 흘린 피는 역사와 더불어 영원할 것입니다.

ㅣ 김대중, 「광주 민주 영령이여, 고이 잠드소서(1987년 9월 8일)」, 『김대중 전집 Ⅱ』, 제12권, pp.555-560. 1987년 광주 망월동 민주묘역을 7년 만에 처음 방문하여 영령들께 올린 추도사.

정치와 권력

사회자　두 분은 오랜 기간 한국현대사의 정치와 권력의 한 복판에서 구심점 역할을 하셨습니다. 정치가 갖는 화려함과 무상함도 몸소 체험하셨습니다. 정치의 막중한 책임을 다하려 노력하시면서도 정치가 주는 비정함을 잊지 않고 계십니다. 정치권력을 둘러싸고 적나라하게 나타나는 군상들과 사회의 움직임도 목격하셨습니다. 양날의 칼과 같은 정치권력의 속성을 개인적으로든 사회적으로든 충분히 경험하신 두 분이십니다. 지금 이 시간에도 정치적 후예를 자처하는 적지 않은 정치인들이 두 분의 존함과 정치적 유산을 내세우며 자기들의 정치를 하고 있는 모습을 내려다 보고 계시지 않습니까. 공자는 『논어』의 안연편에서 "정치는 교육의 연장이며 나아가 도덕의 실현"이라고 말한 바 있습니다. 그리고 정치가 무엇이냐는 제자 자공의 질문에 "식량을 풍족히 하고 군비를 충족하게 하여 백성을 믿게 해야 한다"고 하였지만, 이 중에 하나를 고르라면 백성의 믿음이 최고라고 대답하였지요. 결국, 공자는 "믿음이 없으면 나라가 서지 못한다"는 말로 그의 정치관을 결론지었습니다. 반면, 노자는『도덕경』에서 "천하와 국가를 다스리려는 사람이 먼저 가르치려는 의욕을 버리지 않으면 치국평천하를 이룰 수 없다"면서, "억지로 하는 자는 실패하고, 잡으려 하는 자는 잃어버린다"고 했습니다. 노자는 "정치가 너무 구석구석 영향을 주려 하지 말고 조용하게 무위로서 다스리면 바라는 바 태평함을 얻을 수 있다"는 말로 자신의 정치관을 요약했습니다.[50] 동양의 두 성현의 대조되는 정치관이 아닌가 싶습니다. 이 대조적인 정치관은 오늘날 한국에도 많은 교훈을 주고 있다고 생각합니다. 그럼, 두 분이 인생에서 절실하게 경험한 정치의 순간과 권력의 순간은 언제였습니까. 그리고 두 분께서 생각하시고 실현하려고 했던 정치와 권력은 무엇이었는지 말씀해 주시면 좋겠습니다.

박정희   1961년 5월 16일 새벽 한강 다리 위에서 나는 생애 최대의 결정적 순간을 경험했습니다. 혁명군의 선두 해병여단은 겹겹이 설치된 헌병대의 저지선에 부딪혀 시내 진입이 지연되고 있었습니다. 그때 나를 따르던 모든 장병의 생사와 거사의 성공 여부는 나의 결단에 달려 있었습니다. 저지선을 뚫을 때 나는 오정근 중령과 헌병대의 총탄 속에서 한강 인도교를 허리도 굽히지 않고 꼿꼿하게 걸어 나갔습니다. 어떻게 하든 사람이 총탄을 피할 수는 없는 일 아닙니까. 총격전이 한참일 때 다리 난간에 기대어 시커멓게 흘러가는 강물을 물끄러미 내려다 보았습니다. 가족들의 얼굴이 강물에 떠올랐습니다. 나는 실패할 수도 있다는 각오와 만일의 경우를 대비하여 가족들의 안

---

50   모로하시 데츠지, 심우성 역, 『공자, 노자, 석가』, 서울: 동아시아, 2001, pp.229-235.

위를 박태준에게 부탁하고, 그를 이 거사에서 제외해 둔 상태였습니다. 나는 당시 저지선이 나타났을 때 동요하는 장병들에게 "그대로 밀어버리시오"라고 명령했습니다.[51] 나의 결단이 없었다면 장병들은 흔들렸을 것이고, 거사는 실패했을지도 모릅니다. 결국, 오전 4시 15분경 헌병대의 마지막 트럭 저지선이 뚫렸습니다. 이후 남산 KBS에서 혁명 방송을 시작하는 등 조치들이 이루어졌던 것입니다. 그때가 나에게 최고로 긴장된 정치적 결단의 순간이었고 한국 현대사에 새로운 권력의 판이 그려지기 시작한 순간이었습니다. 처음으로 정치와 권력의 칼날 위를 아슬아슬하게 걷는 기분이었습니다.

박정희　　두 번째로 내가 겪은 정치적 순간은 1972년 10월 17일 서둘러 선언한 유신체제였습니다. 1968년 1월 21일 북괴의 무장공비 김신조 일당이 청와대를 공격한 이래로 북괴의 도발과 위협은 점점 심해졌습니다. 그런데 1969년 닉슨의 괌독트린 이후 미국의 한국에 대한 안보공약이 약해질 우려가 높아지고 있는 위기 상황에서 나는 초조함과 불안감을 떨칠 수 없었습니다. 자주국방의 필요성을 절감했고 이를 뒷받침할 방위산업과 중화학공업을 동시에 추진할 필요가 있었습니다. 그러기 위해서는 정치적으로 안정되어야 했고 국가의 모든 역량을 자주국방과 자립경제에 집중할 수 있는 정치체제가 필요했습니다. 효율의 극대화와 국력의 조직화가 유신체제의 목적이었습니다. 특히 내 눈에 보이는 야당을 중심으로 한 정치세력들은 당시의 위기적 현실을 도외시한 채 우리 몸에도 맞지 않는 민주주의를 주장하는 등 사사건건 반대하면서 사회적 혼란만 야기하고 있었습니다. 오늘 이 자리에 같이한 김대중 씨가 가장 집요하게 반대하고 저항한 야당 정치인이었지요. 나에게는 위기를 극복할 정치체제가 유신체제였고, 이를 뒷받침하기 위해 국민투표를 통해 유신헌법을 채택한 것입니다. 유신체제를 반대하는 사람들은 내가 영구집권을 위한 욕심

51　조갑제, 『박정희의 결정적 순간들』, 서울: 기파랑, 2019, pp.196-199.

에서 민주주의를 훼손했다고 주장하지만, 사실 나는 당시의 총체적 위기 상황에 대한 초조함과 불안감이 더 컸습니다. 1972년 12월 27일, 자신감에 들뜬 북한은 새로운 사회주의 헌법을 공포하고 주체사상을 헌법적 규범으로 공식화했습니다. 김일성의 유일체제를 강화함으로써 우리에게 큰 위협을 가하고 있었지 않습니까. 지금 생각하면 모든 것이 욕심이고 무상한 일이라 할 수 있지만, 나로서는 또 하나의 정치적 결단을 내려야 하는 상황이었습니다.

나는 이 헌법개정안의 공고에 즈음하여 이 땅 위에 한시 바삐 우리 실정에 가장 알맞은 한국적 민주주의가 뿌리를 내려 올바른 헌정 질서를 확립하게 되기를 진심으로 기원하면서 우리 국민 모두의 줄기찬 헌신을 촉구하는 바입니다. 우리는 지금 세계사적인 일대전환점에서 밖으로는 국제권력정치의 격랑을 헤치고 우리의 국가이익을 최대한으로 수호 신장해 나가야 하겠으며, 안으로는 모든 면에서 발전을 거듭하고 남북대화를 폭넓게 전개하여 평화통일의 길을 넓히고 다져 나가야 할 중대한 국민적 사명을 부여받고 있습니다. 이 사명을 완수하기 위해서 우리는 무엇보다도 먼저 국력배양을 가속화 하고 이를 조직화해야 하겠습니다…우리가 이 힘을 기르기 위해서는 모든 면에서 안정을 이룩하고 능률을 극대화해 나가야 하며, 이 모든 국력을 자율적으로 집결할 수 있는 국민총화를 유지해 나가야 하는 것입니다.

ǀ 박정희, 「헌법 개정안 공고에 즈음한 특별담화(1972년 10월 27일)」, 『박정희 대통령 연설기록』, 대통령기록관.

김대중   나는 그 때 일본 출장 중 호텔에서 TV뉴스로 유신을 접했습니다. '드디어'라는 말이 저절로 튀어 나왔습니다. 나는 입국을 포기했고, 나와 가까운 사람들이 계엄군에 불법 연행되어 고초를 당하고 있다는 소식을 들었습니다. 박정희 씨의 이같은 행동은 이미 1969년 삼선개헌에서부터 시작되었다고 생각하고 있었던터라, 강하게 반대했지요. 박정희 씨가 당시 제일 눈에 가시처럼 생각하고 미워한 사람이 나였다고 생각합니다.

김대중   박정희 씨의 견해에 동의할 수 없지만, 이 이야기는 다음 기회에 자세히 나누도록 하겠습니다. 내가 본격적으로 정치의 세계를 실감한 순간은 1971년 대선 출마를 위해 당 경선 출마를 결정한 때였습니다. 당시 잠재적 유력 후보였던 유진오 총재가 병환으로 총재직 사의를 표하자 1970년 1월 초 열린 신민당 임시 전당대회 때부터 대선 후보를 위한 치열한 경쟁이 시작되었습니다. 원내 총무 김영삼 씨가 '40대 기수론'을 주창한 상태에서 나와 이철승 씨, 김영삼 씨 간의 경쟁이 숨막히게 전개되었습니다. 유진산 총재와 같은 구파에 속해 있던 김영삼 씨가 주류였고, 신파에 속한 나와 이철승 씨는 비주류였습니다. 나는 당원들의 바닥 민심부터 얻으려고 열심히 뛰었습니다. 내 아내도 당원 부인들의 마음을 얻기 위해 전국을 누볐습니다. 나에 대한 당원들의 반응은 좋았습니다. 특히 경상도에서도 나를 박정희 씨의 대항마로 여기는 느낌을 받을 수 있었습니다. 1970년 9월 29일, 드디어 결선 투표에서 내가 이철승 씨 표를 흡수함으로써, 언론과 주류의 예상을 뒤엎고 458 대 410으로 김영삼 씨를 꺾고 공식 후보로 선출되었습니다. 박수와 환호성이 그칠 줄 몰랐습니다. 비주류인 내가 대역전승을 거둔 것이었습니다. 내게 처음 출마를 권유한 이용희 씨의 말을 들으면서 순간 영감같은 것을 받았지만, 막상 선출되고 보니 확신을 갖고 민심을 얻어야 승리한다는 생물같은 정치의 섭리와 역전극의 스릴, 그리고 막대한 책무를 느꼈던 것입니다. 나는 대통령 후보 수락 연설에서 박정권 종식을 위해 목숨 걸고 싸울 것을 다짐했습니다. 바야흐로 내 인생은 물론 한국 정치에 커다란 소용돌이가 치기 시작했고 확신에 차 있었지만 떨리는 첫발을 내디뎠던 것입니다. 그리고 앞에서도 말했듯이, 1980년 신군부에 목숨을 걸고 정치적 신념과 광주정신을 지키려 한 나는 모든 것을 역사와 하느님께 맡기고 평화를 얻은 경험이기도 했습니다. 인간의 마음에는 항상 천사와 악마가 있듯이, 인간이 만들어낸 정치권력에도 언제나 천사와 악마가 있지 않았나 생각됩니다.

박정희　정치는 생물임과 동시에 요물이지요. 생물처럼 역동적으로 움직이는 정치는 환호, 영광, 눈물, 배신, 실패, 허무 등을 맛보게 하지만, 요물같은 정치와 권력은 많은 사람에게 풀기 힘든 저주를 내리기도 하는 것 같습니다. 좁게는 권력자와 측근들, 넓게는 모든 정치인과 대다수 사회 성원들이 저주에 걸려 운명을 재촉하거나 갈 길을 잃게 하는 것이 아닌가 싶습니다. 정치를 벗어나 떨어져서 보면 잘 보이던 것도 정치의 파도에 올라서면 보이지 않게 되는 것이지요. 나는 주위에서 충성심을 경쟁하는 측근들의 움직임을 알고 있었고 싫지 않았지만, 그들의 권력 다툼이 돌이킬 수 없는 비극적 결말을 야기할 줄은 몰랐습니다. 청와대 내부는 내부대로, 내각은 내각대로, 당은 당대로 나에 대한 충성경쟁이 있었다는 것을 압니다. 이 경쟁은 내가 집권을 한 직후부터 시작되었다고 볼 수 있습니다. 특히 김종필, 이후락, 박종규, 차지철, 김재규 등의 청와대 경호실과 중앙정보부를 중심으로 한 권력 다툼이 지속되었습니다. 소위 충성경쟁, 인의 장막, 비선 조직 등이 발호하면서 어느새 나를 둘러싼 비극적인 역사가 시작되었다고 할 수 있습니다.

박정희　문제의 시작은 내게 유별난 충성심을 보인 차지철 경호실장이었음을 늦게야 알게 되었습니다. 차 실장은 신앙심과 학구열이 대단했고 무술도 뛰어났습니다. 나는 박종규와 김종필이 추천한 오정근을 물리고 김정렴 비서실장이 추천한 차 실장을 선택했습니다. 차 실장은 내가 좋아하는 '으악새 슬피우는…'이나 '전우의 시체를 넘고 넘어…' 등의 노래를 차에서 틀어놓고 연습을 했다고 들었습니다.[52] 차 실장은 공수단 출신으로 육사 출신이 아니라는 열등감에 사로잡혀 있었는지도 모르지요. 어쨌든 1979년 10월에 발생한 부

52　김 진, 『청와대 비서실』, 서울: 중앙일보사, 1992, pp.72-97.

마사태에 대한 해결 방안을 두고 김재규와 차지철의 반목과 갈등이 깊어졌고, 나는 강경파인 차지철의 보고와 조언에 더 귀를 기울였습니다. 결국, 이 둘 사이의 갈등으로 표출된 정권의 경직성과 한계가 나에 대한 총격이라는 형태로 드러난 것입니다. 나로서는 참 어이없고 허무한 결말이었습니다. 개인적으로는 청와대 내 야당으로 큰 안식처였던 내자가 먼저 세상을 뜨면서 내게 찾아온 심리적인 허전함과 불안감도 한 몫 했으리라 생각합니다. 다들 김정렴이 비서실장으로 계속 있었다면 이같은 사건을 막을 수 있었을 것이라며 안타까워 했지만, 나는 이것도 운명이라 생각하고 그때나 지금이나 담담하게 받아들이고 있습니다. 어차피 한국 정치사의 한 부분이지 않겠습니까. 때로는 역사를 만들기도 하지만 때로는 역사에 쓸려가는 것 아니겠습니까.

박정희   물론 그 이전부터 여러 번 권력을 물려주고 물러날 준비를 하고 있었습니다. 1975년 5월 21일 김영삼 씨와 내가 단 둘이 청와대에서 만났을 때 창밖의 새 한 마리가 마치 내 신세 같고 육영수가 생각나 울음이 나왔습니다. 그리고 "나는 이 자리에 오래 있을 생각없다. 다만, 바로 발표하면 혼란이 생기니 조금만 더 기다려달라"고 이야기했습니다. 김영삼 씨는 이 말을 나중에 눈물 연기라고 비판했지만, 당시 나는 그런 마음이었습니다.[53] 그 이후 1978년 경부터 나는 김정렴 비서실장과 유혁인 정무수석에게도 다음과 같이 내 마음을

---

53 김영삼, 『김영삼 회고록 2』, 서울: 백산서당, 2015. 이날 회담과 관련하여 김영삼은 "박정희가 울지만 않았다면, 나는 그럼 언제 할 꺼냐고 따지고 들었을 것이다. 그러나 그의 눈물 때문에 그를 추궁하려던 나의 마음은 다소 누그러져 있었다"라고 회고하였다(pp. 83-84). 이어서 김영삼은, "박정희가 그때 흘린 눈물이며 대통령 오래 할 생각 없습니다. 민주주의 하겠습니다 하는 말은, 지금 생각하면 처음부터 나를 속이려고 꾸며낸 거짓말이었다. 그의 눈물은 5·16 쿠데타 직후 국민에게 번의를 거듭하며 흘렸던 거짓 눈물과 일맥상통하는 것이었다"라고 회고하였다(p.89). 유신체제의 종언을 촉발한 YH사건의 폭력적 진입 후, 김영삼은 1979년 9월 10일, 법원으로부터 신민당 총재 직무정지 가처분결정을 통고받는데, 당일 가진 기자회견에서 "…이 항쟁을 통해 박정권의 타도운동을 전개할 것을 선언한다. 나는 여기서 박정희 씨의 하야를 강력하게 요구한다"며 박정권 타도를 선언하는 성명을 냈다(p.147).

여러 번 털어놓은 적이 있습니다. "아무래도 김종필을 다시 총리로 임명하여 대통령 권한대행을 할 수 있도록 해야겠다. 1982년 주한 미지상군이 완전철수하기 전까지 안보의 기반만 다지면, 나라 위해 할 건 다 해놓았으니 이만큼 했으면 되지 않았느냐. 나도 좀 쉬어야겠고 애들도 시집 장가 보내야겠다."[54]

박정희   지금 생각하면 그때 보다 과감히 마음을 비우지 못한 것도 일종의 정치권력이라는 저주에서 비롯된 것 같아요. 내가 그 저주를 풀지 못한 것이지요. 한편으로는 두려움과 걱정이 결단을 계속 미루게 한 것인지도 모릅니다. 또한 나와 나라를 위한다고 권력의 군상들이 만들어낸 시국사건으로 있어서는 안 될 억울한 희생이 있었던 것도 사실입니다. 당시로써는 그 길이 옳다고 생각했지만, 조금 멀리 보았다면 다 부질없는 일들이지요. 그런 일들에 대해 사과하고 고통받은 분들에게 위안을 표할 기회도 갖지 못했습니다. 늦었지만, 이 자리에서라도 말씀드릴 수 있어 한결 마음이 착잡해지기도 하고 가벼워지는 것 같습니다. 내가 알지도 못한 일도 많지만 어쨌든 최종 책임은 나한테 있고, 이것이 지도자로서의 업보가 아닌가 싶습니다.

저는 이 나라의 진짜 민심이 어떻다는 것을 대통령께 전달하고 싶어요. 그래서 아무도 모르게 남대문이나 동대문 시장에 나가 사람들 얘기를 들어보기도 하고 주위에서 좋은 분이라고 추천하신 분들을 초대해 대화를 나누곤 해요. 그런데 처음 만날 때는 바른 말을 해 주시던 분들도 두 번째 만날 때부터는 저 듣기 싫은 얘기는 안 하시려 해요. 제가 아무리 "왜 이러십니까? 저를 소경, 귀머거리로 만드시려고 그러십니까. 세상 돌아가는 얘기를 사실대로 좀 얘기해 주십시오"라고 아무리 간곡하게 부탁해도 소용이 없어요. 그래서 제가 문 기자님을 만나고 싶어하는 거예요.

| 문명자, 『내가 본 박정희와 김대중』, pp.112-113. 육영사 여사가 남편에게 민심을 제대로 전하기 위하여 문명자 기자에게 부탁하는 대목. 대구 출신의 문명자 기자는 1961년부터 2001

54   김정렴, 『아, 박정희』, 서울: 중앙 M&B, 1997. pp.220-221.

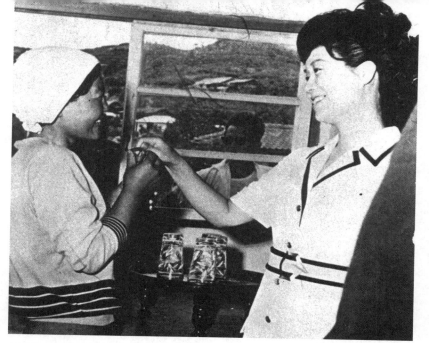
성나사로병원을 방문하여 한센인을 위로하는 육영수 여사(1970년대 초반, 동아일보 제공). 소록도
한센인들은 1974년 11월 육 여사 공덕비를 세웠다.

년까지 40년간 백악관을 출입했다. 조선일보, 동아일보, 경향신문, MBC 등의 주워싱턴 특파
원을 지냈다. 그녀는 1965년 육영수 여사를 단독 인터뷰할 정도로 박정희 일가와 각별한 사
이였다. 1973년 김대중 납치사건이 중앙정보부 소행임을 단독 보도한 후 신변에 위협을 느
껴 미국으로 망명했다. 그녀는 등소평, 나카소네, 펄 벅, 김일성, 김정일 등을 단독 인터뷰한 것
으로 유명하다. 미국 망명 이후 한국의 민주화를 위해 활동하고 김대중의 망명 활동도 적극
돕는다. 하지만 박정희기념관 건립을 위한 김대중의 노력에는 반대한 바 있다.

　　김 총재, 나 욕심 없습니다. 집사람은 공산당 총에 맞아 죽고, 이런 절간
같은 데서 오래 할 생각 없습니다. 민주주의 하겠습니다. 그러니 조금만 시간
을 주십시오…조선 놈들은 문제가 있어요. 내가 정권을 내놓는다고 미리 알
려지면 금방 이상한 놈들이 생겨날 겁니다. 대통령으로 일하는 데 여러 가지
문제가 생깁니다.
┃ 김영삼, 『김영삼 회고록 2』, pp.83-84. 박정희가 김영삼과의 회담에서 곧 물러날 것이라는
　의향을 내비친 대목.

김대중   정치와 권력의 저주를 극복할 수 있는 사람이 얼마나 될까요. 나는 평소에 정치를 생물이라고 말하며 현실주의적 태도를 취해왔습니다. 하지만 정치는 간혹 모두의 눈을 멀게 하고 어리석게 만드는 경우가 있습니다. 나 역시 1987년 대통령 선거에서 김영삼 씨와 단일화에 성공하지 못한 점을 내내 후회하고 있습니다. 이유여하를 막론하고 역사에 죄를 졌다는 질책도 감내해야지요. 1986년 11월 17일, 나는 전두환 정권이 대통령 직선제를 받아들이면 내가 사면 복권되더라도 대통령 선거에 출마하지 않겠다고 선언했습니다. 전두환 정권의 압제를 조속히 종식하고 민주화를 촉발하기 위해 살신성인의 자세로 선언한 것입니다. 당시에는 이 방법 외에는 민주화를 앞당길 묘책이 없다고 생각했습니다. 하지만, 전두환 정권은 4·13 호헌 조치를 발표함으로써 나의 선언은 효력을 상실했습니다. 새로운 투쟁을 준비해야 했습니다. 김영삼 씨 역시 내가 사면 복권되면 자기가 대통령 후보를 양보하겠다고 여러 차례 국민들에게 약속했습니다. 민주화 세력을 결집하고 전두환 정권에 압력을 가하기 위한 다짐들이었습니다. 하지만, 우리 둘은 이 두 약속을 놓고 다투게 되었습니다. 서로에게 양보를 종용한 것이지요. 여러 번의 협상이 있었습니다만, 김영삼 씨는 나를 포기시키기 위해 색깔논쟁과 지역감정을 꺼내기도 했습니다. 나는 많이 실망했습니다. 민주화 동지로서 있을 수 없는 일이라고 생각했습니다. 드디어 우리는 갈라섰습니다.

김대중   1987년 10월 30일, 나는 통일민주당을 탈당하여 재야세력과 함께 평화민주당을 창당하고, 범국민 후보로서 재야세력의 지지를 모아 제13대 대통령 선거 출마를 공식 선언했습니다. 선거일이 임박해서까지 민주진영의 단일화 압력과 충언들이 있었지만 우리들은 외면했습니다. 나도 김영삼 씨의 약속위반과 거짓말에 순수히 물러설 수가 없었습니다. 결국 12월 16일 치러진 선거에서 노태우 후보가 36.6%를 얻어 어부지리로 대통령에 당선되고 말았습니다. 전두환 정권에 의한 조직적인 유세방해와 개입, 그리고 부정선

6월 민주항쟁 중 경찰 최루탄에 맞아 사망한 연세대생 이한열의 시청앞 장례 행렬(1987년, 경향신문 제공). 6월 민주항쟁과 한국의 민주화 이행은 평화적이고 점진적이며 불가역적인 과정을 거쳤다. 세계적으로도 모범적이고 성공적인 사례로 평가되었다. 김종태 열사, 박종철 열사와 이한열 열사 등 수많은 청년 민주열사들은 우리의 민주주의를 꽃피게 한 밀알들이었다. 성남지역의 노동자로 주민교회에서 도시산업선교활동과 노동운동을 하던 23살 청년 김종태 열사는 평소 전태일의 길을 가겠다고 다짐하였는데, 이후 수차례 탄압과 고초를 겪던 중 광주항쟁 소식을 접하고 1980년 6월 9일 신촌 네거리에서 광주의 참상을 서울에 알리는 성명서를 뿌리고 분신 산화하였다. 성명서에는 "유신잔당들은 전원 퇴진하라!" "김대중 씨를 포함한 민주인사와 학생들을 전원 석방하라!"라는 요구사항이 담겨 있었다. 그날을 위해서 그가 작성한 또다른 글의 제목은 "광주시민·학생들의 넋을 위로하며"였다. 그는 부산의 가난한 목수의 아들로 태어났다. 7년 뒤 같은 날 1987년 6월 9일, 연세대생 이한열 열사는 '6·10 대회 출정을 위한 범연세인 총궐기 대회'에 참가하던 중 경찰의 최루탄에 머리를 맞고 쓰러졌다. 김종태 열사의 죽음은 전태일정신이 오월광주정신을 거쳐 6월 민주항쟁으로 연결되는 한국현대사의 중요한 하나의 역사적 맥락으로 이해된다.

거가 만연한 상태에서 우리는 결국 전두환 세력에게 승리를 반납한 결과를 맞고 말았습니다. 그 이후 오늘날까지 내가 먼저 양보했었어야 한다고 자책하고 있습니다. 김영삼 씨는 자신의 약속위반과 민주화세력에게 실망감을 안겨준 단일화 실패에 대하여 평생 한번도 사과한 적이 없는 것으로 압니다만, 그의 태도와 상관없이 나는 크게 후회하였습니다. 김영삼 씨나 저나 지금 생각하면 권력의 저주에 걸려 실패할 것이 확실한 게임에 어리석게 나간 것입니다. 참 어리석은 일이었습니다.

> 선거가 끝나자 국민들은 큰 상실감에 빠졌다. 민심은 흡사 폭격을 맞은 듯했다. 거리는 너무나 조용했고, 특히 민주진영에서는 최악의 상황이 닥치자 어쩔줄 몰라했다. 나는 진심으로 미안했다. 어찌됐든 야권 단일화에 실패했기 때문이다. 많은 민주인사들의 희생과 6·10 항쟁으로 어렵게 얻은 선거에서, 그것도 오랜 독재를 물리치고 16년 만에 처음으로 치른 국민의 직접선거에서 졌다. 국민들의 원성이 하늘을 찌를듯 했다. 나라도 양보했어야 했다. 지난 일이지만 너무도 후회스럽다. 물론 단일화 했어도 이긴다는 보장은 없었다. 저들의 선거부정을 당시로서는 막을 수 없었을 것이다. 하지만 국민들에게 분열된 모습을 보인 것은 분명 잘못했다. 언론은 야당의 패인을 단일화 실패에서 찾았다. 그러자 모두 거기에 동의하고 말았다. 특히 나를 지지했던 사람들의 상실감은 너무나 컸다. 대한민국은 선거후유증으로 무섭게 가라앉았다.
>
> | 김대중, 『김대중자서전 1』, pp.500-501.

박정희 사실 나는 평생 정치라는 단어를 싫어했습니다. 내 눈에 비친 정치는 부패하고 무능한 여야 정치인들이 권력을 잡기 위해 사사건건 반대만 하면서 조국의 긴급한 과제들에는 관심도 없고 해결할 능력도 없으면서 민주주의라는 구호만 외치고 선동하는 데 급급한 것 같았습니다. 나에게 정치인은 정상배와 다를 바 없었습니다. 여야 할 것 없이 대통령병 환자들이 많았습니다.[55] 당시 내 정부에서 부정부패가 완전히 없어졌다고는 할 수 없지만, 나는 부정부패를 근절하기 위해 노력했습니다. 그리고 5·16 전후 우리나라 구정권의 부정부패를 누구보다도 잘 아는 사람입니다. 그런데 야당 사람들이 우리 정부가 너무 썩어서 나라가 망한다는 식으로 지나친 주장을 해 그 사람들 얼굴을 다시 보게 되었습니다.[56] 그들이 말하는 민주주의도 서구식이어서 우리 몸에 맞지 않는 양복과 같은 것이었습니다. 내가 정치인 혹은 정치가로 불리는 것도 좋아하지 않으며 익숙하지도 않습니다. 나는 정치라는 단어보다 행정이라는 단어를 더 좋아했습니다. 당시 우리나라가 싸워야 할 3대 공공의 적은 공산당, 빈곤, 부정부패였습니다. 1967년 4월 17일, 대전에서 개최된 제6대 대통령 선거 유세에서도 밝혔습니다만, 이 세 가지와 싸우는 것이 나의 목표였지 야당과의 싸움에는 관심도 없었습니다. 이 과제를 위해 행정을 얼마나 효율적으로 운용하고 국가와 국민의 힘을 조직할 것인가가 정치의 최대 과제였습니다.

박정희   이런 점에서, 나에게 정치란 대의와 원칙, 그리고 강한 의지에 기초하여 잘못된 것을 바로잡고 국가와 국민이 가난과 안보의 위협에서 벗어나도록 목표를 세우고 효율적으로 추진해 나가는 것이었습니다. 이를 위해 국민들을 교육하고 그들의 역량을 이끌어가는 것이지 않았나 생각합니다. 대통령을 포함한 정치 지도자들은 근검절약하면서 도덕적 모범을 보여야 하고 국민들도 불평이나 게으름 피우지 않고 적극적으로 참여해야 한다고 봤습니

---

55   박정희는 1966년 1월 초 김종필이 『조국과 민족과 역사를 위하여』라는 책 출간을 앞두고 모인 청구동 자택에서 열린 술자리에서, 격노한 채 술에 취하여 "내가 니폰도로 이 쓸개 빠진 자들의 목을 댕강댕강 치기 전에는 돌아갈 수 없소"라며 소리쳤고, 청와대 내실로 돌아온 후에 "내 권총으로 그 쓸개 빠진 대통령병 환자놈들을 확 쓸기 전에는 잠을 못 잔다"며 증오심을 보인 바 있다. 박상길, 『나와 제3, 4공화국』, 서울: 한진출판사, 1982; 조갑제, 『박정희의 결정적 순간들』, 서울: 기파랑, 2019, pp.391-393.

56   조갑제, 『박정희의 결정적 순간들』, 서울: 기파랑, 2019, p.491.

제1부 인간적 대화: 나는 누구인가?

다. 그랬을 때 우리나라가 처한 암울한 현실을 극복하고 우리가 바라던 정치적 이상을 실현할 수 있을 것이라 생각했습니다. 이 같은 정치관이 5·16 혁명의 신조였고, 집권 기간 내내 내가 우리나라를 이끌어간 원리이자 신념이었다고 볼 수 있습니다.

'국가와 혁명과 나'. 이것은 본인의 국가관을 말하는 것이요, 본인의 혁명관을 말하는 것이며 또한 자신의 인생관을 말하는 것이다. 국민 제위께서 양찰하는 바와 같이, 본인은 자신이 바라든 안바라든 기히 국가와 민족과 역사를 떠나 분리될 수 없는 처지에 있으며, 혁명의 책임자로서 만금같은 사명감에 중압되고 있다. 본인의 종래 성장과정이 전혀 그러한 바 없었던 바는 아니었으되, 특히 5·16을 기점으로 한 지금의 본인은 조국과 민족과 역사 앞에 자신의 생명을 걸지 않을 수 없게 되어 있다. 본인이 선 위치, 그것이 정계이고 군이고 초야이고를 막론하고, 본인은 오로지 이 나라 국민의 한 사람으로 직접 보고 느끼고 결심한 바에 따라, 민족혁명의 마지막 결실을 위하여 전부를 바치려 한다.

| 박정희, 『국가와 혁명과 나』, p.25.

김대중 누구나 정치에 대한 생각을 가질 수 있고, 정답이 따로 있는 것은 아닐 것입니다. 하지만, 어떤 정치가 옳은 것인지에 대해서는 그 나라가 처한 사회적·역사적 조건 아래에서 국민이 그것을 어떻게 생각하는지에 달려 있다는 점만큼은 부인할 수 없을 것입니다. 아울러, 아무리 시대와 사회가 달라도 동서고금을 막론하고 정치에서 변함없이 존중되어야 할 가치는 있다고 봅니다. 평소 나는 우리 사회가 나에게 요구하는 도덕적 기준이 유난히 높다고 생각했습니다. 독재에 저항하고 민주화 투쟁을 전개하는 과정에서 나는 항상 다른 정치인에 비해 최전선에 섰습니다. 독재자의 칼날은 항상 나에게 먼저 날아왔습니다. 김영삼 씨와 비교해 보아도 누구나 동의할 것이라 생각합니

다. 간혹 너무 억울하다는 생각도 들었습니다. 일부 국민들과 언론들도 유독 나한테만 가혹한 도덕적 기준을 기대하는 것 같다고 느낄 때도 많았지요. 심지어 민주진영 내부에서 나에게 화살을 겨누기도 했습니다. 크게 원망하지는 않습니다. 하지만, 나는 공자의 철학처럼 정치의 목표가 도덕의 실현에 있다고는 생각하지 않습니다. 평생 생명의 위협을 감수하면서도 불의에 굴복하거나 타협하지 않았습니다. 정치에서의 도덕은 귀중한 덕목 중 하나입니다. 나도 책임정치와 도덕정치의 실현을 여러 번 강조한 바 있습니다. 하지만, 정치가가 자신의 도덕 기준과 정치적 원칙을 과도하게 내세울 때 독재가 되거나 권력을 사유화할 가능성이 높습니다. 우리 현대 정치사에는 여야를 막론하고 도덕적 통치를 갈망하던 지도자들이 실패한 경우가 많았습니다. 도덕과 원칙도 중요하지만, 민주적 제도나 합의가 정치적 실패를 줄이는 경우가 더 많다고 생각합니다. 정치는 흙탕물 속에서 피어나는 연꽃과 같은 것이라 생각합니다.

김대중   완전무결한 정치 혹은 지도자란 존재하지 않습니다. 내가 평소에 서생적 원칙과 상인적 현실감각을 겸비하려고 노력한 것도 같은 맥락이었습니다. 또한, 대통령 취임 초 국정노트에 기록한 15가지의 "대통령 수칙"은 나를 규율하고 권력의 저주를 피하기 위한 자신과의 약속이었습니다.[57] 어차피 정치는 민주적 토론과 타협을 통해서 형성된 국민들의 뜻을 따르는 것이어야 하기 때문입니다. 국민에 의한, 국민을 위한, 국민의 정치는 동서고금을 통해 다양한 형태로 존중되어 온 정치의 근본이지 않습니까. 그런 의미에서 나는 민주화 투쟁과정과 대통령 재임 기간에도 국민보다 반발만 앞서려고 노력했습니다. 내가 국민을 가르치거나 이끌어야 한다는 생각보다는 국민의 뜻에 순응하면서 그들보다 반발만 앞서 보여주고 국민들이 선택하도록 하는

---

57   김대중, 『김대중 자서전 2』, 서울: 삼인, 2017, p.46.

자기규율을 위해 스스로 만든 대통령수칙(1998년, 김대중도서관 제공). 김대중은 대통령 재임기에 매일 취침 전 그 날의 일과를 정리하고 다음날의 일정을 정리하는 메모를 남겼다. 정책현안, 회의내용, 면담내용, 그리고 연설 및 발언의 주요 개념과 논리 등을 꼼꼼히 대학노트에 적었다. 이 '국정노트'는 총27권이고 대통령수칙도 취임 초기 국정노트에 직접 적어서 다짐한 내용이다.

박정희와 김대중의 대화

데 최선을 다했다고 생각합니다. 한 발 더 앞서 가려는 것도 정치인의 욕심인지 모릅니다. 세상을 바꾸기 위해 정치를 시작했지만, 사회가 안 따라오면 기다려야지 어떻게 할 수 있겠습니까. 이 같은 정치관을 유지할 수 있었던 것은 역사발전에 대한 낙관론과 국민에 대한 믿음 때문이었습니다.

한국전쟁 중 피난지 부산에서 일어난 정치파동을 보며 새로운 세상을 꿈꾸었다. 나는 정치를 증오하거나 정치인을 폄훼하지 않았다. 정치인은 현실의 장에서 국민과 힘을 합쳐 국민을 괴롭히는 구조적인 악을 제거해야 한다. 사람을 근본으로 여기고 사람이 주인이 되는 세상을 여는 정치야말로 어쩌면 가장 성스러운 것 아닌가. 나는 세상을 바꾸는 대통령이 되고 싶었다. 더러는 그런 나를 '대통령병 환자'로 매도했다. 그래도 개의치 않았다. 나는 정치를 심산유곡에 핀 순결한 백합화가 아니라 흙탕물 속에 피어나는 연꽃같은 것이라 여겼다. 악을 보고 행동하지 않는 은둔과 침묵은 기만이고 위선이다. 내가 훌륭한 정치인이라 생각하지는 않지만, 정치인으로 살아온 것을 후회하지 않는다. 늘 길 위에 있었기에 고단했지만 내 자신과 적당히 타협하지 않았고 게으름을 경계했다.

ㅣ 김대중, 『김대중 자서전 1』, p.21.

사회자　　동서고금을 막론하고 권력자라고 해서 모든 것을 자유롭게 결정하고 실행할 수 없는 것이 정치와 권력의 속성이 아닌가 싶습니다. 두 분의 정치역정에도 정치권력이 갖는 두 얼굴이 있었을 것 같습니다. 두 분의 말씀을 들으면서, 박정희 대통령은 공자의 정치 철학에 가까운 것 같고, 김대중 대통령은 노자의 정치 철학에 가깝다는 생각이 듭니다. 달리 비유하자면 박정희 대통령은 불이고 김대중 대통령은 물이 아닌가 하는 느낌도 들고요. 또 달리 표현하면 박정희 대통령은 부러지더라도 휘지 않는 철이고 김대중 대통령은 휘어지더라도 부러지지는 않는 대나무라는 생각이 듭니다. 불과 물은 서로 상극이지만, 각자 인간의 삶과 사회에 중요한 역할을 하지 않습니까. 앞으로 이어질 두 분의 대화에서도 이 같은 기질과 차이가 역력히 드러날것으로 보입니다.

생과 사, 그리고 유언

사회자　인간은 누구나 한번 태어났다 한번 죽습니다. 종교가 있든 없든 무슨 종교를 믿든, 생사는 인간이 어찌할 수가 없습니다. 하지만, 각자가 어떻게 생과 사를 생각하는지에 따라 그 사람의 삶의 방식이나 철학은 크게 달라질 수 있을 것입니다. 두 분은 모두 죽음을 두려워하지 않았지만, 삶을 더 중요하게 여기셨지 않나 생각됩니다. 두 분의 사생관은 무엇이고, 같은 맥락에서 두 분이 역사와 후세에 남긴 유언은 무엇이었는지 말씀해 주십시오.

박정희　나는 죽음을 별로 두려워하지 않았고 별 의미를 두지도 않았습니다. 단지 어떻게 죽어야 할 것인지에 대해 많이 생각한 편이었다고 할 수 있습니다. 그리고 삶에 대해서도 그다지 집착하지 않았고 때로는 강인한 의지, 신념 그리고 비장함으로 넘쳐났지만 허무함을 떨쳐내지는 못했습니다. 나를 장기간 가까이에서 보아온 김종신 기자가 내 생각을 사무라이적 사생관으로 표현한 것으로 기억이 납니다. 대의를 위해 목숨을 버리고 삶을 불사를 수 있다는 점에서 그럴 수 있습니다. 아무래도 내가 만주군관학교나 일본육사에서 일본식으로 훈련받은 영향이 없지 않겠지만, 내가 태어나고 성장한 과정에서 스스로 그런 사생관을 키워온 점이 더 크다고 봅니다. 나는 만주로 떠나기 전 주위 사람들에게 "죽을 준비가 되어 있다"고 이야기한 적도 많으며, 문경보통학교를 사직하면서 동료들에게 "전사 소식을 접하면 향 한 대 피워주게"[58]라고 진담 반 농담 반 나의 삶의 방식을 내비치기도 했습니다. 그리고 그

58　조갑제, 『박정희 1』, 서울: 까치, 1992, p.84. 조갑제는 "박정희는 자신의 죽음이 비상한 것이 되리라는 예감과 이에 대한 마음의 준비를 오랫동안 해온 사람이었다"고 해석했다. 이어서 그는 "박정희의 행복은 그 죽음의 타이밍에 결론에 도달하게 된다"고 말하며, "10·26이 없었더라면 그는 1980년대 초에 민중봉기나 군부 쿠데타에 의해 더 비참한 모습으로 퇴장했을 것이 확실하다"고 분석한 바 있다(pp.20-21). 김종필은 "박 대통령은 혁명가답게 떠났다"고 증언했다. 김종필, 『김종필 증언록 2』, 서울: 와이즈베리, 2016, p.54.

것이 내가 택한 군인의 길에 어울리는 삶의 방식임을 자랑스럽게 여기고 자기 규율에 충실했다고 생각합니다.

박정희   내가 숙군과정에서 체포되어 고문을 당하고 사형을 집행당하기 직전까지도 의연함을 잃지 않으려 한 점도 나름 나의 사생관이 반영된 것 같습니다. 1979년 10월 26일, 내가 김재규의 흉탄에 맞아 옆으로 몸을 누인 순간에도 "나는 괜찮아"라고 말하며 평정심을 잃지 않은 것도 나의 신조가 그대로 나타난 것 같습니다. 당시 나는 많이 지쳐 있었고 인생의 허무함과 무상함을 느끼고 있었습니다. 언젠가 그와 같은 상황이 일어날지도 모른다고 내 몸과 마음이 준비하고 있었는지도 모르겠습니다. 나는 운명론을 거부합니다만, 내 몸과 정신은 이미 그 순간을 운명처럼 받아들이고 있었는지도 모르겠네요. 1961년 7월 김종필이 용하다는 역술가 백운학에게 물으니 내가 20년 정도는 잘 나가지만 그 즈음에 운명을 다할 것이라 예언했다는데, 그냥 웃어 넘기겠습니다.[59] 어쨌든 말년에 오면서 더욱 그랬지만 나는 인생의 공허함과 무상함을 느꼈고, 일상 생활에서도 많이 쓸쓸했던 게 사실입니다. 1951년에 이미 나는 인생을 담배연기에 비유하는 시를 쓴 적도 있습니다. 오늘 내가 이 같은 대화를 나누다 보니 언뜻 김대중 씨처럼 종교를 가졌더라면 조금 덜 힘들었을지도 모르겠다는 생각도 듭니다.[60]

김대중   인간은 누구나 유한한 존재이니 어느 종교든 절대자에 귀의하는 것은 인간을 더 평화롭게 만들 수 있습니다. 박정희 씨와 좀 더 일찍 만났더라

---

59   김종필, 『김종필 증언록 1』, 서울: 와이즈베리, 2016, p.55.

60   카터는 1979년 7월 1일 박정희와의 2차 정상회담을 마치고 김포공항으로 가는 리무진에서 동승하였던 박정희에게, "대통령 각하께서 예수 그리스도를 만나게 되기를 희망한다"고 말한 적이 있다. 이대환, 『광복70년 대한민국의 위대한 만남, 박정희와 박태준』, 서울: 아시아, 2018, p.404.

면 종교 이야기를 했을 수도 있었겠다는 생각이 듭니다. 죽음을 초월하거나 두려워하지 않는 인간이 어디에 있겠습니까. 박정희 씨나 나나 죽음이 두려운 것은 인간이기에 어쩔 수 없는 것이지요. 다만 나는 하느님의 사랑을 믿었기 때문에 덜 두려웠을 뿐이지요. 나는 카톨릭 신자입니다. 1956년 6월 명동 성당의 노기남 대주교 사무실에서 장면 박사가 지켜보고 김철규 신부의 집전 아래 세례를 받았습니다. 세례명이 토마스 모어였는데, 우연찮게 이 세례명이 고난의 정치일생과 무관하지 않다는 생각을 했습니다. 토마스 모어는 헨리 8세의 부당한 정치적 요구를 거부하고 순교의 길을 택한 영국의 사상가요 정치가였기 때문입니다. 내가 다섯 번의 죽을 고비를 넘기면서[61] 항상 찾은 존재는 하느님이었습니다. 예수님의 부활을 믿는 내게 더 큰 힘이 있을 수 없었지요.[62] 내가 가장 괴롭고 두려울 때 하느님께 기도드린 것입니다. 살려 달라고 말입니다. 사형선고 순간에도 살려 달라고 기도했습니다. 재판장의 입술을 뚫어지게 지켜보면서 제발 사형이라는 말이 떨어지지 않기를 간절히 소망하기도 했었지요.[63] 재판장의 입술이 앞으로 튀어나오면 무기징역이고 옆으로 벌어지면 사형이었던 것이지요. 기도의 힘이 없었으면 나도 일찍 포기하거나 타협했을 것입니다.

김대중 1980년 9월 전두환 신군부의 사형 구형을 받고 최후 진술에서 다음과 같이 말했습니다. "기독교 신자의 한 사람으로서 모든 일이 하느님의 뜻이고 하느님의 원에 의해 제가 이 자리에 선 것입니다. 나는 모든 것을 하느님의 뜻에 맡기겠습니다. 사형을 구형받았을 때 마음이 평안했습니다. 잠도 잘 잤습니다. 하느님의 뜻에 순종합니다. 나는 내 개인을 구원하고 옆에 있는 하느님의 자식도 구원을 받아야 한다고 생각합니다." 하지만, 이 진술은 재판

61 김대중, 『김대중 자서전 1』, 서울: 삼인, 2019, pp.91-92.
62 김대중, 『옥중서신 1』, 서울: 시대의 창, 2009, p.167.
63 김대중, 『김대중 자서전 1』, 서울: 삼인, 2019, p.395.

장에 대한 진술이 아니라 하느님에 대한 기도였습니다. 어차피 나는 당시 신군부의 재판을 초월했던 것입니다. 매번 죽음의 그림자가 다가올 때 나는 살려달라고 기도했고 항상 응답해 주셨습니다. 납치사건으로 바다에 수장되기 직전에도 예수님의 음성을 생생히 들을 수 있었습니다. 그때도 수장되어 상어에게 잡아먹히더라도 제발 상체만은 살 수 있도록 해 달라고 기도했습니다. 나는 항상 역사에서 사는 길을 선택하려고 노력했습니다. 하지만, 1980년 내가 신군부에 협

서교성당에서 기도하는 김대중
(1980년대 후반, 김대중도서관 제공)

력하겠다고 한마디만 하면 살 수 있을 텐데 생각하면서도 나는 죽음의 길을 택했습니다. 어쩌면 지금 죽는 것이 역사에서 사는 길일 것이라 다짐했지요. 가족에게, 역사책 속에 그리고 국민들의 가슴속에 영원히 사는 길을 택하자고 마음먹은 것입니다. 그 후 나의 기도가 통했는지 전 세계에서 김대중을 죽이지 말라는 외침이 거세지면서 결국 감형되고 석방된 것입니다.

김대중　　나는 불의에 굴하지 않고 민주세력과 가족들을 실망시키지 않기 위해 최선을 다했을 뿐입니다. 그리고 역사에서 떳떳하게 영원히 살기를 원했습니다. 그렇지만, 내 아내 이희호가 면회를 와서, "하느님의 뜻대로 하소서" 하고 기도했을 때, 잠시 아내에게 섭섭한 생각이 들기도 했습니다.[64] 남편을 살려주세요라고 기도해야지 하는 섭섭함이자 절박함이었겠지요. 하지만, 나도 감옥에서는 똑같은 내용의 기도를 하고 있었습니다. 내 전 생애를 통해 앞서 말한 종교적 믿음 외에 죽음에 대한 정치적 신념을 잃지 않으려 노력했습

64　이희호, 『이희호 자서전 동행』, 서울: 웅진 지식하우스, 2008, p.221.

니다. "죽더라도 국민에게 희망을 남기면 영생하는 것이다. 살아도 국민을 저버리면 이미 죽은 것이다.[65]"

박정희　나는 아시다시피 정식으로 유언을 남길 형편이 못되었습니다. 하지만, 꼭 죽기 직전에 남겨야만 유언입니까. 어쨌든 유언을 남길 기회도 없었지만, 어줍잖은 유언을 남길 생각도 없었습니다. 운명이 다하면 불꽃처럼 사라지는 것이지요. 하지만, 내가 남긴 몇 가지 어록이나 일화들이 나의 유언을 대신했다고 볼 수 있을 것 같습니다. 1963년 8월 30일, 철원의 5군단 비행장에서 열린 전역식에서 나는 "다시는 이 땅에 나와 같은 불행한 군인이 나오지 않기를 바란다"는 말을 남겼습니다. 나는 원래 병영과 전장에서 조국의 국방에만 집중하는 전통적인 군인의 길을 동경해 왔기 때문에 정치인으로 전환하는 나의 행보는 불행이라 할 수 있었습니다. 나의 심정을 이해해 주는 사람이 많지 않겠지만, 정치인과 정치는 나에게 맞지 않은 것이었습니다. 내가 여러 번 망설이고 주저하면서 정계진출을 포기하고 민정이양을 선언했던 것도 나의 성격 및 취향과 무관하지 않았습니다. 따라서 군인으로서 나 같은 불행한 길을 걷는 사람이 나오지 않기를 바란 것은 지금 보면 나의 유언이나 마찬가지였습니다. 그런 의미에서 내 뒤를 이은 전두환 정권은 개인적으로나 사회적으로 그리고 역사적으로 절대 좋은 일이 아니었지요. 더구나 1961년의 한국과 1980년의 한국은 차이가 너무 커서 군부가 다시 집권하게 된 일은 불행이었고 아무런 대의도 없는 과욕이지 않았나 생각됩니다.

박정희　나는 1975년경 청와대 출입기자들과의 술자리에서, 유신체제와 나에 대한 비판적인 여론을 의식하면서 "내 무덤에 침을 뱉어라"라고 발언한 적이 있습니다. 5·16 혁명과 유신 등을 주도했지만, 나 또한 한국이 처한 사

65　김대중, 「연금 및 감시 중 일기(1973년 12월 2일 일기)」, 『김대중 전집 II』, 제8권, p.558.

회와 역사의 섭리에 의해 만들어진 산물이라는 생각도 했습니다. 내게 주어진 책무와 부담은 내가 감당할 수밖에 없다고 생각했습니다. 어차피 역사가 요구하는 일을 하는데 확실히 잘 해보자라는 게 내 생각이었지요. 하지만 사회가 발전하면서 유신체제 등에 대한 반론이 거세졌지요. 나는 이러한 비판과 저항에 개의치 않았습니다. 나에 대한 평가는 역사가 해 주기를 바랄 뿐이었지요. 긍정적인 평가만을 바라는 것도 아니었고 역사의 몫은 역사에 맡기고 내 역할만 다하자는 게 내 신념이었습니다. 따라서, 그동안 나의 업적을 미화하거나 신격화하고자 하는 일부 후손들의 움직임에 대해서도 흐뭇하게 생각하지만 그 같은 현상을 즐기는 것은 아닙니다. 내 역할에 동의한다면 내 무덤에 막걸리 한 잔 따라주면 되고, 비판한다면 침을 뱉으면 됩니다. 내가 조국 근대화와 민족중흥을 위해 사력을 다했고 내가 씨앗이 되어 조국이 꽃을 피우길 간절히 바라지만, 나머지 평가는 후손들 몫이지요. 그래도 한국이 가난에서 벗어나 남들이 부러워하는 나라가 되었으니 뭘 더 바라겠습니까.

김대중 나는 공식적으로 유언을 남겼는데 목숨을 부지함에 따라 유언이 되지는 못한 일이 있습니다. 유언 아닌 유언이 된 것입니다. 1980년 전두환의 신군부 세력에게 사형을 구형받고 최후 진술 과정에서 남긴 유언을 평생의 유언으로 생각하며 살았습니다. 박정희 씨에게는 미안합니다만 나는 최후 진술을 그의 죽음이 주는 교훈으로 시작하였습니다. 당시 재판장 앞에서 말한 최후 진술의 내용과 분위기를 지금도 생생하게 기억하고 있습니다. 최후 진술의 서두를 아래의 구절로 시작했습니다. "우리 모두에게 박 대통령의 죽음의 뜻을 하느님께서 깨닫게 해 주십시오." 다시는 이 같은 비극적인 결말이 오지 않았으면 하는 바람에서 민주화가 이루어져야 한다는 확신을 전하고 싶었습니다.

김대중 이 부분은 유언이라기보다 역사발전에 대한 나의 믿음을 전달하고자 한 것이었습니다. 사형을 앞두고 남기고자 한 유언은 정치보복을 반복하지 말자는 것이었습니다. 곧 시대가 바뀌어 민주화가 이루어질 것이므로 권위주의 시대의 가해자들을 용서하고 정치보복은 하지 말자는 당부였습니다. 나는 이 같은 용서와 관용의 철학을 지키기 위해 기도하면서 솔선수범했습니다. 많은 민주화 동지들이 나를 비판할 때도 나는 이 원칙을 굽히지 않았습니다. 심지어 내 아들 홍일이가 고문으로 제 명을 다하지 못했는데도 아버지로서 가해자를 원망하지 않으려 노력했습니다. 아마 겪어보지 못한 사람들은 상상하는 것도 쉽지 않을 것입니다. 또 한가지 의도치 않게 유언이 되어버린 경우가 있습니다. 2009년 6월 11일 6·15 남북공동선언 9주년 강연회에서 "피맺힌 심정으로 말합니다. 행동하는 양심이 됩시다. 행동하지 않은 양심은 악의 편이 됩니다." 다시 위기에 처한 민주주의를 지키기 위해 내가 강조한 내용입니다. 이것이 내 일생의 마지막 강연이 되었습니다. 내가 사회에 던진 마지막 유언이 된 셈입니다.

> …당국이 나의 형을 집행하려 한다면 불가능한 일은 아니겠으나 이것이 과연 법의 정의에 합당하여 민주국가로서 옳은 일인가 심사숙고해 주기 바랍니다. 나는 나에 대한 관대한 처분보다는 다른 피고인들에 대한 관용을 바랍니다. 결국 이 분들에 대한 혐의의 책임자는 나이기 때문입니다…나는 아마도 사형선고를 받고 또 틀림없이 처형당하겠지만 내가 처형당한다는 것은 처음부터 각오하고 있는 것입니다. 나는 여기서 이 기회를 빌려 공동 피고인 여러분께 유언을 남기고 싶습니다. 내 판단으로 머지않아 1980년대에는 민주주의가 회복될 것입니다. 나는 그걸 확실히 믿고 있습니다. 그 때가 되거든 먼저 죽어간 나를 위해서든, 또 다른 누구를 위해서든 정치적인 보복이 이 땅에서 다시는 행해지지 않도록 부탁하고 싶습니다. 이것이야말로 내 마지막 남은 소망이기도 하고 또 하나님의 이름으로 하는 내 마지막 유언입니다.

ㅣ 김대중, 『김대중 자서전 1』, p.393. 최후 진술과 관련해서는 당일 날 같이 재판을 받던 문익환 목사의 아들 자격으로 재판을 방청하였던 문성근이 기억했다가 적어서 남긴 버전은 『김대중 전집 II』, pp.212-218에 수록되어 있는데, 김대중 본인이 석방된 후 진행한 몇 번의 인터뷰나 저술에서 추가로 언급한 내용이 담긴 버전이 존재한다.

성찰과 이해, 그리고 상생

사회자 오늘 두 분이 이렇게 자리를 함께 해주신 것만으로도 세상은 응답할 것입니다. 한국 사회와 후세에게 주는 성찰과 이해의 메시지가 될 것입니다. 개인적 관계를 넘어 두 분을 따르고 배우고자 하는 후세들 사이에 상생의 새싹이 돋아나리라는 기대를 해봅니다. 이번에는 각자 자신의 삶에 대하여 어떻게 생각하시는지 말씀해 주십시오. 그리고 두 분이 서로를 어떻게 바라보고 이해하시는지 말씀해 주십시오. 이런 대화를 통해 한국의 오늘과 내일에 치유, 관용, 용서, 그리고 상생의 공간들이 넓어졌으면 하는 바람입니다.

김대중 내 인생이 역경과 고난의 연속이었지만, 영광과 보람도 많이 있었다고 생각합니다. 무엇보다 내가 온 몸을 던져 그렇게 바라던 민주화를 진전시키는 데 일조할 수 있었던 것을 꼽을 수 있겠습니다. 인생은 자신의 이상을 실현하기 위한 여정이니까요. 그래서 마지막 일기에 "인생은 아름답고 역사는 발전한다"고 적었던 것입니다. 그러나, 내가 평생 사명으로 생각한 한반도 평화는 아직도 갈 길이 멉니다. 6·15 남북공동선언 이후 많은 진전이 있었음에도 불구하고 한반도의 평화통일은 여전히 엄혹한 상황입니다. 특히 북한 핵문제가 해결되지 못한 것이 늘

노벨상위원회가 촬영한 사진, 국장기간 발간된 '김대중 마지막 일기 인생은 아름답고 역사는 발전한다'의 표지 사진으로 실림(2000년, 김대중도서관 제공)

아쉬움으로 남습니다. 나의 평생 동지이자 동반자였던 이희호가 "하늘나라에서 우리 국민을 위해, 민족의 평화통일을 위해 기도하겠습니다"라는 말을 자신의 유언으로 남겼는데, 이 유언은 우리 부부의 공동 유언이기도 합니다.

김대중   내 인생에도 돌이켜 보면 아쉽고 미안한 부분이 많습니다. 가족과 아들들에게 평범한 즐거움을 주지 못했고, 가족이 나 때문에 힘들게 보낸 시간이 너무 길었습니다. 나는 정치적 소명을 위하여 최선을 다했지만, 가족들이 무슨 죄인가 하는 생각이 밀려올 때가 많았습니다. 그리고 자식들이 불미스러운 일로 법적 처분을 받았을 때 아버지로서 안쓰러웠지만, 대통령으로서 국민을 대할 면목이 없었습니다. 또 내가 수차례 정계 은퇴를 선언했다가 복귀한 것을 두고 저를 비판한 사실도 잘 알고 있습니다. 약속을 어겼다는 질책은 달게 받아야지요. 하지만, 격동하는 한국정치사에서 민주화를 위해 내게 다시 역사적 소명이 주어진 것이라 이해해 주셨으면 합니다. 적어도 민주화를 위한 투쟁의 길에서 게을리하거나 타협하지 않은 점은 인정해 주시리라 믿습니다. 마지막으로 나의 정치역정에 동참했다가 희생과 불이익을 당하신 동지 여러분께 경의와 미안함을 표합니다. 절체절명의 순간에 나로 인해 부당한 경우를 당해 나를 미워하게 된 분들도 있을 것입니다. 그분들에게도 너그러운 이해와 용서를 구합니다. 민주화 동지들과 성원해 주신 국민이 없었다면 어떻게 내가 그 어려운 길을 완주할 수 있었겠습니까. 더구나 나는 그들에게 뭐하나 챙겨줄 수 있는 처지도 못 되었고 그래서도 안 되었습니다.

김대중   예컨대 내가 집권한 후 미국 망명 시절에 나를 도와준 분들 중에도 섭섭함을 토로하는 분들이 없지 않았습니다. 퇴임 후 2007년 뉴욕에 들렀을 때 그 분들과 오랜만에 식사를 하면서 대화를 나눌 기회가 있었습니다. 나는 진심을 말씀드렸습니다. 우리가 무엇이 되려고 고생한 것이 아니고, 민주화가 되었으니 우리는 소원을 이룬 것이라며 그동안의 공헌과 노력에 감사하다는 말씀을 드렸습니다. 그 분들은 모두 감동적인 답사와 기도로 이해해 주셨습니다. 그 전에 연세대학교 김대중도서관에서는 그 분들의 활동과 사료를 발굴하고 정리하여 전시하게 되었습니다. 그분들의 활동과 공헌을 역사로 기록하고 후손들과 만나는 계기가 마련된 것입니다. 내가 재임 말기에 김

청와대에서 철쭉꽃이 만발한 봄날 이희호 여사와 함께(1999년, 김대중도서관 제공)

대중도서관을 연세대학교에 기증한 것을 가장 기쁜 일이라고 누차 말씀드린 바 있습니다. 이 보다 의미있는 일이 어디 더 있겠습니까.

박정희　스스로 내 인생에 대해 공개적으로 평가해 본 적은 없습니다. 쑥스럽기도 하고 별 의미도 없다고 생각했기 때문입니다. 몇몇 측근들과 막걸리를 마시며 넋두리와 농담을 나눈 적은 있지요. 지나고 보니 나는 주어진 조건에서 목표가 정해지면 앞뒤 안 가리고 전진만 했던 게 아닌가 싶습니다. 개인적으로 매우 고달픈 역정이었던 것 같습니다. 당시 조국의 안보와 경제 여건이 그랬듯이 최대한 빨리 기반을 닦지 않으면 안 된다는 절박함이 그 목표로 이어졌고 내 개인사에도 연결되었다고 생각합니다. 나는 내 인생에 대한 갑론을박에 별로 관심을 두고 싶지 않습니다. 나에 대한 평가는 역사에 맡길 뿐입니다.

박정희　다만, 내가 가장 많은 일을 하고 고독한 결정을 해야 하는 순간에 오랜 기간 내곁을 지켜준 김정렴 실장에게 고마워하고 있습니다. 김 실장은 1969년 10월 21일에 비서실장이 된 이후 9년 3개월간 나와 함께 일했습니다. 1962년 통화개혁 기안 당시부터 같이 했다고 보아야겠지요. 나는 그가 말했듯이 "남의 의견을 충분히 듣고 난상토론을 거친 후 결단을 내리면 소기의 성과가 날 때까지 초지일관 꾸준히 추진했습니다." 나를 독재자라고 비판하는 사람도 많았지만, 그 당시 나는 그 같은 비판과 반대에 귀 기울일 겨를도 생각도 없었습니다. 지금도 조국의 현실에 대한 내 판단이 틀리지 않았다고 생각하고 국민들이 함께 땀흘린 결과 부유하고 강한 조국을 건설한 것에 대해 자랑스럽게 생각합니다. 하지만, 내가 좀 더 유연했더라면 하는 아쉬움이 남습니다. 개인적으로도 좀 더 편안하고 여유로운 길을 걸었을 테니 말입니다. 솔직히 인생이란 지나고 나면 무상한 것이고, 한 사회와 역사도 한 사람의 의지로만 이루어질 수 없는 법이니까요. 나도 큰 흐름 속에서 주어진 역할을 감당한 존재였다고 할 수 있습니다.

박정희　　돌이켜 보면, 미안하고 아쉬운 부분도 많습니다. 나로 인해 평범하고 단란한 생활을 누리지 못한 내자와 가족들에게 참 못된 남편과 아버지가 아니었나 생각됩니다. 가족들을 생각하면 경제발전이 무엇이고 정치가 무엇인가 하는 자괴감이 들기도 합니다. 이런 것들은 달리 생각하면 나와 비슷한 처지의 지도자들이 겪은 정치와 권력이 주는 저주인지도 모르지요. 특히, 국정철학에 대한 집착과 몰입의 결과 반대쪽 목소리에 더 귀를 기울이지 못한 것은 큰 아쉬움 중의 하나입니다. 개인적인 감정과 집착 그리고 증오에 사로잡혀 불필요한 고통을 안긴 경우도 없지 않습니다.[66]

66　김 진, 『청와대 비서실』, 서울: 중앙일보사, 1992, pp.188-193. 김 진은 1972년 10월 17일 비상조치 선포 직후 박정희가 유신에 반대하는 야당 의원 13인을 손수 골라 희생양으로 삼아 각종 고문을 한 사례를 소개하면서 유신의 잔혹한 얼굴을 보여주는 상징적인 피해의 하나라고 지적했다.

박정희　정치권력의 거친 소용돌이 속에서 희생과 아픔을 겪으신 분들, 국내외의 산업현장에서 더 많은 보상을 받지 못하고 견디신 분들, 집권기간 동안 보이지 않게 눈물 흘리신 분들에게 미안함을 금할 수 없습니다. 부족하고 어려운 현실 여건이었을망정 조금 더 경청하고 더 따뜻하게 대해 드렸더라면 하는 회한이 남습니다. 경제적으로 가난하고 군사적으로 약한 나라에서 벗어나기 위해 땀과 눈물을 흘린 것으로 양해해 주셨으면 좋겠습니다. 국민과 함께 가난을 극복하고자 나는 항상 청빈한 생활을 유지하고자 했습니다. 실제로 하루도 빠지지 않고 보리잡곡밥을 먹었습니다. 최소한 나부터 노력하지 않으면 조국의 현실을 바꿀 수 없다는 게 나의 생활신조였습니다.

　　박 대통령은 우리 국사에 관한 책을 애독했고 조예가 깊었으며 뚜렷한 역사관을 지니고 있었다…그래서 박 대통령은 경제개발과 국방을 통치의 2대 지주로 설정했다. 자조정신을 바탕으로 자립경제를 건설하고 자주국방의 태세를 갖추며 이를 바탕으로 민주주의를 뿌리내려 진정한 독립국가를 이룩한 뒤 통일로 간다는 것이 박 대통령이 제시한 국가 발전전략의 거대한 청사진이었다.

ㅣ 김정렴, 『아, 박정희』, p.80.

김대중　나는 박정희 씨가 방금 하신 말씀에 대해 모두 동의하는 것은 아니지만 개인적으로 이해가 갑니다. 누구나 말 못할 고민과 애환이 있기 마련이지요. 특히 나와 박정희 씨처럼 정계나 국가를 대표해야 할 처지에서는 그런 점을 부인할 수 없습니다. 하지만, 나와 박정희 씨는 개인적인 고뇌와는 별개로 공적으로 역사에서 받게 될 평가나 책임을 벗어날 수 없는 입장에 서 있습니다. 오늘 우리가 이렇게 많은 이야기를 나누고 이해의 폭을 넓힌다 해도 우리가 감당해야 할 역사적 평가나 사실은 계속 남게 될 것입니다. 나는 누차 박정희 씨가 지도자로서 우리 경제발전에 남긴 공헌을 인정한 바 있습니다. 박정희 씨는 우리 민족에게 하면 된다는 정신을 심어주고 가난을 극복하는 데 큰 공을 세웠습니다. 우리에게 절실했던 민족적 과제를 해결하고 한국의 역사발전을 한 단계 끌어올린 점을 대다수의 국민은 높이 평가하고 있습니다.

김대중　　하지만, 역시 박정희 씨가 남긴 독재의 기억은 쉽게 지워지지 않을 것입니다. 1969년의 삼선개헌과 1972년의 유신만 없었다면 박정희 시대가 남긴 독재의 그림자는 그렇게 어둡지 않았을 것입니다. 박정희 씨는 5·16 군사 쿠데타로 민주 헌정을 파괴했지만, 최소한 삼선개헌 전까지 의회정치의 기본 절차와 민주적인 제도를 형식적으로나마 지키려 했습니다. 그러던 그가 민주주의의 형식적인 절차마저 무시하고 독재의 길로 치달은 1969년 이후의 정치일정을 못내 안타깝게 생각해 왔습니다. 앞에서도 말씀드렸다시피 나는 하느님께 박정희 씨를 가엾게 여기시고 은총을 내려주시라고 기도하곤 했습니다.

> 박 대통령은 가난의 상징어인 보릿고개를 이겨내고 보리밥이 그리운 추억으로 만든 경제발전의 선도자라는 뚜렷한 공을 가지고 있다. 강렬한 빛 만큼 그림자 또한 짙어서 독재와 인권유린의 허물을 지니고 있다.
> | 이희호, 『이희호 자서전 동행』, p.186.

박정희　　나는 더 이상 김대중 씨를 정적인 야당 정치인으로 생각하지 않습니다. 내가 만든 경제발전의 부작용을 개혁하고 관리함으로써 한국 경제가 다시 도약하는 계기를 만든 지도자로 생각하고 있습니다. 1997년 경제위기는 어떻게 보면 내 경제모델의 성공에도 불구하고 장기간 누적된 부작용이 드러난 것이라고 볼 수 있는데, 대통령으로서 김대중 씨가 그 위기를 국민과 더불어 극복한 것입니다. 국민들이 피땀 흘려 일군 경제성장이 물거품이 되었다면 여기서도 잠을 못 이루었을 것입니다.

청주교도소 수감 중 독서하는 모습(1981-1982년 겨울, 김대중도서관 제공)

박정희　한편, 내 집권기간에 김대중 씨가 겪은 고통이 크겠지만, 지금은 나를 비판할 망정 서운해하지는 않을 것이며 나를 용서했을 것이라 믿습니다. 나도 자기규율에는 누구 못지 않게 엄격했다고 생각하지만, 김대중 씨가 가진 내면의 강인함과 성숙함은 많은 사람을 놀라게 했습니다.[67] 김대중 씨는 3·1 민주구국선언에 참여하여 1977년 진주교도소에서 수형생활을 했습니다. 그런데 많은 사람이 감옥에 갔다 오면 훈장을 단 것처럼 들떠 보상받기를

67　1970년대 유신 시절부터 원주지역을 중심으로 민주화운동과 사회운동에 평생을 바치고 여러번 옥고를 치렀던 무위당 장일순의 인생과 철학은 범상치 않은 구도자의 모습을 보여준다. 그는 당시 많은 젊은이들에게 정신적 선배, 사상적 큰 스승 등으로 존경받았다. 장일순은 평생 노자 사상을 설파하고 체화해 나갔으며, 서화에도 뛰어나 난을 많이 그렸는데 말년에는 난에 사람 얼굴을 넣은 얼굴 난초를 그렸다. 목사이자 작가이면서 장일순의 제자인 이현주가 정리한 대담록에 남긴 장일순의 아래 구절은 많은 후세들에게 또 다른 차원의 울림을 주고 있다. "박정희 씨가 아니었으면 내가 먹장난을 다시 시작하지 않았을 거야. 그런데 그 박정희 씨 덕에 먹장난을 하게 되니까 뭐냐 하면 난초가 나왔단 말이야. 난초란 무아(無我)상태에서 처리가 되는 건데, 그것을 일컬어 미(美)라고 한다면, 박정희라고 하는 탄압이 없었으면 그놈의 난초가 생길 수가 없잖은가? 그래서 내 난초는 박정희 씨 덕이다. 그런 생각을 가끔 한다구…." 장일순, 『무위당 장일순의 노자이야기』, 서울: 삼인, 2020, p.51.

원하거나 원한과 복수심에 사로잡혀 자기를 망가뜨리는 경향이 있는데, 김대중 씨는 감옥에서 더욱 유연하고 강해지고 성숙해지지 않았습니까. 큰 고생을 하였음에도 그 경험과 종교적 신념으로 견뎌내어 오늘의 김대중이 있는 것 같습니다. 김대중 씨의 기도대로라면 하느님이 조국이 어려울 때 쓰려고 김대중 씨를 연마하시고 준비하셨던 게 아닌가 싶습니다. 나는 종교를 믿지 않았지만, 지금 생각해 보면 나와 또 다른 측면에서 우리 조국과 시대가 김대중 씨를 필요했던 것 같습니다.

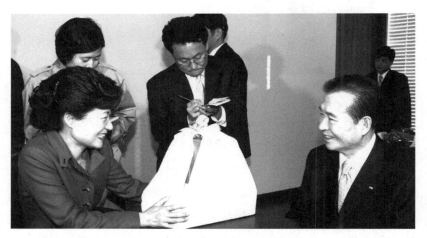

박근혜 한나라당 대표가 김대중 대통령을 예방하고 대신 사과하며 환담하는 장면(2005년, 연합뉴스 제공)

김대중 박정희 씨가 방금 말씀하신 대로 나는 이미 용서하고 화해했습니다. 2005년 11월 14일, 박정희 씨의 맏딸 박근혜 한나라당 대표가 김대중도서관으로 나를 찾아왔습니다. 분홍색 고운 보자기에 녹차를 담은 선물을 들고 밝은 얼굴로 찾아온 것입니다.[68] 참 반가웠습니다. 그런데, 박 대표가 자기 아

___
68 『연합뉴스』, 2005년 11월 14일.

버지 시대에 내가 겪은 고통에 대해 사과했습니다. 뜻밖이었고 고마웠습니다. 마치 박정희 씨가 환생해 나에게 화해를 청하는 것 같았습니다. 감개무량했습니다. 살다보니 이런 일도 있구나 싶었습니다. 그리고 앞에 앉은 박 대표를 보면서 내 딸 같은 느낌이 들었습니다. 박 대표가 나에게 아버지를 대신해 사과했지만, 오히려 나는 내 딸에게 구원받은 기분이 들었습니다.

김대중　1992년 대선 직전에 박정희 씨 묘소를 참배한 적이 있습니다. 그리고 1997년 대통령 선거 운동기간에도 박정희 씨와 화해하기 위한 노력을 많이 했습니다.[69] 1997년 10월 23일 박정희 씨의 책 『국가와 혁명과 나』 재출간 기념회에도 참석했고, 그 해 12월 5일에는 구미에 있는 박정희 씨의 생가를 찾아 그의 업적과 공헌을 언급했습니다. 나의 이같은 일정과 발언들에 대해 김종필은 진심이 묻어난다며 '그만하면 됐다'고 증언한 바 있습니다.[70] 당시 당선을 위해 더 많은 지지가 필요했던 것도 사실입니다. 하지만, 민주화가 더 진전되기 위해서는 통합의 노력이 필요하다고 보고 사회적 갈등 치유를 위해서라도 박정희 씨와 화해하고 용서해야 한다고 생각했습니다. 나는 대통령이 된 후 박정희기념사업회의 명예회장을 맡았고 기념사업을 위해 200억 원의 국고가 지원되도록 노력했습니다. 1998년 4월 박근혜가 대구 달성 보궐선거에 출마할 무렵, 비서실장 김중권에게 "피해자인 살아있는 대통령이 가해자인 돌아가신 대통령을 용서한다면, 동서화합의 증표가 되지 않겠습니까"[71]라며, 내 뜻을 박정희 씨를 지지하는 주요 인사들과 박근혜에게 전달하도록 했습니다. 처음에는 다들 믿지 못했지만 곧 진심을 알게 되었지요. 동서화합 없이 어떻게 국민통합이 되겠습니까. 나라도 나서서 새 장을 열고 싶었습니다. 박정희 씨와 나의 개인적 차원의 화합을 넘어, 한국 사회가 서로 화

69　『경향신문』, 1997년 7월 19일.

70　김종필, 『김종필 증언론 2』, 서울: 와이즈베리, 2016, p.234.

71　박희석, 「김대중의 통합정신」, 『월간조선』, 2017년 6월호.

해하고 용서한다면 경제도 민주주의도 더 나아질 것이라 생각했습니다. 언론에서 즐겨 이야기하는 산업화세력과 민주화세력의 화합이라 해도 무방하겠지요.

김대중 유신이 막바지로 치닫던 1979년 절박한 심정으로 박정희 씨와 만나 시국을 논의하고자 했지요. 그때 만남이 성사되지 않아 아쉬웠지만, 1997년 대선 선거운동 와중에 정신적으로라도 박정희 씨와 만나야 된다고 생각했습니다. 그리하여 나와 김종필, 박태준이 만들어낸 DJT 연합은 어쩌면 박정희 씨와 내가 화해하고 상생해 나가겠다는 의지의 표상인지도 모릅니다. 김종필은 박정희 씨와 같이 5·16을 주도했고 자신의 후계자로 오랫동안 마음에 두었던 조카사위이고, 박태준은 국가재건최고회의 의장 비서실장 출신으로 인간적으로 가장 신뢰한 사람이었지 않습니까[72]. 단적으로 김종필은 박정희 씨의 정치적 분신이었고, 박태준은 박정희 씨의 경제적 분신이었습니다. 이 두 분과 내가 연합하여 국민의 정부를 세웠으니, 그것이 한국 정치사에서 상징하는 바는 매우 크다고 생각합니다[73]. 매끄럽지 못한 장면도 없지 않았지만, 이미 나와 박정희 씨의 화해는 이루어지고 있었던 것입니다.

　　세월이 흘러 그의 맏딸 박근혜가 나를 찾아왔다. 박정희가 세상을 떠난 지 25년 만이었다. 그녀는 거대 야당인 한나라당의 대표였다. 김대중도서관에서 박 대표를 만났다. 나는 진심으로 마음을 열어 박 대표의 손을 잡았다. 박 대표는 뜻밖에 아버지 일에 대해서 사과를 했다. '아버지 시절에 여러 가지로 피해를 입고 고생하신 데 대해 딸로서 사과 말씀 드립니다.' 나는 그 말이 참으로 고마웠다. '세상에 이런 일도 있구나' 했다. 박정희가 환생하여 내

---

72 이대환, 『광복 70년 대한민국의 위대한 만남, 박정희와 박태준』, 서울: 아시아, 2015, pp.74-78.

73 김종필, 『김종필 증언록 2』, 서울: 와이즈베리, 2016, pp.234-237.

112

박정희와 김대중의 대화

게 화해의 악수를 청하는 것 같아 기뻤다. 사과는 독재자의 딸이 했지만 정작 내가 구원을 받는 것 같았다.

| 김대중, 『김대중 자서전 1』, p.360.

박정희 김대중 씨가 근혜를 만난 뒤 자신의 딸을 만난 것 같다는 소회를 밝혔을 때 내심 기쁘고 고마웠습니다. 김대중 씨가 내 무덤에 찾아왔을 때 처음에는 쑥스러웠고 당황스러웠습니다. 곧 그의 진정성을 느낄 수 있었고 오히려 내가 큰 감동을 받았습니다. 1968년 청와대 신년 인사회에서 5분간 본 기억이 그대로 살아났습니다. 먼저 이승을 떠났으니 여러 가지 정리할 시간이 없었지요. 김대중 씨와 함께 할 수 있는 일화나 말들도 별로 남기지 못했습니다. 내 딸이나 측근들이 나 대신 나의 뜻을 간접적으로 전하고 못다 이룬 일을 마무리하려 노력했다고 봅니다. 내 딸이 김대중 씨에게 아버지인 나를 대신하여 사과하는 것을 보고 기특하고 대견했습니다. 또 나와 각별한 김종필과 박태준이 김대중 씨와 연합하여 1997년 경제위기를 극복하고 한국의 민주주의를 위한 통합과 화해의 새 장을 연 것에 매우 흡족하게 생각하고 마음의 짐을 던 기분이 듭니다.[74] 김종필과 박태준이 내 마음을 어떻게 읽고 있었는지는 모르지만, 나로서는 이 두 사람이 내가 못한 일을 마무리했다고 생각하고 참 고맙다는 뜻을 전하고 싶습니다. 김대중 씨와 나는 개인적인 차원의 화해와 용서에 그치지 않고 서로 힘썼던 경제발전과 민주주의를 위해 애국심을 발휘하고 정치적 통합에 나선 것이라고 봅니다.

---

74 타카끼 다이조, 『박정희 김대중 세기의 화해』, 서울: 동광출판사, 1997, p.260.

제2부

철학적 대화

사회와 역사를 어떻게 볼 것인가?

인간, 사회, 역사

사회자　두 분은 한국 현대 정치사에 가장 큰 족적을 남긴 주역이었습니다. 그리고 해당 시기에 사회변화를 이끌어간 지도자이십니다. 두 분이 대통령으로서 한국을 이끈 시기만을 보면 약 한 세대 이상의 시차가 있고, 역사의 흐름과 사회의 모습은 크게 차이가 납니다. 두 분이 활약하신 이후 한국 사회도 많이 변화되고 발전하였습니다. 이같은 변화를 만들어낸 데는 두 분의 남다른 철학과 역할이 적지 않게 작동했다고 봅니다. 그럼 무엇이 역사를 발전시키고 사회를 변화시킨다고 보시는지, 그리고 어떤 사회가 바람직하다고 생각하시는지 평소에 마음속에 간직하고 계셨던 인간, 사회, 역사에 대한 두 분의 관점과 전략을 말씀해 주십시오.

박정희　나는 항상 인간혁명과 정신개조를 강조해 왔습니다. 우리 민족과 조국이 처한 비참한 현실을 극복하기 위해서는 인간혁명과 정신개조가 전제되어야 한다고 생각한 것입니다. 5·16 군사혁명을 주도한 목적의 하나도 조국의 인간과 사회, 그리고 역사를 바꾸어 보려는 시도였다는 점은 누구나 아실 것입니다. 나는 굳이 인간의 본성을 성선설과 성악설로 구분하고 싶지 않습니다. 다만, 주어진 환경과 장기간 잘못된 경험에 의해 인간이 의타적이고 게을러지며 자주정신이 결여될 수 있다는 것은 동서고금 어디에서나 흔히 발견되는 교훈입니다. 하늘은 스스로 돕는 자를 돕는다고 하는데 남탓만 하고 노력하지 않으면 누가 도와주겠습니까. 사회 구성원의 기본단위인 개인이

박정희 연설문에 나타난 주요 개념들(생애 전체 연설문은 약 1,327개)

체념적인 운명론이나 패배주의에 빠지게 되면 그 사회의 전체적인 분위기도 비슷해질 수 있습니다. 나는 종종 조선시대 이래로 사대주의와 당파싸움, 그리고 민족애의 결핍 등의 습성이 개인들의 마음속 깊이 누적되어 왔다고 비판했습니다. 이것이 바로 우리 조국의 근대화와 민족중흥의 가장 중요한 출발점이라고 생각했습니다. 결국 국가적 차원에서 변화를 이끌기 위해 누가 무엇을 어떻게 할 것인지가 관건이 될 수 있다고 생각합니다.

> 참으로 무서운 것은 개인의 의식 속에 있는 이러한 악질적인 근성이다. 그러므로 인간개조는 자기의식의 혁명이며 나아가서는 자유 민주주의하에서 살 수 있는 인간의 자질을 형성하는 것이 된다. 다시 말하면 자아의 확립이 선결문제이다. 자아가 확립된 개인이 없고 복종과 예속하에 있는 봉건적 신분관계만이 있을 때 아부와 사대에의 의존과 특수 특권의 노예가 되는 것이다…자아의 확립이 없으니 자기의 인권이 있을 리 만무하고 자기의 인권이 없으니 남의 인권을 어떻게 존중할 줄 알겠는가. 자기 확립이 없을 때 남에게 의존하게 되고 당파를 지어 민족을 해치는 것이다.
> ㅣ 박정희, 『우리 민족의 나갈 길』, pp. 24-25.

김대중 연설문에 나타난 주요 개념들(생애 전체 연설문은 약 1,275개)

김대중　나도 인간 본성에 대한 성선설과 성악설을 믿지 않습니다. 우리 마음속에는 항상 천사와 악마가 같이 있다고 보아야겠지요. 어떻게 악마를 억누르고 천사가 우리 인간들의 마음과 행동을 지배하게 할지가 관건이겠지요. 박정희 씨가 말한 대로 좋은 교육과 노력 및 각성을 통해 모든 인간은 더 나아지고 사회에 공헌할 수 있다고 생각합니다. 나 또한 조선왕조의 폐쇄적인 정신구조로 인해 자기형벌처럼 지금까지 남아있는 부정적 요인들을 인정하지 않을 수 없습니다. 신분적 차별은 물론이고 지배층 내부의 당파싸움과 사대주의 및 유교적 교조주의는 배타적 사회분위기를 만들어냈고 망국의 날을 재촉했다고 봅니다. "그러나 눈에 보이지 않는 이러한 정신적 악의 유산은 그것이 정신 내부에 잠복해 있으며 대부분의 경우 본인 자신도 자기 안에 있는 악을 전혀 의식하지 못하거나 깨달아도 완전히 깨닫지 못하는 것입니다. 오늘날 우리가 가지고 있는 가장 큰 불행의 현상이 있다면 이러한 조선왕조로부터 물려받은 정신적 악의 유산에서 벗어나지 못한 점일 것입니다."[1] 하

1　김대중, 『옥중서신 1』, 서울: 시대의 창, 2009, p.307.

지만 인간이 도덕성을 회복하고 사회가 도덕화되는 것에는 광범위한 국민의 토론과 참여 속에서 정부와 국민이 합심해서 시간을 갖고 만들어갈 수 밖에 없습니다. 어떤 지도자의 전략이나 정부의 규제 및 훈련만으로 인간을 변화시키는 것은 가능하지도 않고 바람직하지도 않다고 생각합니다.

> 우리는 개인적으로는 설사 온 세상이 모두 도덕적으로 타락하더라도 나만은 끝까지 도덕을 고수하겠다는 삶의 자세를 가져야 할 것입니다…우리는 정부와 국민이 합심해서 사회적 도덕화를 이루고 이미 앞에서 제기한 도덕 위기의 원인들을 극복해야 할 것입니다…전통 도덕의 취사 선택, 새로운 도덕의 창조적 추진은 어디까지나 광범한 국민의 토론과 참여 속에서 이루어져야 합니다. 흔히 과거에 본 바와 같이 지도층의 열의나 강요만으로 도덕은 이루어지지 않습니다. 억지로 소를 강에 끌고 가도 소가 물을 마시지 않으면 도리가 없습니다.
> | 김대중, 『옥중서신 1』, pp. 296-297.

박정희　김대중 씨가 말한 대로 억지로 소에게 물을 마시게 할 수는 없다는 점도 인정합니다. 하지만, 비상하게 노력하지 않으면 비상한 결과를 이루어내기 힘들다고 생각합니다. 때로는 소를 살리기 위해 억지로라도 물을 마시게 해야 합니다. 한국전쟁으로 폐허가 되고 무능하고 부패한 정권 때문에 가난하고 혼란한 사회가 저절로 나아지기를 언제까지 기다려야 합니까. 오래 기다리면 기대했던 결과가 나타날까요. 나는 그렇지 않다고 생각하고 더 절실하고 전략적으로 대응하지 않으면 안 된다고 생각했습니다. 당시 우리와 비슷하거나 우리보다 더 좋은 조건에 있었던 나라들도 현재 훨씬 더 가난해지고 발전하지 못한 경우가 많습니다. 사실 한국처럼 단기간에 경제적으로 성공하여 원조수혜국에서 원조공여국이 된 나라는 근현대를 통틀어도 보기 힘듭니다. 앞으로도 쉽지 않을 것입니다. 국가 간 경쟁이 더 심해지고 기술격차가 더 커지고 있는 만큼 가난한 나라가 한국처럼 부자대열에 끼게 되는 경우는 아마도 다시 없을 것입니다. 한국이 유일하고 최초이자 최후의 사례가 아닐까 합니다. 이를 위해서는 단기간의 고통도 감내할 수 있어야 한다고 봅니다. 때로는 일사불란하게 국가적 목표를 위해 뭉치고 노력해야 한다는 뜻입니다. 어떻게 땀과 눈물없이 지금과 같은 영광을 누릴 수 있었겠습니까.

박정희　　나는 인간이 변화되고 사회가 바뀌지 않으면 어떤 혁명도 불가능하다고 생각했습니다. 나는 5·16 이전에도 터키의 케말 파샤나 이집트의 낫세르 등 주요 혁명 사례들을 공부하고 고민해 왔습니다. 그것을 통해 얻은 교훈은 인간혁명과 사회개조가 이루어지지 않으면 국가발전과 혁명 과업의 완수는 불가능하다는 점이었습니다. 국민들과 정부가 합심해도 힘든데, 어떻게 국민들이 참여하지 않고 사회변화와 국민혁명이 가능할 수 있겠습니까. 그렇다고 가난한 후진국에서 인간과 사회가 하루아침에 저절로 변화되기를 바라는 것은 백년하청입니다. 그래서 군사혁명 직후 1961년 6월에 국가재건국민운동을 시작했던 것입니다. 내핍과 근면 정신을 함양하고 분위기를 청신하여 신생활체제를 구축하기 위한 것이었습니다. "이 국민운동은 5·16 혁명의 이념을 국민혁명으로 결실시키는 동시에 인간개조와 국민정신 진작을 하기 위한 순수한 기관"이었습니다.[2]

박정희　　현 시점에서는 시대착오적이고 강제적이라고 비판할 수 있겠지만, 당시로서는 필수적이고 효율적이었으며 많은 국민들이 공감하고 땀흘려 동참한 운동입니다. 이승만 정부하에서 가장 횡행했고 내 시대에도 여야 할 것 없이 근절하지는 못했지만, 막걸리 한 사발과 고무신 한 켤레에 자신의 표를

2　박정희, 『국가와 혁명과 나』, 서울: 향문사, 1963, p.130.

팔고 부패한 정치인의 비호를 받는 정치깡패들이 설치는 사회에서 어떻게 국민혁명이 가능하고 민주주의가 발전하겠습니까. 김영삼 씨가 추진한 역사 바로세우기 운동이나 김대중 씨가 추진한 제2건국운동과 크게 다르지 않다고 봅니다. 시대적 환경과 운동의 핵심 목표에 약간의 차이가 있을지 몰라도 큰 틀에서는 차이가 없다고 봅니다. 나는 당시 미완으로 그친 혁명들을 공부하면서, 새삼 후진국의 부패한 정치풍토 위에서 청신한 혁명을 완수하기가 얼마나 어려운지 절감했고, 나 자신에게도 실패를 반복하지 않기 위해 "과연 인간 박정희가 그러한 사심이 있었던가"[3]를 여러 번 반문하고 채찍질했습니다. 그리고 나는 여러 혁명 사례 중 일본의 명치유신과 근대화가 아시아에서 일어난 기적이라 생각하고, 어떤 교훈을 얻고 어떻게 우리도 성공적인 사례를 만들 것인지 평생 고민하고 실천해 왔던 것입니다.

사회자　한국의 역사가 남긴 여러 한계들에 대해서는 정도의 차이는 있지만 두 분이 공유하는 부분이 많은 것 같네요. 그렇지만 한국은 경제성장과 민주화에서 세계적으로 모범사례가 되었고 두 분은 각각 이 역사적 과업에 공헌하신 바가 큽니다. 그러면 역사는 어떻게 발전할 수 있었을까요. 두 분이 가지신 역사발전 전략 및 주체 등에 대한 생각을 들려주십시오.

김대중　나는 역사발전을 평생 믿었습니다. 한국 역사의 어두운 점도 많지만 밝은 점을 보려고 노력했습니다. 역사발전에 대한 낙관적이고 긍정적 사고를 갖지 않았다면 그 많은 고통을 견뎌내지 못했을 것입니다. 나는 박정희 씨와는 달리 일사불란한 사회가 역사발전을 이끈다고 생각하지 않습니다. 어느 정도의 혼란은 발전과 성장을 위한 과정이라고 생각하거든요. 특히 어느 영웅이나 리더에 의해 사회가 단기간에 개혁되고 역사가 발전한다는 것

3　박정희, 『국가와 혁명과 나』, 서울: 향문사, 1963, p.148.

도 동의하기 어렵습니다. 단기간에 고속 압축성장을 이룰 수 있을지는 몰라도 그 빛 만큼이나 어두운 그림자를 남기기 쉬운 게 역사의 철칙입니다. 어떻게 보면 권위주의는 결국 자신들의 경제적 성공으로 인하여 막을 내리게 되는 것이 세계사적 교훈이라 할 수 있습니다. 그러나 많은 권위주의적 지도자들이 자기만은 이 법칙의 예외가 될 수 있을 것이라 생각하지요.

김대중   초기에 아무리 위대한 영웅이 세상을 혁명적으로 이끈다 해도 그 독재적 성격 때문에 반칙과 특권 및 차별이 확산되어 결국 국민들의 신뢰를 잃게 되는 경우를 우리는 자주 보아왔습니다. 박정희 씨가 종종 이야기하는 나폴레옹도 위대한 혁명 지도자였지만, 말년에는 민중과 역사를 배반한 황제가 되어 유배지에서 비참한 최후를 맞이했습니다. 어떻게 보면 박정희 시대에 남긴 많은 그림자가 1997년 경제위기로 나타났고 각종 비민주적 정치비용의 증가로 댓가를 치

『옥중서신』
(2009년, 김대중도서관 제공)

렀다고 봅니다. 그럼, 역사발전의 주체는 누가 되어야 할까요. 나는 역사발전의 주역은 참여적 민중이라 생각하고, 한국의 역사는 민중의 역사라 생각합니다. "한국의 역사에서 민중은 어떻게 그 발자취를 남기고 있는가. 한마디로 고난과 한의 역사라 할 것이지만, 그러나 일면 잡초같이 밟아도 다시 일어서는 무서운 생명력의 자취이기도 합니다.[4] "우리 민중이 가지고 있는 약점과 능력의 한계를 잘 압니다. 그러나 다른 어떤 방법도 민중이 자기 운명의 주인이 되는 참여의 길 이상의 것은 없는 것입니다.[5] 우리 역사에서 실패했어도

---

4   김대중, 『옥중서신 1』, 서울: 시대의 창, 2009, p.402.
5   김대중, 『옥중서신 1』, 서울: 시대의 창, 2009, p.406.

결코 그 의미를 평가 절하할 수 없는 많은 민초들의 저항이 있었고, 그 역사적 흐름이 4·19나 광주 민주항쟁으로 연결되었으며 현재 한국 민주주의의 주체이자 정신이 되었다고 생각합니다. 내가 국민을 향한 거의 모든 연설문을 "존경하고 사랑하는 국민여러분"으로 시작하는 이유도 바로 여기에 있습니다.

> 백성이 나라의 주인이며 역사의 주체입니다. 그러나 민중은 언제나 소외되고 그 권리는 무시되어 왔습니다. 그러나 민중의 자기 권리의 회복은 스스로의 각성과 노력과 희생에 의해서만 이루어질 수 있으며 그것만이 정도입니다. 주여, 우리 겨레가 주님의 뜻에 따라 폭력과 파괴를 배제하되 그러나 끈질긴 노력과 전진으로 주님이 주신 천부의 권리를 완전히 누릴 수 있도록 그들을 깨우치고 일으켜 주소서.
> | 김대중, 「민족을 위한 기도(1982년 12월 15일)」, 『옥중서신 1』, p.500.

박정희   나도 역사발전을 믿습니다. 그에 대한 확신이 없었다면 5·16 군사혁명을 구상하지도 않았을 것입니다. 하지만 역사는 퇴보할 때도 있고 굴곡이 있기 마련입니다. 그리고 사회적·시대적 환경과 발전 단계에 따라 그 역사발전을 이끌 주체와 방식은 달라야 한다고 생각합니다. 더구나 단기간에 빠른 발전을 추구하기 위해서는 위로부터의 혁명과 적극적 리더십이 필요하다고 봅니다. 우리 조국의 1960년대 이전 상황은 역사발전을 낙관하여 무턱대고 민중의 각성을 기다릴 수만은 없는 형국이었습니다. 나도 민중의 힘을 믿지만 그 당시에는 이를 믿고 기다리기에는 너무 낭만적이고 비현실적이었습니다. 나한테는 너무 한가한 소리로 들립니다. 나는 이같은 단계와 환경에서는 솔선수범하고 선구적인 정치지도자와 능력있는 행정 엘리트들이 주도하여 역사발전을 이끄는 게 불가피하고 또 바람직하다고 생각합니다. 당시 우리에게 큰 과제는 한국적인 신지도이념을 어떻게 확립하느냐 하는 것이었습니다. 전근대적인 봉건 사조나 비판없이 받아들인 서구식 민주주의의 사조가 우리 조국의 지도이념이 될 수는 없었습니다. 내가 한국적 민주주의나 민족적 민주주의, 그리고 교도적 민주주의 등을 주장한 것도 이같은 인식에 연유합니다. 나는 국민들에게 절규하듯이 외쳤습니다. 우리도 다른 독일이나 일본처럼 역사를 바꾸어 보자고 말입니다. "언제까지 이러고서만 앉아 있을 것인가. 그 나라 사람들처럼 부지런하고, 싸우지 말고, 노력하는 국민으로 행동하자. 그 길만이 사는 길이다. 남이 잘 사는 비법을, 다만 지식으로 삼는다거나 감상만 한다는 것은 얼마나 어리석은 노릇이랴."[6]

> 이 혁명만은 무슨 한이 있더라도 지키고 발전하게 하고 승화되게 하여야 하겠다는 것이다. 우리의 역사가 있은 뒤 오늘 이 때까지, 때때로 순수한 민중혁명이 없어 온 것은 아니었으나, 그 하나도 성공을 보지 못하였고 싸늘하게 식어간 것이 아니었던가. 멀리는 홍경래의 난이며 동학의 난, 갑신정변으로부터 가까이 3·1 운동이나 4·19 혁명에 이르기까지, 그 어느 한 몸부림이 제대로 열매 맺은 일이 있어 왔던가.

| 박정희, 『국가와 혁명과 나』, p.287.

사회자 두 분은 각자 해당 시기에 한국 사회의 변화를 주도하고 역사를 만들어 갔다는 점에서는 공통점이 있습니다. 하지만 두 분이 인간, 사회, 역사를 보는 관점에서는 차이점도 커 보입니다. 이 같은 관점의 차이는 한국의 유교적 전통이나 문화를 보는 관점과도 연결되어 있는 것 같습니다. 한국인의 문화적 상징으로 대표되는 아리랑이나 한, 그리고 처용가 등을 어떻게 해석할 것인가에 대해서도 두 분의 차이가 극명해 보입니다.

박정희 나는 유교문화가 우리에게 남긴 부정적 요소가 더 크다고 생각합니다. 앞에서도 말한 바 있듯이 조선시대 때 제사 형식을 두고 당파싸움이 지속

---

6   박정희, 『국가와 혁명과 나』, 서울: 향문사, 1963, p.220.

되었고, 외교적으로 사대주의에 젖어 있었으며, 국내정치에서는 부패와 차별 및 무능과 문약이 우리 민족을 더욱 암울하고 가난한 나라로 만들었습니다. 보통의 백성들은 더 헐벗고 먹을 것을 찾아 유랑해야 했으며 부정적 운명론과 패배주의에 젖을 수밖에 없었습니다. 우리의 전통 가요인 아리랑은 대단한 음악성과 애환을 담고 있지요. 우리 민족의 독특한 문화적 특성인 한을 응축하고 있다고 생각합니다. 전 세계가 아리랑 곡조에 감동하였고 세계적 아티스트들이 아리랑을 자기의 음반에 넣거나 연주하기도 하였습니다.[7] 지역마다 다양한 곡조와 가사가 있지만 나를 포함하여 한국인이라면 누구나 아리랑에 감동하지 않은 사람이 없을 것입니다. 하지만 내용을 자세히 보면 도전정신과 진취성이 없고 체념적인 대목이 많습니다. 사랑하는 사람을 붙잡기 위해 노력하지 않고 운명에 맡기는 패배주의와 소극성이 눈에 띕니다. 한이 단지 슬픔과 원망으로만 끝나서는 안 되고, 결의를 가지고 문제해결을 위한 노력에 더해 희망의 한으로 승화되어야 하지 않겠습니까. 이같은 노래로는 우리 민족의 변화를 촉발하기 힘들다고 생각했습니다. 이 점은 처용가에도 그대로 나타납니다. 어떻게 자기 집에서 자기 아내와 동침하고 있는 외간 남자를 보고 춤을 출 수 있습니까. 권총으로 쏘아 버리든지 몽둥이나 죽도로 패고 문제를 해결해야 정상 아닙니까. 물론 다양한 문화적·학술적 해석이 가능하겠지만, 조국을 가난에서 조속히 구출해야 할 역사적 책무를 지닌 나로서는 도저히 이해할 수 없는 부분입니다. 나에게는 아리랑보다는 '새마을 노래'가 당시로서는 훨씬 더 우리에게 필요한 노래였습니다. '하면 된다'라는 정신과 부지런함을 교육하지 않았다면 아마도 우리가 이룩한 눈부신 경제성장은 불가능했을 수도 있었을 것입니다.

「나를 버리고 가시는 님은 십리도 못가서 발병난다」 이 내용은 자기를 뿌

---

[7] Rhyu, Sang-young, *The Spirit of Korean Development*, Seoul: Yonsei University Press, 2015, pp.30-37.

리치고 떠나가는 님을 그리워하면서도 「여보 날 두구 어디를 가오」하고 막아서지 못하고 혹시 십리쯤 가서 요행으로 님이 발병이라도 나서 돌아와 주었으면 하는 애처러움이 깃들어 있다. 유목민족인 서구인 같으면 따라나서든지 목에 매달려 못가게 할 것인데 「십리쯤 갔다 돌아오기를 바랄」 정도로 그리우면서도 말못하는 나약함을 잘 나타냈다…그러나 우리 민족의 소극적인 체념은 벌써 신라의 향가 속에 깃들었다고 할 것이다. 처용가를 보면 그 끝에 「본시 내 해였건만 아사날 어찌할꼬」라고 했다. 즉 처용이 잠깐 어디 나갔다 돌아와서 자리를 보니 아내 옆에 딴 녀석이 들어 있어 그것을 보고 본시는 내것이었는데 도적맞았으니 「어찌할꼬」 할 수 없다고 체념해 버리는 민족성의 일단을 엿보게 한다. 과연 이런 경우에 서양인의 사나이였다면 권총을 들어 둘다 사살했을 것이 아닌? 그렇다면 우리 선조들은 이처럼 못나도록 착했단 말인가?

| 박정희, 『우리 민족의 나갈 길』, p.90.

김대중   아리랑이나 한에 대해서는 다양한 해석이 가능하다고 봅니다. 박정희 씨의 해석도 재미있고 충분히 귀 기울일만합니다. 학술적으로도 많은 해석과 논쟁이 있을 것으로 보입니다. 하지만, 아리랑과 한은 우리 역사를 발전시키고 우리 민족의 에너지를 만들어낼 또 하나의 문화적 원천이라 생각합니다. 아리랑과 한에는 슬픔과 좌절 뿐만 아니라 기쁨과 도전, 분노, 저항, 희망 등이 동시에 녹아있다고 생각합니다. 우리 민족이 어렵고 국민들의 삶이 고달플 때 오히려 이를 슬기롭게 극복하는 심리적 청량제 같은 역할을 하지 않았나 생각합니다. 김수영 시인이 「풀」이라는 시에서 말한 민초들의 삶의 방식이 아리랑과 한의 개념에 배어있지 않을까요.[8] 왜 옛날부터 남도에서 서

---

8   김대중도 1974년 2월 핍박받은 자신의 사정을 빗대어 「길가의 풀」이라는 제목의 시를 남겼다. "길가의 풀은 얼마나 위대한가, 아무도 돌보지 않아도, 스스로 자라며, 짓밟혀도 시달려도 결코 죽지 않으며, 다시 솟아오르는 생명에의 의지, 우주의 법칙이 거기 있고, 하느님의 사랑이 거기 있고, 우리들의 갈 길이 거기 있으니, 길가의 풀은 얼마나 위대한가." 김대중, 「길가의 풀(1974년 2월 1일)」, 『김대중 전집 II』, 제8권, p.614.

편제 같은 판소리와 마당극 등이 유행했을까요. 가장 핍박받는 고장에서 고달픈 현실을 견뎌내기 위한 민중들의 몸부림이 아니었나 생각됩니다. 나는 처용가에서 처용의 마음을 용서와 관용의 철학으로 이해하고 싶습니다. 자신의 마음속에 들끓는 분노와 복수의 마음을 춤으로써 삭이면서 용서하고 성찰하기 위한 노력이라 생각합니다. 용서와 관용이 사회와 역사에서 더 큰 힘을 발휘할 수 있다는 교훈을 우리에게 보여주고 있는지도 모릅니다.

김대중   나는 우리 민족의 한에 대해 많은 생각을 해 보았습니다. 우리의 가난에 대한 한은 경제성장을 통해서 풀었고, 독재의 한은 민주화를 이룸으로써 풀 수 있었습니다. 이렇게 보면 아리랑과 한은 결코 약한 것이 아니고 진정으로 더 강한 것이라 할 수 있습니다. 우리의 한과 용서의 철학이 합쳐지면 앞으로 경제성장과 민주주의도 더 발전할 수 있을 것이며 한국 정치에서 원한과 정치보복은 다시 일어나지 않을 것입니다. 권총보다 용서가 더 강할 수 있습니다. 광주민중의 한도 민주화를 통해 풀었기 때문에, 보복이 아닌 용서가 광주 영령들의 희생을 더 값지고 위대하게 하는 것이라 생각합니다. 광주 사람들에게 총질한 이들에게 똑같이 보복하는 것은 해법이 아닙니다. 미국 망명 중이던 1983년 3월 5일, 필라델피아의 템플대에서 개최된 삼일절 기념 초청강연회에서, "민중의 한과 우리 세대의 한"이라는 제목의 강연을 한 바 있습니다.[9] 이때 나는 "광주의 한은 이제 광주에서 죽은 광주사람만의 한이 아니라 한국 국민 전체의 한이요, 양심을 가진 온 세계의 한입니다"라고 말하고, 이어서 "민중의 한은 원한이 아닙니다. 그렇기 때문에 복수로써 풀리지 않습니다…광주의 한을 민주회복을 통해서 풀어주는 것만이 오늘의 대한민국의 모든 국민 간의 갈등을 해결"하는 길임을 강조했습니다. 대통령이 된 뒤

---

9   이 연설문은 음성 파일로 되어 있어 미처 전집에는 포함되지 못했다. 하지만, 매우 유사한 내용의 원고가 국내에서 발표된 바 있다. 『민중신문』 1983년 3월 25일 자에 게재된 기고문(「민중의 한과 민중 시민의 사명」)은 『김대중 전집 II』, 제10권, pp.102-104에 수록되어 있다.

나와 민주시민들에게 커다란 고통을 준 전두환을 포함한 전직 대통령들을 청와대로 초청하여 식사 회동을 한 것에 대해 후회하지 않습니다.[10] 당시 많은 국민들과 민주화 동지들로부터도 거센 비판을 받았지만, 그 길이 사회와 역사를 위해 더 좋은 길이라고 판단했습니다. 아시다시피 나는 평생 용서와 관용의 철학을 몸소 실천하기 위하여 많은 유혹을 뿌리치면서 하느님께 기도한 사람입니다.

　　한은 민중의 좌절된 소망입니다. 한은 민중이 기다림 속에서도 쉬지 않고 그 성취를 바라는 민중의 기다리는 마음입니다. 한은 민중이 기다림 속에서도 쉬지 않고 그 성취를 위해 조용히 전진하는 민중의 몸부림입니다…우리 국민은 한의 국민입니다. 오늘 우리의 한은 38년 동안 계속된 조국분단의 한, 건국 이래 거듭된 독재정치의 한, 1961년 이래 계속된 군인정치의 한, 경제건설이 소수에게 집중된 빈부 양극화의 한, 그리고 언론·국회·사법부 등 민권의 보루가 무력해가고 타락돼 가는 것을 보는 한 등입니다. 광주의거는 이러한 우리의 한을 풀고자 일어섰던 것이며 그 한을 안은 채 좌절된 또 하나의 한의 사건입니다…광주의 한도 광주 영령 여러분의 소원이었던 민주회복과 그를 바탕으로 한 통일에의 전진으로만 근본적인 한풀이가 가능한 것이라고 믿습니다…춘향이의 한은 이 도령과의 재결합을 통해서 풀렸고 변 사또에 대한 보복을 생각하지 않습니다…우리의 진정한 한풀이는 눈에는 눈, 이에는 이의 복수에 있지 않고 한을 맺히게 한 좌절된 소망의 성취에 있으므로, 우리는 내일의 국민적 화해와 생산적 전진을 위해서 만일 과오를 범한 자들이 뉘우치고 여러분의 한풀이에 동참한다면 우리는 어떠한 정치보복도 엄

10 　전두환은 2009년 8월 14일 연세대 세브란스 병원에 입원해 있던 김대중 대통령을 병문안 한 자리에서 이희호 여사를 만나 김대중 대통령의 쾌유를 빌면서 "김대중 대통령 때 전직 대통령들이 제일 행복했다"고 언급한 바 있다. 김대중 대통령은 재임 중 국가의 주요 사안이 생겼을 때 전직 대통령들을 청와대로 초빙하여 만찬을 함께 하면서 설명하고 의견을 듣는 자리를 수차례 마련했었다.

제2부 철학적 대화: 사회와 역사를 어떻게 볼 것인가?

중히 삼가야 할 것입니다.

| 김대중, 「광주 민주항쟁 희생자 3주년 추도사(1983년 5월 22일)」, 『김대중 전집 II』, 제10권, pp.297-302. 미국 버지니아주 프랜시스 하몬드 고등학교에서 워싱턴 교포 사회가 주최한 행사에서 김대중이 울면서 읽어 내려간 추도사.

경제성장

사회자　사회를 변화시키고 역사를 발전시키는 데 경제성장은 가장 중요한 전제조건이라 해도 과언이 아닙니다. 박정희 대통령은 경제성장을 성공적으로 이끌었고 김대중 대통령은 경제위기를 극복하는 데 큰 역할을 수행하셨습니다. 빈곤을 퇴치하지 못한 경제현실에서 성공적인 사회변화나 역사발전을 기대하는 것은 쉽지 않지요. 그런 의미에서 한국은 전세계에 매우 성공적인 사례를 보여주었습니다. 많은 개발도상국이 한국의 경험을 배우고 싶어하고 국제기구에서도 한국의 경제성장을 기적으로 받아들이고 있습니다. 하지만, 당시 경제발전의 전략이나 핵심 정책들에 대해 지금까지도 많은 논쟁이 이어지고 있습니다. 두 분은 경제발전에 대해 어떤 관점을 가지고 계셨는지 궁금합니다. 그리고 상대방이 제시한 핵심 정책들에 대해 어떤 평가를 하셨는지도 말씀해 주십시오.

박정희　나는 우리 조국이 단시일 내에 이처럼 성공적인 경제성장을 이루어낸 데 대해 큰 자부심을 갖고 있고 안도감을 느낍니다. 세계적으로도 많은 관심과 찬사를 받는 것은 나 개인으로나 국가적으로나 매우 흐뭇한 일입니다. 같이 땀과 눈물을 흘린 모든 국민과 기업인들 그리고 밤새워 일한 관련 공무원들과 함께 크게 자축하고 싶은 마음입니다. 나는 경제성장이 경제자립과 자주국방, 그리고 민주주의와 민족통일로 가는 모든 여정의 첫 걸음이라 생각했습니다. 미국의 원조에 의존하고 가난에 찌들려 배를 곯으면서 어떻게 자주외교가 가능하겠습니까. 천문학적인 돈과 고도의 기술이 요구되는 자주국방은 중화학공업의 발전 없이는 불가능하였습니다. 1972년까지 북한이 우리보다 더 부자였고 군사적으로도 더 강했는데, 경제성장 없이 우리의 안보를 무슨 수로 보장할 수 있었겠습니까. 민주주의도 그렇습니다. 말로만 민주주의를 앞세운 것이 아니라 국민들이 어느 정도 배가 부르지 않으면 주인의식을 갖고 정치에 참여하기 힘듭니다. 가난을 없애

『국가와 혁명과 나』(1963년)

고 안정적 삶과 적정한 복지를 제공하는 게 민주주의의 핵심 축 중의 하나 아닌가요. 민족통일도 결국 우리가 경제력을 키운 다음에 우월한 입장에서 북한의 공산주의를 이기고 멸하게 하는 수밖에 없습니다. 이 점에서 5·16 군사혁명의 가장 중요한 과제도 경제성장이었습니다. 내가 군사혁명 이후 구정권을 인수하였을 때 솔직히 어떤 심정이었는지 아십니까. "마치 불난, 도둑맞은 폐가를 인수하였구나"[11]라고 생각했습니다. "쓸쓸한 황야 가운데서 초라한 초가집을 터전으로 하여 전혀 새로운 살림을 꾸려나가지 않으면 안 되었습니다. 하지만 조금도 놀라지 않았지요. 이미 충분히 알고 이 난국을 타개하기 위해 일어섰으니 말입니다."

  경제도 마찬가지입니다. 지금 우리가 추진하고 있는 경제 계획을 보다 더 강력히 추진해야겠습니다. 우리의 입장에서는 국방과 경제란 말은 다르지만 뜻은 같습니다. 국방이 튼튼해야만 경제 건설이 되며, 또 경제 건설이 잘 되어야만 우리의 국방을 보다 더 잘 할 수 있다는 것입니다. 옛날 사람 말대로 부국 강병을 해야 되겠다는 것입니다. 앞으로 다가오는 어려운 고비를 넘기고

---

11 박정희, 『국가와 혁명과 나』, 서울: 향문사, 1963, p.69.

민족의 시련을 극복하기 위해서 우리는 국방력과 경제력을 강화하여 이에 대비해야 되겠습니다. 이것을 하기 위해서는 또 한 가지 중요한 것이 있어요. 그것은 곧 우리 국민들의 강인한 정신력입니다. 요즘 우리가 구호처럼 부르짖는 자주 국방이나 자립 경제도 결국은 힘, 즉 국력을 배양하자는 이야기입니다. 일면 국방, 일면 건설 하는 것도 우리의 힘을 기르자는 것입니다.

| 박정희, 「4·27 대통령 선거 대전 유세 연설(1971년 4월 10일)」, 『박정희 대통령 연설기록』.

김대중　박정희 씨가 5·16 직후 도둑맞은 폐가를 인수했다고 했는데 무슨 의미인지 이해가 됩니다. 나도 1998년 1월 대통령 당선자 신분으로 TV로 생중계되는 국민과의 대화에서 "금고가 비었습디다[12]"라고 울분을 터뜨린 적이 있습니다. "금고 열쇠를 넘겨받아 열어 보니 단돈 1000원도 없고 빚 문서만 산더미처럼 쌓여 있는 꼴이었다"는 말로 내 애타는 심정을 표현했습니다. 외환위기의 소용돌이 속에서 내가 평생 보호하고 입장을 대변해 왔던 국민과 특히 경제적으로 어려운 노동자들과 서민들에게 내 입으로 고통분담과 눈물을 요구하지 않을 수 없는 기구한 처지에 놓이게 된 것이지요. 당시 김영삼 정부의 정책실패와 정치적 판단 착오로 위기가 발생했고 이를 막기 위한 골든타임도 놓쳐서 그만큼 우리 국민과 경제가 치러야 할 고통이 커졌다고 봅니다. 하지만 경제사적 측면에서 생각하면, 1997년 경제위기는 그동안 누적되었던 소위 박정희 모델의 부작용의 실체가 드러난 것이라고 생각합니다. 정부주도와 재벌 중심의 급속한 압축성장 전략이 단기적으로는 큰 성과를 거두었지만, 투명성과 시장원리, 공정한 배분 그리고 민주주의적 제도를 무시한 채 진행되어 온 한국의 경제모델이 언제까지 지속 가능할 것인지에 대해 나는 누차 개혁과 체질전환을 요구한 바 있습니다. 비록 1987년에 정치적 민주화가 이루어졌지만, 경제구조는 여전히 변화되지 않고 1997년 경제위기 때

12　김수길 외, 『금고가 비었습디다』, 서울: 중앙 M&B, 2003.

까지 지속되었다고 생각합니다.

김대중　나는 박정희 씨의 소위 개발독재론 혹은
박정희 모델에 대해 당시부터 한계를 지적하고 싶
었습니다. 그 대안으로 대중경제론을 제시하기도
했고요. 대중경제론은 경제성장의 목표와 전략 및
주체, 민주주의와의 관계에 박정희 모델과는 많은
차이를 갖고 있습니다. 나는 1961년 11월에 발표
한 글에서 대중경제를 "사회의 실질적 생산력인 근
로대중의 지혜와 능력을 최대한 발휘케 하는 동시
에 그들의 복지를 제도적으로 그리고 사전적으로

『대중경제론』
(1986년, 김대중도서관 제공)

보장하는 경제시스템을 형성하고 그들의 권익을 영속적으로 보장, 확대하
는 일련의 경제정책"[13]이라고 규정했습니다. 구체적으로 말하면 "고도의 경
제성장이 반드시 대중복지의 향상과 직결되는 것은 아니라는 인식 아래, 대
중과는 괴리된 특권계층에 의한 부와 소득의 편재, 수출지향형 산업화에서
소외된 농민과 중소기업의 현실 등을 개선하기 위해 자본주의의 방향과 그
운영원리에 대한 근본적인 재검토가 필요하다"고 주장한 것입니다. 물론
나는 노동운동에 대해서도 노조 지도자들의 부패와 무능 그리고 노동조합
이 초래한 파업과 파괴 등 사회적 폐해에 대해서도 강력하게 비판하였습니
다.[14] 나는 재벌보다 민족자본인 중소기업을 더 확대해야 한다고 주장하였고,
이를 기반으로 두터운 중산층을 육성하는 것이 경제나 정치적 민주주의를
위해서도 매우 중요하다고 주장했습니다.[15] 아울러 "국가권력의 민주화와 대

13　김대중, 「대중경제를 주창한다」, 『신동아』, 1969년 11월호.

14　김대중, 「한국 노동운동의 진로」, 『사상계』, 1955년 10월호.

15　김대중, 「한국 경제문제에 대한 관견(1982년 11월 2일)」, 『김대중 옥중서신 1』, 서울: 시대의
　　창, 2009, pp. 456-466. 김대중은 이 글에서 내포적 경제체제의 강화 필요성을 주장하고 있다.

중화가 필수다"라는 인식 아래 대중민주체제론을 제시했습니다. 1970년 초에는 "이 나라의 근대화를 가장 올바르게 추진하고 우리 국민 대중을 사이비 민주시민으로부터 진정한 민주시민으로 전환, 발전시킬 수 있는 유일한 현실의 대안이 대중민주체제"라고 말했습니다. 이는 "자유 없는 경제발전에는 한계가 있다"는 인식에서 박정희 씨의 '한국적 민주주의론'에 대한 대안으로 제시된 것입니다. 물론, 야당 정치인으로서 경제정책을 결정할 수 있는 집권자가 아니었기 때문에, 이 같은 경제철학과 전략은 현실에서 힘을 발휘하지 못했지만, 개발독재 모델이 한계를 보이면서 나의 대중경제론은 많은 국민들 사이에서 의미있는 이론으로 받아들여졌습니다. 그리고 1997년 경제위기 이후 전반적인 경제개혁을 추진하면서 나는 대중경제론의 철학을 반영하기 위해 노력했고, 그 이후로 한국 경제의 체질이 크게 개선될 수 있었다고 확신합니다.[16]

> 현재 국제경제는 팽창의 궤도를 치닫고 있으며 1983년에는 9.5%의 GNP 실질 성장률을 기록하였다. 이같은 높은 성장률은 당분간 계속될 것이나 그것은 잠정적인 현상으로 그치고 말 것이다. 왜냐하면 한국의 소득 불평등과 기업집중도가 매년 악화되고 있으며 인플레이션의 압력이 가중되고 있기 때문이다. 이에 따라 경제적 부조리와 강압정치에 대한 대중의 불만이 정치적 불안을 조성하고 있으며 이러한 정치적 불안이 경제개발을 저해하는 위험요소가 되고 있다…이상의 이유로 인해서 만약에 경제정책의 근본적 개혁과 정치과정의 민주화가 이루어지지 않는다면 우리 경제는 과거 20여 년간 경험해 온 고도성장을 반복할 수 없을 것이다.
> | 김대중, 『대중경제론』, p.530.

박정희   나도 김대중 씨가 선거운동에서 여러 번 강조했기 때문에 대중경제론에 대해 알고 있었습니다. 하지만, 크게 신경 쓰지 않았고 그 주장이 당시에 얼마나 현실적인 것인가에 대해 회의적이었습니다. 내 경제참모들도 김대중 씨의 주장을 의미있게 생각하지 않았고 오직 고속성장과 수출주도 산업화를 위해 불철주야 매진했습니다. 나는 독단적으로 경제정책을 결정하지 않았습니다. 항상 전문 경제관료들의 견해를 경청했습니다. 특히 김학렬 부총리와 밤늦게 만나 둘이 막걸리를 마시면서 경제에 관해 토론하고 과외 수업을 받을 때가 많았습니다.[17] 다른 실무진 혹은 국장급 경제관료와도 내밀하게 토론하는 경우도 많았습니다. 어느 현안에 대하여 장관급이나 기관별로 의견이 갈릴 때, 가장 비정치적인 국장급 실무자 의견을 듣는 게 나의 방식이었습니다. 중소기업을 중시하는 김대중 씨의 견해도 일리가 있었고 나도 중소기업을 경시한 것은 절대 아닙니다. 하지만, 빈약한 자원과 역량이라는 조건 속에서 나라 경제를 급성장시키기 위해서는 모든 자원을 총동원하고 선택된 주요 산업에 그 자원을 집중하여 투자하고 육성하는 전략이 불가피했습니다.

박정희   그리고 그 집행의 방식도 국가주도로 할 수밖에 없었습니다. 당시 부산일보 주필이었고 나에게 혁명 전부터 많은 아이디어를 제공했던 대구사범 동기생 황용주는 "공산주의만 반대한다면 아시아에서는 독재라는 비난을 감수하고서라도 강력한 정부의 주도 아래 경제개발을 리드해야만 한다. 미국식 자본주의 원리에 따라 민간주도로 해서는 백년하청이다"[18]라는 그의 견해에 일리가 있다고 생각했습니다. 당시 국내외의 많은 경제전문가와 정책담당자들도 이 견해에 반대하지 않았습니다. 농촌개발과 농민 정책에서는 나보다 더 강한 관심과 집념을 가진 사람이 없었다고 자부합니다. 1963년에

---

17   김 진, 『대통령 비서실』, 서울: 중앙일보사, 1992, pp.304-310.

18   한국정신문화연구원 현대사연구소 편, 「황용주 증언론: 비판적 지식인에서 현실 참여자로」, 『격동기 지식인의 세 가지 삶의 모습』, 성남: 현대사연구소, 1999. pp.95-168.

출간한 내 책 『국가와 혁명과 나』에서 "한국에 솟는 태양은 동해에서가 아니고 농촌의 산이나 들이어야 한다. 여기에서 우리의 희망은 밝아오기 때문이다"라고 밝힌 적도 있습니다.[19] 1971년부터 새마을운동이 전개되면서 1970년도 후반에 농촌의 소득이 도시 소득을 능가한 적도 있지 않습니까.

박정희 그리고 재벌 중심의 경제체제에 대한 비판도 없지 않았고 일부 타당하지만, 나는 원래부터 재벌기업의 재산이 재벌 소유주의 재산이라 생각한 적이 없습니다. 국가의 지원과 국민들의 협조 속에서 급성장했기 때문에 그 과실을 오로지 재벌 가족이나 주주들의 것이라는 주장은 불합리합니다. 내 집권시기의 경제모델을 국가자본주의라 칭하고 사회주의적 색채가 있다는 견해가 많은데, 재벌의 자산이 개인의 것이 아니고 국가의 것이라는 점에서는 적절한 해석이라고 생각합니다. 1971년 10·2 항명 파동 당시의 일화를 소개하지요. 당시 공화당 재정위원장이었던 김성곤은 금성방직과 쌍용그룹 등을 갖고 있던 재벌이지요. 나에 대한 항명이 일어나 중앙정보부에 끌려가 곤욕을 치렀습니다. 그때 전경련 김용완 회장이 김정렴 비서실장을 통해 김성곤을 선처해 주도록 나에게 건의했습니다. 김정렴 실장이 나에게 김성곤이 잘못을 뉘우치고 모든 재산을 사회에 환원하겠다는 의사를 전달했지요. 그때 내 대꾸가 무엇이었는지 아십니까. 나는 "그게 지꺼야?" 하고 내뱉었던 것입니다. 이 짧은 한 마디에 내가 재벌과 시장에 가졌던 생각이 담겨 있다고 보면 됩니다. 1972년 단행된 '8·3 조치'도 경영에 실패하고 빚을 못 갚는 재벌들을 정부와 국민들이 도와 부채를 탕감해 준 사례인데,[20] 그 과실을 재벌 가족들이 모두 차지하는 것은 있을 수 없습니다. 한국 재벌이 어느 나라의 기업보다 높은 사회적 책임과 역할을 해야 하는 이유가 여기에 있습니다. 어쨌

---

19 박정희, 『민족과 혁명과 나』, 서울: 향문사, 1963, p. 49.

20 김정렴, 『김정렴 회고록: 한국경제정책 30년사』, 서울: 중앙일보·중앙경제신문, 1992, pp.255-278; 동은기념사업회, 『동은 김용완』, 서울: 동은기념사업회, 1979, pp.212-215.

든 세계은행 등 여러 국내외 연구기관에서 한국의 경제성장을 기적이라 칭찬해 주고 있습니다.[21] 효과적인 정부 역할과 산업정책이 이루어낸 성공적 사례라는 평가지요[22]. 나는 이 같은 후세의 평가에 만족하고 있습니다.

다음에 야당에서 내놓은 경제정책이 하나 있습니다. 지금 야당사람들은 자기들이 집권을 하면 당장 국민 모두가 부자가 되고, 잘 살고, 잘 입고, 잘 먹도록 해줄 수 있다, 이런 소리들을 합니다. 그래서 우리도 무슨 그런 묘한 방법이 있는가 하고 여러가지 얘기를 들어보았는데 결국은 이런 얘기입니다. 자기들이 집권을 하면 정부가 국민으로부터 받는 것은 될 수 있는대로 이것을 대폭적으로 깎아주고, 또 정부가 국민들로부터 사들이는 물건은 될 수 있는 대로 비싸게 사들인다. 가령 쌀도 비싸게 사주고, 보리도 비싸게 사주고, 담배·고구마·유채 등등, 또 정부가 국민들에게 주는 것은 가령 공무원들에게 주는 봉급은 몇 배씩 올려주고, 국민들에게 주는 보조금이라든지, 수당이라든지, 이런 것은 전부 다 올려준다, 이러한 얘기들입니다. 이것을 지금 야당에서는 대중경제니 대중자본주의니 뭐 이런 소리를 가지고 표현을 하고 있는 것 같은데, 이것은 얼른 듣기에는 대단히 솔깃하고 구미가 당기는 얘기 같습니다. 그런데 아까도 말씀드린 바와 같이 우리나라 형편으로서 야당 사람들이 말하는 이런 정책이 과연 실천 가능한 문제냐 아니냐 하는 문제를 우리는 잘 검토해 보아야 하겠습니다.

Ⅰ 박정희, 「1967년 대선 대전 공설운동장 첫 유세 연설(1967년 4월 17일)」, 『박정희 대통령 연설기록』.

21 World Bank, *The East Asian Miracle: Economic Growth and Public Policy*, New York and London: Oxford University Press, 1993.

22 Rhyu, Sang-young, "Chaebol," Jeonghun Han, Ramon Pacheco Pardo, and Yongho Cho, eds., *The Oxford Handbook of South Korean Politics*, London and New York: Oxford University Press, 2022.

사회자   두 분의 경제발전에 대한 고견을 들으면서 저는 많은 차이가 있음에도 불구하고 유사성도 많다는 생각이 들었습니다. 과연 어떻게 자립적인 민족경제를 이룰 수 있을까라는 목표와 의지에서는 이견이 없는 것 같습니다. 그리고 한국전쟁 이후 1960년대 초까지 경제여건을 감안하면, 두 분의 생각에 유사성이 더 많다고 봅니다. 1962년의 제1차 경제개발 계획 원안과 대중경제론을 비교하면, 농업육성과 농민의 구매력 향상, 국내자본 조달 중시 등에서 매우 유사합니다. 두 분의 시각이 서구 자본주의와 시장의 관점에서는 모두 민족주의적이고 사회주의적 색채를 띠는 무모한 계획이었던 것으로 평가되었지요. 그리고 한국전쟁 이후 자원과 기술이 부족한 후진국으로서 선택할 수 있는 대안이 많지 않았을 것입니다. 미국 등 원조공여국과 국제기구에서도 한국의 경제성장을 위한 빈곤탈출 프로그램을 세워놓고 있었는데, 미국이 준비 중이던 후진국 경제발전론과 두 분의 경제전략 사이에도 어쩔 수 없는 유사성이 있었음을 부인할 수 없을 것 같습니다. 물론, 1964년 이후 수출주도형 산업화 전략이 본격화되면서 두 분의 경제전략의 차이가 두드러지기 시작했다고 보아야 할 것 같습니다.

민주주의

사회자   여러 쟁점 중에서 뭐니 뭐니 해도 민주주의가 두 분의 관점과 전략이 가장 대비되는 분야라고 생각합니다. 한국의 민주주의는 두 분 사이의 개인적인 인연으로나 사회 및 역사 발전의 방향에 가장 극명하게 차이를 보인 쟁점이라 할 수 있을 것입니다. 한 분은 유신체제를 만든 독재자로 불렸고, 다른 한 분은 독재를 종식하고 민주화를 이끈 투사로 평가되고 있습니다. 한 분은 한국적 민주주의 혹은 민족적 민주주의라는 이름의 권위주의 체제를 선택하였고, 다른 한 분은 대중적 민주주의 혹은 보편적 민주주의를 실현하기 위한 투쟁을 선택했습니다. 두 분이 생각하는 민주주의는 무엇이었습니까. 민주주의와 근대화 혹은 민주주의와 경제발전의 관계를 어떻게 보셨습니까. 그리고 민주주의를 실현할 전략과 방법은 무엇이었습니까.

박정희   나는 일찍부터 미국식의 민주주의는 우리 실정에 맞지 않다고 생각해 왔습니다. 서구식 민주주의를 들먹거리는 구정치인들의 생각을 가식적이고 사대적인 민주주의라고 자주 비판했습니다. 그들은 미국만을 쳐다보고 미국 원조에만 의존하면서 민족적 자주성을 결여한 인물들이었습니다. 1963년 9월 5일 공화당 대통령 후보로서 서울고등학교 교정에서 열린 첫 유세 연설에서 민족적 민주주의를 공식화했습니다. 근대화는 공업화와 산업개발이 핵심인데, 이를 위해서는 서구식 민주주의가 우리에게 맞지 않은 가식적인 것이라고 주장했지요. 즉 "외국에서 들어온 주의, 사상, 정치제도를 우리의 체질과 체격에 맞추어야 한다. 우리식 민주주의, 즉 민족적 민주주의라는 옷을 만들어 입어야 한다"고 강조했습니다.[23] 당시 나는 민주당의 대선 후보로 나선 윤보선을 선거 연설에서 사대주의자로 지칭했고 밑바탕 없는 봉건적 잔재라 몰아붙이기도 했습니다.[24]

우리나라에 탱자라고 있지요? 어느 식물학자가 몇 년 전에 일본에서 밀감나무를 이식해다가 자기 집에 심어 가지고 잘 가꾸어서 키워 놨는데, 몇 년 지나고 난 뒤에 열매가 열렸다 이겁니다. 노란 게 열렸는데 따 보니까 이것은 밀감이 아니고 탱자가 열렸더라 이겁니다. 민주주의도 마찬가지입니다. 외국에서 그것이 아무리 좋은 민주주의라도, 서구 제국에선 가장 알맞은 제도였을지 모르지만, 그것을 우리나라에 갖다가 완전히 밀감을 만들기 위해서

---

23 김종신,『영시(零時)의 횃불, 박정희 대통령 수행기자 7년의 기록』, 서울: 기파랑, 2011, pp. 236-237, p.289.

24 김종신,『영시(零時)의 횃불, 박정희 대통령 수행기자 7년의 기록』, 서울: 기파랑, 2011, p.290.

는 여러 가지 여건을 잘 만들어줘서 어느 시기에 가서 접목을 시켜서 이것이
완전히 우리나라에서 밀감이 될 수 있도록 해야 되는 것이지, 그냥 갖다 여기
다 꽂아 놓은 것은 민주주의가 안 되고 탱자 민주주의가 된다 이겁니다.

| 박정희, 「1963년 대통령 선거 진주 유세 연설(1963년 10월 7일)」, 『박정희 대통령 연설
   기록』.

박정희   나의 이 같은 인식은 만주군관학교에서 일본식 교육을 받은 영향도
있을 것입니다. 당시 일본 제국주의는 미국 등 서구 자본주의 국가와 전쟁을
치르고 있었으니까요. 그리고 만주지역의 젊은 장교들 사이에는 서구적 민
주주의와 자본주의에 대한 반감이 강했던 것이 사실입니다. 하지만, 그와는
별도로 내가 느낀 미국에 대한 인식과 한국의 생존전략에 대한 고민이 민족
적 민주주의를 구상하게 했던 것입니다. 나는 1967년 "자립에의 의지"라는
방송 연설에서 "민족적 민주주의의 제1차적 목표는 자립에 있고, 자립이야
말로 민족주체성이 세워질 기반이며, 민주주의가 기착 영생할 안주지"라고
주장하였고 "자립에 기반을 두지 않은 민족주체성이나 민주주의는 한갓 가
시에 불과하다"는 신념을 밝힌 바 있습니다.[25] 5·16 혁명 직후부터 이 같은 생
각을 공식화하였고, 한국에 바람직한 민주주의를 "행정적 민주주의"라 표현
하기도 했습니다.[26] 나는 당시 조국의 상황이 도약하지 않으면 도저히 암울한
가난에서 헤어날 수 없을 것이라는 절체절명의 위기에 처해 있다고 생각했
습니다. 게다가 경제발전의 수준이 어느 정도 오르지 않으면 역사와 사회발
전은 물론 민주주의도 진전될 수 없다는 점은 많은 다른 나라에서도 확인되
고 있는 현상이었습니다.[27] 이 같은 결정적 국면에서 민족적, 한국적, 혹은 행

25 박정희, 「자립에의 의지 방송 연설(1967년 4월 15일)」, 『박정희 대통령 연설기록』, 대통령
    기록관.

26 박정희, 『우리 민족의 나갈 길』, 서울: 동아출판사, 1962, p.259.

27 김종필, 「후진 민주국가의 리더십」, 『신사조』, 1963년 10월호, pp.324-329.

정적 민주주의는 한국이 다시 실패하지 않기 위한 최선의 선택이었다고 아직도 믿고 있습니다.

박정희   내가 한국적 민주주의를 내세운 데는 몇 가지 이유가 있습니다. 첫째, 나는 "먹여 놓고, 살려 놓고서야 정치가 있고, 사회가 보일 것이며, 문화에 대한 여유가 있을 것이기 때문이다"라고 생각했고, 이 생각은 아직도 변함이 없습니다. 둘째, 북한으로부터의 안보위협이 매우 중요하게 작용하였습니다. 1975년 5월 21일 김영삼 신민당 총재와 2시간 동안 긴박한 안보에 대해 중점적으로 논의한 적이 있습니다. 국내적으로는 북한이 파놓

『우리민족의 나갈 길』(1962년)

은 제2땅굴이 발견되었고, 국제적으로는 월남과 캄보디아가 패망한 시기였습니다. 나는 당시 김영삼 총재에게 "북으로부터의 남침 위협이 현저히 줄어들면 현행 헌법도 개정할 수 있다"[28]고 말하고 영수회담을 마친 기억이 납니다.

오늘날의 민주주의는 선거에서 패배한 소수자의 의견을 존중하고 또 그를 보호하는 데 더욱 의의가 있는 것입니다. 선거에서 승리한 집권당이 평면적 종다수의결방식을 근거로 만능, 우월의식에서 독선과 횡포를 자행하며, 소수의 의사를 유린할 때, 이 나라 민주주의 전도에는 또 다른 비극의 씨가 배태될 것입니다. 또 일방진부한 관록이나 허망한 권위의식에서, 대국을 망각한 소아병적 도발로 정쟁을 벌이고, 정국을 어지럽히며, 사회를 혼란시킨다면, 이 나라는 또 다시 역사의 뒤로 후퇴하는 슬픈 결말을 초래할 수밖에 없을 것입니다. 자제와 책임을 수반하는 민주적 정치질서를 확립해 가면서,

---

28   김정렴, 『아, 박정희』, 서울: 중앙 M&B, 1997, p.213.

대중의 이익에 벗어나는 시책이나, 투명치 못한 정치적 처사에 대하여는 정당한 비판과 당당히 반대할 수 있는 자유가 최대한 보장되어야 할 것입니다.

| 박정희, 「제5대 대통령 취임식 연설(1963년 12월 17일)」, 『박정희 대통령 연설기록』. 민주주의 및 자유에 대한 박정희의 개념과 생각을 들여다 보고 이의 시기별 변화과정을 추적해보는 것도 매우 의미있어 보인다.

김대중   나는 앞서 말한 바 있듯이 박정희 씨의 한국적 민주주의론에 대한 대안으로 대중민주체제론을 주장했습니다. 자유롭고 책임있는 국민 대중이 참여하는 대중의 정치를 보장하는 체제가 역사의 흐름과 보조를 같이하는 것이라고 확신합니다.[29] 자유가 없이 대중이 배제된 채 몇몇 엘리트나 지도자에 의해 권위적으로 독점된 정치가 어떻게 민주주의적 가치나 절차를 구현할 수 있겠습니까. 더구나 이 같은 체제가 지속가능할 수는 없을 것입니다. 어느 순간에 무너질 운명을 갖고 있는 것이지요. 1979년 5월 30일 신민당 전당대회에서 다시 총재로 선출된 김영삼이 수락 연설에서 한 "아무리 새벽을 알리는 닭의 모가지를 비틀어도 민주주의의 새벽은 오고 있습니다"라는 말은 백번 옳은 것입니다.[30] 이 같은 역사적 운명을 국내외의 많은 권위주의적 지도자들이 깨닫지 못한 것 같습니다.

김대중   민주주의의 핵심은 by the people입니다. 자유로운 국민의 참여 없이는 아무리 국민의 이익을 도모한다 하더라도 민주주의는 아닌 것입니다.[31] 나는 항상 국민이 옳은 방향으로 돌아온다는 것을 믿고 민주화를 위한 투쟁을 전개하였습니다. 세상이 망하지 않고 지탱되는 이유도 궁극적으로 진리와 정의를 추종하는 국민들이 있기 때문이지 않겠습니까. 나는 아시아에서는 민주주의가 불가능하고 권위주의가 더 어울린다는 논리에 대해서

29   김대중, 『대중경제론』, 서울: 청사, 1986, p.80.

30   김영삼, 『김영삼 회고록 2』, 서울: 백산서당, 2015, p.116.

31   김대중, 『옥중서신 1』, 서울: 시대의 창, 2009, p.394.

도 동의하지 않습니다. 나는 1994년 미국의 저명한 잡지 『포린 어페어즈*Foreign Affairs*』에서 싱가포르 이콴유 수상과 이 문제를 놓고 지면으로 논쟁을 벌인 적이 있습니다. 이콴유 수상은 아시아의 문화는 민주적이지 않고 아시아의 정치는 민주주의보다 권위주의에 더 어울린다고 주장했습니다. 즉 아시아는 반민주적 유교 문화와 권위주의가 지배적이라는 생각이지요. 나는 이 견해에 반대합니다. 문화는 주어진 것이 아니고 창조되는 것입니다. 문화는 운명이 아닙니다. 유교

연세대 김대중도서관 전시실 개관 기념 휘호
(2006년, 김대중도서관 제공)

문화 내부에도 권위주의적인 요소보다 민주주의적인 것이 더 많습니다. 따라서 아시아의 권위주의는 권위주의적인 지도자들이 자신들의 정치권력을 위해 만들어 낸 정치제도에 의하여 탄생된 것이지, 아시아의 문화 때문에 생긴 것이 아닙니다. 인권이나 민본 등 민주주의적 가치는 서구와 아시아 구분 없이 공유될 수 있는 보편적인 것입니다. 민심은 천심이라는 동학의 인내천 사상이나 사람을 하늘과 같이 섬긴다는 사인여천 사상은 한국 민주주의의 정신적 뿌리라고 할 수 있습니다.

> …민주주의에는 런던의 민주주의도 있고, 파리의, 워싱턴의 민주주의도 있다. 물론 한국식 민주주의도 있고 인도식 민주주의도 있을 수 있다. 그러나 민주주의라고 이름 붙이는 이상 주권자인 국민에게 자유가 있어야 한다. 자유롭게 비판하고 자유롭게 참여하고 자유롭게 결정하는 권리가 보장되지 않는 점, 그것은 민주주의라고 말할 수 없다.
>
> ㅣ 김대중, 「민주주의(1974년 1월 3일 일기)」, 『김대중 전집 II』, 제8권, p.563.

김대중   사실 민주주의 가치에 대한 나의 주장이 내가 노벨평화상을 받게 된 첫 번째 이유이기도 했습니다. 노벨상위원회는 민주주의가 아시아 등에서 정체되고 있던 시기에 내 주장이 아시아는 물론 다른 지역으로까지 보편적 민주주의를 확산시킬 수 있는 철학적 울림이었다고 판단한 것이지요. 현재 한국이 성공적인 민주화 사례가 된 것도 이 같은 문화적 전통이 배경에 있었다고 보는 게 맞습니다. 한편, 박정희 씨가 말한 경제발전이 민주주의의 전제가 되어야 한다는 소신은 일부 동의합니다. 하지만, "이론적으로는 근대화 <u>주로 경제적</u>가 반드시 민주주의와 병행되어야 할 필요는 없다고 할 수 있을 것입니다. 이 두 가지는 모두 영국민의 천재적 능력의 소산인데, 영국에서의 경험을 보면 이 둘은 서로 원인이 되고 결과가 되면서 발전해 왔으며 모범적인 성공을 보였습니다."[32] 영국과는 다른 순서와 방식으로 전개되었지만, 미국과 프랑스도 근대화와 민주주의를 다 같이 받아들인 경우라 할 수 있겠지요. 한국의 경우도 이 두 가지를 어떻게 조화시켜 나갔는지가 평가의 기준이 될 것입니다. 1960년대 이래로 어느 정도 경제가 성장하고 근대화에 많은 진전이 있었는데, 1972년부터 유신체제로 인해 민주주의가 말살되어버린 것이 문제의 핵심이라고 생각합니다. 경제가 성장했는데도 왜 민주주의가 퇴보하게 되었는가가 문제인 것이지요.

역사를 보면 많은 창조적 선구자들이 고독하고 절망적인 것같이 보이는 투쟁을 전개한다. 그는 자기의 당대에 그의 노력이 결실을 보지 못할 수 있다는 것도 잘 안다. 민심이란 변덕이 많고 속기 쉽고, 이기적이며, 겁 많을 수 있다는 것도 잘 안다. 그러나 그는 백성은 결코 그들의 안에서 울려오는 진리와 정의에의 갈망의 소리를 오래 외면하지 못한다는 것도 잘 안다. 선구자의 신념에 찬 노력과 희생, 백성들의 진리와 정의에의 궁극적 추종, 이것이 이 세

---

32   김대중, 『옥중서신 1』, 서울: 시대의 창, 2009, p.436.

상을 망하지 않게 지탱하는 이유이다.

| 김대중, 『옥중서신 1』, pp.440-441.

사회자 두 분의 민주주의에 대한 관점과 전략에는 큰 차이가 있어 보입니다. 하지만, 두 분의 관점과 전략을 단순 비교하는 것은 무리가 있을 것 같습니다. 두 분이 민주주의와 연관된 활동을 본격적으로 벌인 시간적 격차가 상당하고 각 시기 한국의 경제적·사회적 여건이 크게 달랐기 때문입니다. 그런 맥락에서 두 분의 관점과 전략의 간극은 좁혀지기 힘들지도 모르겠습니다. 그러나, 더 크고 장기적이고 역사적인 시각에서 두 분의 역할을 어떤 인과론으로 설명할 수 있을지, 아니면 어떤 상호관계가 있는지 논의해 볼 필요는 있어 보입니다. 어느 나라든 역사적 연속성을 무시하기 힘들고, 어제가 없는 오늘이 있을 수 없기 때문입니다. 특히, 경제 발전이 정치에 미치는 영향은 아주 크다고 할 수 있습니다. 2011년 12월 북한의 김정일 위원장이 사망했을 당시 북한 주민들이 대성통곡하고 오열했습니다. 서방의 언론들은 이같은 반응이 연출된 것은 아닌지 의문을 품기도 하고 일부 조롱하기도 했습니다. 우리 언론도 비슷한 시선으로 바라보았습니다. 하지만, 북한 주민들의 행동은 진심이었습니다. 그리 멀지 않은 과거에 한국도 비슷한 장면이 종종 있었습니다. 경제성장의 정도와 역사발전의 수준이 유사한 정치적 현상을 만들어 낸 것이 아닌가 생각해 보았습니다.

지역감정과 색깔 논쟁

사회자 그동안 한국 정치의 발전을 가로막은 두 가지의 망국적인 병폐는 아마도 지역감정과 색깔 논쟁일 것입니다. 특히 선거철만 되면 이를 이용하고자 하는 세력이 출현하고 많은 유권자가 여기에 현혹되어 합리적인 투표를 방해하는 현상이 반복되어 왔습니다. 이 두 현상은 서로 악순환하여 한국 사회를 병들게 했습니다. 현재 한국이 민주화를 이룩하였음에도 아직도 이 같은 병폐는 사라지지 않고 있는 상황입니다. 최근 경제적 이해나 복지 등이 현안으로 떠오르면서 그 영향력이 약화하고 있는 것은 다행스러운 일입니다. 이 두 현상에 대한 두 분의 견해가 엇갈릴 것으로 생각됩니다. 색깔 논쟁과 지역감정은 언제부터 시작되었고 무엇이 문제였다고 생각하십니까.

박정희　한국정치에서 색깔 논쟁과 지역감정이 약화되고 있는 것은 좋은 현상입니다. 색깔 논쟁은 내가 집권하는 동안 집권 여당인 공화당이 야당을 탄압하기 위해 조작해내고 정치에 이용한 것으로 알고 있는 국민들이 많을 것입니다. 그러나 사실은 그렇지 않습니다. 처음 색깔 논쟁은 당시 야당인 민정당에서 비롯되었습니다. 1963년 제5대 대통령 선거에서 야당 대선 후보로 나선 윤보선 후보가 나에 대한 이념공세를 퍼뜨린 것입니다. 나는 여순사건과 관련한 숙군작업에 연루되어 고초를 겪었습니다만 곧 문제가 해결되어 군대로 복귀하게 되었고, 한국전쟁에서도 북한 공산주의자들을 무찌르기 위해 주어진 업무에 최선을 다했습니다. 그런데 윤보선 후보는 대선에서 나를 이기기 위하여 철 지난 색깔 논쟁을 들고 나온 것입니다. 나는 원래부터 윤보선 씨를 봉건적 사대주의자로, 무능한 구시대의 잔재라고 생각하고 있었습니다.

박정희　1963년 10월 5일 동아일보 1면에 실린 반메카시즘 광고는 색깔 논쟁 중단을 원하는 나와 공화당의 의지였습니다. 나는 당시 색깔 논쟁을 중단하고 건전한 정책경쟁을 하는 것이 우리 정치의 전진과 후퇴를 결정하는 것이라고 보았고 이 점을 국민들에게 호소한 것입니다. 아마 지금 이 광고를 들이밀면 사실을 잘 모르는 이들은 야당이 집권여당을 비판하기 위해 게재한 광고로 착각하지 않을까 생각됩니다. 한국전쟁이라는 비극, 4·19 혁명과 5·16 혁명이라는 큰 역사적 사건을 계기로 우리 조국이 새로운 도약을 꿈꾸던 시기에 구시대의 잔재인 용공과 빨갱이 카드를 다시 들고 나온 것을 보면서 시대착오적이라는 생각이 들었습니다.

> 우리들은 이제 이 나라 사회의 근대화 작업을 끈덕지게 방해하고 있는 일체의 메카시즘을 타도 청소해야 할 공동의 전선에 섰습니다…메카시즘의 한국적 아류들인 그들은 그 악습의 보검을 구사하고 있습니다. 시커먼 무쇠를 메카시즘이라는 번철에 달달 볶아 새빨간 빨갱이로 만들려는 수법을 농하고 있습니다…'참다운 반공'이 무엇인가를, 그리고 '참다운 민주주의'가 무엇인가를 이해하지 못하고 자기들의 정치 지반인 전근대적인 유제가 위협을 당하면 '용공'이니 '빨갱이'니 하는 상투적인 술어로 상대세력을 학살시켰던 것이 한국적 메카시즘의 아류들이 저질러온 행적이었습니다…전국의 지성인 여러분! 무슨 일이 있든지 우리는 차제에 한국적 메카시즘의 신봉자를 우리 사회에서 일소시키기 위해 분연히 궐기하여 과감히 투쟁합시다.
>
> ┃『동아일보』 1963년 10월 5일. 제5대 대통령 선거에 출마한 박정희와 민주공화당이 야당인 민정당의 대선 후보 윤보선의 이념 공세에 대항하기 위하여 "전진이냐? 후퇴냐?"라는 제목으로 게재한 선거광고.

김대중 색깔 논쟁이 윤보선 후보를 통해 먼저 시작되었다는 것은 사실입니다. 하지만, 박정희 씨와 공화당이 색깔 논쟁의 구습과 아무런 연관도 없다는 듯이 주장하는 것은 적반하장이고 사실왜곡입니다. 나도 당시 윤보선 후보가 선거전략상으로나 한국 정치의 발전을 위해서나 커다란 실책을 했다고 생각합니다. 한마디로 철 지난 선거전략이었습니다. 박정희 씨의 사회주의 경력은 지울 수 없는 역사적 사실입니다. 하지만, 해방 전후의 격동기에는 일부 극우적인 반민족 친일협력자들을 제외하면 국민의 대다수가 민족주의적이고 사회주의적인 생각을 갖고 있었습니다. 그 사회주의적 성향도 국가와 민족을 제대로 세워보자는 민족주의적 성격이 강했고 이념적 성격의 사회주의는 아니었습니다. 민족적 비애를 겪고 새 시대에 대한 열정을 가진 사람이라면 누구나 한번쯤 가졌을 법한 생각이었습니다. 나는 평생 박정희와 전두환 정권이 조작한 색깔 정치의 피해자였습니다. 없는 사실을 만들어 경쟁자인 나를 빨갱이로 몬 독재정권의 거짓과 왜곡은 심판받아 마땅합니다. 그렇지만, 반공을 국시로 내걸고 군사쿠테타를 일으켜 공산당과의 전쟁을 선포한 집권자를 공산당이라고 비난하는 방식은, 유권자들에게 과거 한민당 시대의 어두운 기억을 떠올리게 했습니다. 당시 이승만과 한민당이 많은 민족지도자들을 공산당으로 몰아 제거한 역사가 있지 않습니까. 이 같은 발언은 미군정과 이승만 정권이 반대파를 모두 공산당으로 몰아 숙청한 공포정치를 떠올리게 했습니다. 그것도 주로 친일파들이 민족주의적 사회주의 세력이나 독립운동가들을 숙청하는 명분으로 활용한 것이지요. 윤 후보의 이 같은 발언은 미미했지만 치명적인 실책이었고, 그 점에서 박정희 씨는 운이 좋았다고 보아야 할 것입니다.

김대중　그리고 국민들이 알고 있듯이, 박 정권 하 6대 국회부터 8년간 최장수 국회의장을 지내며 변칙적인 삼선개헌에 앞장선 이효상이 지역감정 조장의 시초였고 한국 역사에 두고두고 어두운 그림자를 남기지 않았습니까. 대구 출신인 그는 1971년 대통령 선거에서 박정희 후보를 돕기 위해 "경상도 대통령을 뽑지 않으면 우리 영남인은 개밥에 도토리 신세가 된다," "박 후보는 신라 임금의 자랑스러운 후손이다. 그를 대통령으로 뽑아 이 고장의 천만 년의 임금으로 모시자," "쌀 속에 뉘가 섞이면 밥이 안 되는 법이다. 경상도 표에 전라도 지지표가 섞이는 것과 마찬가지다. 김대중에게 표를 주어서는 안 된다." 등의 발언을 서슴치 않았습니다.[33] 사실 그는 이승만 시대에는 그를 단군 이래 최고 성군이라며 낯뜨거운 발언을 서슴치 않았습니다. 참 부끄럽고 실소가 나옵니다. 나라를 분열시키는 망국적인 책동이었습니다. 대통령

33　김대중, 『김대중 자서전 1』, 서울: 삼인, 2019, p.232.

선거 한 달 뒤 치러진 국회의원 선거에서 그는 낙선했습니다. 시민들이 이같은 망언을 응징한 것이라 볼 수 있습니다.

김대중   그건 그렇고 박정희 정권의 색깔 논쟁은 내가 1971년 7대 대통령 선거에서 아깝게 패배한 이후 본격화되었습니다. 나와 신민당의 약진에 위기감을 느낀 박정희 정권은 나에 대한 본격적인 정치적 탄압과 용공조작을 시작했습니다. 1960년대 말부터 싹트기 시작한 미소 대결완화와 데탕트 조짐을 감지한 나는 미·소·중·일이 한반도의 안전과 평화를 보장하도록 하는 4대국안전보장론 등을 선거 공약으로 내걸었습니다. 예비군 폐지론도 주장했지요. 나는 박정희 정권이 예비군을 국내정치에 악용하고 위기감을 조성하기 위한 수단으로 이용할 가능성이 있었기 때문입니다. 지금 생각해도 그때 내 주장은 시대에 앞선 것이었지만, 한반도의 평화를 주변 강대국이 국제적 협약으로 보장한다는 점에서 현실적이었다고 생각합니다. 박정희 씨의 자주국방론도 중요하지만, 그때나 지금이나 남북관계와 한반도의 평화는 우리의 힘만으로 이룰 수 없는 것입니다. 내가 집권하는 동안 북핵문제 해결을 위해 제시한 6자회담의 틀이 바로 이때부터 갖추어진 것이라고 볼 수 있습니다.

김대중   하지만, 대선 패배 후 박정희 정권은 내 선거공약을 트집잡아 나를 빨갱이와 용공분자로 색칠하고 탄압했습니다. 사실 7·4 공동성명 등 남북대화 문제도 내가 선거공약으로 제시한 것인데, 박정희 씨가 그것을 자기 정책으로 가져갔음에도 정작 나는 친북이고 용공이라고 매도한 것입니다. 거기에 호남에 대한 지역감정까지 덮어 씌워 나를 무너뜨리려 한 것은 누구도 부인하기 어려울 것입니다. 중앙정보부는 나를 용공으로 조작하는 DJ파일을 만들어 퍼트렸고, 이 같은 정치공작은 두터운 김대중 비토세력을 만들어 내는 결과를 낳았습니다. 10·26 직후 계엄사령관 정승화 참모총장은 언론계 간부를 대상으로 한 강연에서 "김대중은 사상이 좋지 않다. 그는 용공이다.

최고사령관인 대통령은 고사하고 일개 소위도 할 자격이 없다"고 발언했습니다. 이 또한 중앙정보부가 만든 DJ 파일을 기초로 한 말이었습니다. 이 같은 색깔 정치와 용공조작은 전두환 정부로 이어져 급기야 나에게 내란음모를 씌워 사형선고까지 내린 것입니다. 사형선고가 내려진 후 강원룡 목사님이 나를 구명하기 위해 전두환 씨를 만났을 때도 그는 나를 빨갱이라고 불렀습니다.[35] 이 점에 대해서는 내가 가장 할 말이 많을 것입니다. 하지만 내란 음모죄는 재심을 거쳐 2004년 2월 무죄가 선고되었고, 사회에서도 전두환 정권이 자신들의 정당성을 보강하고 민주화세력을 탄압하려는 공작정치의 소산이었음을 의심하는 사람은 거의 없습니다. 우리나라가 이 같은 색깔 논쟁과 용공조작이 더 이상 통하지 않는 사회가 된 점에서 다행스럽고 자랑스러울 따름입니다.

> 1963년 10월 15일 제5대 대통령선거 선거결과는 박 후보가 15만 6,000여 표 차이로 신승했다…하지만 윤 후보의 실언만 없었다면 선거는 승리할 수 있었다. 이것도 박 후보의 운이었다…박 후보는 서울, 경기도, 강원도, 충청도에서 모두 졌다. 박 후보 연고지인 경상도와 아무 연고도 없는 전라도에서만 이겼다. 특히 전라도에서는 윤 후보를 35만 표 차이로 크게 앞섰다. 박 후보는 전라도 표로 대통령이 된 셈이다. 윤 후보 측의 '용공소동' 때문에 전라도가 그를 선택한 것이었다. 그러나 박정희는 집권하자마자 전라도를 소외시켰다. 그의 지역차별 정책에서 망국적인 지역감정이 비롯되었다. 박정권 18년간의 최대의 정치적·도덕적 과오는 지역차별이었다. 그는 역사에 죄를 지었다.
> | 김대중, 『김대중 자서전 1』, pp.151-152.

---

34 이희호, 『이희호 자서전 동행』, 서울: 웅진지식하우스, 2008, p.187.

35 강원룡, 「강원룡 구술사 인터뷰(2005년 12월 28일)」, 연세대 김대중도서관 소장. 1987년 6·29 선언 이후 7월 초 미국 독립기념일 축하기념으로 열린 주한 미국 대사관 주최 리셉션에서 처음 김대중을 만난 노태우는 "김대중 씨는 오래전부터 기피인물로 지목되어 있었다"고 회고한 바 있다. 노태우, 『노태우 회고록, 상권』, 서울: 조선뉴스프레스, 2011, p.357.

사회자 한국 사회에서 색깔 논쟁은 항상 정치적 이해관계에서 조작되었습니다. 일부 정치 사회세력들이 자신들의 친일과 독재경력 등을 덮고 정치권력을 잡거나 유지하기 위하여 전가의 보도처럼 사용해 왔습니다. 어느 사회에서나 메카시즘이 횡행했는데, 우리는 한국전쟁을 경험했기 때문에 용공조작이 훨씬 유리했습니다. 아울러 지역감정은 아직까지도 일부 정치세력이 선거 때마다 부추기고 싶어 하는 것 같습니다. 하지만, 지역감정 역시 예전과는 분위기가 확연히 다릅니다. 터무니없이 지역감정을 부추기는 세력에 대해 곧바로 이를 제어하는 사회적 분위기가 형성될 정도로 한국사회가 성숙되어 있습니다. 두 분이 생각하는 지역감정의 원인과 폐해 그리고 이를 극복할 방법은 무엇일까요.

박정희 내가 지역감정에 가장 큰 책임이 있다는 김대중 씨의 비판에는 동의할 수 없습니다. 지역감정은 한 사람의 생각과 전략에 의해 생길 수 있는 게 아닙니다. 물론 내 집권기간 동안 특히 초기에 영남지역에 투자가 집중되어 지역 간 불균형이 생겼던 것은 인정합니다. 하지만, 이는 지역감정을 부추기는 정치적 전략과는 상관없이 빠른 경제성장을 위한 선택과 집중의 일환이었습니다. 부족한 자원을 최대한 효율적으로 활용하고 투자하여 가난에서 벗어나야 하는 상황이었습니다. 공업단지들도 수출과 임가공에 적합한 임해지역을 선택하다 보니 생긴 문제이기도 합니다. 내가 누차 강조한 바 있듯이 나의 경제정책과 국가전략은 지역적 특혜나 차별이 아니라 우리 민족 전체의 중흥이 핵심이었습니다.

박정희 민족 전체의 중흥을 시도하는 데 안 그래도 좁은 땅덩어리에 영남이 어디 있고 호남이 어디 있었겠습니까. 경부고속도로가 부산 발전을 위한 도로가 아니지 않습니까. 서울과 목포를 잇는 고속도로를 먼저 건설했어야 할까요. 어느 정도 경제가 성장하면서 그동안 신경쓰지 못했던 정치적·사회적 현상들이 드러나기 시작했는데, 관련 문제를 차별받았다고 생각하는 지역의 국민들이 충분히 납득할 만큼 개선하지는 못했던 것이지요. 인사정책에서도 장기간 누적된 문제들이 정치적인 반발을 살 소지가 있었지요. 하지만, 다른 정부에 비해 내 정부에서는 편중도가 덜했다는 것은 사실입니다.[36] 또 한편, 지역감정을 다른 각도에서 보면 논쟁이 되어 왔던 영남과 호남 이외에 충청이나 다른 지역이 덜 발전된 측면이 있는 것도 사실입니다. 환경 등을 고려하면 1960년대 이래 공업단지로 집중적으로 개발된 지역이 현재의 국민들의 생활에는 더 불편한 지역이 된 것인지도 모르겠습니다. 지금 와서 돌이켜 보면, 지역감정은 해당 지역 국민들의 경제적 혜택이나 민생과는 무관하게 정치적 엘리트들 사이에 조장되고 악용된 측면이 크다는 생각이 듭니다. 앞으로도 책임 있는 정치세력이라면 이 점을 잊지 말아야 합니다.

김대중 나는 지역감정의 최대 피해자였고, 호남지역이 개발경제 시대에 소외되었던 것은 삼척동자도 다 아는 사실입니다. 소위 호남소외론은 강준만 교수 등의 사회적 논쟁도 있었습니다. 아직도 이에 대한 논쟁은 계속되고 있는 것으로 알고 있습니다. 나는 내가 추구했던 민주적 통합과는 무관하게 고향이 목포라는 이유로 호남과 동일시 되었고 지역감정의 상징 내지는 피해자로 비치기도 했습니다. 1980년 광주항쟁에서도 '김대중을 석방하라'가 주요 구호 중 하나였습니다.[37] 사실 광주 민중항쟁도 전두환 신군부의 김대중을

---

36 배진영, 「10·26 40주년, 박정희의 오해와 진실」, 『월간조선』, 2019년 10월.

37 지만원 등 광주민주항쟁을 폄훼하려는 일부 역사왜곡 세력에 의해 광주항쟁에 참여한 북한군 1호로 잘못 알려졌던 당시 23세의 평범한 시민 차복환 씨는 최근 그 사진 속 인물이 자신인 것을 깨닫고 42년만에 언론 인터뷰를 하였다. 그는 시내 이동 중 우연히 시민군 트럭에 올랐다가 시민군이 되었다. 그는 머리띠에 "석방하라 김군"이라는 글자를 직접 적었는데, 그에게 김 군은 김대중이었다. 그가 왜 김대중이란 이름을 쓰지 않고 김 군이라 했는지 당시 한국의 유교문화적 맥락이 엿보인다. "김대중 하면 옛날에 좀 우리가 우러러본 사람이잖아요. 옆에서 쓰는 애가 또 그러더라고. 이름을 쓰면 안될 건데. 그러다 보니까 모르겠다 하고 김 군으로 써 버리고…," 『JTBC 뉴스』, 2022년 5월 11일. 이 장면은 1970년 전태일이 박정

내란음모죄로 탄압하고 광주항쟁을 촉발하려는 음모가 결합된 결과라 할 수 있습니다. 사실 내가 없었다면 전두환이 광주항쟁을 조장하지도 않았을테고 광주시민들이 희생을 치르지 않았을 것이라는 역사적 죄의식을 떨쳐버리지 못하고 살아왔습니다. 나는 광주항쟁 이전에도 많은 지역차별과 감정을 경험했습니다. 박정희 정권에서는 선거 승리를 위해 지역감정을 자극하는 전략을 많이 동원했습니다. 순박한 유권자들이 해당 지역출신을 뽑아야 한다는 정서보다 더 나쁜 것은 국가기관에 의한 지역감정 조장이었습니다. 내가 1971년 후보로 나섰을 때도 중앙정보부 등 국가기관이 호남사람은 영남사람을 싫어한다는 등의 조작된 여론조사 결과를 비밀리에 유포하곤 했습니다. 이 점 박정희 씨의 책임을 묻지 않을 수 없습니다.

김대중　나로 인해 전라도 빨갱이라는 말이 유행한 것처럼, 지역감정과 색깔공세가 결합되어 한국 정치를 더 퇴보시켰다고 볼 수 있습니다. 사실 나는 집권기간 동안 지역감정 타파를 위해 많은 노력을 기울였습니다. 지방교부금 등 예산도 호남보다 영남에 더 많이 배정된 것으로 기억하고 있습니다. 내 고향인 호남에는 미안한 점도 없지 않지만, 지역감정을 해소하고 이에 대한 국민들의 신뢰와 문화를 정착시키기 위해 최대한 노력했습니다. 오히려 호남을 역차별했다는 비판마저 감수했습니다. 박정희 씨가 말한 인구대비 정무직 지역별 안배 통계는 내 정부 중앙인사위원회가 분석한 자료인데, 전두환, 노태우, 김영삼 정부 등에 비해 박정희 정부에서 지역 편중도가 상대적으로 낮았습니다. 하지만 같은 항목에서 역대 정부 중에서 가장 낮았던 때는 김대중 정부 시절이었습니다. 지역감정 해소와 동서화합은 국민화합과 통합의

희에게 보내는 탄원서에서 "아버님께 드리는 소자의 도리"라고 표현했던 구절과 그 맥락이 유사하다. 1980년 광주민주항쟁 초기에는 "비상계엄을 해제하라", "김대중을 석방하라", "전두환은 물러가라" 등이 핵심 구호였다. 하지만, 얼마 후 김대중을 석방하라는 현수막은 눈에 덜 띄게 된다. 김대중은 생전에 간혹 그 이유에 대하여 많이 궁금해했었다.

제2부 철학적 대화: 사회와 역사를 어떻게 볼 것인가?

선결조건입니다. 국민통합 없이 어떻게 민주주의가 발전할 것이며 민족의 통일을 기대할 수 있겠습니까. 최근에도 선거철만 되면 지역감정을 자극하는 정치인들이 있지만, 전반적으로 한국사회가 성숙한 탓에 지역감정이 사라지고 있습니다. 물론 유권자들도 지역감정을 촉발하려는 정치인은 선거에서 심판해야 합니다. 지역감정을 악용하려는 나쁜 정치인들에게 속지 않기 위해 깨어 있어야 합니다. 결국, 지역감정의 최대 피해자는 해당 지역 사회와 주민들이 될 것이기 때문입니다.

외교전략: 미국과 일본

사회자 동서고금을 막론하고 외교와 안보는 한 나라의 가장 중요한 분야이자 과제입니다. 경제가 실패하면 나라와 국민이 가난과 도탄에 빠지는 데 그치지만, 외교에서 실패하면 나라가 없어지거나 전쟁의 참화에 휩쓸릴 수도 있기 때문입니다. 따라서 국력과 외교적 역량을 발휘하여 국제무대에서 대등한 위치를 확보하는 한편 다른 나라로부터 협력과 존중을 받을 수 있는 나라로 만드는 것이 지도자의 책무가 아닐까 합니다. 다만, 어떤 전략으로 목표를 이룰 것인지에 대해서는 지도자마다 차이가 있을 것입니다. 두 분이 생각하신 외교적 목표는 무엇이었고, 이를 실현하기 위해 가장 중시한 전략은 무엇이었습니까.

박정희 맞습니다. 외교에 실패하면 나라를 빼앗기는 서러움을 겪게 됩니다. 우리는 이미 36년간 그 고통을 겪었고 현재는 분단의 아픔을 겪고 있습니다. 나는 어떻게 하면 자주적인 외교가 가능한 나라를 만들 수 있을까 처음부터 고민했습니다. 그런데 자주적 외교는 말로만 되는 것이 아닙니다. 그리고 강대국에 잘 보인다고 우리의 안보가 보장되는 것은 아닙니다. 국제사회와 외교무대는 냉혹하고 자국의 이익을 위해 무한 경쟁하기 때문입니다. 1840년 대 아편전쟁 당시 영국 수상이던 팔머스턴은 "우리에겐 영원한 적도 영원한 친구도 없다. 다만 영원한 국가 이익이 있을 뿐이다"라고 했는데, 영국은 역사상 가장 비도덕적인 전쟁이라는 국제적 비난에도 불구하고 국가이익을 위해 청나라와 아편전쟁을 벌인 것입니다. 팔머스턴의 주장은 오늘날에도 적용할 수 있는 말입니다. 특히 우리와 같이 가난하고 약했던 나라로서는 한시도 잊어서는 안 될 철칙입니다. 그럼, 어떻게 자주외교의 목표를 달성할 수 있을까요. 구호만 강조해서 되지 않습니다. 외교는 국력의 반영이고 국력은 경제력과 군사력에 의해 지탱되는 것입니다.

박정희   임기 내내 내가 자립경제와 자주국방을 두 축으로 강조해 온 이유도 바로 그 때문입니다. 1년 예산의 절반 이상을 미국의 원조에 의존한 이승만과 장면 시대에 무슨 수로 자주외교가 가능했겠습니까. 북한의 점증하는 위협 속에서 자주국방의 능력을 갖추지 못한다면 미국이나 일본 등 주변 강대국들에게 우리의 안보에 대하여 제대로 된 목소리를 낼 수 없었을 것입니다. 이는 이념의 문제도 아니고 철학의 문제도 아닙니다. 냉혹한 현실입니다. 그렇다고 정치인들이나 고위 장성들이 강대국의 대사관이나 들락거리며 환심을 산다고 해서 그들이 우리의 안보와 국가이익을 지켜줄까요. 이승만과 장면 정권 때 일부 사대주의적이고 부패한 지도층들의 행태는 가관이었습니다. 그런 꼴 사나운 행태와 정신자세로는 우리의 안보를 확보할 수도 없고 국가이익을 추구할 수도 없습니다. 우리 민족은 구한말 1896년 고종과 왕세자가 일본의 횡포가 무서워 러시아 공관으로 피신하는 아관파천을 겪기도 했지 않습니까. 그리고 주변 강대국들은 자국의 이익을 위해 우리의 주권과 운명을 놓고 거래한 경우가 한두 번이 아니었습니다. 이 같은 역사적 수치와 좌절이 다시는 반복되어서는 안 될 것입니다.

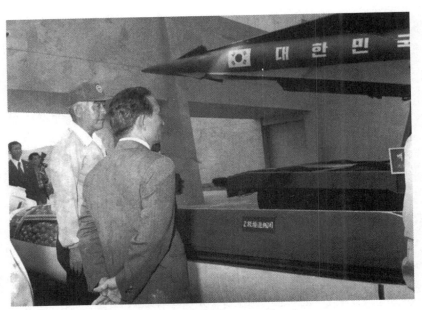

장거리 유도탄 시험 발사장 시찰(1978년, 박정희대통령기념관 홈페이지)

박정희　미군 철수가 임박할 즈음에 내가 핵개발을 구상한 것도 최악의 상황에 대비하기 위한 고뇌어린 결정이었습니다. 7사단 철수 약 4개월 전인 1970년 11월, 나는 평소 믿었던 언론인 2명과의 비공식 만찬에서 핵 개발계획의 의중을 비친 바 있습니다. "우리의 살 길은 온 국민이 힘을 뭉쳐 고슴도치가 되는 길 뿐이오. 코끼리나 사자도 가시를 곧추세운 고슴도치를 함부로 못하지요. 사생결단의 자주 국방 의지를 이번 기회에 다져야 합니다. 우리는 미사일도 만들고 원자탄도 만들어야 합니다. 임자들에게 처음으로 하는 얘기이니 절대 입 밖으로 내지 마시오."[38] 나는 우리 조국이 코끼리나 사자는 못되어도 최소한 고슴도치는 되어야 하고 될 수 있다고 판단했습니다. 밀림에서 사자가 고슴도치를 밟아서 공격하면 고슴도치의 가시에 찔려 사자도 생

38　노재현, 『청와대 비서실 2』, 서울: 중앙일보사, 1993, p.57.

박정희와 김대중의 대화

명을 위협받을 수 있습니다. 그 점 때문에 사자도 고슴도치가 가시를 세우고 저항하면 마음대로 못하고 자리를 피해 버리는 것이지요. 결국, 우리가 힘이 있어야 스스로를 보호할 수 있고 강대국들의 협력과 도움도 얻어낼 수 있는 것입니다. 하늘은 스스로 돕는 자를 돕는다는 격언이 우리 외교안보에도 딱 어울린다고 생각합니다. 자립경제와 자주국방으로 국력을 키우지 않고 자주 외교를 바라는 것은 어불성설입니다.

김대중 나도 냉혹한 국제정치적 현실 속에서 국력을 기르지 않고 우리의 외교적 목표와 안전을 확보한다는 것은 헛구호에 불과하다고 생각합니다. 경제, 군사, 기술, 문화, 인권 등 여러 분야에서 한국이 국제적 위상과 국력을 강화하지 않으면 우리의 발언권이 약해지는 것은 당연한 이치입니다. 더구나 우리 역사에서 엘리트들의 무능과 외교적 실패로 힘없는 국민들이 도탄에 빠지고 고생한 경우가 허다합니다. 이런 뼈아픈 역사를 되풀이하지 않기 위해 외교 안보는 아무리 강조해도 지나치지 않습니다. 외교 안보에 실패하여 나라를 잃으면 모든 것을 잃은 것이나 마찬가지 아닙니까. 외교 안보는 잘 사느냐 못 사느냐의 문제가 아니라 죽느냐 사느냐 하는 생존의 문제입니다. 외교는 우리의 명줄과 다름 없기 때문에 국가를 책임진 지도자들이나 외교관들은 누구보다도 항상 깨어 있어야 합니다. 이들의 전략과 역량에 따라 우리 나라의 지정학적 위치는 기회가 되기도 하고 족쇄가 되기도 할 것입니다. 이런 점을 부인할 사람은 아무도 없을 것입니다. 나는 임기 중에 그 전 어떤 정부보다 국방비 총액과 전체 예산에서의 비중을 늘리고 안보를 더 튼튼히 하기 위해 노력했습니다.

김대중 하지만, 우리 혼자만 열심히 한다고 안보가 보장되지는 않습니다. 앞에서도 말한 바 있지만, 한반도는 4대 강국에 둘러싸여 있습니다. 네 개의 큰 코끼리의 다리 중앙에 위치한 토끼의 형국입니다. 아무리 우리가 국력을 신장한다 해도 국제적 압력과 협상의 소용돌이에 희생양이 될 가능성을 배제할 수 없습니다. 지금 우리 민족이 겪고 있는 분단의 아픔과 비용도 한편으로는 이 같은 국제정치적 역학관계의 결과라고 볼 수 있습니다. 게다가 1960-1970년대를 생각해 보면 우리 나라가 단기간 내에 자립경제와 자주국방을 완성하는 것도 마음처럼 쉽지 않은 현실이었지요. 그래서 그러한 목표를 달성하기 위해서라도 주변국들과의 국제적인 협약과 제도를 통해 우리의 안보를 구축하는 질서를 만들 필요가 있었습니다. 그것이 1971년 대선 공약으로 내가 주장한 4대국 안전보장론과 남북에 대한 4대국의 교차승인이었습니다.[39] 이 구상이 북핵문제 해결을 위한 6자회담의 틀로 발전한 것입니다.

김대중　다른 한편, 1960-70년대와 그 이후의 외교 안보 환경과 국제정세에는 많은 변화가 있었습니다. 이제 군사력과 경제력에만 집중하여 자국의 배타적인 이익만을 추구하던 시대는 지났습니다. 경쟁과 대립보다 협력과 공헌이 외교 성과를 좌우하는 시대가 된 것입니다. 모든 것이 연결된 시대에 배타적인 자주외교보다는 협력적인 실용외교가 요구되는 시대가 되었습니다. 우리나라도 이제 높아진 국제적 위상에 걸맞게 국제적 공헌과 협력 사업에 적극적으로 나서야 하는 이유가 여기에 있습니다. 외교의 수단에서도 군사력과 경제력 같은 하드파워 못지않게 기술, 문화, 민주주의, 인권 등 소프트파워가 중요한 시대가 되었습니다. 내가 집권할 때부터 불기 시작한 한류 붐 또한 어떤 전통적인 군사나 경제 수단보다 한국의 위상을 높이는 데 크게 공헌했다고 생각합니다. 우리나라가 성공적인 민주화 이행으로 국제적인 모범이 되고 사형중단 등 인류 보편적 인권 보호에 앞장선 점도 한국의 국익에 도움이 되었다고 생각합니다. 성숙한 민주주의와 국민들의 단합된 의지가 국력과 외교력 신장에 든든한 원천이 되는 시대를 맞이한 것입니다.

39　김대중, 『옥중서신 1』, 서울: 시대의 창, 2009, pp.450-452.

김대중 자화자찬일 수 있어 조심스럽지만, 2000년에 내가 노벨평화상을 수상한 이후 국제사회가 나를 신뢰해주고 한국의 외교안보나 국가이익에 적극 협력하고 지지해준 것을 여러 계기를 통해 확인할 수 있었습니다. 아마 이 점은 나 개인에 대한 성원도 있었겠지만, 기본적으로는 한국의 성공적인 민주주의와 이를 일구어낸 우리 국민들에 대한 국제적인 인정의 의미가 크다고 생각합니다. 우리가 1997년 외환위기를 잘 극복한 것도 이 같은 국제사회의 협력과 인정이 작용했다고 봅니다. 아직 우리나라 외교에는 북핵문제 해결과 한반도 평화정착이라는 큰 과제가 남아 있습니다. 그동안 많은 노력에도 불구하고 못다 해결한 이 과제가 우리의 외교적 역량과 국제사회의 협력으로 조속하고 완전하게 해결되어 한반도에 지속가능한 평화가 찾아오기를 간절히 기도하고 지켜 보고 있습니다.

> 우리에게 외교는 명줄이나 다름없다. 한반도는 4대국의 이해가 촘촘히 얽혀있는, 기회이자 위기의 땅이다. 도랑에 든 소가 되어 휘파람을 불며 양쪽의 풀을 뜯어 먹을 것인지, 열강의 쇠창살에 갇혀 그들의 먹이로 전락할 것인지 그것은 전적으로 우리에게 달렸다. 나라를 책임진 사람들이나 외교관은 어느 누구보다 깨어 있어야 한다.
>
> | 김대중, 『김대중 전집 I』, 제9권, p.108.

사회자 아무래도 한국의 외교 안보에서 가장 중요한 나라는 미국이라 할 수 있습니다. 1945년 해방과 1950년 한국전쟁을 거치면서 미국은 한국의 가장 중요한 군사동맹 국가가 되었고, 현재까지 한국의 정치나 경제 등 모든 분야에서 협력 관계를 유지하고 있습니다. 하지만, 실제로 한국정부가 안보 외교정책을 결정하고 집행하는 과정에서 미국은 다양한 얼굴로 등장했습니다. 협력의 은인이 되기도 하고 압력의 원천이 되기도 했습니다. 한국의 주요 사건에서 미국의 본질과 역할에 대한 국내에서의 논쟁은 아직도 뜨겁습니다. 두 분은 각각 미국과 개인적인 차원에서도 다양한 인연이 있던 것으로 알고 있습니다. 미국을 어떻게 생각하셨고, 미국에 대한 외교 전략을 어떻게 펼쳐 나가셨는지 말씀해 주십시오.

박정희   나는 1954년 1월 17일, 5개월 간의 포병학교 유학을 위해 미국 땅을 처음 밟았습니다. 미국행 비행기 안에서 많은 생각을 했던 기억이 납니다. 훗날 치과 주치의를 맡은 유양석 원장도 같은 비행기에 탑승한 사실을 몇 년 뒤에 알았지만, 유 원장은 창문만 바라보고 있던 내가 인상 깊었다고 하더군요.[40] 첫 미국행 비행기에서 다른 사람처럼 벅차거나 즐겁지 않았습니다. 식민지 시대 만주군관학교에서 배운 미국에 대한 나의 인상, 그리고 한국전쟁 이후로 내가 한미관계를 관찰하면서 느낀 미국의 의미와 조국의 현실에 대한 복잡한 생각들이 뇌리를 스쳤겠지요. 물론 대통령이 되고 난 후에는 미국과 여러 인연이 많았습니다. 내가 군사혁명을 일으키기 전까지 미국은 나에게 관심이 없었고 나를 잘 알지 못했습니다. 나는 미국이 관심을 둘 만한 중요한 인물도 아니었습니다. 미국의 국무성이나 정보당국에서 나를 본격적으로 관찰하고 기록을 남기기 시작한 것은 5·16 직후부터입니다. 아마도 미국의 나에 대한 정보 분석은 1948년 여순사건 이후 숙군작업이 벌어지는 와중에 미 군사고문단장의 특사 자격으로 광주 토벌사령부에 내려온 짐 하우스만 대위가 갖고 있던 "박정희는 미국 사람을 싫어하는 인물"이라는 정보 정도였을 것입니다.[41] 그 후 숙군 과정에서 겪은 고초는 잘 마무리되었지만, 내가 미국을 좋아하지 않던 것은 사실이고, 영어를 잘 하지 못했지만 영어 사용을 싫어한 것도 사실입니다. 나는 대통령 재임 중에도 미국인들을 사석에서 미국놈이라고 부르곤 했습니다. 만주군관학교, 일본육군사관학교에서 배운 미국

40 박지현, 「인터뷰, 박정희 전대통령 치과 주치의 유양석 원장: 박정희 대통령, 내가 해드린 금니를 저 세상까지」, 『월간조선』, 2019년 4월호.

41 조갑제, 『박정희의 결정적 순간들』, 서울: 기파랑, 2019, p.92-94.

은 제국주의 침략 세력이었고, 아시아의 평화를 해치는 국가였습니다.

박정희　만주군관학교에서 일본군 장교로 활동했고 일본 교육의 영향을 많이 받은 것은 부인할 수 없습니다. 나는 생래적으로 우리와 너무 다른 외국이나 외부 세력이 우리에게 강력한 영향을 미치는 것에 대한 거부감이나 반항심이 컸습니다. 아울러 생활, 정치, 외교 등에서 우리식을 많이 강조했기 때문에 미국에 대한 나의 생각은 복잡할 수밖에 없었습니다. 나는 오래전부터 미국식 혹은 서구식 민주주의보다 우리 몸과 실정에 맞는 한국적 민주주의 혹은 민족적 민주주의에 대한 확신이 강했지요. 더구나 5·16 군사혁명 이후 미국 정보당국의 분석과 나에 대한 정보는 부담스러웠고 나를 긴장하게 했습니다. 미국은 내가 사회주의 경력을 가지고 있으며 반미적이고 민족주의 성향이 강한 경계대상으로 보고 있었지요.[42] 1963년 7월 주한 미국 대사가 국무부에 보낸 전문을 보면, 미국은 김종필 등 젊은 장교들이 미국의 충고를 빈번하게 거부한 바 있으며, 비합리적인 경제정책을 추진하는 경향이 있다고 우려했습니다.[43] 이 전문에서 주한 미국 대사는 이들 청년 장교들의 정치이념에 대해 "격정적이고 극단적인 민족주의"와 "가까스로 숨겨진 반미주의"라 표현하기도 했습니다. 한마디로, 그들은 나와 김종필을 가장 사상이 의심스러운 존재로 인식하고 있었던 것입니다. 사실 5·16 군사혁명 이후 미국은 나에 대한 의심 때문에 상당 기간 5·16을 좌절시키기 위해 고민한 적이 있습니다. 우리는 이 같은 오해와 국제정치적 현실을 현명하게 극복하고 조국의 근대화와 민족중흥의 과제를 완수해야 했습니다. 그래서 미국을 어떻게 설득하고 활용하여 내가 생각하고 있던 혁명과업을 완수할 것인지에 대해 집권

42　U.S. Department of State, "Report of The Korea Task Force(June 5, 1961)," RG59, *Decimal Central Files*, 1960-1963, p.14.

43　U.S. Department of State, "Korean Embassy to the Department of State(June 15, 1963)," *FRUS* 1961-1963, Vol.2, p.653.

지미 카터 미 대통령의 방한 환영 카퍼레이드(1979년, 박정희대통령기념관 홈페이지)

기간 내내 고민했습니다.

박정희　　이러한 긴장관계 속에서 내 집권기간 동안 미국과 한국의 관계는 결코 순탄하기만 한 것은 아니었습니다. 내가 조국 근대화를 추진하는 데 경제적·군사적 지원으로 가장 큰 힘이 되어준 나라도 미국이지만, 조국 근대화에 항상 압력을 가하고 좌절을 안겨준 나라도 미국이었습니다. 앞서 밝혔듯이 핵개발의 좌절은 약소국의 리더로서 받아들일 수 밖에 없던 쓰라리고 아쉬운 경험이었습니다. 그때 핵개발 계획이 성사되었더라면 한반도 안보 환경과 남북관계가 크게 달라졌을 것입니다. 그 당시 미국은 정보기관과 고위급들이 모든 수단을 동원하여 나를 압박하고 최후 통첩을 했지요. 전모를 밝힐 수는 없지만, 내 개인적으로도 모욕적이었고 불쾌했습니다. 이미 언론에 보도된 바 있습니다만, 1970년대 초중반 베트남에서 우리군의 철군을 염려한 미국이 우리의 전략을 알아내기 위해 청와대를 도청하여 각종 정보를 불법적으로 수집한 적도 있습니다.[44] 그 과정에서 박동선 등과 연결된 우리의 대미 로비활동의 전모가 드러나게 되었고, 이는 코리아 게이트 사건의 배경이 되기도 했습니다. 국제적으로도 화제가 되었습니다만, 우리 국가는 물론 개인적으로도 매우 불쾌하고 당황스러운 일이었습니다. 국제정치의 비정한 힘의 논리를 대통령으로서 뼈저리게 실감할 수밖에 없었습니다. 국제정치의 전쟁터에서 경제력과 군사력을 키우지 않고 우리 같은 약소국이 무슨 수로 자주외교를 실현할 수 있겠습니까. 이러한 사건들을 겪으면서 자립경제와 자주국방을 위한 나의 결의와 오기는 더 단단해졌던 것 같습니다.

박정희 돌이켜 보면 미국도 나를 편치 않은 상대로 본 것이 사실입니다. 원래부터 나에 대한 의구심을 가지고 있었고 나도 호락호락하지 않았으니까요. 예를 들면 1961년 11월 14일, 미국을 방문하여 케네디와 회담을 하면서 실내에서도 검은 썬글라스를 벗지 않았습니다. 당시 이 모습을 본 문명자 기자가 주미 대사관 리셉션에서 "색안경을 쓰고 다른 나라 국가원수를 만난 것은 큰 실례인데, 자신감이 없어서 그러신 것 아닙니까?"[45]하고 나에게 당돌하게 물었습니다. 내가 수줍음을 타기도 하고 두려움도 많은 사람이기는 하지만, 아마도 가난한 신생국의 지도자로서 처음 미국을 방문하면서 가진 민족주의적 자존심이나 오기가 아니었을까 싶습니다. 물론 이 같은 오기나 반감으로만 미국을 상대한 것은 아닙니다. 개인적인 감정과 외교에서 지도자로서의 전략은 구별되어야 하니까요. 1972년 7·4 공동성명 준비 과정에서, 5월 4일 비밀 방북을 떠나는 이후락 중앙정보부장에게 출발신고를 받는 자리에서 나는 "미 CIA 책임자에게 잘 알려주었지, 잘 갔다 와"[46]라고 격려했습니다. 미국의 협력 없이는 불가능한 일들이 너무 많았습니다.

44 안치용, 『박정희 대미로비 X파일, 상』, 서울: 타커스, 2012, pp.17-80.
45 문명자, 『내가 본 박정희와 김대중』, 서울: 도서출판 말, 1999, p.74.
46 김정렴, 『아, 박정희』, 서울: 중앙 M&B, 1997, p.152.

J. F. 케네디 미 대통령과 정상회담(1961년, 박정희대통령기념관 홈페이지)

박정희　내가 미국에 월남파병을 먼저 제안한 데는 또 다른 배경이 있었습니다. 우리 나라가 국제적으로 대우를 받기 위해서는 우리도 국제적인 현안과 과제 해결에 공헌해야 한다는 생각을 했습니다. 언제까지 미군이 던져준 초코렛과 밀가루, 그리고 경제원조에 의존만 하고 있어야 합니까. 내가 월남파병에 적극적이었던 것은 단순히 돈을 벌기 위한 것이 아니었습니다. 그동안 미국이 우리나라를 물심양면으로 도와준 것에 대한 일종의 보은이었고, 더 나아가 국제정치와 외교에서 목소리를 키우기 위한 다목적 전략이었습니다. 대통령은 물론 국민 모두가 정신자세부터 바꿔야 했습니다. 우리 스스로가 나태함과 타성을 없애지 않으면 경제발전에서 좋은 성과를 기대하기 힘들다는 것이 나의 오래된 인식이었습니다.

미국은 그같이 우리에게 은혜로운 대상이다. 그러나, 그렇다고 우리 대로의 할 말이 없겠는가. 미국이 한국을 위하여 싸워주고 도와주는 것은 백번 고맙지만, 이러한 결과 미국이 원조하지 않을 수 없는를 한국이 면치 못하게 됨으로써 입는 우리의 고난은 그 요인이 무엇인가…이러한 기본정신에서 다시 몇 가지의 소신을 밝히고자 한다. 첫째, 미국은 서구식 민주주의가 우리의 실정에는 알맞지 않다는 것을 이해하여야 한다는 것이다…둘째, 민주주의의 이상과 경제 원조의 정신적인 의욕은 높이 사는 바이나, 그렇다고 이를 통하여 한국사회로 하여금 일율적인 미국화를 기대하여서는 안된다는 것이다… 셋째, 군사, 경제면에 걸친 미국의 원조는, 이왕에 줄 바에야 우리의 뜻에 맞도록 해 달라는 것이다.

| 박정희, 『국가와 혁명과 나』, pp.225-228.

김대중　미국은 국가적으로도 개인적으로도 많은 인연이 있는 나라고 가장 중요한 우방입니다. 나는 민중당 선전국장 자격으로 1966년 2월 21일, 미국무부 초청으로 약 2개월간 미국을 방문하게 되었습니다. 같은 당 최영근, 박영록 의원 등도 함께 비행기에 올랐습니다.[47] 워싱턴, 뉴욕, 덴버 등 미국 주요 도시를 둘러보고 도심의 고층 아파트와 자동차 홍수로 넘쳐나는 도로를 보게 되었습니다. 특히 넓고 곧게 뻗은 고속도로는 미국을 처음 방문한 우리 일행을 압도하기에 충분했습니다. 우리나라에는 아직 존재하지도 않았던 고속도로였지요. 어렴풋하게 사진이나 말로만 듣던 초강대국 미국의 저력과 힘을 목격하게 된 것입니다.[48] 그리고 시민들이 누리는 자유와 평화로운 생활이 참 보기 좋았습니다. 미국이 내게 구체적으로 관심을 가지기 시작한 것은 1971년 대통령 선거 출마 직후부터라고 할 수 있습니다. 그 전까지는 나 역시도 미국의 관심 대상이 아니었고, 나 역시 미국에 대해 특별한 생각을 갖고

47　『조선일보』, 1966년 5월 19일.
48　김대중, 『김대중 자서전 1』, 서울: 삼인, 2019, p.174.

있지 않았습니다. 심지어 대부분의 미 국무성의 나에 대한 정보보고에 내 영문 이름도 정확하지 않았고 제각각이었습니다. 그 이전에는 국회의원 자격으로 주한 미대사관 관계자들과 간헐적으로 주요 현안에 대한 간단한 대화를 나누는 정도였습니다. 젊었을 때부터 국제정세와 국내 현안에 대한 각종 자료를 탐독하고 있었기 때문에 미국의 정치나 국제전략 등에 대해서는 충분히 알고 있었습니다. 우리나라의 현안 및 미래 과제와 관련하여 미국이 얼마나 중요한 나라고 어떻게 활용하고 협력을 얻어가야 할 것인지에 대해 항상 고민하고 있었습니다.

김대중 내가 가진 미국에 대한 인상은 좋았습니다. 우선 일본 제국주의와 싸워서 우리 조국이 식민지에서 해방되는 데 도움을 준 나라입니다. 일본에 비해 민주주의가 발전되고 문물이 더 발달하였으며, 제2차 세계대전 이후 세계를 지배할 강대국으로 부상한 나라였습니다. 나는 2차대전에서 일본이 언제 패망할지를 줄곧 관찰하고 있었습니다. 내가 청년 시절부터 관심을 가진 노동운동이나 시장경제의 발전된 사례 중 하나가 미국인 것을 부인할 수 없고, 내가 민주주의나 경제성장을 논의할 때 간혹 선진사례로 제시하기도 했습니다. 한반도의 분단에 대한 책임에 대해서는 깊이 생각하지 않았습니다. 우리나라를 점령하고 분단한 것에 대한 책임보다는, 우선 한국을 해방시키고 한국전쟁에서 남한을 지켜낸 고마운 나라였던 것이지요. 그후 이승만 정권 등 한국의 권위주의 정권에 대한 미국의 지원을 비판하면서 냉전질서가 가지고 온 구조적 폐해 등에 비판적이었던 것은 사실입니다.

김대중 미국과의 개인적인 인연은 1972년 유신체제 이후와 1982년 사형선고 이후 두 차례에 걸친 사실상의 망명 생활에서 시작되었습니다. 일본에서 박정희 씨의 유신 뉴스를 접하고 귀국을 포기한 채 미국으로 건너가 민주화운동을 하기로 마음먹었습니다. 1973년 7월 6일 워싱턴 D.C의 메이플라

워 호텔에서 〈한국민주회복 통일촉진국민회의〉의 발기인 대회에서 내가 준비위원장을 맡았고 안병국, 김응창, 동원모 씨 등이 준비위원을 맡았습니다. 미국에서 유신반대 운동과 한국 민주화를 위한 운동의 시발점이었던 셈입니다. 이후 1982년에 보다 장기간에 걸친 미국 내의 한국 민주화운동이 보다 조직적이고 체계적으로 전개되었습니다. 문동환, 김응태, 최성일, 이선주, 이근팔, 문명자 등 민주인사들이 중심이 되었습니다.[49] 1983년 8월 내가 설립한 한국인권문제연구소는 미국의 개방적인 사회 분위기와 법적·제도적 보호 아래 모금을 하고 국내외적 관심을 결집하는 데 전략적 거점이었습니다. 나는 1982년부터 약 777일간의 미국 망명 기간에 200회가 넘는 공개강연을 했습니다.

김대중　나는 의식적으로 미국의 한반도 관련 고위관료나 보수적인 퇴역 군인 조직 등 미국의 주류 보수 사회에 한국의 민주화에 대한 관심을 높이고 네트워크를 구축하는 데 노력했습니다. 물론 하버드대학교의 에드윈 라이샤워 박사나 에드워드 케네디 상원의원 등 많은 유력인사들의 협력과 성원이 없었다면 불가능한 일이었지요. 1985년 2월 8일, 많은 사람들이 필리핀 정부에 암살당한 민주인사 아퀴노의 경우처럼 전두환 정권이 나를 살해할지도 모른다고 귀국을 만류했음에도 불구하고, 나는 귀국을 강행하고 김포공항에

49　미국에서 활동한 한인 민주인사들 중에는 유신체제를 반대하여 미국에 망명한 인사들이 많다. 하지만 1980년 광주항쟁 이후 전두환 독재에 반대하여 망명하거나 새롭게 운동을 시작하고 기존 세력과 연대를 이어간 세력도 있다. 전두환의 신군부에 의해 광주항쟁과 '내란음모의 수괴'로 지목받아 도피 중 1981년 미국으로 밀항 망명한 윤한봉이 대표적이다. 그는 한국인으로서는 1호 정치망명자가 되었고 미국 내 민주인사들이나 기독교 세력의 도움을 받아 한국의 민주화를 위한 운동과 다양한 민족주의운동을 전개한 바 있다. 그는 1993년 수배가 해제되어 귀국하기까지 '재미한국청년연합'과 민족학교를 설립하는 등 미국 내에서 한국 민주화 및 통일 운동에 힘을 쏟았다. 전남대를 다니던 그는 유신 시절에도 민청학련 사건과 긴급조치 9호 위반으로 여러번 투옥된 바 있다. 그는 광주항쟁의 씨를 뿌린 인사로 평가되고, 5·18 기념재단 창립선언문을 직접 작성하기도 하였다. 안재성, 『윤한봉, 5·18 민주화운동 마지막 수배자』, 서울: 창비, 2017.

내렸습니다. 『뉴스위크』가 그 주의 제목을 "폭풍을 몰고 온 귀국"이라 하고 내 얼굴을 표지에 내보냈습니다.[50] 비행기에는 그동안 나를 도와준 의원, 교수, 기자 등 미국의 저명인사가 27명이나 동승하여 나를 응원해 주었습니다. 참 고맙고 든든한 일이었지요. 물론 그 전에 내가 사형선고를 받고도 감형될 수 있도록 도와준 미국 등 국제사회의 민주인사들의 노력과 은혜를 잊을 수가 없습니다. 미국 정부가 카터 행정부에서 레이건 행정부로 바뀌면서 내심 많이 실망하고 걱정했는데, 민주주의와 인권 보호에서는 이념적 차이가 없었습니다. 레이건 행정부의 인사들도 변함없이 전두환 정권을 향해 죄없는 나를 죽이지 못하도록 설득하고 압박한 것입니다.

김대중　미국은 내게 생명의 은인이라 해도 과언이 아닙니다. 1973년 8월 납치사건에서도 내가 수장되기 직전에 구사일생으로 구출된 배경에는 미국의 역할이 결정적이었습니다. 내가 미국과의 공식 석상에서 여러 번 미국이 내 생명을 구해준 은인으로 감사를 표시한 것도 이 같은 연유에서입니다. 내가 퇴임 후에도 미국을 방문하고 귀국길에 일부러 레이건 대통령의 영부인 낸시 여사에게 들러 당시의 상황을 설명하고 감사의 인사를 한 적도 있습니다. 하지만, 공식적인 차원에서는 "우리는 미국에 대해 친미할 필요도 없고 반미할 필요도 없습니다. 우리의 국가이익대로 상대하면 됩니다. 이익에 맞으면 협력하고 안 맞으면 비판하면 됩니다. 미국에 대해 사촌같이 매달리는 것도 사대주의지만, 또 잘 안 해준다고 토라져서 마구 화내는 것도 역사대주의입니다."[51]

김대중　하지만 나는 대통령으로서 미국을 상대하는 과정에서는 국익을 관

50　김대중, 『김대중 자서전 1』, 서울: 삼인, 2019, pp.443-456.
51　장신기, 『성공한 대통령 김대중과 현대사』, 서울: 시대의 창, 2021, pp.439-440.

빌 클린턴 미국대통령과 한미 정상회담(1998년, 김대중도서관 제공)

철하기 위해 노력했고, 그 과정에서 박정희 씨가 겪은 국제정치의 비정한 현실도 경험했습니다. 경제위기가 발발한 직후 아직 당선자 신분이었던 1997년 12월 22일, 오전 11시 30분 여의도 국민회의 당사에서 나는 립튼 미국 재무차관과 보스워스 주한 미대사 일행을 만났습니다. 사실상 그들이 나를 사상적으로 정책적으로 검증하는 면접이나 마찬가지였습니다. 그동안 나에 대한 흑색선전이 하도 오래 진행되었던 터라 은연중에 내가 사회주의 노선을 택할 것인지에 대한 의구심을 담은 질문도 있었습니다. 내 한마디에 미국과 국제사회가 한국을 도울지 말지를 결정하는 절체절명의 순간이었습니다. 그 전날 나는 무엇을 강조하고 무엇으로 이들의 마음을 사야 할지 밤새 뒤척이며 궁리를 거듭했습니다. IMF 협약에 나온 개혁 내용을 넘어서, 노동유연성 제고, 적대적 인수합병 허용 등 여러 가지 경제체질 개선 전략에 대해 명확하고 확고하게 답했습니다.[52] 인터뷰는 성공했고 곧이어 클린턴 대통령으로부

---

52 『매일경제』, 1997년 12월 23일; 김대중, 『김대중 자서전 2』, 서울: 삼인, 2017, pp.19-23.

터 확인 겸 축하 전화가 왔고 미국이 적극적인 협력 의사를 표명하면서 국제 사회도 움직이기 시작했습니다. 하지만, 어려움에 처해 있던 힘없는 국민들에게 일시적이나마 더 큰 고통을 줄 수 있는 정책을 약속한 나로서는 마음이 매우 무거웠습니다. 국가부도의 위기에 놓인 나라를 인수한 나로서는 선택지가 없었습니다. 참으로 길고 어두운 겨울이었습니다.

김대중 또 한가지 잊을 수 없는 일은 2001년 3월 8일, 새로 취임한 부시 대통령과의 첫 정상회담입니다. 부시 대통령은 한국에 대해 미사일 방어체제 설치를 종용하려 하였고, 나는 햇볕정책에 대한 미국의 이해를 구했지요. 어쨌든 부시 대통령은 자기 아버지와 동갑인 상대국 정상인 나에게 "디스 맨 this man"이라며 결례를 범했습니다. 그 회담은 생산적이지 못했습니다. 짧은 말과 단순한 논리에 익숙한 그의 스타일을 모르는 바 아니었으나, 나도 햇볕정책을 설득하기 위한 의욕이 과한 측면도 있었지요. 첫 번째 정상회담은 언론에서 외교참사로 기록되었습니다.[53] 미국이 구상하는 미사일 방어체계 반대로 비친 이 회담에서 미국은 "한국이 독자적으로 남북평화조약을 추진하려 한다"고 오해를 한 게 아닌가 싶습니다.[54] 어쨌든 나의 미국 내 외교 이미지도 상당한 손상을 입었고 미국의 이해를 구해야 할 대통령으로서 어깨가 무거웠습니다.[55] 다음 정상회담부터는 부시 대통령도 나의 철학과 전략을 이해

---

53 정태익, 「정태익 전 청와대 외교수석의 외교비사 6」, 『프리미엄 조선』, 2014년 3월 3일.

54 임동원, 『피스메이커: 임동원 회고록』, 서울: 창비, 2015, pp.408-416.

55 박정희에게도 유사한 경험들이 종종 있었다. 1979년 6월 30일, 미군철수와 인권문제 그리고 방위비 분담 증액 요구로 한국을 압박하기 위해 방한한 카터와의 제1차 정상회담에서, 박정희는 미군철수를 막기 위해 카터에게 약 45분에 달하는 강의 조의 발언을 이어갔고 당시 배석했던 글라이스턴 대사는 "장황하고 딱딱한 연설조의 주장"이었다고 말했다. 박정희는 손가락으로 탁자를 탁탁치며 발언을 이어갔는데 이는 박정희가 스트레스를 받을 때 나오는 행동이었다. 이에 카터는 상당히 불쾌해 했으나 다음날 제2차 회담에서 박정희가 한국의 방위비 지출을 국내총생산의 6%까지 인상하고 카터의 한국 인권에 대한 생각을 이해한다고 말함으로써 분위기가 누그러졌다. 남북문제의 평화적 해결이나 주한미군 철수 포기

하게 되었고 북한에 대해 보조를 맞출 수 있었습니다. 돌이켜 보면, 남북관계가 매번 부침을 거듭하는 것에는 한미 양국의 정권 간 성향이 반복적으로 엇박자를 낸 탓도 크지요. 이를 극복하기 위해 우리는 미국에 협력하면서도 설득해야 합니다. 이러한 구조적 열세는 국제정치의 냉혹한 현실입니다. 대통령을 비롯하여 외교담당자들의 혜안과 외교적 역량, 전략적 행동과 용기, 그리고 책임감이 요청되는 이유가 여기에 있습니다.

사회자　일본 또한 우리에게 매우 중요한 나라입니다. 역사문제 때문에 양국 관계에 우여곡절이 많았고 국내정치 때문에 출렁이는 경우도 자주 있었습니다. 일제 강점기의 영향이 워낙 뿌리 깊어 해방 이후 몇 십년간 경제와 문화 등 식민지의 복잡한 유산으로부터 완전히 벗어나는 것은 쉬운 일이 아니었습니다. 가까우면서도 먼 나라고, 찬반 논쟁이 가장 뜨거운 나라 중 하나입니다. 특히 두 분은 일본과의 각별한 인연이 있고, 한일 국교정상화에 대해서도 직접적인 역할을 하셨습니다. 두 분이 일본과 맺게 된 인연이나 역사적 사실을 소개해 주십시오. 그리고 일본을 어떻게 인식하고, 우리가 일본에 어떤 외교를 구사해야 하는지도 말씀해 주십시오.

박정희　일본은 우리에게 병도 주고 약도 준 나라입니다. 우리 민족에게 크

등을 설득해야 할 스트레스 속에 생각과 스타일이 달랐던 미국 대통령을 상대해야 했던 김대중과 박정희의 고뇌어린 심정과 외교 전략이 읽혀지는 대목이라 할 수 있다. 1979년 6월 29일 카터가 김포공항으로 도착한 날 안개로 박정희는 2시간을 공항에서 기다려야 했는데, 카터는 공항에 내려 악수하고 5분 정도만 대면하고 엔진을 켠 채 대기상태에 있던 헬기를 타고 동두천 미군 기지로 떠나 버린다. 이러한 장면은 아마도 박정희에게 기분 나쁜 기억으로 남아있을 것이다. 하지만, 이는 단순한 해프닝이 아니라 한미외교사에 존재했던 힘 관계의 반영이고 정상 간의 사고방식에도 반영되었다고 보아야 할 것이다. 당시 카터도 인권외교로 박정희를 압박했지만 주요 의제 중의 하나는 한국이 방위예산을 증액하도록 압박하는 것이었다. 이같은 국제정치의 현실은 쉽게 없어지지 않았고, 오마바 행정부와 트럼프 행정부는 물론 현재까지 모든 시기에서 지속되고 있다고 보아야 할 것이다.

고 고질적인 병을 남겼지요. 하지만 우리 민족은 그것을 치료하기 위해 피나는 노력을 했고 우리에게 맞는 약을 만들어 처방했다고 표현하고 싶습니다. 우리 나라가 경제성장을 이루고 자주국방을 추구한 것이 바로 이 같은 처방의 결과이고 그 과정에 내가 선도적인 역할을 했다고 믿습니다. 앞에서도 여러 번 말한 것처럼, 나 역시도 일제강점기의 암울한 그림자 아래 성장했고 일본식 교육과 훈련을 받았습니다. 일본식 사고가 나의 정신과 생활 태도에 많은 영향을 남긴 것이 사실입니다. 특히 만주군관학교와 일본육군

만주군관학교와 일본육사 졸업 후 소위 임관직전 견습 예비소위(1944년, 정운현 제공). 문경 보통학교 여제자 정순옥이 소장하다 정운현이 수집하여 그의 책『군인 박정희』에서 처음 공개.

사관학교에서의 경험은 청년기의 나를 만들었습니다. 그들이 강조한 인간과 역사를 보는 시각과 전략, 그리고 일본 역사를 이끈 몇몇 역사적 인물들에 매료되었습니다. 일본을 근대화시키고 개조하는 데 큰 역할을 한 인물들의 리더십과 사상을 높이 평가하고 배우고자 했습니다.

박정희　물론 내 성격과 기질이 일본식 생활자세와 잘 어울린 점도 무시할 수 없습니다. 일본식 교육 배경이 아니었어도 나는 비슷한 정신과 생활태도를 가졌을 것입니다. 하지만 나는 식민지 조국의 암울한 현실 속에서 이를 극복하기 위해 그들을 이길 수 있는 길이 무엇인가를 항상 고민했습니다. 나를 친일이라 비판하는 목소리가 적지 않고 만주에서의 활동에 대한 논쟁이 있다는 점을 잘 압니다. 일제 강점기 때 내가 걸었던 군인의 길이 엄연한 사실

이기 때문에 그렇게 보일 수 있습니다. 하지만, 나는 이 같은 세평에 별로 신경쓰지 않습니다. 사실 내 가슴속에는 친일보다는 용일과 극일의 저항의식이 항상 살아있었습니다. 나는 만주로 가기 전부터 친일이 아니라 반일이었습니다. 지금도 내가 이런 질문을 받는다면 서슴없이 반일이라고 말할 수 있습니다.[56]

박정희 아시다시피 나에 대한 비판은 1965년 한일회담에 대한 반대에서 절정에 달했습니다. 우리 민족이 겪은 고통이나 반일 감정을 고려하면 당연한 일이었지요. 하지만 당시 한일 국교 정상화는 피차의 이익이나, 회담 자체의 본질적 성격상 더 이상 미룰 수 없는 내외의 조건을 갖고 있었습니다. 그만큼 태평양을 둘러싼 미국 등의 국제정치적 요구도 컸습니다. 그렇다고 일본의 과거 소행, 특히 법률상으로나 실제 부딪치는 제문제를 포괄하여 묵과하자는 것은 아니었습니다. 설혹, 우리 측이 재산상으로 주장하는 모든 것이 관철된다고 하더라도 수십 년간 입어온 정신적인 타격은 단기간에 가실 길이 없는 것이었습니다. 그렇지만 "나는 일본이 완전한 자유세계의 일원으로서 진심으로 회개하고 당면한 내외 정세에 한국에 협조한다면, 불유쾌한 과거 지사인 역사의 상처는 재론하지 않겠다"는 생각이었습니다.[57] 당시 나는 한일 국교 정상화에 대해 "구원에 집착하여 현실을 그르침이 없이 내일을 보고 오늘을 도모하려 하며, 감정을 되씹고 적대할 것이 아니라 안전과 자유와 번영을 찾아 공생하려고 하는 우리 국민의 관용과 용기가 이 전기를 만든 가장 큰 뒷받침이 되었다"[58]고 확신한 것입니다.

---

56 박정희가 전 임기 중 남긴 1,327개 연설문 중에서, 친일이란 단어가 등장한 연설문은 단 2개에 불과한데, 1965년 방미 중 기자클럽에서 행한 연설과 1965년 광복절 20주년 기념사가 전부이다.

57 박정희, 『국가와 혁명과 나』, 서울: 향문사, 1963, pp.229-230.

58 박정희, 「광복절 제20주년 경축사(1965년 8월 15일)」, 『박정희 대통령 연설기록』, 대통령 기록관.

박정희　내 임기 동안에 한일 관계는 안정적으로 발전하였습니다. 특히 우리 나라가 경제성장에 성공하고 포항제철 등을 통한 산업화를 추진할 수 있었던 데는 일본과의 경제협력이 큰 역할을 한 것이 사실입니다. 내가 일본의 주요 정계·재계 지도자들과 좋은 관계를 유지하고 있었던 탓도 컸고 기시 노부스케 수상 등 일부 지도자들과는 만주에서부터 인연을 맺은 바 있습니다. 게다가 한일 양국과 한미일 삼국 간에 동아시아에서 새로운 관계를 설정하려는 전략과 국익이 맞아 떨어진 측면이 큽니다. 하지만, 국교 단절 가능성에 대한 목소리가 나올 정도로 악화된 시절이 있었습니다. 1973년 8월 8일의 김대중 납치사건과 1974년 8월 15일의 문세광의 육영수 암살 사건이 그것입니다. 앞의 사건은 나를 가장 당혹스럽고 난감하게 만들었고, 뒤의 사건은 나를 가장 슬프고 참담하게 만들었습니다. 앞의 사건은 우리 정부가 일본에 사과해야 했고, 뒤의 사건은 일본 정부가 우리에게 사과했습니다. 두 사건 모두 양국 관계를 위태롭게 했고 국가적으로나 개인적으로 다시는 일어나서는 안 될 것이었지요. 그나마 양국 관계가 파국으로 치닫지 않고 가까스로 다시 회복될 수 있었던 것을 다행스럽게 생각합니다.

박정희　돌이켜 보면, 우리가 일본의 산업과 기술을 추격하기 위해 많은 노력을 한 기억이 생생합니다. 일본 자동차 엔진을 분해하고 다시 조립하는 과정을 반복하면서 기술을 습득하고, 그들의 산업정책과 각종 제도를 모방한 것은 사실입니다. 우리나라 수출의 주역이 되었던 종합상사 제도는 일본 이토추 상사伊藤商事株式會社 세지마 류조瀬島龍三 회장의 제안을 수용한 것이었고, 포항제철도 일본의 기술과 경제협력이 큰 역할을 하였습니다. 물론 일본의 협력이 모든 것을 보장한 것은 아닙니다. 일본을 추격하고 극복하기 위해 많은 사람들이 밤낮으로 피땀 흘리며 일하고 혁신을 일구어냈기에 모두가 자랑스러울 따름입니다.

박정희   우리의 주체적 노력과 전략 그리고 전 국민의 단결된 노력의 결실이지요. 1969년 포항제철 건설을 위한 기술과 자금 협력을 위해 일본을 찾아간 박태준 회장의 비장함과 자기 규율, 그리고 헌신은 일본의 재계와 정계를 감동하게 만들었지요.[59] 1970년 4월 1일, 영일만에서 가진 포항제철 기공식에서 우측의 박태준 사장, 좌측의 김학렬 경제기획원 장관과 기공식 버튼을 누르던 그때 얼마나 벅찼는지 지금도 생생하게 떠오릅니다. 미국과 유럽 등 서구 국가들과 국제기구들은 우리의 종합제철 계획을 무모하다고 하여 자금 협력을 거부하였고 무시했습니다. 그나마 일본은 청구권자금을 전용한 것이기는 했지만 결과적으로 우리에게 자금과 기술을 협력해준 것입니다. 물론 일본 역시 우리가 극복해야 할 대상이었습니다만, 다른 나라들에 비해 우리가 안고 있는 절박성과 의지에 공감해 주었습니다. 마지막으로 1965년 국교 정상화 이후 종군 위안부나 강제징용 등 피해를 입은 국민들을 배려하고 배상 등의 문제를 해결하는 데 좀 더 신경을 쓰지 못한 점은 아쉬움이 남습니다. 지금이라도 한일 양국 간의 미진한 문제들이 조속하고 원만하게 해결되어 그분들이 위로를 받고 역사적 화해와 상생의 싹이 틀 수 있기를 바랍니다.

한일회담이 14년간을 끌어 왔다는 것은 여러분이 잘 알 것입니다. 거기에는 그만한 이유가 있고, 외교사상 어느 국제관계에도 비유할 수 없는 난관들이 있습니다. 알다시피 지금 한국 내에는 여러 갈래의 극단론까지 포함한 이견이 엇갈리고 있습니다. 사실, 여러분이 본인에게 '일본에 관하여' 질문한다면, 본인은 서슴치 않고 가슴에 맺힌 반일감정을 격하게 토로할 것입니다. 또 여러분들이 본인에게 '친일'이냐 '반일'이냐고 묻는다면은, 본인의 솔직한 감정으로서는 서슴치 않고 '반일'이라고 말할 것입니다. 이것은 한국인이면

---

59   Rhyu, Sang-young and Seok-jin Lew, "Pohang Iron and Steel Company" in Byung-kook Kim & Ezra F. Vogel (eds.). *The Park Chung Hee Era*. Cambridge, Mass.: Harvard University Press, 2011, pp.322-344.

누구나 다 같습니다. 40년간에 걸친 식민통치와 수탈, 특히 태평양전쟁에서 수십 만의 한국인을 희생시킨 일본은 정녕 한국 국민으로서는 잊을 수 없는 원한을 갖게 한 것입니다. 그러함에도 불구하고, 또 그 착잡한 배경과 난관을 넘으면서, 한일국교의 정상화를 촉진해야 하는 한국의 '의지'에 대해서는 여러분도 충분히 이해가 가게 될 것입니다. 우리는 보다 먼 장래를 위하여, 보다 큰 자유를 위하여, 보다 굳건한 자유진영의 결속을 위하여, 과거의 감정에 집착됨이 없이, 대국적 견지에서 현명한 결단을 내리고자 하는 것입니다.

ㅣ박정희, 「방미 기자 구락부에서 연설(1965년 5월 18일)」, 『박정희 대통령 연설기록』.

김대중 나 역시 일본과 각별한 인연이 있습니다. 하지만 일본 사회에서 내 이름이 인구에 회자되기 시작한 것은 1973년 납치사건 직후부터였습니다. 나에게 일본은 다양한 의미로 존재해 왔습니다. 그리고 일본에 대한 내 인식과 전략도 양국 관계와 국제질서에 따라 대응했다고 할 수 있습니다. 우선 일제의 식민지 수탈은 우리나라와 민족 전체에 나쁜 유산을 많이 남겼듯이 유년의 나에게도 나쁜 기억들을 남겼습니다. 어떻게 하면 일본에게 과거의 악행에 대해 제대로 된 사과를 받아내고 외교와 경제 등의 영역에서 실력을 길러야 할지에 대한 고민은 해방 이후 대부분의 청년과 지식인의 과제였다고 생각합니다. 나 역시도 마찬가지였습니다. 그런데, 해방 이후 전후처리 과정에서 우리나라와 민족은 분단과 한국전쟁이라는 동족상잔의 참화를 겪게 되었습니다. 이 또한 역사적으로 보면 일제 식민지가 남긴 결과의 하나임을 부인할 수 없습니다. 일본은 우리나라에 사과해야 할 가해자였고, 중공과 북한 등 공산주의에 대해 타협책을 구사해서는 안 될 나라였습니다. 북한 공산주의자들과 좋은 관계를 맺으려는 일본의 정책을 도저히 납득 할 수 없었습니다. 1959년부터 일본 정부의 협력하에 9만여 명이 북송선에 오르고 일본은 북한을 비롯하여 중공 및 소련과도 교역을 확대하는 등 유화책을 쓰고 있었는데, 나는 반공의 시각에서 일본을 매우 강하게 비판했습니다. 나는 당시 일본이 반공이나 아시아에서의 자유 수호에 별 관심이 없는 국가라고 비판했습니다. 심지어 나는 한일회담에 적극적이었으면서도 일본의 이 같은 태도에 비추어 한일국교 정상화가 아시아의 반공체제 강화를 위해 얼마나 도움이 될지 회의적인 의견을 제시한 적도 있었습니다.[60] 또한 일본이 조총련계 학교 대책에 적극적이었고 북한의 민간인 입국을 계속 허용한 것을 두고, "일본이 사실상 두 개의 한국을 인정하는 방향으로 가는 전초"[61]라고 비판한 바 있습니다.

김대중 하지만, 야당의원이었던 나는 동료는 물론 사회세력의 수많은 반대와 오해를 무릅쓰면서 박정희 정부가 추진한 한일회담에 찬성했습니다. 나는 1964년 2월의 국회 연설에서 이미 "한일문제 같은 것도 우리 야당 측이 어떻게 하면 하루속히 타결해서…미국과 일본 기타 자유우방과 손을 튼튼히 잡아 그 사람들을 여기다가 단단히 붙들어 매 가지고 공산진영에 대결한다고 할 것 같으면 내가 볼 때는 우리가 가장 일선에 위태로운 데 있는 것 같지만 어떤 의미에서는 가장 안전한 보장도 받을 수 있을 것"[62]이라고 주장하여 야당이 여당에 협력하도록 설득했습니다. 이는 나의 현실주의적 국제정치 인식이 작용한 결과였습니다. 물론 나는 한일회담의 진행과정에서 박정희 정부가 제대로 대응하지 못했고 우리의 국익을 제대로 챙기지 못했다고 비판했습니다. 1990년 2월 27일 교섭단체 대표 연설에서도, "일본에 대해서 우리는 아직도 일제 35년이 해결되지 않고 있다고 느낍니다. 1965년의 한일조약이 잘못 체결되었기 때문입니다. 조약체결 이후 반세기가 지나도록 제일교포 3세의 법

---

60 김대중, 「한일 간 조약과 제협정 비준동의안 심사특위: 제52회 제9차 회의록(1965년 8월 10일)」, 『김대중 전집 II』, 제3권, pp.707-740.

61 김대중, 「국회 본회의 대정부 질문(1966년 7월 1일)」, 『김대중 전집 II』, 제4권, pp.39-63.

62 김대중, 「현하 국제정세에 관한 질문: 제40회 제8차 본회의록(1964년 2월 3일)」, 『김대중 전집 II』, 제2권, pp.73-86.

제2부 철학적 대화: 사회와 역사를 어떻게 볼 것인가?

적 지위가 아직도 해결되지 않고 있습니다. 원폭피해자와 사할린에 끌려간 사람들의 문제가 그대로 방치되어 있습니다. 이 모든 문제가 인간의 양심과 국제적 기준에 맞도록 해결되어야 합니다"라고 주장한 바 있습니다.[63]

김대중 　내가 일본에 본격적으로 알려지고 일본의 시민사회에 영향을 미치게 된 결정적인 계기는 1973년 9월호 『세계』에 게재된 나와 야스에 료스케安江良介와의 대담이었습니다. 납치사건 발생 직후 '한국 민주화에의 길'이라는 제목의 대담이 출간됨으로써 일본사회는 한국의 민주화운동과 나에 대해 비상한 관심을 갖기 시작했습니다. 당시 분위기를 동경대 와다 하루키 교수는 "이 대담을 읽은 일본인은 한 사람의 한국인 정치가가 목숨을 걸고 남긴 말을 듣는 것과 같은 생각을 하게 되었다. 한국의 민주주의자의 표상같은 모습이 일본인의 눈앞에 보이기 시작했다"라고 적었습니다.[64] 이때 맺어진 인연이 내가 1980년 전두환 정권에 사형선고를 받았을 때 일본 전역의 사회세력이 '김대중을 죽이지 마라'는 운동으로 확산되었고, 이는 내가 목숨을 부지하는 데 큰 역할을 했습니다. 나는 일본의 보수적인 정계는 한국의 권위주의 정권들과 정치적 결탁을 일삼은 반면, 시민사회는 건강하게 살아있다는 데 깊은 감동을 받았습니다. 우쯔노미야 도쿠마 의원, 고노 요헤이 의장, 와다 하루키 교수, 사사키 히데노리 변호사, 이토 나리히코 교수, 정경모, 김종충 등 납치사건과 사형선고 당시 나를 도와주고 한국의 민주화를 위해 노력해 준 모든 분들께 지금도 고마워하고 있습니다. 사실 일본에는 일본 정부의 입장과는 달리, 종군 위안부문제, 강제징용문제, 피폭자문제, 조선인 전범문제 등 우리도 무심했던 문제들을 역사의식과 성실함으로 우리를 대신하여 일본 정부와 사회

63　김대중, 「국정에 관한 교섭단체 대표 연설: 제148회 제3차 본회의록(1990년 2월 27일)」, 『김대중 전집 II』, 제14권, pp.337-348.

64　和田春樹, '解說' 金大中, 『民主救國の道: 講演と論文(1973-1989)』, 東京: 新教出版社, 1980, p.321.

오부치 게이조 일본수상과 김대중-오부치 한일파트너십 공동선언 발표(1998년, 김대중도서관 제공)

에 알리기 위하여 꾸준히 노력해 온 의로운 시민들이 있습니다. 한국의 정치인으로서 고마운 일이지만 우리 스스로가 부끄럽기도 합니다.

김대중　나는 1998년 10월, 한국의 대통령으로서 일본의 오부치 게이조 수상과 함께 "21세기 새로운 한일 미래 파트너십 공동선언"을 발표하였습니다. 한일 양국이 미래지향적 관계를 구축하는 데 필요한 역사적 성과라고 생각합니다. 나는 당시 일본 천황을 예방한 자리에서 일부러 과거문제를 언급하지 않았는데 일본인들의 예민한 자존심을 존중해주기 위한 선택이었습니다. 그런데 오히려 이것이 일본 국민을 움직여 그들이 반성하고 한국을 더 가까운 이웃으로 받아들이는 데 효과적이었다고 생각합니다. 그리고 일본 국회에서 한일관계 개선을 요구하고 과거사에 대한 일본의 반성을 요구하는 나의 연설은 여러 번 기립박수를 이끌어 냈고 한일 관계에서 가장 감동적인 연설로 일본 언론들이 기록한 적이 있습니다.

제2부 철학적 대화: 사회와 역사를 어떻게 볼 것인가?

김대중   돌이켜 보면 그때가 한일관계가 가장 밝고 미래지향적이었던 것 같습니다. 나의 전략과 관점도 중요했지만, 우리나라와 국민이 그만큼 성장했기 때문이 아닌가 생각됩니다. 내가 일본에 대해 문화시장을 개방한 것도 같은 맥락에서의 조치였습니다. 나는 당시 몇몇 국내 언론들이 일본 천황을 일왕으로 호칭하는 데도 반대했습니다. 해당 나라의 국민들이 부르는 대로 호칭하는 게 외교적 상식과 예의고, 굳이 그것을 거부하는 것은 우리의 열등감의 표현일 뿐이라고 생각했습니다. 그리고 대통령 취임식에 참석한 야마하나 사다오 일한의원연맹 의원과의 대화에서, "위안부문제는 한일 간의 과거청산의 문제가 아니라 인권문제인 만큼, 양국 정부는 물론 전 세계인이 납득하도록 처리해야 한다"고 언급했습니다.[65] 이어서 1998년 4월, 우리 정부는 종군 위안부 할머니 152명에 대하여 49억 원 지원금을 정부예산으로 지급하기로 하고 일본에 대해 "배상을 요구하지 않겠다"는 방침을 발표했습니다.[66] 나는 위안부문제는 돈 문제가 아니고 도덕성과 인권의 문제라고 보았고, 일본은 국제사회의 보편적인 가치와 인권 개념에 충족하는 수준까지 진상을 규명하고 사과해야 하며 교육해야 한다고 생각했습니다. 이 전략이 일본을 압박하고 미래지향적 한일관계를 구축하는 데 훨씬 효과적이고 합리적이라 생각했고, 1965년 한일회담 이후 국제법적 테두리에 갇혀있는 우리나라의 제한된 선택지를 극복하는 길이기도 했습니다. 위의 몇 가지 사례들은 다양한 사회적 반대 목소리와 일부 정치인과 국무위원들의 반대에도 불구하고 내가 장기적이고 전략적인 안목에서 추진한 현안들이었습니다. 양국 정부와 국민 모두 국내정치에 서로에 대한 민족감정을 악용하는 일은 없어야 할 것입니다. 나는 전 생애를 통해서 일본에 대해 민주주의와 평화라는 두 가지 원칙을 갖고 대응하려 했습니다. 일본의 민주주의가 더 성숙되고 일본이 한반도 평

---

65 『서울경제』, 1998년 2월 26일.

66 『문화일보』, 1998년 4월 14일.

화에 공헌할 수 있는 역할을 하게 되면 한일관계도 더 호전되고 미래지향적으로 발전할 것이라 판단했습니다. 이러한 생각은 한일관계가 악화되어 있는 최근의 상황에서도 양국의 지도자들이 모두 진지하게 고민해 볼 일이라 생각합니다.

우리 한국을 포함한 아시아 각국에는 아직도 일본에 대한 의구심과 우려를 버리지 못하는 사람들이 많습니다. 그 이유는 일본 스스로 과거를 바르게 인식하고 겸허하게 반성하는 결단이 부족하다고 생각하기 때문입니다. 이러한 의혹과 불신이 존재한다는 것은 일본을 위해서나 아시아 각국을 위해서 매우 불행한 일이라 하지 않을 수 없습니다. 하지만 저는 과거를 올바르게 인식하고 반성하는 도덕적 용기를 지닌 수많은 일본의 민주시민이 있다는 것을 잘 알고 있습니다…일본에는 과거를 직시하고 역사를 두려워하는 진정한 용기가 필요합니다.

Ⅰ 김대중, 「일본 국회 연설: 21세기 새로운 한일 동반자 관계 구축(1998년 10월 8일)」, 『김대중 전집 Ⅰ』, 제2권, pp. 37-44.

민족과 민족주의

사회자   모든 나라의 역사나 정치에서 민족은 가장 상징적이면서 현실적인 의미를 갖는 개념이자 행동 주체입니다. 민족에 대한 개념 규정이나 민족을 바라보는 시각은 다양합니다. 혈연, 종교, 역사, 문화, 언어 등에서부터 최근에는 정치적 이익이나 사회적 소속감이 민족을 구성하는 요소로 지적되기도 합니다. 우리나라에서도 민족은 매우 다양하게 규정될 수 있습니다. 과거의 단일 민족이라는 개념은 의미를 상실해가고 있는 게 현실입니다. 어쨌든 한국현대사와 정치에서 민족이라는 개념은 모든 정치이념과 행동양식의 기초로서 힘을 발휘해 온 것이 사실입니다. 두 분 또한 이 개념에 대해 상당한 의미를 부여하고 각별한 의식을 갖고 계셨다고 생각합니다. 두 분은 민족이라는 개념을 어떻게 인식하였고 실제 정치활동에서 어떻게 표출하였는지 설명해 주십시오.

박정희 　민족의 기본단위를 무엇으로 보아야 하는지는 학자들이 논쟁하고 연구해야 할 것입니다. 일제 강점기부터 내가 갖고 있던 민족에 대한 생각은 당시 많은 국민들이 막연하지만 광범위하게 공유하고 있던 단일 민족이라는 개념과 다르지 않았겠지요. 문제는 민족에 대한 개념 규정이 아니라, 당시 우리 민족이 처한 현실을 어떻게 바라볼 것인가라는 관점과 그 현실을 바꾸기 위해 무엇을 해야 하는가라는 구체적이고 절박한 과제에 있었습니다. 내가 일제 강점기에 느낀 민족적 비애에 대해서는 다시 재론하지 않겠습니다. 나는 5·16 군사혁명을 감행하기 직전 매형인 한정봉에게 보낸 편지 속 「국민에게」라는 시에서, "황파에 시달리는 삼천만 우리 동포, 언제나 구름 개이고 태양이 빛나리, 천추에 한이 되는 조국질서 못 잡으면, 내 민족 앞에 선혈 바쳐 충혈 원혼 되리라"라고 내 마음을 피력한 바 있습니다.[67] 당시 나는 우리 민족의 현실을 암울하고 부정적으로 본 편이었지요. 나에게 민족은 한편으로는 혈연과 전통에 기초한 운명적이고 자연적인 공동체인 동시에 문화와 민족의식 및 국가전략과 연결되어 사회적으로 개조될 수 있는 정치적 공동체였습니다. 일제 강점기 이래로 우리 민족의 현실은 나에게 매우 부정적이고 비관적일 수밖에 없었지요. 하지만, 이 같은 현실을 회피하거나 타개하기 위

67　박정희, 『박정희 시집』, 서울: 기파랑, 2017, pp.26-27. 대구에 있는 『매일신문』은 1962년 6월 2일 이 시를 「향토 선배에게」라는 시와 함께 박정희가 5·16에 실패할 경우 "쾌도 할복"하고 돌아오지 않겠다는 의지로 남긴 '유서'라며 제3면 머릿기사로 공개한 바 있다. 박정희는 1961년 4월 18일 금오산에 올라 답답한 현실을 개탄하고 거사를 결심하면서 이 글을 썼고 둘째 매형인 한정봉에게 맡기면서 거사에 실패할 경우 절대 공개하지 말라고 당부한 것으로 알려졌다. 『조선일보』, 1962년 6월 2일. 이 두 편의 시는 합쳐져 1964년 박시춘이 작곡하여 〈금오산아 잘 있거라〉라는 대중가요로 발표된 바 있다.

한 내 행동의 내면에는, 식민지와 가난한 나라의 청소년으로서 느낀 개인적 비애와 원초적 민족의식이 작용하고 있었습니다. 나에게 전통은 버려야 할 대상이면서도 정치적 전략에 따라 재창조되어야 할 대상이었습니다.

박정희　내가 생각한 민족의 등장 과정과 역사 또한 부정적이고 비관적이었습니다. 1964년 개천절에 행한 연설에서 근세 우리의 역사에 대해 "밖으로 약육강식의 열강이 각축하는 분쟁의 희생이 되기도 하고 안으로는 분파와 상잔으로 혼란이 계속되는 가운데 개화의 과정을 밟지 못한 채, 마침내는 제국주의 식민지로 병탄되어 반세기를 수난 속에 살아온 치욕의 연쇄"였다고 언급했습니다. 나는 이 모든 것의 기원이 "사대사상·배외관념·안일주의로 표현되는 고질에 연유"한다고 주장했지요. 따라서 나는 "국민 각자의 정신자세를 자주·자립·자존의식으로 바르게 전환시켜 민족의 일원으로서 혁신과 전진의 기풍 속에 우리들 공동운명을 민족적 역량으로 개척해 나가야 한다"고 강조했던 것입니다. 내가 군사혁명에서 추구한 첫 번째 목표도, "이 나라 사회의 모든 부패와 구악을 일소하고 피폐한 국민도의와 민족정기를 바로 잡아 민족국가를 재건할 수 있는 새로운 터전을 마련하는 일[68]"이었던 것입니다. 즉 "피와 땀과 눈물[69]"을 통하여 민족이란 싹은 비로소 자라날 수 있는 것이라고 줄곧 확신하고 있었습니다. 이 같은 나의 생각은 그때나 지금이나 다를 바 없습니다.

김대중　나 또한 우리 민족에 대해 애절함과 안타까움 그리고 자부심과 희망을 갖고 있었습니다. 내가 갖고 있던 민족에 대한 개념도 별로 다르지 않겠지요. 나는 1954년 1월 7일에 『새벗』이라는 잡지에 발표된 "갑오년 2대 과

68　박정희, 『국가와 혁명과 나』, 서울: 향문사, 1963, pp.272-273.

69　박정희, 『국가와 혁명과 나』, 서울: 향문사, 1963, p.203.

업: 자조의 노력으로 통일과 민생 해결"[70]이라는 글에서 "민족의 운명과 사활을 좌우할 중대 문제로서 국토통일과 경제재건으로 민생의 안정을 기하는 두 가지를 들지 않을 수 없다…통일을 염원하는 민족의 초조한 심정이 어찌 절치액완함을 금할 수 있겠는가?…통일의 주체자는 우리 한국 민족이다"라고 민족 개념을 강조한 적이 있습니다. 청년기 민족에 대한 나의 생각을 처음 공개적인 글로 남긴 것입니다. 그리고 나는 이 같은 민족적 과제를 실현하기 위한 방안으로 "우리 스스로 살 길을 찾고야 말겠다는 자조의 정신과 노력이 확고할 때에만 우방은 우리와 더불어 통일과 부흥의 대업을 도와주리라는 것을 명심해야 할 것"이라며 자조정신과 자주외교의 필요성을 피력한 것으로 기억합니다. 박정희 씨가 추구한 과제와 별로 다르지 않다고 생각합니다.

김대중   하지만, 박정희 씨의 관점과 대조적으로, 내가 바라본 우리 민족은 정신적으로 개조되거나 재창조되어야 할 대상은 아니었습니다. 특히 어느 지도자 한 사람의 생각으로 이런 일이 이루어질 것이라는 주장에는 동의할 수 없습니다. 나는 1981년 9월 30일자 옥중서신에서 역사상 나타난 우리 민족의 장점과 단점을 균형되게 비교한 적이 있습니다. 이 글에서 우리 민족은 세계 어느 민족에 비해 손색이 없는 기본적인 장점을 가지고 있지만, 그렇다고 우리만 유일하게 뛰어난 민족도 아니다고 밝혔습니다.[71] 아마 나는 박정희 씨에 비해, 가난에 대한 절박함이 덜 하여 그런 게 아닌가 생각됩니다. 또한, 나는 한국 민족의 역사나 문화가 남긴 부정적인 유산에 대해서도 문화적 상

---

70   김대중, "『새벗』 기고문, 갑오년 2대 과업: 자조의 노력으로 통일과 민생 해결(1954년 1월 7일)," 『김대중 전집 II』, 제1권, pp.37-41. 김대중은 이 글에서 "우리는 재건에의 함마아를 내리기 전에 과연 우리나라 경제를 어떠한 방향으로 인도할 것인가 경제의 방향부터 먼저 결정하지 않으면 안 되는 것이다"라고 주장하여, 이후 나타나게 될 박정희의 경제전략과의 차이가 잉태되고 있음을 알 수 있다(p.39.).

71   김대중, 「우리 민족의 장점과 단점(1981년 9월 30일)」, 『김대중 옥중서신 1』, 서울: 시대의 창, 2009, pp.250-256. 김대중은 이 글에서 우리 민족의 단점의 하나로 진취성의 결여를 꼽았는데, "민족의 진취적 의욕을 고취한 점은 박 대통령의 공"이라고 적고 있다.

대성이나 다양성의 시각에서 접근하고자 한 마음의 여유가 있었던 것 같습니다. 무엇보다 현실이 아무리 보잘 것 없어도 비민주적인 방식으로 어떤 한 영웅이 그 현실을 단시간에 바꿀 수 있다는 생각은 내 철학과는 많이 다른 것입니다. 노력은 해야 하지만, 순리대로 믿고 기다리는 것이 민주적인 접근이라 생각합니다.

> 나는 나 자신의 내일의 성패는 알지 못한다. 그러나 우리 민족의 장래에는 확신이 있다. 이 민족은 그 역사와 자질과 능력으로 인하여 반드시 그의 자유와 행복과 통일을 차지하고야 말 것이다. 이 민족에게 영광이 오면 나는 비록 현세에서의 성공을 차지하지 못한다 하더라도 민족의 영원한 역사 속에 기쁨과 보람을 얻을 것이다. 경애하는 나의 민족에게 영광있으라!
>
> ┃ 김대중, 「사건 일주년(1974년 8월 8일 일기)」, 『김대중 전집 II』, 제8권, pp.605-606. 김대중이 납치사건 1주년에 생환을 회고하면서 쓴 일기의 마지막 부분에 밝힌 민족에 대한 생각.

사회자 민족에 대해 갖는 감정이나 의식이 정치적인 이념이나 행동 원칙으로 바뀔 때 그것은 민족주의로 구체화됩니다. 민족주의는 감정적이고 비합리적일 수 있지만, 현실정치에서는 매우 강한 영향력을 발휘합니다. 동서고금을 막론하고 민족주의는 쉽게 확산되고 정치적으로 동원됩니다. 때로는 국가나 개인이 민족주의라는 이름 아래 전쟁을 일으키기도 하고 그 이념과 애국심에 자신의 목숨을 걸기도 합니다. 우리나라도 예외가 아닙니다. 두 분 역시 한국 민족주의의 두 개의 다른 길을 보여준 사례로 보입니다.[72] 두 분은 어떤 민족주의가 바람직하다고 생각하십니까. 그리고 정치적 목적을 위해 민족주의를 동원한 사례나 스스로 민족주의를 실감한 경험을 말씀해 주십시오.

박정희 내가 목표로 삼은 민족중흥과 조국 근대화가 많은 국민들을 결집시

---

72 류상영·김민정, 「한국 민족주의의 두 가지 길: 박정희와 김대중의 연설문 텍스트 마이닝」, 『현대정치연구』, 14권 1호(2021년 봄호), pp.87-130.

켜 성공적인 방향으로 흐르게 한 데는 민족주의의 힘이 컸다고 생각합니다. 물론 당시에는 그것이 민족주의인지도 몰랐습니다. 민족주의에 대해 다양한 찬반론과 정치적 해석이 있을 수 있지만, 나는 우리 민족을 하루라도 빨리 가난에서 벗어나게 하여 민족중흥을 이루어야 한다는 절박함에 국민들을 민족주의로 뭉치게 할 필요가 있었습니다. 당시 많은 개발도상국가들이 민족주의를 동원한 바 있고, 성공적인 사례들이 많았습니다. 나는 일본의 명치유신, 중국의 신해혁명, 케말 파샤의 터키, 낫세르의 이집트, 그리고 라인강의 기적을 이룬 독일의 사례 등에서 민족주의 혁명의 구체적인 전략과 반면교사를 얻을 수 있었습니다.

박정희　나는 5·16 군사혁명에 대해 "민족의 영구혁명"[73]이라 규정하였고, "5·16 군사혁명의 핵심은 '민족의 산업혁명'과 '민족국가의 중흥창업'에 있다"[74]고 주장했습니다. 우선 미국의 원조에 크게 의존하고 있던 당시의 현실이 암울하고 갑갑했습니다. 이러한 현실을 어떻게 극복할 것인가가 큰 관심사였습니다. 더구나 나는 외국의 돈과 함께 들어온 갖가지 서양 문물이 우리 민중의 생활상을 타락시켰다고 보았고 어떻게 본연의 '순수한 민중'[75]으로 돌아갈 것인가에 대해 고민하지 않을 수 없었습니다. 이 같은 고민에 빠졌던 내가 내자를 중심으로 산업화를 추진하려고 1963년 통화개혁을 추진하였는데 참담하게 좌절되었습니다.[76] 그 후 나는 제1차 경제개발 5개년 계획의 원안을 수정하여 내포적 공업화 전략을 포기하고 1964년에 수출지향형 전략으로 전환했습니다. 대기업 중심의 압축적인 공업화와 수출지향형 전략은

73　박정희, 『국가와 혁명과 나』, 서울: 향문사, 1963, p.27.

74　박정희, 『국가와 혁명과 나』, 서울: 향문사, 1963, p.259.

75　박정희, 『국가와 혁명과 나』, 서울: 향문사, 1963, p.289.

76　류상영, 「1962년 박정희의 통화개혁과 한국의 민족주의」, 『현대정치연구』, 13권 3호 (2020년 겨울호), pp.119-152.

경제 분야에서 내가 추구한 민족주의의 핵심 내용으로 임기 내내 지속되었습니다. 나는 1967년 제4회 수출의 날 기념식 치사에서, "우리는 이 시점에 더 분발해서 수출을 제일주의로 하는 수출입국立國, 우리나라의 근대화를 위해서는 빨리 산업의 근대화, 산업의 공업화를 달성하고 그것이 실증으로 나타나는 것이 수출산업의 성장과 수출고의 증대, 여기에 우리의 모든 힘과 노력을 집중해야 한다"[77]고 강조하였습니다. 나는 불가피하게 외자도입을 피할 수 없었고 내포적 공업화 전략을 포기할 수밖에 없었지만, 내심으로는 "끈질긴 사대주의와 환상적 대응책이 70년대 한국 민족주의가 경계해야 할 가장 위험한 병폐"라며 경계심을 늦춘 적이 없었습니다.

박정희　　나는 민족적 목표를 실현하기 위해 재건국민운동을 벌였고, 정치적으로 공화당을 민족주의의 동원 기구로 활용하였으며, 새마을운동도 농촌 지역에서 정신적·경제적 근대화 운동의 일환으로 추진했습니다. 1967년 재건국민운동 창립 3주년 기념 치사에서는 "모든 근대화 작업은 국민정신의 근대화에서 비롯된 것이며, 우리는 근대화의 원동력으로서 국민조직을 강화"[78]해야 한다고 역설했습니다. 그리고 자립경제 건설을 뒷받침하기 위해 제2경제 운동을 추진했는데, 공화당을 비롯한 모든 사회적·정치적 조직이 이 운동의 추진에 함께 나섰다고 할 수 있습니다. 나는 1968년 "제2경제 운동 실천 국민 궐기대회 치사"에서, "제2경제 운동은 한마디로 말해서 우리의 지상 명제인 조국 근대화와 민족의 중흥을 성취하기 위해, 국민 한 사람 한 사람이 민족적 주체의식을 확실히 하자는 운동이요, 사회적 연대의식을 투철히 선양하자는 운동이며, 미래에 밝은 비전을 가진 새로운 정신자세로 경제

77　박정희, 「1967년 제4회 수출의 날 기념식 치사(1967년 11월 3일)」, 『박정희 대통령 연설 기록』, 대통령 기록관.
78　박정희, 「1967년 재건국민운동 창립 3주년 기념 치사(1967년 8월 5일)」, 『박정희 대통령 연설기록』, 대통령 기록관.

건설에 박차를 가하자는 운동"[79]이라 정의한 바 있습니다.

박정희　지금 돌이켜 보면, 미국과 국제사회의 반대에도 불구하고 1960년 대 말부터 민족적 숙원사업으로 추진한 포항제철 건설, 1970년대 주한 미군 철수를 계기로 추진한 자주국방과 핵개발 사업 등은 나의 민족주의적 의식과 전략이 반영된 정책들이 아니었나 생각됩니다. 누가 뭐라 해도 내가 가지고 있던 의식과 민족주의를 숨길 수 없었고, 우리 국민의 눈물과 땀으로 목표를 달성한 점을 기쁘게 생각하고 있습니다.

　돌이켜 보건대, 5·16 혁명은 단순히 한갓 군사혁명이었다기 보다는 민족적 반성과 자각에 입각한 하나의 국민운동이었으며, 국민혁명이었던 것입니다. 그때, 우리 군인동지들은 우리 온 민족의 염원, 민족의 욕구, 민족의 정열의 불꽃에 다만 점화의 역할을 한 데 불과한 것입니다. 불안과 혼탁의 구질서를 무너뜨리지 않고서는 새로운 질서를 찾을 길 없었던 1961년, 그때의 그 5·16 혁명은 민족의 활로를 개척하기 위한 역사발전의 당위였고 필연이었습니다. 불안보다는 안정, 수구보다는 진취, 침체보다는 발전, 의타보다는 자립을 희구하는 인간 본연의 자기발전을 위한 몸부림의 민족적인 표현이 바로 5·16 혁명 그것이었습니다. 그것은 또한 남의 원조 없이 자기 힘으로 살아 갈 수 있고, 나아가 남을 도와 줄 수도 있는 자주자립의 민족이 되어야 하겠다는 강렬한 민족의지의 발현이었으며, 조국 근대화운동의 출발이었던 것입니다.
| 박정희, 「1966년 5·16 제5주년 치사(1966년 5월 16일)」, 『박정희 대통령 연설기록』.

김대중　나에게도 민족주의는 나의 의식과 행동에 반영된 속성이었습니다. 나의 경우 민족주의는 가난의 한을 풀기 위해 동원된 전략이라기보다는

79　박정희, 「1968년 제2경제 운동 실천 국민 궐기대회 치사(1968년 9월 28일)」, 『박정희 대통령 연설기록』, 대통령 기록관.

포항종합제철소 1기 착공식, 좌우는 박태준 사장과 김학렬 경제기획원 장관
(1970년, 포스코역사박물관 제공)

독재의 한을 풀기 위한 민주화 운동의 또 다른 축이었습니다. 따라서 나는
항상 "민족주의는 민주적이어야 한다"고 생각했습니다.[80] 민주주의 없는 민
족주의는 쇼비니즘과 국민 억압의 도구가 되기 쉽기 때문입니다. 사실 나는
민족이나 개인은 외부로부터의 도전없이 발전할 수 없다고 생각했습니다.
그러나 아무리 도전을 받아도 자주적으로 응전하게 되면 위대한 성장을 하
게 된다는 역사적 교훈을 믿었습니다. 따라서 나는 누구보다도 민족주의의
가치를 알고 있었습니다. 하지만 이미 나의 정적인 박정희 씨가 민족주의를
주요 정치 전략으로 동원하고 있는 마당에 내가 똑같은 구호를 외칠 수도
없는 난처한 상황이었습니다. 나는 어떻게든 박정희 씨의 전략을 반박하면
서 민주주의와 민족주의를 조화롭게 발전시킬 수 있는 논리와 전략을 개발
할 수밖에 없었습니다. 그런 의미에서 민주주의를 결여한 민족주의를 비판

---

80   김대중, 『김대중 옥중서신 1』, 서울: 시대의 창, 2009, p.440.

한 것입니다.

김대중 　나는 1971년 대통령선
거에 신민당 후보로 출마하면서,
대중경제연구소 이름으로 간행
된 선거자료집 『김대중 씨의 대
중경제 100문 100답』에서 "민
족경제의 자립 자주를 위한 자
립적 국민경제 내포적 공업화에 의
한 자율적 재생산구조"의 건설
을 주장하였습니다. 박정희 씨의
대기업 중심의 중화학공업화를
비판하고 민족자본인 중소기업

제6대 국회시절 민중당 대변인으로 대정부 질문 장면
(1966년, 김대중도서관 제공)

을 중심으로 경공업 우선 전략을 제시한 것입니다. 나도 1970년 신민당 대
선 후보로 선출된 이후 가진 첫 번째 기자회견에서 처음으로 민족적 정서나
민족주의에 호소하는 내용을 본격적으로 제시한 적이 있습니다. "신민당 정
권의 외교 방향으로 민족외교를 제창합니다. 외교의 목적은 민족의 영예와
이익을 증진하는 데 있습니다. 우리는 세계 각국과 협조하고 평화에 기여하
면서 우리 민족의 이익을 제1차적으로 추구하는 외교를 전개해야 할 것입니
다. 미국을 위시한 자유우방과의 협조는 우리 외교의 기본이며 앞으로도 이
를 더욱 강화하겠습니다. 그러나 이러한 협조는 어디까지나 민족의 이익과
주체성을 견지하는 선에서 이루어질 것입니다."[81] 나는 1971년 연두 기자회
견에서도, "박 정권이 추구하는 것은 진정한 민족 외교가 아니라 그들 자신
을 위한 정권안보에 불과하다…진정한 민족의 안보는 국민이 정부를 얼마

81 　김대중, 「희망에 찬 대중의 시대를 구현하자(1970년 10월 16일)」, 『김대중 전집 II』, 제6권,
　　pp.358-362.

나 지지하며 그 정부를 지키기 위하여 얼마만큼 피 흘릴 각오가 돼 있느냐의 정도에 좌우된다…박 정권은 민족안보의 주도적 담당자가 될 수 없다."라고 주장함으로써 진정한 민족주의를 위해 민주주의가 필수불가결함을 강조한 기억이 납니다.[82]

김대중　나는 평생 한국의 주권이나 민족의식 그리고 자주외교를 폄훼하는 국내외적 시도들에 대해서는 일관되게 항의했습니다. 1971년 1월 말 미국을 방문하여 풀브라이트 상원 외교위원장과 대담을 하면서, 풀브라이트 의원이 베트남에 파병된 한국군을 돈에 팔린 용병이라고 한 발언에 항의하고, 미군의 한국전쟁 참전에 대한 보은이라는 점을 강조한 적이 있습니다. 한국인으로서 그리고 민족주의 입장에서 그런 말을 그냥 넘길 수가 없었던 것입니다.[83] 나는 망명 시절에 미국에 대해서도 권위주의 정권을 돕는 일을 중단하되 한국의 내정에는 간섭하지 말라는 의사를 일관되게 전달했습니다. 1983년 1월 5일에 미국 CNN에서 방송된 프리먼 리포트에 출현하여 "레이건 행정부가 내치에 관여하는 것을 요구하는 것이 아닙니다. 우리는 미국의 도덕적 지지를 바랄 뿐이고 독재정권을 원하지 않습니다. 한국의 민주주의와 인권의 실현은 우리 자신의 문제여야지 미국의 문제여서는 안 됩니다"라고 자주적인 민족주의를 구현하고자 노력했습니다.[84]

김대중　내 집권기간 동안 감동적인 한국 민족주의의 발현은 금모으기 운동이라 생각합니다. 1997년 경제위기를 맞은 한국에서 일어난 금 모으기 운동은, 결코 경제적 합리성으로는 이해할 수 없는, 민족적 정서가 국민적인 민족

82　김대중,「대중반정을 실현하자(1971년 1월 23일)」,『김대중 전집 II』, 제6권, pp.412-421.

83　김대중,『김대중 자서전 1』, 서울: 삼인, 2019, p.216.

84　김대중,「프리먼 리포트에서의 대담(1983년 1월 5일)」,『김대중 전집 II』, 제10권, pp.13-26.

주의 운동으로 발전한 사례라 할 수 있습니다. 많은 국민들은 금 모으기 운동을 일제 강점기에 있었던 국채보상운동의 재현으로 인식하였는데, IMF 관리 체제에서 민족의 경제주권을 회복하기 위해 금 모으기 운동에 적극 나선 것입니다. 아울러 국민의 정부는 위기극복과 총체적 개혁을 추동하기 위해 제2 건국운동을 벌였는데, 이는 새마을운동과 비슷하게 민족주의를 정치적으로 확산한 사례라 할 수 있습니다. 실제로 나는 1998년 '전국 새마을운동 지도자 대회 연설'에서 "이제 우리는 국가의 틀을 새로 짜는 총체적 개혁에 나서고 있습니다. 기본이 바로 선 나라를 만들고 민족의 재도약을 이룩하기 위해 '제2의 건국운동'에 국민의 저력을 모으고 있습니다…오늘 출범한 '제2의 새마을운동'이 새로운 시대로의 도약과 발전을 이끄는 원동력이 되도록 합시다. 국정을 총체적으로 개혁하는 '제2 건국운동'의 선봉이 되도록 합시다"라고 역설하기도 했습니다.[86] 우리 민족은 항상 위기에 강했는데, 경제위기에 보여준 우리 국민들의 금모으기 운동과 대동단결은 한국 민족주의가 갖는 저력이라 생각합니다.

민족분단과 통일

사회자　　민족과 민족주의의 입장에서 보면 민족분단은 반드시 극복되어야 할 과제고, 그 극복 형태는 민족통일이 될 것입니다. 민족의 분단이 잉태된 1945년부터 어언 80여 년이 지나고 있지만 이같은 민족적 과제는 완수되지 못하고 있습니다. 이제 분단과 통일에 대해 더 많은 견해가 나타나고 있고, 현

85　Rhyu, Sang-young, *The Spirit of Korean Development*, Seoul: Yonsei University Press, 2015, pp.59-64.

86　김대중, 「제2의 건국의 중심이 되는 제2의 새마을운동: 1998년 전국 새마을운동지도자 대회 연설(1998년 12월 8일)」, 『김대중 전집 I』, 제2권, pp.224-228.

실적 어려움도 누적되고 있습니다. 두 분도 민족 분단과 통일에 대해 많은 주장과 노력을 해 오셨습니다. 우리 민족이 분단된 이유는 무엇이라고 생각하십니까. 그리고 분단 극복을 위한 방안은 무엇일까요. 두 분의 생각과 그동안의 정책과 역할에 대해 말씀해 주십시오.

박정희 　분단은 우리 민족의 비극이고 통일은 우리 민족의 비원입니다. 일제 식민통치의 부정적 유산과 국제정치, 민족 내부의 좌우 분열 등의 요인도 있지만, 무엇보다도 김일성을 중심으로 한 북한 공산주의자들에 의한 분단 노력과 한국전쟁 발발 등이 가장 큰 요인이라고 생각합니다. 일제 강점기하에서도 좁은 땅덩어리에서 좌우로 분열되고 미국과 소련에 대한 사대주의적 모습을 보인 위정자들의 모습이 부끄러울 따름입니다. 하지만, 우리 민족의 굴레가 된 민족 분단을 극복하고 어떻게 통일을 이루어야 할 것인가는 저버릴 수 없는 민족적 과제입니다. 김일성 집단이 민족분단에 가장 큰 원인이 있다고 인식한 이상, 민족통일은 이들을 멸하고 이김으로써만 가능한 것이지요. 내가 총력을 기울인 경제성장과 자주국방의 최종목표는 민족 통일이었다고 해도 과언이 아닙니다.

박정희 　1934년 대구사범 3학년 때 금강산 여행을 하면서 온정리에서 「금강산」[87]이라는 시를 적은 적이 있습니다. "…아! 네 몸은 아름답고 삼엄함으로 천하에 이름을 떨치는데 다 같은 삼천리 강산에 사는 우리들은 이같이 헐벗으니 과연 너에 대하여 머리를 들 수가 없다. 금강산아, 우리도 분투하야 너와 함께 천하에 찬란하게!"라는 내용인데, 아마도 내가 남긴 가장 오래된 글일 것입니다. 당시에 한반도 자연의 아름다움에 대조되는 우리 민족의 헐벗

87　박정희, 「금강산」, 『박정희 시집』, 서울: 기파랑, 2017, p.21. 이 시는 박정희가 1934년 대구사범 3학년 때 금강산 여행 중 온정리에서 쓴 것으로 원본까지 남아 있는데, 박정희의 시, 일기, 그리고 모든 자필 원고 중 가장 오래된 것이다.

은 현실을 개탄하는 심정을 표현한 것입니다. 1953년 12월 31일 나는『이순신 전기』를 완독하고「북진통일」[88]이라는 제목의 일기를 적은 적이 있습니다. "북진통일이라는 민족적 대 구호 아래 비장한 결의로 맞이하는 갑오년에는 삼천만 동포가 한 사람도 빠짐없이 300년 전의 성장聖將 이순신이 가졌던 애국적인 지성지충至誠至忠을 본받아 각자의 맡은 임무를 다하여 최선의 노력과 최대의 희생을 불석不惜하여야만 국난 타개와 북진통일을 성취할 수 있을 것이다⋯."성웅 이순신 장군의 노력과 희생을 본받아 우리 민족의 분단상황을 극복하고 북진통일을 이루어야 한다는 나의 심정을 담은 일기였습니다. 내가 젊었을 때 쓴 시나 일기를 지금 보니 새삼스럽기도 하고 만감이 교차하기도 합니다.

박정희　나는 집권 내내 민족주의의 한 축으로 민족통일을 지속적으로 강조했습니다. 1968년 공화당 당원에게 보내는 특별담화에서 "우리의 궁극적인 국가목표는 우리 민족의 재통일"이며 "민주적인 통일 국가의 성취야말로 우리 민족의 지상과제"[89]라고 강조했습니다. 이에 앞서 1966년 대통령 연두교서에서는 경제발전과 조국 근대화가 남북통일을 위한 것임을 강조한 적이 있습니다. 하지만, 한국전쟁 이후 냉전이 고조되고 남북체제 경쟁이 본격화되었으며 북한으로부터의 도발이 격화되고 있는 와중에 남북통일은 승공 혹은 멸공을 통한 민족통일이라 주장했습니다. 1972년 유신헌법 공포와 1973년 중화학공업화 선언도 이같은 큰 일정 속에서 나온 것이라 할 수 있습니다. 사실 1972년 7·4 남북 공동성명도 분단극복을 위한 민족적 여망,

---

88　박정희,「북진통일(1953년 12월 31일 일기)」,『박정희 시집』, 서울: 기파랑, 2017, p.99. 이 글은 박정희가 이순신 전기를 다 읽은 기념으로 당일 날 그 책에 독후감으로 적어 놓은 글이다.

89　박정희,「공화당 당원에게 보내는 특별 담화문(1968년 8월 15일)」,『박정희 대통령 연설기록』, 대통령 기록관.

승공통일의 목표, 그리고 정치적 전략이 합쳐져 선택된 정책이었다고 보면
될 것 같습니다.

박정희　나는 김정렴 비서실장과 경제
개발 계획을 논의하면서도 통일에 대한
나의 소신과 철학을 여러 번 강조한 바
있습니다. 즉, "경제개발 5개년 계획은
그대로 조국통일 운동이요, 전쟁을 막는
길이요 북한 동포를 구출하여 우리 민족
의 평화와 번영과 복지를 약속하는 길[90]"
이라는 것입니다. 통일은 이론이나 구호
로만 되는 것이 아닙니다. 경제적으로나
군사적으로 절대 우위를 확보해야 하고
북한 김일성 체제보다 민주적인 체제가
확립될 때 통일이 가능하다는 생각에는

청와대 집무실에서 찍은 사진
(1966년, 박정희대통령기념관 홈페이지)

변함이 없었습니다. 하지만, 우리의 바람과는 다르게 나는 김일성이 살아있
는 한 통일은 어렵다고 생각했습니다[91]. 김일성이 자기 신격화가 와해되는 것
을 감수하면서까지 통일에 협력하기는 어려울 것이라 생각했습니다. 그만큼
우리가 모든 면에서 압도적으로 우위를 차지하는 방법밖에는 없다고 생각
하고 자주국방과 경제건설에 매진하였던 것입니다. 나는 김정렴 비서실장이
이같은 통일에 대한 나의 생각과 방법론을, "통일의 길이 조국 근대화에 있고
근대화의 길이 경제자립에 있는 것이라면 자립은 통일의 첫 단계가 되는 것
이다[92]"라고 요약한 것으로 알고 있습니다.

90　김정렴, 『아, 박정희』, 서울: 중앙 M&B, 1997, p142.
91　김정렴, 『아, 박정희』, 서울: 중앙 M&B, 1997, p.155.
92　김정렴, 『아, 박정희』, 서울: 중앙 M&B, 1997, p.317.

박정희　　지금 돌이켜 보면 이같은 전략을 조속히 실현하기 위한 마지막 선택이 내가 비밀리에 시도한 핵개발이었습니다. 자주적이고 자립적으로 승공과 멸공의 민족통일을 이루려면 그 길이 가장 확실해 보였습니다. 미국과 국제정세가 우리 뜻대로만 움직이는 것은 아니고 미군 감축의 목소리가 커지고 있던 위기적인 상황에서 민족통일을 위한 가장 확실한 방법은 절대적인 군사력과 경제력의 우위를 확보하는 것이었습니다. 지금도 미국의 압력으로 핵개발을 포기할 수 밖에 없었던 그 순간을 생각하면 아쉬움이 큽니다. 더구나 현재 핵무기로 우리나라의 안전을 위협하고 도발을 일삼고 있는 북한 공산주의자들을 생각하면 갑갑한 심정을 금할 수 없습니다.

김대중　　민족분단은 우리 민족에게 족쇄로 남아 있습니다. 이를 극복하기 위한 민족통일은 민족의 구성원이라면 누구도 포기할 수 없는 민족적 비원이지요. 하지만, 이를 둘러싼 현실은 점점 더 어려워지고 있는 게 사실입니다. 분단의 원인과 책임이 어디에 있는지를 지금 따져서 무엇하겠는가라는 생각이 앞서지만, 분단의 원인을 알아야 통일의 실마리도 찾을 수 있지 않을까 생각됩니다. 한반도 분단은 미국과 소련 간에 지상군 작전권을 38도선으로 나눈 것이 단초가 되었습니다. 1945년 7월 26일 독일 포츠담에서 열린 연합국의 전후처리 회담의 결과 발표된 포츠담 선언을 시초로 일련의 국제회담에서 한반도 분단이 확정되었고, 이후 1950년 한국전쟁의 발발로 완전히 굳어지게 된 것입니다. 이렇게 보면 외세와 국제정치의 이익 다툼의 희생물로 분단이 초래된 것이지요. 하지만 그 전에 일제에 저항하기 위한 항일운동의 방법상의 차이로 우리 민족 내부에 이미 분단의 씨앗이 크고 있었고 이것이 남북분단의 내부적 요인이 되었습니다. 결국, 내외부적 요인이 복합적으로 작용하여 분단되었다고 보아야 할 것입니다. 따라서 민족통일을 위한 방법도 민족 내부와 국제정치를 동시에 고려하지 않으면 안 될 것이라 생각합니다. 민족주의나 감상적인 민족정서로만 해결되기도 힘들고, 냉엄한 국제질서의 이해와 협력만을 요구해서 이루어질 일이 아닙니다. 하지만, 우리 민족 내부에서 우호적인 조건을 만들어내고 이를 기반으로 한반도를 둘러싼 강대국들의 협력을 압박할 때 더 좋은 결과를 기대할 수 있을 것으로 보입니다.

김대중 나 역시 1960년대 말까지 북한 공산주의자들에 대해 강경한 입장을 고수하였고, 승공 통일과 멸공 통일만이 해결책이라 강조했습니다. 당시 북한과 중공에 화해적인 태도를 취한 적이 있는 일본 등에 대해서도 내가 앞장서서 항의한 기억이 납니다. 심지어 북한에 유화적인 태도를 취하는 일본을 지원하는 미국에 대해서도 비판적인 입장을 서슴치 않고 개진한 적이 많습니다. 내가 해방 직후부터 한국전쟁 기간까지 공산주의자들에 의하여 죽을 고비를 몇 번 넘겼던 개인적인 기억도 작용했겠지만, 당시의 냉전 대립 국면에서 우리나라의 안보와 생존을 위해 어떻게든 우리가 공산진영을 이겨야 된다고 생각한 것입니다. 나는 1967년의 기고문에서 "조국의 영광과 민족의 행복을 위해서 통일은 꼭 이룩되어야 하는 것이며 북괴가 비협조적이면 그럴수록 우리는 더욱 통일에의 역량을 강화하여 통일에의 압력을 가중시키고 민주적 승공 통일에의 여건을 공고히 해 나가야 할 것이다"라고 주장한 바 있습니다.[93]

김대중 하지만, 1960년대 말부터 1970년대 초에 본격화된 동서 양 진영의 데탕트 분위기를 감지하면서 나는 통일과 북한에 대한 생각을 바꾸게 되었습니다. 변화하는 국제질서에 순응하는 현실주의적 입장을 취하면서 민족 내부에서 대화와 협력을 통하여 통일의 싹을 키우는 전략이 필요하다고 생각했습니다. 내가 1971년 대선 공약으로 4대국 안전보장론을 제시하며 남북대화의 필요성을 제시한 것도 이같은 맥락이었습니다. 사실 박정희 씨도 나의 선거 공약에 영향받아 남북대화에 나선 것으로 알고 있습니다. 나는 그

---

93   김대중, 「『정경연구』 기고, 공화당의 반성을 촉구한다(1967년 10월 1일)」, 『김대중 전집 II』, 제5권, pp.17-24.

이후 2000년 남북정상회담을 통하여 이른바 3단계 통일론을 구체화하고자 하였습니다. 자주, 평화, 민주의 3원칙 하에 단계별로 국가연합, 연방, 통일국가로 향하는 3단계 통일론은 내가 평생 구상해온 통일방안으로서 매우 점진적이고 합리적인 방안이라 생각합니다. 전쟁의 위험을 감수하지 않는다면 이 방법 외에 무슨 대안이 있을 수 있겠습니까.

김대중　나는 평소 북한의 김일성 주석과 민족문제에 대해 허심탄회하게 이야기를 나누고 싶었습니다. 내가 감옥에 있을 때 김일성 주석과 남북문제를 두고 장기를 두는 상상을 하기도 했어요. 그를 만나서 "당신네도 살고 우리도 사는 길이 뭔가 터놓고 얘기해 봅시다"라고 논의해 보고 싶었던 것입니다.[94] 평소 나를 성원해 주었던 일본 자민당의 우쯔노미야 도쿠마 의원이, 김일성 주석이 김대중이라면 민족문제를 한번 얘기하고 싶다는 의사를 내비쳤다고 내게 전달해 주었습니다. 2000년 6월 13일, 김정일 위원장이 나를 처음 만난 자리에서 "주석님께서 생존했다면 주석님이 대통령을 영접했을 것입니다. 서거 전까지 그게 소원이셨습니다"[95]라는 말로 인사를 전했습니다. 나는 지난날 독재정권이 날 가두었을 때 감옥에서 김일성 주석과 정상회담을 하는 상상을 하곤 했던 기억이 떠 올랐습니다. 세월이 흘러 아들과 정상회담에서 민족문제와 통일문제를 논의하게 된 것입니다. 참 벅차고 보람있는 순간이었습니다.

김대중　나는 6·15 공동선언은 냉혹한 국제질서 속에서 우리 민족 스스로가 자주적으로 이루어낸 역사적인 성과라고 자부합니다. 시카고 대학의 브루스 커밍스 교수도 남북이 처음으로 민족문제를 자주적으로 논의하게 된 사건이

94　김대중, 『김대중 자서전 1』, 서울: 삼인, 2019, p.593.
95　김대중, 『김대중 자서전 2』, 서울: 삼인, 2017, p.257.

라 평가했더군요. 2000년 6월 13일 순안공항에서의 나의 연설은 내 자신은 물론 한민족 전체의 민족정서와 민족주의를 일깨우기에 충분하였지요. 나는 "…저는 여러분들이 보고 싶어 이곳에 왔습니다. 꿈에도 그리던 북녘 산천이 보고 싶어 여기에 왔습니다…우리는 한 민족입니다. 우리는 운명공동체입니다. 우리 굳게 손잡읍시다"[96]라고 말함으로써 잠재되어 있던 민족 정서를 다시 발견하고 회복시키려 했습니다. 당시 60여 년 정도의 분단 기간은 우리 민족이 단일 민족으로 살아온 오천 년 역사에 비하면 아주 짧고 극복할 수 없는 장벽도 아니라는 생각이 들었습니다.

김대중 나는 민족문제를 해결하고 남북화해와 평화 그리고 통일의 물꼬를 트기 위해 최선을 다했습니다. 엄혹한 군사적 대치와 북한 정권의 특수한 성격을 감안하면서 남북관계를 풀기 위해 매우 어려운 결정도 해야 했습니다. 대북송금도 마찬가지였습니다. 나는 2003년 2월 14일 국민에게 드리는 말씀에서 "최근 현대상선의 대북 송금문제를 둘러싼 논란으로 인해 국민 여러분께 큰 심려를 끼치게 되었습니다…그것이 평화와 국가이익에 크게 도움이 된다고 판단했기 때문에 실정법상 문제가 있음에도 불구하고 이를 수용했습니다…모든 책임은 대통령인 제가 져야 한다고 생각합니다. 저는 여기에 대한 책임을 지겠습니다"라고 밝히고 국민들께 이해를 구했습니다. 하지만, 노무현 정부에서 소위 대북송금 특검을 공포함으로써 나의 통치행위와 민족적 결단이 국내정치와 사법심사의 대상이 되어 버려 충격적이고 불쾌했습니다. 남북관계와 민족문제의 해결에는 일관되고 확고한 철학과 냉철하면서도 현명한 전략이 필요합니다. 통치행위에 대한 외교상의 기밀 준수도 안정적인 남북관계를 위해 지켜져야 할 필수적인 것이었습니다. 이는 모든 국가와의 회담에서 지켜야 할 기본이고 북한과의 관계에서는 더욱 그러하지요. 그

---

96 김대중, 「평양 도착 성명: 긴 세월을 돌고 돌아 이제야 왔습니다(2000년 6월 13일)」, 『김대중 전집 I』, 제5권, pp.17-18.

러나 당시 한 사람만 제외하고 전 국무위원들이 반대했음에도 노무현 대통령이 문재인 민정수석 등 참모들의 견해를 받아들여 특검 추진을 결정한 것입니다.[97] 나에 대한 조사와 책임문제까지 언론에 흘러나왔습니다. 참 어리석은 결정이라 생각했고 배신감도 적지 않았습니다. 하지만, 무엇보다도 향후 남북관계가 얼마나 일관되고 효과적으로 전개되어 갈지 걱정이 앞섰습니다. 외교와 남북문제가 국내정치에 이용되는 일은 없어야 합니다. 온갖 색깔공세와 음해 공작을 받으면서도 평생 남북문제를 고민해 온 나로서는 내가 느낀 불쾌함보다 그것이 서툴게 다루어지지나 않을지 걱정이 앞섰습니다. "노

---

[97] 2003년 3월 14일 대북송금 특검법 공포 여부를 결정하기 위한 국무회의 2시간 전인 오후 3시에 민정수석실에서 진행된 신동아 기자와의 인터뷰에서 당시 민정수석 문재인은, "근본적으로 다 규명돼야 합니다. 책임 있는 인사들은 지휘고하를 막론하고 응분의 책임을 져야죠."라고 말했다. 이어 "김대중 전 대통령도 그 대상에 포함되는 겁니까?"라는 기자의 질문에, 그는 "…하지만 유감스럽게도 관여한 바 있는 것으로 드러난다면 그에 대한 책임은 져야죠."라고 응답한 바 있다. 엄상현, 「노무현의 칼, 문재인 민정수석 인터뷰: 특검 결과 불법 드러나면 DJ도 책임져야」, 『신동아』 2003년 4월호. 결국, 3월 15일 특검이 공포되고 임동원 국정원장, 박지원 문화관광부 장관, 이기호 경제수석 등이 실형을 선고받았다. 이 문제에 대하여 노무현재단 측은 다른 주장을 하였다. 유시민이 『노무현자서전』이라는 제목으로 정리한 책에는, 김대중 대통령이 문제를 해결하기 위하여 나서지 않았고 "마지막 기자회견에서 4억 달러 문제를 사전에 보고받지 못해 몰랐다고 함"으로써 통치행위론의 근거가 없어졌다고 적혀있다. 하지만, 이 주장은 위의 중요한 사실들을 누락하고 있고 이 주장 자체의 논리에도 모순이 많다. 무엇보다 김대중 대통령은 이미 2월 14일 회견을 통해 전체 사항을 밝혔기 때문에, 이 책의 관련 부분은 사실과 다르다. 이 책의 해당 부분은 역사기록의 필수 요건이라 할 수 있는 주요 회견 내용과 일정 등에 대한 정확한 확인 및 명시도 없이 소설식으로 적혀있다. 역사적 사실보다 정치적 논리에 입각해서 사후적으로 재구성된 느낌을 지울 수 없다. 당시 김대중 대통령 측에서 이 문제를 청와대 측과 소통하였던 관련 인사의 증언과 맥락까지 참고하여 살펴보면, 이 책에서 제시된 내용과 주장은 옳지도 엄밀하지도 솔직하지도 않아 보인다. 노무현재단 엮음·유시민 정리, 『운명이다: 노무현자서전』, 서울: 돌베개, 2021, pp.229-233. 어쨌든 이 대북송금 특검 수용은 노무현 정권의 정치적 기반 약화를 자초하는 배경의 하나가 되었다. 또한, 이 사건으로 2007년 10·4 선언 때까지 남북관계가 경색되었고, 6·15 남북정상회담 이후 급진전되었던 한반도 평화의 길이 과거로 되돌아 갔던 것이다. 국내외의 한반도 전문가들과 남북화해 및 교류협력을 추진했던 민간단체들은 대북송금 특검이 없었다면 남북관계는 더욱 굳건한 평화의 길로 전진했을 것이라고 안타까워했다. 실제로 2007년 10월 남북 정상의 만남을 추진하는 과정에서도, 6·15 정신을 중시하는 북한을 설득하는 데, 노무현 정부가 매우 어려운 위치에 처했던 것으로 알려진 바 있다.

대통령이 우리 민족문제를 어디로 끌고 갈 것인지 알 수 없었습니다."[98] 어쨌든, 나의 햇볕정책은 남과 북의 미움을 털어내고 신뢰를 쌓아 군사적 긴장을 완화하는 데 많은 성과를 거둘 수 있었습니다. 나는 6·15 정신이 남북관계의 초석이 되어 장래에 우리가 원하는 화해와 협력 그리고 통일의 기틀을 마련할 것이라는 희망을 갖고 있습니다. 아내 이희호와 나는 이곳에서 한반도의 평화와 통일을 위해 항상 기도하고 있습니다.

　　　　나는 스스로를 철저한 민족주의자라고 믿고 있습니다. 그렇지만 나는 결코 국수주의자는 아닙니다. 나는 민주주의를 신봉하고 국제주의를 지지합니다. 진정한 민족주의자는 당연히 이러한 입장에 서지 않으면 안 됩니다. 이것이야말로 우리의 민족주의를 승화·발전시키는 길인 것입니다. 이러한 국수주의적 오류를 엄격히 배척하면서도, 나는 우리 민족이 위대한 본질과 능력을 가진 민족이라고 생각하며 역사적 사실과 오늘날의 현실에 입각해 보아도 우리가 지금 추구하고 있는 자유 정의의 민주사회건설과 평화적 조국통일이 반드시 성공할 것이라고 확신합니다. 영국의 위대한 역사학자 아놀드 토인비Arnold J. Toynbee는 역사를 보는 기본적인 관점으로 '도전'과 '응전'을 대단히 중시했습니다. 즉 모든 시대 모든 민족은 반드시 그 시대와 민족의 대응 여하에 있으며 그 자세와 방법에 의해 영고성쇠榮枯盛衰가 결정된다고 하는 것입니다. 우리 민족도 원래 많은 문제점이 있지만, 수천 년의 역사를 통해 일어난 많은 도전에 대해 조선조 말엽을 제외하면 비교적 훌륭하게 대응해 왔다고 생각합니다.

Ｉ 김대중, 「민족에 대한 경외와 신뢰(1975년 4월)」, 『김대중 전집 II』, 제8권, pp.150-160.

___

98　김대중, 『김대중 자서전 2』, 서울: 삼인, 2017, pp.503-505. 김대중 대통령은 2003년 4월 22일 노무현 대통령과 부부 동반 청와대 만찬에서, 노 대통령이 자리에 앉자마자 "현대 대북 송금은 어찌된 일이냐"고 물어 참으로 이해하기 힘들고 몹시 황당하고 불쾌하였다고 회고했다. 그리고 그 자리에서 김대중 대통령은 "현대의 대북 송금은 사법 심사의 대상이 되어서는 안된다는 소신에 변함이 없습니다"라고 담담하게 말한 바 있다.

역사적 대화

박정희와 김대중이 얽혀 살아온 역사 현장들

한국전쟁

사회자　　한국전쟁은 한국 사회에 커다란 고통과 변화를 가져왔습니다. 두 분의 인생에서도 많은 영향을 미쳤다고 생각합니다. 개인적으로 겪은 사건들이 두 분의 생각과 인생행로 그리고 정치 철학과 전략에까지 직간접적으로 영향을 미쳤으리라 생각합니다. 한국전쟁 기간에 겪으신 경험을 들려주십시오.

박정희　　한국전쟁은 민족적으로 매우 비극적인 동족상잔이었고 나도 아슬아슬한 어려움을 여러 번 겪었지만, 내 개인적으로는 다시 군인의 길을 걷는 계기가 되었습니다. 육군본부 전투정보과장으로 근무하던 나는 1949년 봄 파면된 후 민간인 신분으로 같은 부서에서 근무하게 되었습니다. 그해 7월 말 이용문 대령이 정보국장으로 부임하면서 그분과의 특별한 인연이 시작되었는데, 이용문 장군은 항상 나에게 존경의 대상이었습니다. 1949년 12월 17일 나는 「연말 종합 적정 판단서」라는 문건을 작성하여 정보국에 제출했는데, 그 문건에는 임박한 북한의 남침 가능성과 주요 예측 일정 및 경로 등이 비교적 상세히 담겨 있었습니다. 그 전부터 이미 남침 가능성이 고조되고 있었고 군 수뇌부와 미군에게도 여러번 보고된 적이 있어서, 유독 나의 선견지명으로 비치는 것은 과한 평가지만, 더 급박해진 정세를 빨리 알려 대비해야 한다는 나의 심경을 반영한 것이었지요.

박정희　1950년 6월 21일 집안에 제사가 있어 선산으로 내려가면서도 과원들에게 무슨 일이 터지면 구미경찰서로 연락하라고 당부까지 해둔 상태였습니다. 또한, 다급한 마음에 육군 수뇌부에 복직탄원서도 제출해 놓았습니다. 결국, 6·25가 발발하자 장도영 정보국장이 나를 소령으로 정식 복직시켜 정보국장 보좌관을 맡게 되었습니다.[1] 내가 그렇게 원한 군인의 길로 복귀하게 된 것입니다. 그렇게 여러번 경고했음에도 군 수뇌부와 미군측이 심각성을 인지하지 못하고 적기에 대처하지 못한 현실이 무척이나 갑갑했습니다. 6·25 발발 직후 급히 육본으로 상경했으나 모두 철수하고 없었던데다 한강인도교는 폭파되어 어렵게 도강한 후 퇴각하는 육군본부를 따라 수원에서 평택으로 남하했습니다. 도중에 전투기의 기총소사를 큰 나무 뒤에 숨어 피한 기억이 생생합니다. 전쟁 중이었지만 1950년 12월 12일 대구시 천주교 성당에서 육영수와 결혼식을 올렸습니다. 이것도 한국전쟁 중에 일어난 큰 변화였지요. 그때 주례를 본 허 억 대구시장이 "신랑 육영수 군과 신부 박정희 양"이라고 하여 식장이 웃음바다가 된 기억이 납니다. 1951년 5월 중공군이 대대적인 공습을 해와 내가 소속된 9사단도 궤멸 상태가 되어 퇴각했는데, 불행중 다행으로 나는 그 며칠 전 병가를 내어 잠시 대구로 내려가 있어서 목숨을 잃을 위기를 넘겼습니다. 그때 희생된 전우들을 생각하면 안타깝고 미안하지만, 나는 죽을 위기를 피한 것입니다. 운이 좋았던 것이라 생각합니다.

박정희　당시 북괴의 남침 가능성에 대한 대비 부족, 수도사수라는 거짓방송 등 무책임하고 무능한 이승만 정권의 위정자들과 부패한 국군 수뇌부의 안일한 태도에 대한 나의 분노가 후일 군사혁명의 도화선이 되었는지도 모르겠습니다. 많이 알려진 사실이지만 6·25 동란 중 이승만 대통령은 1952년 1월부터 자신의 정권을 연장하기 위하여 직선제 개헌안을 제출하였고 국회의 반

1　조갑제, 『박정희 1』, 서울: 까치, 1992, pp.182-194.

대로 무산되자, 야당 국회의원들을 감금할 목적으로 계엄령을 선포했습니다. 소위 부산정치파동이었는데, 당시 이종찬 참모총장과 이용문 국장, 그리고 육군본부의 참모들은 모두 정치적 목적으로 군대를 동원하는 이승만 대통령의 계엄 선포에 반대하여 군대를 보내는 것을 거부했습니다. 이때 참모총장 이름으로 발표된 훈령 217호를 내가 기초하였습니다. "군대는 신성한 국가의 공기로서 어느 단체나 개인을 위하여 행동하는 것은 군이 본질과 본분을 망각하는 일"이라는 내용이었습니다. 사실 당시 미국 측에서는 완고하고 비민주적인 이승만 대통령을 제거하려는 계획을 세우고 있었고, 우리 군 내부에서도 반정反正이라는 이름의 이승만 제거 계획을 논의하기도 했습니다. 나도 그 논의의 중심부에 있었지요. 하지만, 미국이 최종단계에서 국내적 혼란을 원하지 않는 입장으로 선회함으로써 이 같은 계획들은 중단되었습니다.

박정희　　1952년에 그토록 군의 정치개입을 반대하던 내가 1961년에는 5·16 군사혁명을 주도하게 되었으니 참 역설적으로 보일 수밖에 없을 것입니다. 하지만 조국 근대화와 민족중흥이라는 측면에서 1952년과 1961년의 역사적 조건과 시대정신이 완전히 다르다는 점을 잊지 말아야 할 것입니다. 1952년 사건을 겪으면서 또 한가지 절실하게 느낀 것은 미국의 자국 이익 우선과 우리 민족의 자주적 결정의 필요성이었습니다. 부산정치 파동을 전후로 일반 국민은 물론 군 내부에서도 이승만 정권에 대한 반대와 민주주의에 대한 요구가 강했음에도 미국은 결국 한국의 민주주의나 민심보다는 전쟁수행에 유리한 조건 유지와 자국의 이익을 더 중요시했습니다. 물론 미국 측으로서는 당연한 일이겠지요. 결국, 이 사건은 내가 우리의 운명을 결정하는 것은 우리 자신이지 미국이 아니라는 점을 처음으로 절실하게 깨닫는 계기가 되었습니다.

　　　　군은 국가와 민족의 수호를 유일한 사명으로 하고 있으므로 기관이나 개인에 예속된 것이 아닐 뿐 아니라 변천무쌍한 정사에 좌우될 수도 없는, 국가와 더불어 영구불멸히 존재하여야 할 신성한 국가의 공기이므로 군인의 본분 역시 이러한 군 본연의 임무에 귀일되어야 할 것이다…현하와 같은 정치변동기에 승하여 군의 본질과 본분을 망각하고 정사에 관여하여 경거망동하는 자가 있다면 건국 역사상 불식할 수 없는 일대 오점을 남기게 됨은 물론…

ㅣ 조갑제, 『박정희 1』, pp.201-204. 당시 육군본부 작전차장 박정희가 이용문 작전국장 등과 협의하고 참모회의의 결과를 종합하여 작성한 "육군 장병에 고함"이라는 제목의 이종찬 육군 참모총장 훈령 217호. 1952년 5월 자신의 정치적 목적을 위하여 부산에서 계엄령을 선포하고 군대를 동원하려는 이승만 대통령의 결정을 거부하자는 내용.

김대중   한국전쟁이 우리나라와 국민에게 남긴 상처는 너무도 컸습니다. 민족적인 비극이고 국민 생활이나 경제 전반에 매우 파괴적인 결과를 낳았습니다. 지금까지도 부정적인 유산은 우리 민족이 극복해야 할 어려운 과제로 남아 있습니다. 분단이 고착화된 것이 가장 큰 부정적 결과라 하겠습니다. 개인적으로도 목숨을 잃을 뻔한 위기를 경험해야 했지만, 무엇보다 왜곡된 정보를 의도적으로 흘려 나를 음해하고 색깔을 덧칠하려는 권위주의 세력의 잘못된 정치행태는 평생 나를 괴롭혔습니다. 나에게 6·25 동란은 정치험로에 부질없고 소모적인 짐을 더 지게한 계기가 되었다고도 할 수 있겠습니다. 게다가 6·25 동란을 일으킨 김일성 주석의 후예들과 민족분단을 극복하고 평화를 만들어내기 위한 대화를 주도해야 하는 역할을 맡아야 했으니, 어떻게 보면 하느님이 나를 이렇게 쓰시려고 준비하셨나라는 생각이 들기도 했습니다.

김대중   나는 그때 사업 거래선에 밀린 빚을 받으러 서울로 올라가 광화문 인근 여관에 머물고 있었습니다. 해군 장교인 친구와 명동에 점심을 먹으러 나갔다가 6·25 동란 발발 소식을 접했습니다. 그러나 평소에 정부가 워낙 자신있게 이야기했던 터라 대수롭지 않게 생각하고 있었습니다. 나흘째 되는 날 시내에 나갔더니 인민군이 광화문에 진주해 있었습니다. 너무 놀라고 당황스러웠습니다. 이승만 대통령이 귀가 따갑도록 북진무력통일론을 주장해온데다, 신성모 국방장관은 "대통령이 명령만 내리시면 우리 국군은 사흘 만에 평양까지, 일주일 만에 압록강까지 이르러 그 강물을 대통령에게 바치겠다"고 주장해 왔으니까요. 그 유명한 "점심은 평양에서 먹고 저녁은 신의주에서 먹을 수 있다"는 말은 어디로 갔는지 기가 막히고 불안할 뿐이었습니다. 나는 꼼짝없이 서울에 갇혀 인공기 아래서 며칠을 지내며 살벌한 경험을 했습니다. 생전 처음 소위 인민재판이라는 소름끼친 장면도 목격할 수 있었습니다. 갑자기 목포에 두고 온 가족들이 걱정되어 서둘러야 했는데, 한강 다리는 폭파된 뒤라 뒷돈을 주고 나룻배를 타고 강을 건넜습니다. 목포까지는 약 400킬로미터 정도 되었는데, 교통편도 없고 피난민 행렬과 엉켜 무작정 걸을 수밖에 없었습니다.

김대중　남하하는 도중 배고픔과 전투기의 오인 사격으로 죽어 나가는 피난민들을 여럿 볼 수 있었습니다. 20일을 걸어서 도착한 고향집은 아수라장이었습니다. 우익 반동분자라는 낙인이 찍혀 집도 몰수당하고 가재도구는 모두 내팽겨져 있었습니다. 만삭이던 아내 차용애는 병원에도 가지 못하고 방공호에서 둘째를 낳았습니다. 어머니는 걱정과 고생에 수척해져 있었고 동생 대의는 한국군 군속이라는 이유로 잡혀갔고, 나도 인민위원회에 잡혀 목포 경찰서에서 인민군 정치보위부 장교의 취조를 받았습니다. 이후 목포 형무소에 수감었다가 1950년 9월 28일 수감자들을 단체로 처형하러 가던 와중에 트럭 고장으로 다시 재수감되었습니다. 그즈음 인민군이 갑작스레 북으로 철수하면서 재수감된 우리는 목숨을 부지할 수 있었습니다. 인민군 대신 우리를 감시하던 지방 공산당원들은 차마 같은 동네 사람들을 죽이지는 못했던 것입니다. 지금 생각하면 아찔한 순간이었습니다. 실려나간 순서만 바뀌었어도 저는 그때 어느 한 계곡에서 총살당했을 것입니다. 한민당 간부를 지내고 인쇄업을 하던 장인과 내 형제들도 모두 단체로 끌려가 골짜기에서 사격을 당했고 일행들 대부분이 죽었지만, 기절해 쓰러지고 총알이 피해 가는 바람에 기적적으로 생환할 수 있었습니다. 나는 이처럼 한국전쟁의 참상을 몸으로 겪었고 뼈에 사무쳤습니다.[2]

김대중   이 경험은 내가 1970년대 초까지 멸공과 승공을 부르짖으며 북한 공산주의를 반대하고 이들을 이길 수 있는 국내외적 조치들에 적극적으로 나선 배경이 되었던 것입니다. 하지만 결국, 이것은 오히려 내가 평화를 희구하면서 민족이 화해하고 전쟁과 폭력이 없는 세상을 꿈꾸게 만든 계기가 되지 않았나 싶습니다. 나의 전 정치일정을 통해 나를 음해하고 전라도 빨갱이로 몰아가려 한 경쟁자들은 한국전쟁 전후의 내 행적을 거짓으로 선전하고 탄압했습니다. 참 기가 막힐 노릇이지요. 그 중 하나가 보도연맹 사건과 나를 엮으려는 시도였습니다. 1949년 나는 정부가 조직한 국민보도연맹에 운영위원으로 참여했습니다. 이 조직은 이승만 정부가 좌익에서 전향한 사람들이나 자신에게 반대하는 사람들을 가입시켜 사상교육을 하고 정치적으로 동원하려는 데 목적이 있었습니다. 그런데 정부가 돈이 없으니 각 지역마다 유지들을 운영진으로 참여시켜 연설회 등 활동을 주도하고 해당 비용을 부담하도록 했습니다. 나도 목포 지역의 관공서 추천으로 운영위원으로 참여하여 반공 강연도 하고 운영비를 냈습니다. 실제로 당시 시인 정지용, 소설가 황순원, 국어학자 양주동 박사 등 많은 명망가와 재력가가 지역별 운영위원으로 참여하여 정부 사업에 협력했습니다. 그런데 한국전쟁이 터지고 이승만 정부가 초기 대응에 실패하자 곧바로 남쪽으로 퇴각하면서, 국민보도연맹원들이 다시 활동할 것을 의심하여 이들을 비밀리에 대량 학살한 것입니다.

---

2   김대중, 『김대중 자서전 1』, 서울: 삼인, 2019, pp. 67-78.

김대중   수만 명에 이르는 그들은 영문도 모르고 집회에 동원되거나 형무소에 갇혔다가 군경과 우익 청년단체들에 의해 무참히 학살당했습니다. 그 사실도 전쟁이 끝나고 수십 년이 지난 후에야 알려지게 된 것입니다. 게다가 이승만 정부는 이들을 빨갱이 집단이라 낙인찍었습니다. 나의 경쟁자들은 사실을 은폐하고 왜곡하면서 내가 국민보도연맹에 참여했다는 이유를 들어 빨갱이로 몰려고 혈안이 되었습니다. 이는 비극적인 양민 학살사건입니다. 이 사건은 사실 초기 대응에 완전히 실패한 것은 물론 대전까지 퇴각한 후 서울은 안전하다고 거짓방송하고, 더 나아가 이 방송을 듣고 서울에 남아 있던 국민들을 인민군에 협력한 빨갱이들이라며 나중에 색출하고 탄압한 이승만 정부가 자신들의 실책을 은폐하고 호도하기 위해 조작한 대규모 양민 학살사건이라 할 수 있습니다. 이 사건 외에도 거창 양민 학살사건, 국민방위군 사건 등 전쟁 기간에 참혹한 비인간적 범죄가 발생했는데, 도대체 국가가 왜 존재하는지, 그리고 위정자들이 자신의 책임을 덮기 위해 이처럼 야만적이고 폭력적인 일을 조직적으로 자행해도 되는 것인지 분노하지 않을 수 없었습니다.

김대중   또 한가지 줄곧 나를 괴롭힌 마타도어는 내가 한국전쟁 기간에 역할이 없었고 병역을 면제 받았다는 것입니다. 하지만, 징발당한 내 배 한 척은 정부의 군수품을 실어나르는 데 동원되었고, 해운회사를 하던 나도 우리 군을 돕기 위해 1950년 말에 해상방위대 전남본부를 결성하여 오재균 대장 아래 부대장이 되어 전쟁에 필요한 식량이나 군수품을 선박으로 날랐습니다. 정규군이 아니어서 직접 싸우지는 않았지만, 군수물자를 날라주고 국지전에서 정규군을 돕는 일을 했습니다. 많은 젊은이들이 우리 부대에 자원하여 참여하고 열심히 전쟁승리를 위해 도왔던 것입니다.[3] 1997년 대선에서도 상대

3   김대중, 『김대중 자서전 1』, 서울: 삼인, 2019, pp.80-81.

방이 나의 사상을 의심하는 색깔 논쟁을 일으켰고 이에 맞서 당시 나의 활동을 알고 있던 예비역 해병 준장 송인명 장군이 복무증명서를 공개하고 자세하게 증언해주기도 했습니다.[4]

김대중   전쟁 중에 내게 찾아온 인연이라면 1951년 부산 피난지에서 김정례 여사의 소개로 서울 출신 대학생들 공부 모임인 '면우회'에 들렀다가 훗날 내 인생의 반려자이자 민주화운동의 동지가 된 이희호라는 여성을 처음 만난 것입니다. 마지막으로 한국전쟁 중 내가 부산에서 겪은 사건들은 인생에 큰 변화를 가져왔습니다. 박정희 씨도 언급한 부산정치파동은 사업가였던 내가 정계에 투신하게 된 계기가 되었습니다. 1950년 10월 목포일보사를 인수하고 이듬해 흥국해운주식회사를 설립해 나름대로 성공의 길을 가던 내가 이승만 대통령이 집권연장을 위해 민주주의를 파괴한 부산정치파동을 겪으면서 돌연 정계에 투신하게 된 것입니다. 한국전쟁 중에 절감한 이승만 정권의 무능과 부패, 친일파 비호와 득세, 민주주의 파괴와 인권유린 등을 보면서 젊은 혈기에 더 이상 보고만 있을 수는 없었던 것입니다. 이렇게 한국전쟁은 내가 험난한 정치역정을 시작하게 된 역사적 계기가 되었습니다.

이승만 정부와 장면 정부

사회자   역사적으로 과거를 어떻게 해석하는지는 그가 현재를 살아가고 미래를 설계하는 밑그림이 될 수 있습니다. 이승만 정부와 장면 정부의 존재와 의미가 한국 현대사에서 사라지지는 않지만 다양한 논쟁이 있는 것이 사실입니다. 이승만 정부와 장면 정부에 대해 두 분이 어떻게 생각하셨는지

---

4   김삼웅, 『김대중 평전 2』, 서울: 시대의 창, 2010, pp.288-290.

궁금합니다. 두 분 모두 이승만 정부에 대해서는 매우 비판적이었던 것으로 알려져 있습니다. 이승만 정권 시기에 겪은 여러 경험을 통해 군사 쿠데타를 구상하거나 정치에 투신하는 계기가 되었다는 것도 잘 알려진 사실입니다. 그리고 장면 정부에 대해서는 두 분이 크게 다른 생각을 가진 것으로 알고 있습니다.

박정희　나는 굳이 이승만 정부와 장면 정부를 구분하고 싶지 않습니다. 내 눈에는 그다지 차별성도 없고 오십보 백보입니다. 부패와 자리다툼 그리고 자주적 민족의식이 결여된 문화와 행태 등에서 두드러진 차이가 없고, 민주당은 지주계급의 특권계층이라는 점에서 당시 우리 조국의 근대화와 시대정신에 오히려 더 큰 장애물이었다고 생각합니다. 근본이 바뀌지 않은 채 말로만 민주주의를 외치는 것은 사대주의적이고 가식적인 것이라 할 수 있습니다. 그것이 4·19 혁명에서 요구되는 수많은 국민적 요구와 과제를 저버리고 다시 우리나라를 혼란에 빠뜨렸다고 생각합니다. 일본 제국주의 식민지 지배 36년의 무거운 짐을 겨우 남의 도움을 받아 벗어난 신생 한국은 두 동강 난 몸의 상처를 입은 채 이승만 자유당 독재 12년의 실정으로 기진맥진하게 되었습니다. 이승만 자유당 독재 하의 실정은 더 말할 것도 없습니다. 나도 전직 대통령에 대한 예우로서 이승만 대통령의 서거 소식에 심심한 애도를 표하고 차분한 조사를 발표했습니다.[5] 하지만, 한국전쟁에서 보여준 이승만 대통령과 군 수뇌부의 무능과 무책임, 이로 인한 민중들의 고통과 희생, 셀 수도 없는 부패와 부정, 조국을 근대화하고자 하는 전략의 부재, 급기야 적나라한 부정선거 등은 민중들의 원성을 사고 4·19 학생혁명을 불러 오기에 충분하였지요. 더 정확하게는 이런 썩어빠진 현실을 뒤엎고 새로운 미래를 창조

5　육영수 여사는 1967년 6월 15일, 홀로 된 이승만 대통령의 부인 프란체스카 여사를 청와대로 초청하여 식사를 대접하며 그녀의 생일을 축하하기도 하였다. 안병훈, 『사진과 함께 읽는 대통령 박정희』, 서울: 기파랑, 2017, p.178.

하기 위해 5·16 군사혁명이 준비되었던 것입니다.

> 요컨대, 민주당 정권이 교체되지 않을 수 없는 근본 원인은 자유당 정권
> 에 대하여 '못살겠다 갈아보자'던 갖가지 자유당 정권의 실정 사항, 그것이
> 곧 집권 후 민주당 정권에 의해서 되풀이 되었다는 것이다. 이렇게 볼 때 민
> 주당이란, 간판만 다를 뿐 그 내용은 자유당과 조금도 다를 바 없었다는 결론
> 이 나올 수밖에 더 없지 않는가.
> | 박정희, 『국가와 혁명과 나』, p.74.

박정희   그런데 내가 한 가지 관심있게 들여다 본 것은 이승만 정권하에 진
행된 농지개혁이었습니다. "이승만 정권하의 농지개혁은 그 민족적 근대화
의 과제를 수행하는 데 실패하고 민족자본인 농토에 대신한 지가증권의 사용
을 제한케 하고 귀속업체의 불하를 관권으로 농락한 결과 농토를 세분화하여
농민을 영세화시키는 파탄의 길을 마련한 것"[6]이었습니다. 가난한 민중들의
살림살이는 안중에도 없고 이승만과 자유당에 연결된 특권층과 관변 자본이
횡행한 것입니다. 게다가 지주세력의 사회적·정치적 특권은 지속되었다고 볼
수 있습니다. 그런데 문제는 민주당도 자유당과 마찬가지로 한국의 근대화와
건전한 민주주의의 재건을 위한 실질적인 구도나 역량도 갖추지 못한 점입
니다. 당시 민주당 정권에 대해 나는 다음과 같이 진단한 적이 있습니다. 나는
"첫째, 민주당 정권은 친일과 미국 일변도 주의로 우리의 주체의식을 상실케
한 배타정권이요, 둘째, 잠잠하던 적색, 회색, 백색이 재대두하였으나, 끝내 오
불관으로 방임하던 색맹정권이요, 셋째, 조석으로 도시와 농촌에 넘치던 데
모대로 인해 갈피를 못잡은 유랑정권이었다"[7]고 생각했습니다.

---

6   박정희, 『우리 민족의 나갈 길』, 서울: 동아출판사, 1962, p.201.

7   박정희, 『국가와 혁명과 나』, 서울: 향문사, 1963, pp.73-74.

박정희　　　이런 정부가 이승만 정권 시절의 부정축재자를 처벌할 수 있었겠습니까. 한민당에 뿌리를 둔 민주당은 토착적인 지주토호들의 이익을 대변하는 태생적 한계를 극복하기 힘들었던 것입니다. 한민당의 지주 귀족적 수구적인 생리는 민국당을 거쳐 민주당으로 이어졌고, 이것이 민주당이 4·19 학생혁명의 요구에 부응하지 못한 구조적·역사적 한계였다고 봅니다. 1951년 창당 당시 자유당은 정강정책에 '농민과 노동자의 정당'을 내걸었는데, 이는 민주당보다 더 혁신적인 정당이라는 분위기를 조성하기 위한 것이었겠지요. 민주당이 보수적이고 당파싸움에서 헤어나지 못했다는 의미라고 봅니다.[8] "자유당과 민주당은 한국 정치상의 쌍둥이처럼 닮았고 결국 따지고 보면 민주당은 이승만 노인이라는 가부장에게 차별대우를 받은 의붓자식이라는 처지가 달랐을 뿐 그 성격이나 이념에서는 꼭 같았던 것이다."[9] 내가 1963년 대통령 선거에서 민주당 후보인 윤보선 씨에 대해 바탕없는 봉건주의자고 사대주의자라 비판한 것도 이같은 인식에 따른 것이었습니다.

　　　그러나 집권 12년의 종말에 이르러 이미 세상이 다 아는 이른바 정치적 과오로 인하여 살아서 역사의 심판을 받았던 그 쓰라린 기억이야말로 박사의 현명을 어지럽게 한 간신배들의 가증한 소치였을망정 구경에는 박사의 일생에 씻지 못할 오점이 되었던 것을 통탄해 마지 못하는 바입니다. 하지만 오늘 이 자리에서 다시 한번 헤아려보면 그것이 결코 박사의 민족을 위한 생애 중에 어느 일정부분일 망정 전체가 아닌 것이요, 또 외부적인 실정 책임으로써 박사의 내면적인 애국정신을 말살하지는 못할 것이라 생각하며…여러 가지 사정으로 말미암아 박사로 하여금 그토록 오매불망하시던 고국 땅에서 임종하실 수 있는 최선의 기회를 드리지 못하고 이역의 쓸쓸한 해빈^{海濱}에서

8　박정희, 『우리 민족의 나갈 길』, 서울: 동아출판사, 1962, pp.199-200.
9　박정희, 『우리 민족의 나갈 길』, 서울: 동아출판사, 1962, p.192.

고독하게 최후를 마치게 한 것을 가슴아프게 생각하는 바입니다.

| 박정희, 「이승만 대통령 영결식 조사(1965년 7월 27일)」, 『박정희 대통령 연설기록』. 이 글
은 이승만 대통령의 국립묘지 영결식에서 정일권 국무총리가 대독하였다.

김대중　　나는 박정희 씨가 이승만 정부와 장면 정부를 동일시하고, 민주당 정부를 무능하다고 비판하는 것에 동의할 수 없습니다. 나도 이승만 정부하에서 경험한 일들을 생생히 기억하고 있기 때문에 이승만 정부의 역사적 과오와 책임에 대해 분노를 금할 수 없습니다. 다만, 민주당을 이처럼 비판하는 것은 사실에도 부합하지 않고, 박정희 씨가 5·16 군사 쿠데타를 합리화하려는 논리로 밖에 들리지 않습니다. 이 부분은 우리 둘 뿐만 아니라 역사가들이 학술적으로 다루어야 할 것으로 생각합니다. 이승만 정권 하에서 내가 목격하고 경험한 온갖 비리와 무능, 그리고 반역사적·반민족적·반민주적 사건들은 더 이상 나열할 필요가 없다고 생각합니다.

김대중　　1948년 5월 10일 제1대 국회의원 선거에서 이승만을 지지하는 사회단체가 다수를 차지하고 이어서 같은 해 8월 15일 제헌의회에서 이승만 대통령이 선출된 것은 우리 현대사의 비극의 시작이라 생각합니다.[10] 이승만 정권에서 친일파들이 득세했습니다. 뿐만 아니라 그 후손들은 좋은 환경에서 대대로 영화를 누리고 있습니다. 나는 옥중에서 한국사를 공부하며 세조와 이승만 대통령이 공통된 과오를 범했다고 봤습니다. 그들은 정치에서의 정통성을 말살하고, 편의주의적 정치풍토를 조성하였으며 역사에 커다란 해악을 끼쳤다는 점이 그것입니다. 세조는 즉위 전 수양대군일 때 형제들을 살해하는 등 조선왕조의 윤리적 전통을 완전히 말살하였고, 이승만 대통령은 반민주적 통치행위로 민주주의의 토양을 초토화시켰습니다. 뿐만 아니라 3·1 운동과 임시정부의 법통을 계승한 정치적·법적 정당성을 무시한 채 친

10　김대중, 『김대중 자서전 1』, 서울: 삼인, 2019, p.64.

일파를 비호하는 데 급급했습니다. 반민특위의 불법적 해산이 그 대표적 예입니다. 김구 선생 등 많은 주요 정치지도자들이 암살된 것은 그의 비호 아래 이루어진 것 아닙니까. 집권기간 내내 정권연장을 위해 대한민국 건국의 국시인 민주주의를 짓밟고 무력화시키는 부정행위를 거듭했습니다.

김대중 내가 민주당에 입당하게 된 계기도 위와 같은 문제들을 해결하는 데 조금이라도 보탬이 되어야겠다는 일념 때문이었습니다. 1956년 9월 25일 발표한 민주당 입당문에서 나는 "한국의 민주주의가 관권의 폭위 앞에 최후 잔멸의 위기에 처해 있으며 따라서 이러한 관료 특권의 악정을 하루속히 제거하지 않고서는 보수 진보 양단간에 그 존재마저 운위될 수 없는 것이라 확신하고…현하 유일한 야당으로서 민권수호의 선두에 서서 투쟁하고 있는 민주당에의 입당을 결심하게 되었다"[11]고 선언한 바 있습니다. 급기야 1960년 3월 15일 대통령 부통령 선거에서 부정선거를 자행하여 4·19 학생혁명을 불러왔습니다. 나는 이 같은 부정선거가 자행되는 현장을 지켜보면서 1960년 4월 1일 잡지 『인물계』의 기고문에서, "자유당이여! 하늘이 두렵지 않는가?"라고 성토한 적이 있습니다. 자유당이 저지른 부정선거를 보면서 분노하지 않을 수 없었고, 이렇게 썩은 정권을 위해 도대체 누가 공산당과 목숨 걸고 싸울 마음이 생길지 개탄스러울 뿐이었습니다.

김대중 당시에 민주당이 하는 일이 왜 그 모양이냐?라는 비판의 목소리를 나도 많이 들었습니다. 민주당이 해야 할 일은 4·19 혁명의 과업을 완수하는 것이었습니다. 현존 법제와 절차를 무시하고 일도양단 모든 것을 혁명적인 방법으로 해치워야 했습니다. 하지만 민주당 정부는 혁명정부가 아니고 민주적 선거에 의해 구성된 비혁명적 정권이었습니다. 혁명 주체세력인 학

---

11 김대중, 「민주당 입당 성명서(1956년 9월 25일)」, 『김대중 전집 II』, 제1권, p.145.

생은 일상으로 돌아가고 비혁명적 방식으로 구성된 일반 정권이 혁명정부나 할 수 있는 과제를 떠안았던 것입니다. 특히 이승만 대통령의 하야 직후 혁명 세력 마저 법과 질서를 지켜야 한다고 주장했습니다. 바로 이 같은 상황이 민주당이 떠안게 된 비극이었다고 생각합니다.[12] 하지만, 박정희 씨의 민주당에 대한 비판은 수용하기 힘듭니다. 우선, 민주주의는 시간이 필요합니다. 군대처럼 일사분란한 민주주의는 이 세상에 존재하지 않고 시행착오를 겪으며 성장하는 것이 민주주의입니다. 부족하더라도 국민에 의해 발전하는 것이 민주주의입니다.

김대중 이 점에서 5·16 군사 쿠데타는 이제 막자라난 민주주의의 싹을 군화발로 짓밟은 것 그 이상도 그 이하도 아닙니다. 정책 면에서도 민주당의 업적은 과소 평가되어서는 안될 것입니다. 우선 박정희 정부가 자랑하는 제1차 경제개발 5개년 계획은 사실 민주당이 세운 계획이었고, 실시 예정 며칠 전에 5·16 쿠데타가 발생하여 묻혀버린 것입니다. 5·16 이후 국가재건최고위원회가 민주당 안을 그대로 가져다가 몇 가지 문구만 수정하여 사용했다고 보아도 과언이 아닙니다. 이 때문에 민주당이 장기적 경제발전에 무관심했고 무능했다는 비판은 온당치 않습니다. 아울러 한일회담의 배상금액에 대해서도 민주당이 5차 회담에서 8억 5천만 불까지 배상받는 조건을 거의 합의해 둔 상태였습니다. 하지만, 5·16 군사 쿠데타 이후 회담이 중단되었다가 다시 재개하는 과정에서 배상금은 오히려 5억 불로 줄어든 것입니다.[13] 이 건에 대해서도 박정희 정권이 민주당 정권보다 더 잘 했다고 주장할 근거가 없습니다. 민주당 정부의 외교 전문가들이 협상을 매우 깐깐하게 이끌어 간 데

---

12 김대중, 「『경향신문』 기고문, 민주당의 비극(1961년 2월 15일)」, 『김대중 전집 II』, 제1권, pp.230-231. 김대중은 당시 민주당 선전부장을 맡고 있었다.

13 김기승, 「민주당 정권의 경제계획에 관한 연구」, 조 광 편, 『장면총리와 제2공화국』, 서울: 경인문화사, 2003, pp.135-218.

비해, 박정희 정권은 군인들이 정치논리에 사로잡혀 일본에 저자세 외교로 대응했기 때문이었습니다. 이 같은 사실은 제대로 알려져야 하고 민주당 정부에 대한 과도한 비판은 근거가 부족하다는 점을 다시 한번 강조해두고 싶습니다.

> 우리의 심정은 자유당이여! 그대들은 하늘이 무섭지 않느냐?, 자유당이여! 그대들도 양자손糞子孫을 할 사람들이냐?라는 것 뿐이다. 조국을 위하여 거룩한 목숨을 바치신 선열들의 넋이 결코 그대들을 용서하지 않을 것이요. 민주주의를 사수하기 위하여 꽃과 같은 청춘을 희생한 호국의 영령들이 그대들의 죄악을 응징하고야 말 것이다. 그대들의 민주반역의 대죄는 하늘과 사람으로부터 결단코 용납을 받지 못할 것임을 알아야 할 것이다. 나는 진심으로 또한 간절히 자유당 지도자에게 물어보고 싶은 말이 있다. 그것은 이런 짓을 하고도 공산당에게 이길 자신이 있느냐? 하는 것이다. 지금 나의 숨김없는 심경은 이따위 정치를 하고도 이 나라가 공산당에게 이겨낼 수 있다면 국민 대중과 젊은이들이 오늘의 이 정치를 수호하기 위해서 기꺼이 공산당과 싸워서 죽을 의욕이 생기고 이북에 있는 모든 동포들이 대한민국의 정치를 동경해서 공산당에게 과감하게 반기를 들 수 있다면 정치고, 민주주의고, 다 집어치우고 일개 사회인으로서 나도 남과 같이 부모 자식과 나 자신의 안락을 위해서 살고 싶다.
>
> ❘ 김대중, 「『인물계』 원고, 자유당이여! 하늘이 두렵지 않는가? 최후에 웃는 자가 참된 승자다(1960년 4월 1일)」, 『김대중 전집 II』, 제1권, pp.206-217. 당시 김대중은 민주당 중앙정책위 소위원을 맡고 있었다.

4·19

사회자 1950년대 이승만 정권 하에서 한국의 민주주의는 크게 훼손되었습니다. 어느 외신기자는 이러한 상황을 묘사하면서 "한국에서 민주주의를 기대하는 것은 쓰레기통에서 장미꽃이 피기를 기대하는 것과 같다"고 비판한 적이 있습니다. 4·19 혁명은 그러한 어두운 상황을 종식시키고 민주주의를 실천하기 위해 학생들을 중심으로 항거한 사회혁명이었습니다. 돌이켜 보면 4·19 혁명의 정신을 어떻게 실현할 것인지에 대한 사회적 논쟁과 정치적 방향이 이후 한국 사회의 발전과 민주주의의 역사에 결정적인 영향을 미쳤다고 할 수 있을 것입니다. 두 분이 4·19 당시에 경험하신 일들을 소개해 주십시오. 그리고 4·19 혁명을 어떻게 인식하셨고 무엇을 고민하셨는지 말씀해 주십시오.

박정희　3·15 부정선거 이후 4·19 혁명이 발발할 당시 나는 부산의 군수기지사령관으로 있었습니다. 자유당과 군 수뇌부로부터 부정선거에 협조하라는 압력과 간섭이 구체적으로 들어왔는데, 아마도 당시 부정선거에 협조하지 않은 군 장성은 육군대학 총장인 이종찬 장군과 나 뿐이었던 것으로 알고 있습니다. 송요찬 육군 참모총장이 군부대를 돌며 부정선거를 독려했는데, 부산에 들러 출입기자단과 함께한 저녁식사 자리에서 나는 울화가 치밀어 혼잣말로 '개같은 새끼'라고 하여 분위기가 어색해진 적이 있습니다. 나는 학생들의 요구 사항과 불만에 동감했고, 이들의 시위를 두둔하며 그들의 민주주의에 대한 요구가 얼마나 정당한지 연설한 적도 있습니다. 4·19로 전국에 계엄령이 내려지자 부산 지역 치안을 담당하는 일원이 되었지만, 학생들을 제지하거나 체포하려는 생각은 전혀 없었습니다. 오히려 의거 사흘 후 부산 범어사에서 열린 부산 지역 희생자들을 위한 합동위령제에서 4·19를 정당화하고 학생들을 위로하는 추도사를 했습니다. 학생들의 요구가 어느 하나 틀린 것이 없었다고 생각한 것이지요.

박정희　그리고 1960년 4월 26일 이승만 대통령이 하야한 후 거리로 쏟아져 나온 군중들을 향해 나는 치안책임자로서 즉석 연설을 한 적이 있습니다.

"친애하는 시민 여러분! 우리는 여러분을 해치러 온 것이 아닙니다. 이 앞에 보이는 군인들과 장갑차는 여러분의 생명과 여러분의 혈세로 이루어진 국가 재산을 보호하려고 온 것입니다. 우리의 소원대로 이승만 부패 정권은 물러났습니다. 이제 흥분은 삼갑시다." 나는 소장 계급장을 한 정장 차림으로 "여러분! 민주주의의 승리를 위하여 다 같이 만세를 부릅시다!"고 한 뒤 만세삼창을 선도하고 연설을 끝냈습니다.[14] 제정신이고 제대로 생각하는 사람치고 다 비슷한 생각을 하는 국면이었다고 생각합니다. 쑥스럽지만 나는 5·16 직후 4·19 혁명의 도화선이 된 김주열 열사의 어머니 권찬주 여사를 위해 서대문 지역에 조그마한 집을 마련해 주었습니다.[15] 그동안 별로 알려지지 않은 이야기입니다만, 4·19로 아들을 잃고 어려운 생활을 이어가던 어머니를 위해 조그마한 위로라도 드리고 싶은 마음의 표현이었습니다.

이 나라의 진정한 민주주의의 초석을 위하여 꽃다운 생명을 버린 젊은 학도들이여!…여러분의 애통한 희생은 바로 무능하고 무기력한 선배들의 책임인 바, 나도 여러분 선배의 한 사람으로서 오늘 같은 비통한 순간을 맞아 뼈아픈 회한을 느끼는 바입니다…로마는 하루아침에 이루어지지 않았습니다. 여러분이 흘린 고귀한 피는 결코 헛되지 않을 것입니다. 그러한 연유로 오늘 여러분들의 영결은 자유를 위한 우리들과의 자랑스러운 결연임을 저는 확신합니다…여러분들의 못다 이룬 소원은 기필코 우리들이 성취하겠습니다. 부디 타계에서나마 영일의 명복을 충심으로 빕니다.

| 김종신, 『영시의 햇불』, pp.51-55. 이 글은 1960년 4월 23일 부산 동래 범어사에서 개최된 4·19 혁명 학생 희생자 합동영결식에서 박정희가 군수사령관으로서 제복을 입고 발표한 조사로서, 당시 문화방송에서 전국에 실황 중계된 바 있다.

---

14 조갑제, 『박정희 1』, 서울: 까치, 1992, p.279.
15 김춘복, 「작가의 말」, 장편소설 『꽃바람 꽃샘바람』 출판기념회, 2010년 10월 16일. https://blog.naver.com/pilwooje/120116833887 (검색일: 2020년 11월 20일).

박정희　나는 4·19 혁명이 발발할 무렵 이미 군사혁명에 대한 의지를 다지고 구상을 구체화하는 작업을 진행하고 있었습니다. 조직적인 움직임은 아니었지만, 부정선거와 군 수뇌부의 부정부패를 목격하면서 군사혁명에 대한 소명감이 들기 시작한 것이지요. 당시 부산일보 주필 황용주, 소설가 이병주 등과 자주 술자리를 가진 바 있는데, 그 때마다 조국의 현실을 개탄하면서 구체적인 군사혁명의 의지와 구상을 나눈 적이 있습니다. 4·19 혁명이 실제로 발생하고 급기야 이승만 대통령이 하야하면서 나는 군사혁명의 전망과 일정이 불투명해진 것에 대한 초조감이 들기도 했습니다. 당시 가까운 친구들에게 "아이고 학생들 때문에 다 글렀다"고 말하며, 시간을 끌다가 학생들에게 선수를 빼앗긴 것으로 생각한 적도 있습니다.[16] 하지만, 냉철하게 말하면 4·19 혁명은 완전한 혁명으로서의 결실을 보지 못했습니다. 구악에 대한 청소와 환경정비를 하지 못한 4·19는 청소의 청부를 남에게 위임한 점에서 혁명이 의거로 변색될 수밖에 없었다고 생각합니다.[17] 이를 위해서는 민주당의 역할이 필요했는데 장면 정권은 약체 내각을 벗어날 수 없었고, 장면 정권 하의 1년은 해방 후 무질서가 반복되는 상황으로 이어졌던 것입니다.[18] 전 세계 어느 시대든 장면 정권처럼 하면서 혁명을 완수한 사례는 하나도 없습니다. 결국, 장면 정권은 4·19 혁명에서 분출된 민중들의 염원과 요구에 부응하지 못함으로써 혁명이 유산되는 결과를 야기했다고 볼 수 있습니다. 유산된 혁명은 제대로 된 또 하나의 혁명을 부르고 있었는지도 모릅니다.

　　4·19 학생혁명은 표면상의 자유당 정권을 타도하였지만, 5·16 혁명은 민주당 정권이란 가면을 쓰고 망동하려는 내면상의 자유당 정권을 뒤엎은 것이었다. 본인이 기회있을 때마다 5·16 군사혁명이 4·19 학생혁명의 연장

16　조갑제, 『박정희 1』, 서울: 까치, 1992, p.267.

17　박정희, 『국가와 혁명과 나』, 서울: 향문사, 1963, p.85.

18　박정희, 『우리 민족의 나갈 길』, 서울: 동아출판사, 1962, p.187.

이라고 강조한 이유가 실로 여기에 있었던 것이다.

ㅣ 박정희, 『국가와 혁명과 나』, p.74.

김대중 3·15 부정선거와 4월혁명 발발 당시 나는 민주당의 선전부 차장으로서 마산과 전국의 상황을 예의 주시하고 당 차원의 대응책 마련에 숨가쁜 나날을 보내고 있었습니다. 눈에 최루탄이 박힌 김주열 열사의 시신이 발견된 것은 이승만 정권의 부정부패와 경찰의 폭력적 진압에 조종을 울리는 것이었습니다. 나도 확성기를 목에 걸고 시위대 앞뒤를 오가며 구호를 외치는 역할을 자임했습니다. 진압 경찰의 총탄에 맞서는 것이기에 생명의 위협을 느끼지 않을 수 없었고 두려움이 앞섰지만 모든 것을 하느님께 맡기기로 마음먹었습니다. 서울 시청 앞 광장에 모여든 수많은 시위대는 폭력적 진압에도 아랑곳하지 않고 이승만 정권 퇴진을 외쳤습니다. 지금 생각해도 가슴 벅찬 순간이었습니다. 우리 모두가 알다시피 4월혁명은 이승만 독재에 대한 민중의 저항이었습니다. 이 4월혁명을 어떻게 인식하고 계승할 것인지는 한국의 민주주의 역사에 매우 중요한 과제입니다.

김대중 나는 4월혁명을 반독재 반공의 자유민주주의 혁명이라 정의한 바 있습니다. 4월혁명의 기원이 무엇이고 어떤 의미가 있는지 간략히 정리하면 다음과 같습니다. 이승만 정권은 정치·경제·사회적으로 12년에 걸쳐 악정과 독재를 지속하다 4월혁명으로 인해 결국 막을 내리게 되었다고 생각합니다. 이승만 정권은 어떤 계급적 기반을 갖지 못한 채 내부적으로는 관료와 경찰에, 외부적으로는 미국에 의존하였는데 이 우방은 독재를 선호하지는 않았다는 점에서 구조적 특질과 한계가 있었습니다. 어쨌든 4월혁명이 갖는 몇 가지 특징을 강조하지 않을 수 없습니다. 첫째, 학생과 청년이 중심이 된 혁명이었고, 둘째, 군대가 이승만 정권에 동조하지 않고 혁명의 취지에 공감하고 있었습니다. 셋째, 미국이 4월혁명의 취지에 많이 공감하였으며 마지막으로 철저히 반공적 성격을 지닌 혁명이었습니다. 게다가 더 중요한 것은 평화적인 시위가 중산층의 참여를 불러왔고 이는 미국의 지지를 얻어내는 데도 효과적이었던 것으로 보입니다.[19] 물론 야당으로서 이승만 독재를 효과적으로 견제하지 못한 데다 4월혁명의 주체세력이 되지 못한 채 학생들의 힘을 빌리게 된 정당으로서 책임감과 부끄러움을 피할 수 없는 상황이었지만, 야당인 민주당의 반이승만 투쟁은 광범위한 국민의 에너지를 결집시키는 데 큰 역할을 했다고 생각합니다. 마지막으로 4월혁명 중에 용공으로 의심받는 조짐이라도 있었다면 4월혁명은 실패하고 말았을 것입니다. 당시 민심이 그것을 허용하지 않았고 이승만 정권에 더 폭력적인 진압의 구실을 주었을 것입니다. 그런 점에서 반공의 원칙을 철저히 유지한 당시의 분위기가 4월혁명을 성공으로 이끈 요인이었다고 생각합니다.

김대중 나는 4월 26일 이승만 대통령의 하야 성명을 들으면서 많은 생각을 했습니다. "…정말로 부정선거가 있었다면 학생들이 일어선 것은 참으로 옳은 일입니다. 또 그런 부정선거가 있었다면 나는 물러나야 마땅합니다…국민이 원한다면 대통령직을 사임하겠습니다." 그 다음날 대통령의 사표가 국회에 수리되어 공식 하야 절차가 마무리되고 이승만 독재가 끝나게 되었습니다. 나는 당시 이 대통령은 부정선거가 그렇게 광범위하고 조직적으로 자행된 것을 몰랐을 것으로 생각했습니다.[20] 국정 최고 책임자의 정치적 책임을 회피할 수 없고 역사적 사실에 대한 타협은 바람직하지 않지만, 당시 이승만 대통령은 이미 85세로 훨씬 이전부터 정상적인 국정 운영에는 무리가 있었지 않았나 생각됩니다. 지독한 독재가 끝나서 기쁜 일이었으나 우리나라의 국부로 칭송될 수 있었던 한 지도자가 온전한 길을 걷지 못한 것에 대해 안타

19 김대중, 『김대중 자서전 1』, 서울: 삼인, 2019, p.118.
20 김대중, 『김대중 자서전 1』, 서울: 삼인, 2019, p.115.

깝고 허망할 따름입니다. 게다가 이후의 몇몇 권위주의적 지도자들이 비슷한 전철을 밟은 것 역시 착잡한 심정을 금할 길 없습니다. 그나마 이승만 대통령이 마지막에 대인다운 모습으로 퇴장한 것은 용기있는 행동이었다고 평가하고 싶습니다. 나는 4월혁명을 겪으면서 민심이 얼마나 무서운지 뼈저리게 느꼈고 민심을 거스른 권력이란 존재할 수 없다는 평범하지만 불변의 역사적 진리를 다시 마음속에 새기게 되었습니다. 민심은 천심이라는 말처럼 아무리 강한 권력과 치밀한 전략도 민심을 완전히 속이거나 영원히 이길 수는 없습니다.

이러한 이 정권의 악정으로 인하여 4월 21일까지의 한국의 정치현실은 관권 대 민권의 대결이요, 민주주의 이전의 상태를 타파하여 헌법의 민주적 규정을 실정법화하려는 자유 민주주의적인 투쟁이었다…기왕(旣)히 말한대로 4월혁명은 어디까지나 자유민주주의혁명이다. 국민의 기본자유와 경제적 기회균등 그리고 사회적 제보장을 이룩하려는 혁명이다. 이러한 자유민주혁명의 성격은 시위자가 외친 '독재정권 이승만정권 물러가라!', '3·15 협잡선거는 무효다!', '시위·집회의 자유를 다오!' 등으로 보나 이 혁명을 자유우방국가가 열렬히 지지 원하는 것으로 보아도 자명하다. 이러한 혁명의 성격 규정문제는 매우 중요한 것이다. 앞으로 우리나라 정계가 '보수 대 보수'로 나아갈 것인가 또는 '보수 대 혁신'으로 나아갈 것인가에 대해서 이는 중요한 판단의 자료가 되는 것이다…첫째는 이번 혁명의 주력부대가 애국정열과 조직적 훈련을 겸비한 학생, 청년들이었다는 점이다. 군에 의한 쿠데타가 아닌 이상 혁명적 뿌르죠아지가 성숙되어 있지 않는 후진국가의 민주혁명은 언제나 전투적 인테리겐챠 특히 학생에게 의지하게 되는 것이 불가피하다.

| 김대중, 「『인물계』 원고, 4월혁명의 역사적 의의: 반독재 반공의 자유민주혁명(1960년 5월 1일)」, 『김대중 전집 II』, 제1권, pp.218-222.

5·16

사회자　5·16에 대한 평가는 한국 사회는 물론 두 분 사이에서도 첨예한 대립이 예상됩니다. 5·16을 혁명으로 부를 수 있는가에 대한 정치적 공방과 이론적 논쟁이 이어지고 있습니다. 하지만, 한국 사회에서는 그동안 정치세력간의 이념 대립과 권력다툼의 연장에서 관련 개념들이 원래의 의미를 벗어나 정치적으로 해석되거나 의미부여된 경향이 없지 않습니다. 이러한 토양은 해당 사건에 대한 생산적인 토론을 방해하기도 합니다. 정치적 이념 및 시각에 따라 마치 혁명은 좋은 의미고 쿠데타는 나쁜 의미로 생각하는 것이지요. 혁명과 쿠데타는 원래 사회와 정치권력의 급격한 변동을 지칭하는 가치중립적이고 이론적인 개념이라 할 수 있습니다. 문제는 그 사건의 내용과 과정, 그리고 지향한 방향이 무엇이었는지에 달려 있다고 봅니다. 그에 따라 그 성격과 평가가 달라질 수 있을 것입니다. 한 분은 5·16의 주역이셨고, 다른 한 분은 5·16의 대척점에서 활약하신 분입니다. 5·16을 어떻게 해석하는지에 따라 앞에 논의한 4·19와의 관계도 다르게 해석될 수 있을 것입니다.

박정희　내가 1961년 5월 16일 새벽 혁명군을 이끌고 한강 다리를 건널 때 어떤 심정이었을까요. 나를 비판하는 사람들은 개인적인 권력욕에 빠져 그것을 찬탈하기 위해 쿠데타를 일으켰다고 주장합니다. 물론 뒤집기 위해 결의에 찬 행동으로 밀고 나갔습니다. 그러나 마냥 희망과 야심과 기대에 부풀었을까요. 나도 많이 두려웠고 착잡했습니다. 실패할 경우에 대한 개인적인 두려움이 아니었습니다. 무거운 책임감 같은 것이 나를 짓누르고 있었습니다. 군인이 정치에 참여하는 것에 대해 항상 주저함이 있었습니다. 내가 원했던 진정한 군인의 길이 아니었기 때문입니다. 1952년 부산정치파동 때도 군대가 정치에 이용되는 것을 거부하는 문건을 작성하기도 했으니까요. 어떤 정신과 의사는 내가 공격적인 동시에 한없이 유약하여 극단적인 면이 있다

5·16 이틀 뒤 육사생도 등이 종로와 시청앞 일대에서 벌인 지지 시가행진을 지켜보고 있는 박정희 소장, 좌우는 박종규 소령과 차지철 대위, 서울대 학군단 교관으로 있던 전두환 대위는 육사 후배들을 설득하여 이 시가행진을 조직했고 그는 이 공으로 최고회의 의장실 민원비서관으로 발탁되었다 (1961년, 한국일보 제공)

제3부 역사적 대화: 박정희와 김대중이 얽혀 살아온 역사 현장들

고 말하기도 했습니다.[21] 일부 납득이 가는 말이지만 내 결단은 개인적인 차원을 넘어선 것이었습니다.

박정희　1963년 8월 30일, 전역식에서 나는 "친애하는 60만 장병 여러분!"으로 시작하면서 눈물을 훔치고, "다음의 한 구절로써 전역의 인사를 대代할까 합니다. 다시는 이 나라에 본인과 같은 불운한 군인이 없도록 합시다"라는 말로 연설을 마무리했습니다.[22] 당시 만 46세였고 대통령은 아니었지만, 최고의 권력자 자리에 있었는데 왜 눈물을 흘렸겠습니까. 나는 진정한 군인의 길을 걷고 싶었지만 정치에 발을 들여놓게 된 것에 대한 역사적 책무와 개인적인 아쉬움이 있었던 것입니다. 전장에 있어야 할 내가 정치 입문을 앞두고 있는 상황에서, 진정한 군인의 길을 걸었고 전사한 전우들에게 미안하고 나 자신에 대한 안타까움에 울컥했던 것입니다. 1963년 2월 18일과 그 이후 몇 차례에 걸쳐 민정불참을 선언한 것도 같은 이유였습니다. 약 2년의 군정이 비리와 알력 등으로 순조롭게 진행되지 않은 것에 대한 자책감과 개인적인 주저스러움도 작용한 것입니다. 그만큼 나는 다시는 이런 일이 없도록 최선을 다하고자 한 것입니다. 나에게 주어진 역사적 책무이자 나의 개인적 운명이라 생각하고 혁명 과업 완수를 위해 모든 것을 바치려 했습니다. 나를 기념하는 시설마다 전시되어 있는 "내 일생 조국과 민족을 위하여"라는 나의 휘호는 1974년 5월에 적은 것입니다. 모든 후세들이 이를 믿어줄 것으로 기대하지 않지만, 이러한 심경과 결의는 한강 다리를 건너기 이전부터 마음속에서 움트고 있었던 것이 아닌가 합니다.

박정희　나는 5·16이 단순한 정권교체가 아닌 한국 근현대사의 전환점이고

21　신용구, 『박정희 정신분석, 신화는 없다』, 서울: 뜨인돌, 2000.

22　이정훈, 「동훈 인터뷰: 박정희 전역식 원고 불운한 군인, 내가 쓰고 이후락이 고쳤다」, 『주간동아』 709호(2009월 11월 3일), pp.66-67.

민족중흥의 계기를 마련한 혁명이라 규정짓고 싶습니다. "이 혁명은 정신적으로 주체의식의 확립 혁명이고, 사회적으로 근대화 혁명이요, 경제적으로는 산업혁명인 동시에 민족의 중흥 창업 혁명이며, 국가의 재건혁명이자, 인간개조 즉 국민개혁 혁명"인 것입니다. 더구나 "우리가 발견하고 생각하고 지향하는 목표가 구체적으로 결실을 볼 때까지 이 혁명은 대대로 계승되지 않으면 안 될 민족의 영구 혁명[23]"이 되어야 한다고 생각했습니다. 나는 민주당 시대를 거치면서 우리 것, 한국적인 것, 한국인다운 것 등이 점차 퇴화 소멸되고, 대신 미국적인 것, 서구적인 것, 일본적인 것 등이 등장하려는 것에 대해 분노를 느꼈고, 우리의 권위, 우리의 존엄성, 우리의 주체성을 어떻게 다시 세울 것인가를 고민할 수밖에 없었습니다. 바로 이 점들이 5·16 군사혁명의 주요 과제가 되었다고 생각합니다. 나는 이를 한 마디로 "민족의 여명, 국가의 새 아침"이라 불렀습니다.[24] 그 때문에 나는 5·16 군사혁명은 4·19 정신을 계승하고 있다고 생각합니다. 즉, "우리의 지상목표는 두 말할 나위 없이 4·19 혁명을 계승하고 경제, 정치, 사회, 일반 문화의 향상과 신민족세력을 배양하는 데 있었고 이 거창한 새 역사의 소지素地를 닦기 위해 당면한 행동강령으로 혁명공약을 발표"했던 것입니다.[25] 특히, 경제적으로 민족중흥을 이루는 일은 4·19가 목표로 삼은 민족적 과제의 연장선 상에 있는 것입니다.

박정희 5·16 군사혁명은 장면 정부가 완수하지 못한 4·19의 시대적 민족적 정신을 계승하고 좌절된 4·19의 과제를 완수하려는 혁명이었습니다.[26] 5·16 군사혁명은 4·19 혁명의 유언을 실천한 것과 다름없습니다. 당시 미국 국무부에서도 나의 이같은 생각에 동의했습니다. 미국에 별로 알려지지

---

23 박정희, 『국가와 혁명과 나』, 서울: 향문사, 1963, pp.26-28.

24 박정희, 『국가와 혁명과 나』, 서울: 향문사, 1963, pp.78-81.

25 박정희, 『국가와 혁명과 나』, 서울: 향문사, 1963, p.81.

26 김종필, 「5·16혁명이 일어나기까지」, 『신사조』, 1962년 5월호, pp.43-50.

않았던 한국의 무명 군사혁명 지도자가 미국을 방문한다고 하니 미국은 나를 궁금해 했고 분석하고자 분주했습니다. 미국의 국무성과 CIA 등 모든 관계기관이 나에 대한 정보를 취합 분석하여 케네디 대통령에게 올린 보고서에, 5·16 군사혁명을 "4·19 학생 의거의 논리적 제2단계"로 규정하고, 국가건설에 열중인 나의 열정과 관심이 좋은 결과를 낳도록 도와야 한다는 내용이 나와 있습니다. 국제정세도 나에게 우호적이었다고 볼 수 있는데, 그만큼 5·16 군사혁명의 과제가 동아시아 안보질서에도 시의적절하게 요청되었던 게 아닌가 싶습니다. 그리고 같은 보고서에서 미국은 나를 "한국의 진보와 미국의 이해를 위해 가장 알맞은 자격조건과 성향을 갖춘, 이제 막 등장한 한국의 지도자"로 묘사했습니다.[27]

박정희　그리고 국내에서는 당시 나와 역사적 이력과 정치적 입장을 달리했던 장준하 씨도 1961년 6월호 『사상계』 권두언에서, "4·19 혁명이 입헌정치와 자유를 쟁취하기 위한 민주혁명이었다면, 5·16 혁명은 부패와 무능과 무질서와 공산주의의 책동을 타파하고 국가의 진로를 바로잡으려는 민족주의적 군사혁명이다"[28]라고 언급했습니다. 이 같은 사회적 분위기는 가난을 퇴치함으로써 민족중흥과 조국 근대화를 이루어야 한다는 공감대와 민족주의

27　U.S. Department of State, "Chairman Park's Visit: Korean Political and Social Development(November 1961)," *National Security File*, J.F.Kennedy Presidential Library.

28　장준하, 「권두언」, 『사상계』, 1961년 6월호. 함석헌은 5·16과 관련하여 아래와 같이 논한 바 있다. "학생이 잎이라면 군인은 꽃이다. 5월은 꽃달 아닌가? 5·16은 꽃 한번 핀 것이다. 꽃은 찬란하기가 잎의 유가 아니다. 저번은 젊은 목청으로 외쳤지만 이번은 총·칼과 군악대로 행진을 했고, 탱크로 행진했다. 그러나 잎은 영원히 길어야 하는 것이지만 꽃은 활짝 피었다가는 깨끗이 뚝 떨어져야 한다. 화락능성실(花落能成實)이다. 꽃은 떨어져야 열매 맺는다. 5·16은 빨리 그 사명을 다하고 잊어져야 한다." 함석헌, 「5·16을 어떻게 볼 것인가」, 『사상계』, 96호, 1961년 7월호. 이 글이 실린 후 편집인 장준하는 중앙정보부장 김종필에게 불려가 취조와 언쟁이 벌어진다. 김종필은 "정신분열자 같은 영감쟁이"의 글로 5·16을 비난하는가라며 다그쳤고, 장준하는 가장 시의적절한 충언이라고 반박하였다.

의식이 국민들 마음속에 상당히 깊이 뿌리를 내리고 있었음을 방증합니다.[29] 우리가 가난을 극복할 수 있었던 것도 이같은 시대적 과제에 대한 국민들의 공감과 협력이 없었다면 불가능했을 것입니다.

> 5·16 혁명 15주년 기념일이다…그 순간부터 15년이란 세월이 흘러갔다. 그러나 아직 완결된 것이 아니다. 아직도 줄기차게 진행 중에 있다. 가지가지의 고난과 저항과 훼예포폄毁譽褒貶을 들어가면서 5·16의 완성은 우리나라를 선진 공업국가 수준까지 끌어올리고 자주국방·자립경제를 달성하여 평화적 남북통일의 기반을 구축하여야만 한다. 1980년대 초에는 이 목표가 달성될 것으로 확신한다.
>
> ▎박정희, 「5·16 혁명 15주년(1976년 5월 16일 일기)」, 『박정희 시집』, pp.122-123.

김대중 1961년 5월 13일 강원도 인제군 선거구 보궐선거에서 민의원에 당선된 나는 기쁨과 기대에 부풀어 있었습니다. 5월 16일도 전날 늦게까지 당선사례를 하고 잠자리에 들었는데 당원 한 사람이 깨우며 5·16 군사 쿠데타 소식을 전했습니다. 처음에는 대수롭지 않게 여기고 서둘러 서울로 향했습니다. 서울로 올라가던 중 쿠데타에 동원된 군 부대의 이동도 목격할 수 있었습니다. 불길한 생각을 지울 수 없었는데, 도중에 미국 대리대사 마샬 그린과 유엔군 사령관 매그루더의 쿠데타 반대성명을 들으면서 잠시 안도했습니다. 나는 의원 등록은 마쳤지만, 그 직후 군사혁명위원회의 포고령으로 국회는 해산되고 말았습니다. 낙관했던 나의 생각은 완전히 빗나갔고, 4·19 혁명이 열어놓은 민주주의의 문은 서서히 닫히고, 군사독재의 길이 펼쳐지기 시작한 것입니다. 나에게는 암울하고 어두운 가시밭길이 시작된 셈이었습니다. 국회가 해산된 후 여당인 민주당의 대변인이었던 나도 '정당부패 일소'

---

29 이낙선, 「빗나간 화살을 향하여」, 『세대』, 1963년 8월호, pp.58-70.

차원에서 연행되었고 당비 횡령혐의로 검찰에서 조사를 받았으나 용기있는 검사의 무혐의 결정으로 두 달만에 풀려났습니다. 당시 민주당 간부와 혁신 계 인사 등 1,000여 명이 무더기로 감옥에 갔혔고, 『민족일보』 조용수 사장 을 비롯한 인사들은 사형이나 중형을 받았습니다.

김대중　천신만고 끝에 얻은 민의원 자리를 잃은 것도 억울하였으나, 민주당 정권을 매도하고 4·19의 혁명 정신을 짓밟는 현장을 목격하면서 분노를 금 치 못했습니다. 그러나 나를 더 괴롭고 허탈하게 한 것은 주요 책임자인 선배 정치인의 행태였습니다. 장면 총리, 윤보선 대통령의 대응은 나를 포함한 많 은 민주인사들에게 무력감을 주기에 충분하였고 한심스러웠습니다. 장면 총 리는 미국 대사관에 몸을 숨기려다 문이 닫혀 혜화동 성당 뒤편에 있는 수녀 원에 몸을 숨기는 바람에 쿠데타 발생 직후 55시간 이상 연락이 두절된 상태 였습니다. 장면 총리가 미국 대사관 및 유엔군 사령관과 연락을 취하며 적극 적으로 대응했다면 상황이 달라질 수도 있었을 텐데, 너무나 실망스러웠습 니다. 윤보선 대통령 역시 박정희 소장 등 쿠데타 주도세력을 만난 자리에서 "올 것이 왔다"라는 어처구니없는 말을 남겼습니다. 이어서 "우리는 각하를 위해 쿠데타를 일으켰습니다"라고 회유하는 군인들에 동조하여 5·16 이후 10개월 동안이나 대통령직에 머물면서 결과적으로 쿠데타를 지지하는 행태 를 보였습니다. 자기 위주의 정계개편 시나리오를 기대하고 있었는지 모르 겠습니다. 참 순진하고 실망스러운 대응들이었습니다. 대통령과 총리가 이 럴 진데, 미국의 적극적인 역할은 기대난망이었습니다. 실제로 허술하기 짝 이 없고 참여 병력이 3,600여 명에 불과하여 군 내부는 물론 국제적으로도 쿠데타를 반대하는 여론이 많았음에도, 민주주의가 죽느냐 사느냐 하는 긴 박한 시간이 흘러가 버리고 5·16이 기정사실화되는 결과를 낳고 말았습니 다. 돌이켜 보면, "이것도 국운이라는 생각"이 들었고, 박정희 씨로서는 "대 운을 타고 난 것 같았습니다. 집안 툇마루를 곡괭이로 파니 금은보화가 쏟아져 나온 격"이었지요.[30] 우리나라 민주주의의 장래를 생각하면 어처구니 없는 일이 일어나 버린 것입니다.

김대중 허술한 5·16 군사 쿠데타가 우왕좌왕 허송세월한 정치지도자들의 실책으로 기정사실화된 것은 안타깝지만, 다음 단계에서 정치를 하고 민주주의를 정지시키는 것을 막는 것이 당시 나의 목표였습니다. 1963년 민주당의 선전부장으로 있으면서 나는 박정희 의장이 민정에 참여해서는 안 되고 정계에서 물러나 군대로 복귀해야 한다고 계속 강조하였습니다. 박정희 의장도 혁명공약 6항에서 '군 본연의 업무'에 복귀하겠다고 약속했듯이 그것을 지켜야 했고, 그의 집권 2년 동안 각종 부정사건과 정책 혼선으로 성공적이지 못한 점을 계속 강조했습니다. 그러나 무엇보다도 우려한 것은 5·16 쿠데타가 선례가 되어 제2, 제3의 쿠데타가 반복된다면 한국의 민주주의가 더 늦어질 수 있다는 점이었습니다. 나는 1962년 7월 19일 박정희 의장이 충주에서 "우리 같은 군인은 국가 비상시에나 일시적으로 필요한 것이지 앞으로 계속 정치에 참여함은 국가를 위해 좋은 일이 못된다"고 한 발언을 계속 상기시켰고 그렇게 믿고 싶었습니다. 박정희 의장의 양식도 믿고 싶었고 그렇게 되어야 한다고 누차 국민들에게 알린 것입니다.[31] 군사정부가 새로운 정치 풍토를 조성하겠다고 호언장담한 것은 군사정부에 속한 일부 사람들이 품고 있는 선민의식에서 비롯된 것으로서, 정치참여를 위한 명분쌓기에 불과한 것이었습니다. 당시 하루 세끼 먹기 힘든 국회의원도 없지 않은 실정이었는데, 이들을 부정축재 등으로 매도하고 고초를 겪게 한 것을 어떻게 납득할 수 있겠습니까. 사실 본인들이 쿠데타 직후 2년 동안 저지른 증권파동, 워커힐 사건, 새나라자동차 사건, 빠찡코 사건 등 4대 의혹에 대해 별다른 조사는커

---

30   김대중, 『김대중 자서전 1』, 서울: 삼인, 2019, pp.132-134.

31   김대중, 「『경향신문』 기고, 박의장의 민정참여 시비(하): 그는 왜 정계에서 물러나야 하나 (1963년 7월 10일)」, 『김대중 전집 II』, 제2권, pp.8-10.

녕 사과도 하지 않았습니다. 중앙정보부장이었던 김종필 씨가 외유를 떠나는 것으로 해결될 일이 아니었습니다.

김대중　　한편, 당시 민정이양 과정에서 현실적인 권력인 군부를 무시할 수 없다는 분위기가 야당 내에도 있었는데, 나는 군의 지원을 받는 정부란 있을 수 없다고 반대했습니다. 그것은 지원이 아니라 감시가 되고 결국 정치도 군도 모두 타락하는 결과를 가져올 것이라 생각했기 때문입니다.[32] 5·16 군사 쿠데타는 무력을 통한 권력 찬탈 그 이상도 이하도 아니었습니다. 박정희 씨가 5·16 군사 쿠데타를 4월혁명의 정신 계승이라 주장하는 것에 전혀 납득하기 힘듭니다. 도대체 4월혁명의 숭고한 민주주의 정신을 정면으로 파괴한 군사쿠데타를 어떻게 그 정신을 계승이라 주장하는 것인지 이해할 수 없습니다. 박정희 씨 본인의 개인적인 논리이자 명분이겠지만, 이같은 논리에 후세들이 얼마나 동의할지 극히 의심스러울 따름입니다.

김대중　　박정희 씨와 쿠데타 주도세력이 갖고 있던 민주주의의 개념과 4·19 혁명의 민주주의 개념이 어떻게 같을 수 있는지 박정희 씨에게 되묻고 싶습니다. 일부 국민들이 군인들의 과감한 일처리에 호감을 품기도 했지만, 군사 쿠데타가 민주주의를 계승한 사례는 세계 어디에도 존재하지 않습니다. 게다가 경제적 과제에서도 4월혁명이 지향한 민족자본의 중소기업과 중산층 중심의 산업화는 박정희 씨가 추진한 재벌 중시의 특권경제와는 그 성격과 방향이 너무 차이가 나기 때문에, 5·16 군사 쿠데타가 4월혁명의 경제적 사명을 이어받았다는 주장에 동의하기 어렵습니다. 앞서 박정희 씨가 『사상계』 장준하의 글을 인용하여 5·16 군사 쿠데타를 정당화하려 했는데, 그 잡지가 당시의 사회적 분위기를 모두 반영한 것도 아니고 그 평가가 정확하

32　김대중, 「『조선일보』 주최 4당 대변인 토론: 만성혼미중의 정국(1963년 6월 9일)」, 『김대중 전집 II』, 제2권, pp.1-7. 김대중은 이 토론에 민주당 선전부장 자격으로 참여하였다.

다고 보기도 힘듭니다. 『사상계』 자체의 성격도 그렇고 장준하의 민주주의와 민족통일, 그리고 미국 및 일본 등에 대한 생각도 몇 번의 계기를 통하여 변했다고 보아야지요.[33] 그 이후에 어떤 일이 일어났습니까. 얼마 지나지 않아 장준하 씨는 박정희 정권에 저항하는 대표적인 인물이 되었고, 결국은 권력에 의해 의문사를 당한 것 아닙니까. 박정희 정부의 공과를 차분히 볼 필요가 있겠지만, 5·16 군사 쿠데타가 정당화될 수는 없습니다.

5·16은 '혁명공약'이나 그 후 그들이 취한 권력 다툼을 보면 명확한 이념과 확실한 계획을 가지고 진행된 혁명이 아님을 여실히 드러냈다. 아무리 미화해도 애당초 혁명은 될 수 없었다. 무력을 동원한 권력탈취, 그 이상도 그 이하도 아니었다. 민주주의의 싹을 무력으로 잘라버렸다. 정당정치와 의회민주주의를 짓밟았다. 군부는 정치적 패권을 장악한 특권 집단이 되었고, 이후 정치군인이 득세하였다. 5·16 군사 쿠데타로 우리 민주주의 역사는 30년이나 후퇴했다.

| 김대중, 『김대중 자서전 1』, pp.137-138.

한일회담

사회자　1965년에 타결된 한일회담과 한일 국교정상화는 한국현대사에서 매우 큰 의미를 가진 사건입니다. 36년간 지속된 일제 강점기의 역사를 정리하고 양국이 새로운 전기를 마련하는 첫발이었습니다. 동아시아의 국제질서를 재편하는 데에도 중요한 의미를 갖는 국제조약이었습니다. 이 회담은 많은 우여곡절을 거쳐 타결되었는데, 현재까지도 그 체결과정과 성격 및 영향에 대한 국내외적 논쟁이 끊이질 않습니다. 한 분은 1951년 10월 20일 한일

33　정경모, 『정경모 자서전: 시대의 불침번』, 서울: 한겨레출판, 2010, pp.176-179.

회담 제1차 회의가 열린 지 14여 년 이상 지연되어온 협상을 마무리한 장본인이고, 다른 한 분은 국교정상화를 찬성하면서도 그 성격과 과정에서 보인 정부의 저자세와 정보 공개 거부에 대해 강하게 비판한 분입니다. 한일회담과 관련하여 두 분이 생각한 전략 및 원칙, 그리고 회담 과정 중의 에피소드 등을 말씀해 주십시오. 아울러 각자 서로의 생각에 대해 어떻게 판단하고 계셨는지 들려주시면 좋겠습니다.

박정희　한일회담은 국가적으로도 나 개인적으로도 어떤 전기를 마련한 의미가 있습니다. 국가적으로는 일제강점기의 관계 청산의 첫걸음인 동시에 경제와 반공을 위한 첫 단추를 끼우는 것이었습니다. 개인적으로는 일제 강점기에 내가 겪은 복잡한 심정을 털어내고 민족중흥과 일본 따라잡기 전략에 매진할 물길을 열었다고나 할까요. 한일회담과 한일 국교정상화는 한마디로 우리나라의 경제발전을 도모하고 반공국가로서의 국제적 위상을 찾기 위한 것이었습니다. 당시 회담을 추진하는 과정에서 굴욕외교다, 저자세 외교다, 비밀외교다 등 많은 비판을 받았고, 전국적인 대규모 반대시위가 있었습니다만, 이미 14년 이상 지체된 양국 간의 관계개선을 더 늦출 수는 없었습니다. 미국 등의 국제적인 요구도 거셌습니다. 우리가 더 필요했다고 봅니다.

박정희　지난 수십 년간 아니 수백 년간 우리는 일본과 깊은 원한 속에 살아왔습니다. 그들은 우리의 독립을 말살했고, 우리의 부모형제를 살상했으며, 우리의 재산을 착취했습니다. 과거만을 따진다면 그들에 대한 우리의 사무친 감정은 어느 모로 보나 불구대천이라 할 수 있습니다. 그렇다고 이 각박한 국제사회의 경쟁 속에서 지난날의 감정에만 집착할 수는 없는 상황이었습니다. 아무리 어제의 원수라 하더라도 우리의 오늘과 내일을 위해 필요하다면 손을 잡아야 하는 것이 국리민복을 도모하는 현명한 대처가 아니겠습니까,

한일 양국간에 새로운 역사를 시작하는 당시 상황에서 우리가 깊이 반성하고 다짐한 것은 무엇이었겠습니까. 그것은 바로 독립국가로서의 자주정신과 주체의식을 더욱 확고히 해야겠다는 것이며, 아세아에서 상징적인 반공 국가라는 자부와 긍지를 잊어서는 안 되겠다는 것이었습니다.[34]

박정희　나는 추진과정에서 하도 반대가 심해 한일회담 종료 24시간 이내에 1951년 이래 자유당, 민주당, 혁명정부, 그리고 현 정부가 추진한 모든 외교문서를 공개하여, 누가 애국자고 누가 거짓말쟁이인지 국민 앞에 심판을 받겠다는 약속을 한 바 있습니다.[35] 또 야당 정치인들이 한일회담 배후에 무슨 흑막이 있다느니, 정치자금의 왕래가 있었다느니 하면서 허위선전들을 하여, 나는 공개적인 연설을 통해 나와 이 정권의 생명을 걸고 또 역사 앞에 다음과 같이 맹세한 바 있습니다. "우리는 오직 국가와 민족을 위해 한일회담에 임할 뿐, 추호의 사심도 없다는 것을…만일, 이 정권의 누구든 흑막에 관계가 있다면 나는 그를 역적으로 규정하고 처단하는 데 주저하지 않을 것입니다" 라고 말입니다. 지금 생각해 보면 점증하는 북괴 공산주의자들의 위협에 대응하기 위해서라도 국제적 공조가 필요했습니다. 그리고 같은 맥락에서 미국이 한일 양국에 많은 압력을 가해왔는데, 신생국인 우리나라가 이를 거부하는 것은 가능하지도 않았고 국익에도 도움이 되지도 않았습니다. 개인적으로는 미국이 왈가왈부하는 것을 못마땅하게 생각했지만, 결과적으로는 우리가 필요해서 타결했다고 보아야 합니다. 1963년 8월 23일, 나에게 보낸 전문에서 미국의 케네디 대통령은, "당신은, 한일회담이 한일 양국과 미국 그리고 자유세계에 갖는 중요성을 충분히 인식하고 있고, 나의 진지한 바람

34　박정희, 「한일회담 타결에 즈음한 특별 담화문(1965년 6월 23일)」, 『박정희 대통령 연설기록』, 대통령 기록관.

35　박정희, 「한일회담에 관한 특별 담화문(1964년 3월 26일)」, 『박정희 대통령 연설기록』, 대통령 기록관.

제3부 역사적 대화: 박정희와 김대중이 얽혀 살아온 역사 현장들

이 두 이웃 국가 간의 관계정상화를 이루기 위한 당신의 노력에 나타나고 있음을 알고 있습니다…나는 당신의 지도 하에 위대한 정치적 수완이 발휘되어 향후 협의가 마무리되고, 한국, 일본, 그리고 전 태평양 연안의 국민들에게 새로운 시대가 도래하기를 기대합니다"[36]라고 했습니다. 표현은 부드럽고 외교적인 것이었지만, 대단한 재촉이었고 미국의 원조와 안보공약이 아쉬웠던 나로서는 가벼이 넘길 수 없는 내용이었습니다.

박정희　게다가 1961년에 있었던 케네디와의 회담과 이후 일련의 외교협상에서 우리는 미국에 더 많은 경제원조를 얻어내는 데 실패했습니다. 실제로 미국은 1957년부터 무상에서 유상이나 융자로 전략을 바꾸기 시작했으니까요. "나는 무엇보다 자금이 필요했습니다. 미국이 도와준다고 해도 원조를 배로 늘려줄 리 없고 믿을 수도 없지만, 일본으로부터는 우리가 당당히 받아낼 돈이 있지 않았습니까. 그것을 반일감정이니 굴욕이니 하여 망가뜨리는 일은 대단한 국가의 손실이라고 생각합니다."[37] 사실 제1차 경제개발 5개년 계획의 중점 사항인 사회간접자본이나 기간 산업부문 투자가 계획대로 진행되지 않으면 이는 곧 혁명공약과 대통령 선거공약을 저버리는 일이었습니다. 돈이 나올 구멍은 일본밖에 없었던 것입니다.[38]

박정희　나는 야당과 일부 사회세력이 극렬하게 반대하는 현장을 목격하면서, 왜 그리고 무엇이 무서워서 이렇게까지 하는 걸까 하고 자문한 적이 있습니다. 그들이 진심으로 우리가 다시 일본에게 침략당하거나 경제적으로 예

36　U.S. Department of State, "Deptel 406: President Letter to be delivered to President Park (August 23, 1962)," *National Security File*, J.F.Kennedy Presidential Library.

37　시나 엣사부로(椎名悅三郎), 『記錄, 椎名悅三郎, 下』, 동경: 椎名悅三郎追悼錄刊行會, 1982, p.22. 이 말은 박정희의 처남인 육인수가 시나 외상에게 전달한 증언의 내용이다.

38　박태준, 「박태준의 막후교섭 회고(1964.1-8)」, 이도성, 『실록 박정희와 한일회담: 5·16에서 조인까지』, 서울: 도서출판 한송, 1995, pp.194-198.

속될 것이라 믿는 것인지 의심스러웠고 정말 그렇다면 더 큰 문제라고 생각 했습니다. 나는 한일회담에 관한 특별 담화문에서 다음과 같이 그들에게 되물었습니다. "그들은 어찌하여 그처럼 자신이 없고 피해의식과 열등감에 사로잡혀 일본이라면 무조건 겁을 집어먹는 것입니까. 이와 같은 비굴한 생각, 이것이 바로 굴욕적인 자세라고 나는 지적하고 싶습니다. 일본사람하고 맞서면 언제든지 우리가 먹힌다는 이 열등의식부터 우리는 깨끗이 버려야 합니다. 한 걸음 더 나아가서 이제는 대등한 위치에서, 오히려 우리가 앞장서서 그들을 이끌고 나가겠다는 우월감은 왜 가져보지 못하는 것입니까, 이제부터는 이러한 적극적인 자세를 가지고 나가야 합니다." 그 이후 내 정부에서 일본에 대응해 나간 전략과 목표는 어떻게 일본을 잘 활용하고 그들을 추월할 것인가였다고 자신있게 말할 수 있습니다. 마지막으로 한 가지 강조하고 싶은 것이 있습니다. 내가 친일이고 그 때문에 한일회담을 서둘렀다고 비난하는 분들이 많았는데, 전혀 동의할 수 없습니다. 1965년 5월 18일 미국 방문 당시 미국 기자클럽에서 언급한 발언으로 내 입장을 대신 하겠습니다. "나에게 일본에 관하여 질문한다면 서슴치 않고 가슴에 맺힌 반일 감정을 격하게 토로할 것입니다. 또 친일이냐 반일이냐고 묻는다면 솔직한 감정으로 반일이라 말할 것입니다. 이것은 한국인이면 누구나 다 같다고 믿고 있습니다."[39]

　　한일회담을 야당에서는 나라를 팔아먹은 매국외교로까지 극언을 했습니다마는, 나는 아직 이 순간에도 한일회담이라는 것은 결과적으로 잘 되었다, 이렇게 생각을 합니다. 옛날처럼 우리가 쇄국주의를 하고, 고립주의를 하고, 우물 안의 개구리처럼 집안에 들어앉아서 이웃과는 담을 쌓고, 동방의 고요한 아침의 나라가 어떠니, 동방예의지국이 어떠니 하고 우리가 서로 모두 다 자기도취해서 우물 안의 개구리처럼 그렇게 살아 나간다면 모르되, 적

39　박정희, 「방미시 미국 기자클럽에서의 연설(1965년 5월 18일)」, 『박정희 대통령 연설기록』, 대통령 기록관.

어도 우리가 우리 한국 민족이 오늘날 동남아시아로, 전 세계로 뻗어 나가고 약진하는 새로운 한국을 건설하기 위해서는, 우리는 과거의 일본사람들하고 여러가지 원한도 많고, 물론 그 원한이 오늘 당장 일조일석에 해소될 수는 없는 문제지마는, 우리는 이 이웃사람들 하고는 우선 손을 잡아야 되겠습니다. 이것이 우리가 전 세계로 뻗어 나가는 하나의 디딤돌이 되고 발판이 된다, 이것입니다.

| 박정희, 「1967년 대전 유세 연설(1967년 4월 17일)」, 『박정희 대통령 연설기록』.

김대중   내가 1998년에 일본의 오부치 게이조 수상과 함께 '21세기 새로운 한일 파트너십 공동선언'을 추진하면서 어떤 생각을 했는지 아십니까. 1965년에 맺은 한일회담의 미진한 부분을 완성해보자는 뜻을 가지고 있었고, 한일 양 국민이 100년을 두고 진정으로 우호적인 관계를 가질 수 있도록 해보자는 간절한 소망이 있었습니다. 나는 1965년 당시 굴욕외교반대투쟁위원회 위원장을 맡은 민정당 윤보선 총재의 무조건 반대 입장에 동의할 수 없었습니다. 국익을 위해 국교정상화는 불가피하다고 생각했습니다. 그리고 나는 야당과 사회세력에 대해서도 매국노의 굴욕외교라고 몰아세우지만 말고 생산적인 토론을 통해 좋은 결과를 가져오도록 노력해야 한다고 생각했습니다. 1965년 한일회담과 관련해서 내가 찬성하면서도 그 방법과 과정에서 박정희 정부가 잘못하고 있다고 누차 비판하고 다양한 방안을 권고한 이유도 바로 한일 양국 국민이 진정으로 이해하고 존중하며 협력할 수 있는 기틀을 만들어 보자는 데 있었습니다. 그때 과정과 내용에 충실했다면 한일 관계는 더욱 발전하고 굴곡과 부침을 덜 했을 것이라 생각합니다. 이 점은 아직도 아쉬운 부분입니다. 나는 야당이었지만 당시 진심으로 한일 국교정상화를 바랐습니다.

김대중   우리 나라가 인접국과 경제협력을 해야 하고 무엇보다도 국제질서와 반공을 위해 국교 정상화는 불가피한 시대적·구조적 조류였다고 생각했습니다. 그러나 그것은 형식적인 정상화가 아니라 양 국민의 화해와 우호 속에서 이루어지기를 바랐습니다. 정상화 이후에 반대 군중이 일본대사관으로 투석하거나 들어가 일장기를 찢는 등의 사태가 오지 않을까 걱정도 했습니다. 박정희 정부가 단순히 양국 간에 대사관을 설치하는 것으로 만족한다면 모를까, 정말 한일 양 국민이 100년을 두고 굳건히 단결할 수 있는 그러한 우호의 기틀을 만들려면 박정희 정부의 자세와 전략으로는 터무니없다고 생각했습니다.[40] 나는 국회에서의 질문이나 언론을 통해 이같은 의사를 자주 밝혔으나, 박정희 정부는 귀담아 듣지 않았습니다. 박정희 씨도 믿어 달라고만 강변할 뿐 회담과정에 대한 주요 정보를 전혀 공유하거나 공개하지 않았고 모든 것을 비밀리에 추진했습니다. 김종필 씨 등 핵심 인사들이 국회 관련 분과위원회에서 상세히 보고하거나 상의한 적이 거의 없었습니다. 이러다보니 다양한 비판과 억측이 나올 수밖에 없었던 것입니다. 특히, 나처럼 한일회담을 찬성하는 사람의 건전한 비판과 제안도 전혀 받아들여지지 않는 상황에서 일반 국민이나 학생들에게 제대로 알려지기 만무했습니다. 거센 반대 데모는 박정희 정부가 자초한 것입니다.

김대중   박정희 씨는 나와 장관들 사이의 질의응답 내용을 청와대에 설치된 인터폰으로 듣고 있다가 정일권 총리와 이동원 외무장관에게 분통을 터뜨렸다고 들었습니다. 박정희 씨는, "윤보선 씨의 매국론은 시대착오적이라 무시하면 그만이다. 하지만 김대중 의원처럼 한일회담의 원칙에는 찬성하면서도 대안을 가지고 논박해 오면 참으로 대응하기 힘들다"라고 불편함을 토로했다고 합니다. 나는 찬성하면서도 많은 점에서 비판을 제기하지 않을 수 없었습니다. 가장 큰 문제는 36년간의 일제강점기 동안 우리 민족이 겪은 고통과

---

40   김대중, 「제6대 국회 제49회 제16차 본회의, 2. 한일관계 진행상황에 관한 보고에 대한 질문(1965년 5월 7일)」, 『김대중 전집 II』, 제3권, p.617.

일제의 만행을 질타하고 역사적인 교훈을 분명히 해야 할 한일회담의 기본 조약 구절 중에 어떻게 '사과'라는 단어가 한 번도 등장하지 않느냐는 점입니다. 이것을 어떻게 평등한 조약이라 할 수 있을 것이며 제대로 된 협상이라고 볼 수 있겠습니까.

김대중   장면 정부에서 진행된 5차회담에서 배상액을 8억 불 선에서 합의하고 있었던 것을,[41] 무상 3억 불에 총 5억 불에 체결한 것도 문제이지만, "더 큰 문제는 액수가 아니라, 주는 태도입니다. 과연 이것이 우리가 받을 수 있는 권리로서 받는 것이냐, 아니면 일본이 우리에게 협조하는 입장에서 주는 것이냐, 이것이 분명치 않았습니다."[42] 일본은 침략과 역사문제에 대한 배상으로서의 청구권자금이 아니라, 한국의 어려움에 대해 물질적으로 보상하고 협력하는 의미에서 경제협력자금 혹은 독립축하금이라는 용어를 관철하려한 것이고, 결국 협정의 목적 항목에 애매한 표현으로 타협한 것입니다. 게다가 1952년 1월에 이승만 대통령이 한국 연안수역 주권 보호를 위해 선언한 해양주권선인 평화선을 협상에서 포기해 버린 것은 "최대의 과오라 할 수 있습니다. 이로 인한 피해는 당장에 겪을 어민의 불행만이 아니라 국가장래를 기름지게 할 막대한 자원을 헐값에 팔아넘긴 중대 죄과라 하지 않을 수 없습니다."[43]

41 사실 박정희 대통령도, 1962년 10월, 김종필 중앙정보부장을 일본에 보내기 전에, 민주당 시절 5차 한일회담 수석대표로 활동했던 유진오 박사를 초빙하여 설명을 들은 후, 김종필에게 청구권자금 요구 총액으로 8억 미달러라는 지침을 제시한 바 있다. 김종필, 『김종필 증언록 1』, 서울: 와이즈베리, 2016, pp.218-232.

42 김대중, 「『정경연구』 주최, 김기석, 신범식, 유봉영과의 대담(1965년 6월)」, 『김대중 전집 II』, 제3권, p.584.

43 김대중, 「『한국일보』 게재 글, 한일기본조약 가조인 관련 입장(1965년 4월 6일)」, 『김대중 전집 II』, 제3권, p.569.

김대중　독도문제에 대한 대응에서도 많이 서툴렀다고 생각합니다. 이동원 외무장관이 국회 특별위원회에서, 독도가 한국 영토임을 일본 측에서 정식으로 인정했다면서 현재 자기의 아내에게 옆집 놈팽이가 그에 대한 확인 각서를 쓰라고 요구하는 것이나 마찬가지라며 현재 데리고 살고 있으면 내 여자라는 표현을 하며 득의만만했습니다. 다음 날 회의에서 이 장관에게 나는 일본이 곧 부인할 것이라며, "그 놈팽이가 매일 집으로 찾아와 그 여자는 당신 아내가 아니라 내 아내이니 돌려달라. 만일 그렇지 않으면 재판정에 가자고 떠들고 있지 않습니까. 지금 일본이 독도에 대해 그렇게 하고 있는 것입니다"라고 반박한 일이 기억납니다.[44] 이렇게 대응이 허술했던 탓에, 선박반환, 문화재협정, 재일 한국인 법적지위 문제 등에도 만족스러운 결과를 거두었다고 보기 힘듭니다. 하물며 종군 위안부문제, 강제징용문제, 원폭 피해자 배상문제 등 많은 난제들 역시 미루어 짐작할 수 있지 않을까요. 참 아쉽고 안타깝습니다.

김대중　1998년 10월 8일 김대중-오부치 공동선언을 체결한 후 한일관계는 가장 밝고 우호적이었다고 생각합니다. 1993년 8월 관방장관으로서 종군 위안부문제를 인정하고 사과한 고노담화를 발표한 고노 요헤이 의원은 공동선언이 발표된 아사히 신문과의 인터뷰에서 "이제 양국 국민이 서로 존경할 수 있게 되었다"고 했습니다. 1965년의 한일회담이 체결된 지 한 세대가 지난 후 그동안 내가 한일회담에 가졌던 아쉬움을 덜고 그때부터 품고 있던 소망의 일부가 이루어진 것 같아 만족스러웠습니다. 마지막으로 공동선언의 후속 조치로 일본 문화를 개방했을 때 내가 한 말이 생각납니다. 나 역시도 엄청난 반대에 부딪혔습니다. 그때 일본 문화에 점령당할 정도의 한국 문화라면 없어지는 편이 낫다며 자신감을 갖고 대응하자고 설득했던 기억

44　김대중, 『김대중 자서전 1』, 서울: 삼인, 2019, pp.164-165.

이 납니다. 박정희 씨가 앞서 일본과의 관계에서 자신감을 갖자고 말한 것에 대해서는 한 세대의 시차가 있기는 하지만 수긍이 갑니다. 지금의 한국은 반세기 전의 한국이 아니지 않습니까. 일본과의 관계가 최근 몇 년간 최악인 것 같아 안타깝습니다만, 어차피 외교는 상대방이 있는 것이니까 우리가 보다 개방적이고 적극적이면서도 유연한 자세와 전략적 지혜로 임할 필요가 있다고 봅니다.

지금 한일회담 얘기가 나왔습니다만 야당에서 한일회담 자체를 반대한 일은 없고 또 저도 한일회담은 꼭 되어야 한다, 그것은 우리의 안전보장을 위해서나 경제적 활로를 마련하기 위해서라도, 어떤 의미에서든지 이것이 되어야 한다, 또 우리가 자유세계의 일원으로 있는 이상 자유세계 전체의 기본전략과 발맞추기 위해서도 이것은 이루어져야 한다고 생각합니다. 그러나 다만 지금 되어 있는 가조인의 내용 가지고는 도저히 지지할 수 없다, 이렇게 생각합니다. 왜냐하면 지난번 외국에서 온 영국의 어느 교수하고도 말한 바 있습니다만, 우리가 초당적으로 하고자 한 것은 한일회담의 기본원칙을 정하는 것부터 함께하자, 이것입니다.

| 김대중, 「『정경연구』 주최, 김기석, 신범식, 유봉영과의 대담(1965년 6월)」, 『김대중 전집 II』, 제3권, p.584.

월남파병

사회자   월남파병은 우리나라의 안보와 경제발전에 큰 영향을 끼친 역사적 사건이라 볼 수 있습니다. 월남파병에 나서게 된 과정이나 결과 등을 살펴보면, 당시 우리나라가 처한 국제적 위치나 국내적인 여건 및 전략 등을 이해할 수 있습니다. 또한 월남파병이 남긴 후폭풍의 하나로 한미관계에 커다란 긴장이 생긴 것도 사실이고, 파병이 남긴 그림자도 간과할 수 없습니다. 1964

년부터 4차에 걸쳐 9년간 연인원 약 37만 5천여 명이 파병되었고 그중 5천여 명의 우리 군인들이 목숨을 잃었고 11만여 명이 부상을 당했습니다. 한 분은 월남파병과 연관된 모든 정책을 결정하셨고, 다른 한 분은 야당 의원이었지만 월남파병의 국제정치적 필요성에 동의하고 협력하셨습니다. 파병 결정 과정과 그것이 갖는 의미와 한계 등에 대해 말씀해 주십시오.

박정희　월남파병은 내가 미국과 본격적인 협상을 벌인 대표적인 사례 중 하나인데, 나로서는 이 결정이 우리 경제에 미칠 긍정적 영향에 대한 기대도 컸지만, 우리가 가지 않을 경우 그 연쇄효과로 미군이 철수할 수 있다는 불안감을 떨칠 수 없었습니다. 그리고 파병 결정에 관련해서도 논의가 분분했는데, 월남전에서 미국이 패하고 우리 장병들이 철수하고 난 이후 전개된 한미 관계와 나에 대한 파장도 상당히 컸습니다. 나는 원래 국제정치를 약육강식의 각축장으로 보는 현실주의자였기 때문에, 어떻게 하면 약자인 우리가 강자인 미국을 활용하여 그들의 전략에 협조하면서도 국익을 도모할 것인지 고민했습니다. 월남파병은 국제정치라는 현실과 나의 외교전략이 반영된 사례라 할 수 있겠습니다.

박정희　우선 월남파병을 누가 먼저 제의했느냐에 대한 논의가 많이 있습니다. 단순하게 답변하기에는 복잡한 과정이 있었습니다. 1961년 11월 케네디 대통령과의 정상회담에서 미국이 나에게 폭넓은 의미의 협력을 요청한 바 있었고, 나도 긍정적인 답변을 내놓았습니다. 이것이 구체적인 파병을 위한 논의는 아니었기에 누가 먼저 제안했느냐는 무의미한 질문입니다. 이때는 서로 필요성을 공감하는 수준이었습니다. 1964년 9월과 1965년 3월 이루어진 1, 2차 파병은 후방 지원부대였고, 1965년 10월과 1966년 4월과 10월에 이루어진 3, 4차 파병이 본격적인 전투병 파견이었습니다. 나는 1차로 이동외과병원 인력 파병이 이루어진 후 한국의 전투병 파병이 필요하다는 생각을 굳히게 되었고 미국에도 타진한 바 있으나, 오히려 미국은 게릴라 전에서 미군과의 합동작전이 효율적이지 않을 수 있다는 점과 한반도에서의 안보 공백을 우려하여 상당기간 난색을 표명하였고 나의 의사에 소극적인 자세를 보인 것이 사실입니다. 그러던 사이 미국은 관련 우려들에 대한 분석을 마쳤고 베트남 상황이 악화되자, 드디어 1965년 4월 존슨 대통령의 특사가 나를 예방하여 전투부대 파병을 공식적으로 요청하였고, 1965년 5월 17-18일 미국을 방문한 나는 존슨 대통령과의 정상회담에서 "더 많은 부대를 보내고 싶다"는 발언으로 전투병 파병 의사를 적극적으로 밝혔던 것입니다.

박정희　　실은 1963년 봄부터 전투병 파병에 대해 고민했습니다. 당시 김성은 국방부장관에게 의견을 수렴해 보라고 했습니다. 국방장관과 각 군 총장의 의견은 한결 같았습니다. 6·25 때의 은혜를 갚는다는 명분도 있고 내가 용공분자가 아닌가 하는 미국의 의심도 불식하는 동시에 미국의 대한 안보 공약도 보장받을 수 있는 기회라는 것이었습니다. 나의 견해와 일치하였습니다. 당시 한일회담 반대 데모로 벅찬 시기였지만 월남파병에 적극적으로 나서는 것이 국익에 도움이 될 것이라 생각한 것입니다. 하지만, 국회에서 전투병 파병 동의를 얻는 과정에서 나는 나름 미국의 많은 양보를 얻어내고 국익을 극대화하기 위한 협상술도 동원한 적이 있습니다. 차지철 의원을 시켜 국회에서 파병 반대 분위기를 조성하게 함으로써 미국의 양보를 더 얻고자 하는 전술을 펼친 것이 기억이 납니다. 몇몇 야당의원은 막무가내로 반대만 했는데, 김대중 의원은 파병의 원칙에는 동의하면서 파병 효과의 극대화에 대해 단단히 따져 물었습니다. 국회에서 정부가 미처 생각하지 못한 부분까지 꼼꼼하게 캐묻는 통에 상대하기 버거웠지만, 베트남 현지를 방문하는 등 야당의원으로서 보여준 국위 선양과 국익을 중시하는 초당적 모습은 여야를 막론하고 정치인들의 모범이 되었습니다. 나도 당시 말을 한 적은 없지만, 개인적으로 매우 고맙게 생각했습니다. 어쨌든 우리는 월남파병의 대가로 주

맹호부대 월남파병 환송식(1965년, 박정희대통령기념관 홈페이지)

한 미군을 현 수준으로 유지하고 군사원조를 경제원조로 이관하는 것을 중단시켰으며 경제원조를 확대하기로 하고 우선 1억 5천만 달러의 개발차관을 얻어낼 수 있었습니다.

박정희   1966년 3월 7일 브라운 주한 미국 대사와 이동원 외무부장관 사이에 체결된 브라운 각서는 16개 항목의 합의와 약속을 담고 있었는데, 우리 군대를 현대화하는 데 많은 도움이 되었습니다. 이어서 날로 고조되는 북괴의 도발에 맞설 대간첩 장비 확충 등이 전격적으로 이루어졌습니다. 지금 생각해 보아도 그때 우리는 월남파병으로 명분과 실리를 모두 챙겼다고 생각합니다. 우리가 파병을 거절했다면 우리나라에 주둔하고 있던 미군이 월남으로 이동할 가능성이 확실한 상황이었으니까요. 그리고 만일 북괴의 침략을 받는다면 우리가 무슨 염치로 미국에 원조와 병력 파견을 요청할 수 있겠습니까? 미국이 파병을 거절한 우리를 위해 선뜻 도움을 주었을까요. 저는 아니라고 생각합니다. 냉혹한 국제정치의 전장에서 미국의 선의에만 우리의 안보를 맡길 수 있었을까요. 천만에요. 우리도 빚을 갚아야 다시 빚을 얻을 수 있는 것 아니겠습니까. 이 점은 그때나 지금이나 다를 바가 없다고 봅니다.

박정희 　다른 한편, 월남 특수는 우리나라의 경제성장에 큰 도움이 되었습니다. 대한항공 등 많은 기업들이 전장에서의 건설사업 등으로 고속성장의 계기를 마련했습니다. 당시 한국군 일등병의 하루 위험수당이 1.25달러였는데, 이는 국내 병사들의 일당에 비하면 약 30배에 해당하는 것이었습니다. 물론 미군의 급여에 비해서는 5분의 1정도의 액수였는데, 우리가 그 정도의 대우밖에 받을 수 없었던 것이 안타깝지만 어쩔 수 없는 현실이었습니다. 그리고 전장에 버려진 미군의 탄피 놋쇠를 모아 미군 몰래 국내로 들여와 장항제련소에서 산업 원료로 만들고 이것을 팔아 강원도에 군인 자녀를 위한 고등학교를 세우기도 했습니다. 파병 국군은 전장에서 전사이자 산업에서도 애국적인 전사였던 셈입니다. 무엇보다 5천여 명의 장병들이 목숨을 잃었는데, 이들의 희생으로 얻은 달러가 조국의 산업화와 재벌들의 성장, 그리고 경부고속도로 건설 등에 밑거름이 되었다는 점을 잊어서는 안 되겠습니다. 국가가 이들에게 큰 빚을 진 것입니다.

박정희 　하지만, 우리의 이같은 노력도 국제정세의 변화와 강대국의 국익 논리를 극복할 수는 없었습니다. 1969년 1월 닉슨 대통령이 취임하면서 미군은 베트남에서의 단계적 철수를 시작했습니다. 이어서 1969년 7월 25일, "아시아의 방위는 아시아인의 손으로"라는 괌 독트린을 발표하였고, 주한 미군 2개 사단 중 1개 사단의 철수 준비를 본격화했습니다. 나로서는 배신감과 불안감을 동시에 느낄 수 밖에 없었고, 이 같은 흐름을 차단하기 위해 베트남에서 미군이 대부분 철수한 후에도 우리 장병 2개 사단을 당분간 잔류시키는 강경책을 쓰기도 했습니다. 이는 미국 정부와 내가 갈등을 겪는 계기가 되었습니다. 미국은 내가 한국의 국익을 위해 과도한 행동을 한다고 비판하였고, 나는 이같은 분위기를 누그러뜨리고 미군 철수 논의를 막기 위한 외교를 구사했습니다. 그 과정에서 소위 박동선 사건과 코리아게이트가 터졌습니다. 내가 과한 측면도 없지 않지만, 냉혹한 국제정치와 미국을 상대로 우리 같은 약소국이 국익을 실현하는 것이 얼마나 힘든 일인지 절감하게 되었습니다. 내가 자주국방의 필요성을 뼈저리게 느낀 것도 이즈음의 일이었습니다.

…이 월남파병문제를 결심할 때에도, 나는 여러 날을 두고 혼자 고민을 했습니다. 내가 대통령으로 재임 중에 여러가지 어려운 결심을 하는 가운데에 있어서, 가장 내가 고민을 하고 또 어려운 결심이었다고 생각하는 것이 바로 월남파병문제였습니다. 왜 월남파병을 해야 되느냐, 이 얘기는 여기에서 얘기가 길기 때문에 굳이 말씀을 드리지 않겠습니다. 또 정부가 그동안 우리가 과거에 남의 신세를 진 나라니까 신세를 갚아야 된다든지, 또 동남아시아가 적화가 되면 당장 우리에게도 영향이 있다든지 등등, 여러가지 그러한 얘기는 우선 생략을 하고 더 솔직한 얘기를 여러분들에게 하나 말씀드리겠습니다. 월남파병문제를 우리가 왜 해야 하느냐, 지금 우리나라 국방을 우리 60만 국군과 한국에 와서 주둔하고 있는 유엔군만 하더라도 미군 2개사단 미8군이 같이 우리의 국방을 담당하고 있습니다. 만약에 월남에 우리 한국군을 우리가 파견을 하지 못할 것 같으면, 그 당시의 내 추측으로는 한국에 와있는 미군 2개사단이 월남으로 갔을 겁니다…또 만약에 공산군이 침략을 해왔다고 합시다. 그때 우리는 누구한테 가서 부탁을 해야 합니까? 미국에 또 부탁을 해야겠지요? 미국의 병력은 전부 월남에 가 있습니다. 그런데 우리보고 병력을 좀 내달라고 그럴 때는 하나도 내지 않고, 그래서 여기에 있는 미군 사단이 월남으로 갔는데, 우리가 바쁘니까 또 미국보고 또 도와달라고 그런다. 월남에 있는 미국사단을 한국으로 돌려줄 것 같습니까?

| 박정희, 「1967년 대선 대전유세 연설(1967년 4월 17일)」, 『박정희 대통령 연설기록』.

제3부 역사적 대화: 박정희와 김대중이 얽혀 살아온 역사 현장들

김대중　나도 월남파병의 필요성에 대해서는 박정희 씨와 별로 다르지 않았습니다. 내가 가지고 있던 반공 이념, 승공전략, 그리고 현실주의적 국제정치의 관점에 따라 우리 국군의 월남파병에 대해 적극적이었습니다. 어떻게 보면 이는 초당적인 사안이었고 우리 같은 약소국에게는 별다른 선택지가 없었으며 안보와 국익을 위해 여야가 협력해야 한다는 게 내 판단이었습니다. 북한과 중공은 물론 아시아의 많은 국가들에서 공산주의가 득세하고 있었고, 일본도 우리의 기대를 저버리고 중국이나 북한과의 협력 확대를 저울질하고 있던 시기에, 나는 우리가 어떻게 하면 공산주의의 확산을 막고 북한을 이길 수 있을 것인가에 대해 온 신경을 곤두세우고 있었습니다. 나에게 월남파병은 우리나라가 적극적으로 나서야 할 기회로 보았습니다. 용병론과 매혈론을 내세우며 일부 야당 정치인들이 강력하게 반대했지만, 나는 많은 비난에도 불구하고 소신대로 행동했습니다.

김대중　다만, 구체적인 파병 과정과 방식 등에는 여러 가지로 아쉬운 점이 많다고 생각하고 이를 바로잡기 위해 국회 질의와 언론을 통해 많은 비판과 제언을 했습니다. 우선 우리 장병들을 파견하면서 그들의 월급 봉투를 미국에게 직접 받는 형식을 비판했습니다. 급여가 터무니없이 적은 것은 차치하고라도 우리 정부가 미국과 별도의 협약을 맺어 정부가 장병들에게 줄 수 있는데, 참 세심하지 못했고 개인적·국가적 자존심을 훼손하는 것은 물론 국제적으로도 우리 장병들이 미국의 용병으로 팔려갔다는 오해를 사기에 딱 좋은 형식이었습니다. 내가 1971년 1월 말 방미 중 만난 미 하원외교위원장 풀브라이트 의원이 한국군을 용병이라 폄하하여 정식으로 항의하고, 돈에 팔린 용병이 아니라, 한국전쟁 때 미군의 희생과 협력에 보은하는 차원의 파병이라는 점을 강조한 기억이 납니다. 나는 정부가 경제지원을 요구하면서 그것을 위한 대가로 전투병을 파병한다는 논리를 매우 마땅치 않게 생각했습니다. 나는 보은과 반공을 위한 것이라면 차라리 경제적 지원 없이 순수하게 파병하자는 의견을 내기도 했습니다. 당시 우리의 현실을 볼 때 쉽지 않은 제 언이었지만 그 정도의 노력은 했어야 한다고 봅니다. 아울러 우리의 안보에 조금도 공백이 있어서는 안 되었기에, 월남이나 미국에 별도의 협약을 맺은 후 파병을 시작하는 것이 좋겠다는 생각도 피력했습니다. 우리 장병들의 안 전이나 제반 지원에 대한 공식적이고 체계적인 관련국 간의 협약이 필수적 이었다고 생각했기 때문입니다.

김대중   1966년 9월 1일 박순천 대표, 고흥문 의원 등과 우리 장병들을 위 문하러 월남을 방문했습니다. 나는 군복으로 갈아입고 채명신 사령관과 미 군 사령관으로부터 설명을 듣고 현장을 둘러보았습니다. 미군 사령관이 우 리를 진심으로 반기며 한 말이 기억납니다. "한국은 진정 민주주의 국가다. 파병을 그토록 반대한 야당이 일단 파병이 이루어지자 위문을 왔다. 이런 나 라가 어디 있는가. 진심으로 존경한다.[45]" 나는 야당이라도 국익을 위해 초당 적으로 대처할 필요가 있다고 생각했고 베트남 방문이 미국에 우리나라의 위상과 진정성을 알리는 절호의 기회라 판단했습니다. 그때 우리 일행은 베 트남 총리가 주최한 만찬에 초대를 받았는데, 주요 장관들과 부인들의 화려 한 차림새와 기름진 음식에 씁쓸함을 금할 수 없었습니다. 국운이 백척간두 에 놓인 상황에서 병사들은 전선에서 죽어 나가고 국민들은 도탄에 허덕이 는데 이래도 되나 하는 생각이 들었습니다. 사실 나는 국회에서도 베트남 정 부의 전투 의지와 역량을 의심하고 있던터라 파병에 더욱 세심한 준비가 필 요하다고 생각했는데, 역시나 하는 생각이 들지 않을 수 없었던 것입니다. 지 도층이 저러고 있는데 어떻게 전쟁에서 이길 수 있겠습니까. 이미 패배는 예 정되어 있다고 봤습니다.

---

45   김대중, 『김대중 자서전 1』, 서울: 삼인, 2019, p.172.

김대중 　지금 생각해 보면, 파병과정에서 여야를 막론하고 나를 포함한 정치권이 충분히 챙기지 못한 일들이 많았습니다. 5천여 명이 넘는 전사자가 생겼고 수많은 장병들이 부상당했습니다. 수많은 고엽제 피해자들이 고통을 받고 있는데, 누구도 이같은 후유증을 알지 못했습니다. 아마도 미군은 알면서도 우리에게 알리지 않았던 것일테고 우리는 정부도 장병들도 대수롭지 않게 생각한 것 같습니다. 어쨌든 정부가 미리 챙겼어야 할 문제였고 야당도 지적했어야 했는데 아무도 알지도 못한 결과입니다. 야당이라고 무조건 정부 여당에게만 책임을 물을 수 있는 사안은 아니고 같이 고민하고 준비했어야 할 사안이었다고 생각합니다.

김대중 　다른 한편, 우리 장병들이 현지에서 벌인 민간인 학살과 범죄행위도 인권과 민주주의 가치에 위배됩니다. 우리나라 전체가 충분히 자숙하고 세밀한 원칙을 갖고 예방하고 규율했어야 할 문제들이었습니다. 우리 장병들의 희생도 베트남인들의 희생도 우리 모두가 자성하고 다시는 반복되지 않도록 해야 할 것입니다. 더구나 국가라는 이름과 전쟁이라는 명분으로 어디서든 국민의 생명을 소홀히 하거나 개인의 인권을 무시하는 시대는 끝난 지 오래입니다. 나는 2000년 8월 한국을 방문한 쩐 득 르엉 베트남 국가주석과의 정상회담에서 "불행한 전쟁에 참여해 본의 아니게 베트남인들에게 고통을 준 데 대해 미안하게 생각하고 있다"라고 사과한 적이 있습니다. 우리가 진정으로 사과하고 화해와 협력을 해 나가야 국격도 향상되고 민주주의도 성숙될 수 있을 것입니다. 일제가 한반도에서 행한 과거사에 관한 몇몇 일본 지도자와 사회세력의 닫힌 사고와 시대착오적 태도는 우리에게도 생생한 반면교사가 될 수 있다고 생각합니다.

　　나는 이번 월남파병에 있어서 군원이관을 중지해 달라든가, 혹은 군수물자의 현지조달에 더 한국물자를 써 달라든가, 또는 월남에 대한 무슨 수출을 더 많이 하도록 조건을 붙인다든가, 그런 물질적인 조건을 붙이는 것은 국가 체면상도 할 수 없는 일이다, 그것은 도저히 우리가 체통상 있기 어려운 일이라 이렇게 생각합니다. 그러나 정부가 월남에 군대를 보내는 것을 대한민국 방위의 일환으로써 보내는 이상, 다시 말하면 월남이 공산화된 것이 우리 국토방위에 위협이 된다고 해서 보내는 이상 우리 국토의 방위에 대해서는 확고한 자신이 있어야겠다, 이것은 두말할 나위도 없습니다…그러한 월급쯤은 미국과 한국의 기술적 기타의 방법으로서 얼마든지 우리 측에서 다른 면의 원조를 받아 가지고 이것을 우리가 월남가는 군대의 특별한 봉급지원을 해줄 방법이 얼마든지 있는 것인데, 어째서 정면으로 우리 군대를 보내놓고 월급은 미국측에서 월급 봉투를 주게 하는 이러한 졸렬 무쌍한, 이러한 정책을 해 가지고 온 세계를 향해서 월남에 나간 한국 군대가 말이 한국 군대지, 사람만 한국 사람이지 사실상은 미국의 용병이다, 이것을 선전하는 그러한 졸렬 무쌍한 짓을 하느냐?

ㅣ 김대중, 「제6대 국회 제47회 제6차 본회의 의사록(1965년 1월 25일)」, 『김대중 전집 II』, 제
    3권, pp.411-414.

경부고속도로

사회자   1968년 2월 1일 착공하여 1970년 7월 7일 준공한 경부고속도로는 한국경제의 물류 환경과 국민들의 생활권을 획기적으로 변화시켰습니다. 당시 한국경제 상황을 고려하면 처음에는 필요성과 가능성에 대해 적지 않은 우려와 반대가 없었던 것은 아니지만, 매우 진취적이고 미래지향적인 결정이었다는 평가를 받고 있습니다. 당시에는 찬반 논쟁이 적지 않았고 진행 과정에서 적잖은 시행착오와 성급함도 있었던 것이 사실입니다. 한 분은 경부고속도로 건설을 진두지휘하셨고, 다른 한 분은 이 사업의 타당성에 대해 이견을 제시하셨습니다. 경부고속도로를 구상하게 된 배경과 건설과정, 그

리고 이것이 갖는 의미에 대해 어떻게 생각하셨는지 또 당시 야당의원으로서 비판하신 내용에 대해 말씀해 주시기 바랍니다.

박정희 나는 경부고속도로 준공이 너무나 기뻤고 자랑스러웠습니다. 이 도로가 우리의 근대화와 통일에 행운을 가져올 것이라 생각하고 준공일도 행운의 글자 7이 세 개나 들어있는 1970년 7월 7일에 맞추었습니다. 개통식날 기쁜 마음을 표현한 치사의 내용이 기억납니다. "오늘 1970년 7월 7일, 이 좋은 날을 택해서 우리들의 오랜 꿈이요, 우리 민족의 숙원인 경부 간 고속도로의 완전 개통을 보게 된 것을 국민 여러분들과 더불어 경축해 마지않는 바입니다." 앞서 1968년 12월 21일 경인고속도로 개통식에서 나는 도로 바닥에 막걸리를 뿌렸는데, 경부고속도로 준공식에서도 이 도로가 앞으로 우리나라를 가난으로부터 구하고 통일로 가는 동맥이 될 수 있도록 조상들과 절대자에게 기도했습니다. 경부고속도로 건설은 우리 역사상 단군 이래 가장 거대한 대역사였습니다. 총 416.1킬로미터의 고속도로를 만 2년 5개월 만에 마쳤습니다. 공사비는 429억 원이 들었는데, 이는 1킬로미터 당 약 1억 원에 해당하는 것으로 다른 나라에 비해 7분의 1정도의 저렴한 가격으로 완공한 것입니다.[46] 더구나 순수하게 우리의 기술과 자금만으로 추진한 사업으로, 외국의 원조나 차관은 한 푼도 들어가지 않았습니다. 나는 이 점을 매우 자랑스럽게 생각합니다. 당시 세계은행은 우리에게 국도 포장이나 하라며 부정적이었고 자금 협력을 거부했습니다. 우리 민족의 저력을 실험하고 증명해 보이는 데 나의 의식과 집념이 반영된 사업이기도 했습니다.

박정희 나는 1967년 4월 29일 장충단 공원에서 열린 제6대 대통령 선거 유세에서 경부고속도로 건설을 공약한 바 있고, 실행은 군사작전 하듯이 하

---

46 김정렴, 『김정렴 회고록: 한국경제정책 30년사』, 서울: 중앙일보·중앙경제신문, 1992, pp.227-255.

였습니다. 실제로 군인들도 많이 동원되었고요. 빨리 완공하고 싶었습니다. 당시 상당히 빠른 속도로 경제가 일어서고 있던 시기였고 도로가 근대화되지 않고서는 경제성장이 더뎌질 수 있다는 염려가 컸습니다. 또 "장차 남쪽에서 북쪽을 관통하는 우리나라 대동맥의 일부인 점을 생각할 때, 이는 남북통일에 대한 하나의 상징이요, 민족적인 대사업[47]"이라 생각했습니다. 경부 간 고

경인고속도로 개통식에서 막걸리를 뿌리는 장면
(1968년, 박정희대통령기념관 홈페이지)

속도로가 완공되면 정부는 이를 연장해서 판문점까지 이을 작정이었습니다. 북한 괴뢰의 코앞까지 이 도로를 밀어부쳐 통일을 준비하고자 하였습니다. 사실 구상에서 준공단계까지 경부고속도로에 미쳐 있었다고 해야 할 것입니다. 내가 직접 지도를 챙겨 들고 지프로, 헬기로 마구 날아다니니 아랫사람들도 덩달아 미치지 않을 수 없었을 것입니다. 때로는 직접 지도와 그림을 넣어 계획안을 작성해보기도 했습니다. 실제로 안경모 고속도로 건설계획단장에게 "임자, 나 요새 고속도로에 미쳤어"라고 말하며 공사를 독려하던 기억이 납니다.[48]

박정희 공사 기간 중 홍수나 사고로 총 77명이 희생되는 안타까운 일도 있었고 서둘다 보니 적지 않은 사고가 있었습니다만, 참 열심히 일했고 매 순간

---

47 박정희, 「경부고속도로 기공식 치사(1968년 2월 1일)」, 『박정희 대통령 연설기록』, 대통령 기록관.

48 노재현, 『청와대 비서실 2』, 서울: 중앙일보사, 1993, p.198.

벅찬 감정으로 매진했습니다. 일종의 오기도 발동했지요. 야당과 일부 사회세력의 반대 따위는 거들떠보지도 않았고, 결국 역사와 후세가 이 고속도로의 가치를 인정해줄 것이라 확신했습니다. 물론 나는 경부고속도로 사업 뿐만 아니라 산업단지 건설 등도 강하게 밀어부쳤는데, 경험있는 과학자와 기술자들을 최대한 활용하고 격려했습니다. "목숨을 걸고 혁명을 했지만 우리 군인들이 뭘 알겠습니까. 정치를 압니까. 경제를 압니까. 입에 풀칠하기도 어려운 형편이니 국가운명이 백척간두에 걸려 있습니다. 안 박사가 사명감을 갖고 최선을 다해 주세요."[49] 이 말은 내가 안경모 박사에게 당부한 것입니다. 이들을 비롯하여 근로자들의 헌신과 노력이 없었다면 대통령이 아무리 오기를 부리고 독려해도 성공적인 건설을 기대하기 어려웠을 것입니다. 당시 경부고속도로 건설의 핵심 건설사 중 하나였던 현대건설의 정주영 회장은 나와 호흡이 잘 맞아 불도저식으로 공사를 밀어부쳤고 결국 성공시켰습니다. 정 회장이 돈만 벌려 했으면 이 사업을 하지 않았을 것이고 성공하지도 못했을 것입니다. 가난을 탈출하고 조국 근대화와 민족중흥을 이루려는 의식과 정신은, 보이지도 않고 숫자로 측정할 수도 없는 요소지만, 나 뿐만 아니라 기업인들과 국민들의 가슴속에 깊이 자리잡고 있었던 것입니다.

박정희 1964년 12월 서독을 방문하여 아우토반을 달렸을 때 나는 아주 큰 영감을 얻었습니다. 매끄러운 이 고속도로가 라인강의 기적을 일군 기초였다는 것을 바로 느낄 수 있었습니다. 아우토반에서 시속 160킬로미터로 달리면서 무한한 감명을 받았습니다. 도중에 여러 차례 내려서 도로의 노면을 두들겨 보기도 하고 교차시설, 중앙분리대 등을 살펴보았습니다. 독일인 수행원들에게 구체적인 건설 방법이나 기술 등에 대하여 물어보기도 했습니다. 에르하르트 서독 총리도 이 고속도로의 역사와 역할에 대해 많은 조언을

---

49 노재현, 『청와대 비서실 2』, 서울: 중앙일보사, 1993, p.192.

해 주었습니다. 이때 경험한 일들이 경부고속도로를 구상하게 된 중요한 계기가 되었습니다. 나는 그즈음 미래학자인 미국의 허드슨연구소 소장 허만 칸Herman Kahn 박사와 경제정책과 미래학에 대해 대화를 나눌 기회가 종종 있었는데, 농촌개발, 물류 고속도로, 공업화 전략 등에 많은 아이디어를 얻을 수 있었습니다.[50] 특히 닥쳐올 미래를 예측하고 미리 투자하거나 건설해 두면, 큰 파급효과가 나타날 수 있다는 확신을 가질 수 있었습니다.

박정희   경부고속도로 건설 역시 당장은 쓸모없어 보이지만 미래를 위해 결단을 내려야 할 사안이었습니다. 처음 이 안을 발표했을 때 국내외 전문가들은 물론 여당의원과 일부 각료들조차 무모하다고 만류했습니다. 박영록 신민당 대변인은 예산도 없이 착공하는 것은 예산법정주의에 어긋나며 "경부철도 고속화와 호남선 철도 복선화를 먼저 시작하라"[51]며 반대했습니다. 이어서 야당은 "그것을 만들만한 수백억 원의 자금이 있다면 먼저 농산물 가격안정과 중소기업자금으로 사용하고 초등학교 교실난을 해소해야 할 것"이라 주장했습니다. 지역차별 논리도 있었는데, 1970년 4월 대전과 전주를 연결하는 구간을 시작으로 호남고속도로도 착공했습니다. 어찌되었든 경부고속도로로 인한 파급효과와 미래가치에 대한 나의 확신을 포기할 수 없었습니다. 나는 국회 건설위원회에서 장관들을 불러놓고 매섭게 몰아부친 김대중 씨에게 도대체 왜 그렇게 반대하는지 묻고 싶었습니다. 김대중 씨는 야당의원으로서 정확한 수치와 논리로 야무지게 반대했는데, 당시의 실정에서 보면 충분히 타당한 비판이었습니다. 하지만, 미래를 보고자 했고 복합적인 연계효과를 기대한 나의 셈법 및 시각과는 큰 차이가 있었습니다. 준공 이후 얼마 지나지 않아 이 도로가 진가를 발휘하면서 김대중 씨도 그 필요성과 가치

50   『경향신문』, 1968년 3월 14일; 『매일경제』, 1973년 7월 21일; 『조선일보』, 1973년 11월 14일, 1975년 2월 11일, 1978년 10월 11일, 1978년 10월 28일.

51   『조선일보』, 1968년 1월 9일.

에 대해 이해하게 된 것으로 알고 있습니다. 여하튼 내 임기 중에 벌인 여러 사업 중 가장 기억에 남습니다.

> 이 도로야말로 인간의 피와 땀과 의지의 결정으로써 이루어진 공사요, 우리 민족의 피와 땀과 의지로써 이루어진 하나의 민족적인 대 예술 작품이라고 나는 이야기하고 싶습니다. 이 고속도로가 앞으로 우리나라 국민 경제의 발전과 산업 근대화에 여러 가지 큰 공헌을 하리라고 우리는 믿습니다. 우리가 이 고속도로를 처음에 착수할 때에는 물론 경제적인 분야, 산업 분야의 목적이 첫째였지만, 나는 이 고속 도로를 만들 때 이러한 경제적인 면과 물질적인 면보다도 더 중요한 목적을 하나 가지고 있었던 것입니다. 그것은 뭐냐 하면, 우리 국민들이 과연 얼마만한 민족적인 저력을 가지고 있는가, 우리 국민이 얼마만한 에너지를 가지고 있는가, 또 우리가 얼마만한 기술을 가지고 있는가 하는 우리 민족의 능력을 이 고속도로를 통해서 한 번 시험해보자 하는 것이 중요한 목적이었습니다.
>
> | 박정희, 「경부고속도로 준공식 치사(1970년 7월 7일)」, 『박정희 대통령 연설기록』.

김대중 경부고속도로 건설에 대해 나는 국정을 감시하고 대안을 제시해야 할 국회의원으로서 반대하지 않을 수 없었습니다. 지금도 그 당시 내가 제시한 비판논리들이 틀렸다고는 생각하지 않습니다. 하지만, 나의 반대는 반대를 위한 반대가 아니었습니다. 당시 정부의 부실한 계획과 허술한 타당성 조사, 너무 조급한 추진, 주먹구구식 예산 증액과 투명하지 않은 사업계약들, 무리한 공사진행에 적잖은 국민들의 희생과 잦은 안전사고, 그리고 전문가들의 조언들을 무시하고 관료들과 기술자들이 청와대의 눈치만 보고 있던 상황 등을 고려해볼 때 어떻게 야당의원이 가만히 있을 수 있었겠습니까. 박정희 씨가 앞서 말한 것처럼, 처음에는 여당 내부와 국무위원들조차도 많은 우려를 했습니다. 여권 내에서도 누가 청와대에 만류를 해야 하는지 눈치만 보고 있었습니다. 국제기구들도 반대를 했습니다. 재무부가 세계은행에 고속도로 차관 3천 3십만 달러를 요청하자 그들은 한국 실정은 고속도로를 건설하기보다 국도의 포장이 더 시급하다며 차관 제공을 거부했습니다. 당시 우리나라를 방문한 미국의 교통경제학자도 자동차 보유 대수와 경제성을 고려할 때 경부고속도로는 시기상조라는 견해를 밝힌 바 있습니다.

김대중   국회에서 내가 질의한 내용 하나를 소개하지요. 처음에 현대건설이 대통령에게 총공사비가 270억이면 가능하다고 하여 공사가 시작되었고 얼마가지 않아 330억으로 증액되었습니다. 1969년 4월 21일 국회 건설위원회에서 나는 건설부 장관에게 이렇게 질문했습니다. "우리가 알기에는 이 경부고속도로 건설이 330억 가지고 어려울 것으로 보이는데 어떻게 생각하느냐, 최초에 주 건설사가 이 돈으로 된다고 했습니다. 된다고 그래놓고 이제와서 이것이 안된다, 불과 3-4개월 전에 우리가 물었을 때 된다고 큰 소리치던 건설부의 책임과 입장은 어디로 갔느냐, 우리처럼 건설 행정에 전혀 문외한인 사람들도 상식적으로 생각해서 안 된다는 것을 알고 질문했습니다." 나는 건설부의 허술한 설계와 계획, 청와대의 무모하고 조급한 진행일정을 도저히 이해할 수 없었습니다. 같은 날 아래와 같이 질문을 이어갔습니다. "나는 본심대로 말하면 이 경부고속도로는 중단하는 것이 옳다고 봅니다마는, 중단은 안 하더라도 이 건설부장관이 추진하는 조기 완성, 1년 앞당겨서 완성하겠다는 이것은 적어도 중지해야 한다 이겁니다. 그 이유는 첫째로 지금까지 건설부의 설계가 소루해 가지고, 모든 계획이 소루해 가지고 이러한 차질이 왔어요. 이것은 신중히 다시 검토할 여지가 있습니다. 내가 볼 때 이 430억도 또 늘어난다고 봅니다."[52] 나는 새로 부임한 이한림 건설부장관에게 "우리가 날림공사를 막는 의미에서도 이 가장 어렵고 또 가장 내구성을 생명으

---

52 김대중, 「제7대 국회 상임위원회 제69회 제4차 건설위원회 회의록(1969년 4월 21일)」, 『김대중 전집 II』, 제6권, pp.38-42.

로 하는 고속도로라는 것은 하나하나 다져가면서 일을 하는 것이지 이렇게 서두르는 것이 아니다"라는 의미에서 친분이 두터운 박정희 씨에게 직언해 줄 것을 요청하기도 했었습니다. 새롭게 부임한 건설부 장관에게 전임 장관의 사실상의 거짓 답변을 추궁할 수도 없고, 현직 장관도 성의없는 답변을 반복하는 상황에서 국회의원으로서 맥빠지고 개탄하지 않을 수 없었습니다.

김대중　내가 제시한 지극히 합리적이고 발전적인 제안과 비판에 청와대는 전혀 귀 기울이지 않았습니다. 이게 어떻게 정상적인 국정운영 방식인지 되묻고 싶습니다. 기술적인 문제를 정치적으로 다루고, 해당 기술자와 관료들은 자신의 영달만을 고려하면서 권력자의 눈치만 보는 분위기에서 초래된 것이라 생각합니다. 사실 야당에서 제기한 문제들도 반대를 위한 반대는 아니었다고 생각합니다. 지금은 상상하기도 힘든 상황입니다만, 1960년대 말 춘궁기에는 밥을 거르는 국민이 적지 않았습니다. 그리고 1970년 국가 전체 예산이 4,327억 원이었으니 429억은 1년 총 정부 예산의 10%에 해당하는[53] 규모였습니다. 이런 실정에서 경부고속도로 건설이 국가 전체사업에서 우선순위가 될 수 있는지에 대한 의문이 야당 등에서 제기되는 것은 당연한 것이었습니다. 신민당 유진오 당수는 1968년 『동아일보』와의 인터뷰에서 "그 취지를 반대하는 것은 아니나, 현 경제실정에 비추어 사업의 우선 순위에 의문을 갖고 있다"[54]고 발언한 바 있습니다. 게다가 사업단지 조성 등 각종 정부 투자가 영남에 집중되고 있는 상황에서 경부고속도로 건설이 지역불균형을 더 심화시킬 수 있지 않을까 하는 우려는 충분히 납득이 되는 민심이었다고 보아야 합니다.

53　『경향신문』, 1969년 12월 22일.

54　『동아일보』, 1968년 1월 11일.

김대중　당시 나를 포함하여 많은 사람들이 정부가 왜 저렇게 군사작전식으로 그것도 졸속으로 일을 추진하는지 의문을 가졌습니다. 1969년 삼선개헌을 앞두고 박정희 씨가 뭔가 가시적인 것을 보여주기 위해 전시행정을 펴는 게 아닌가 하는 의혹의 눈초리가 적지 않았습니다. 꼭 삼선개헌을 염두에 둔 것이었는지는 알 수 없지만, 근본적으로는 대형 토목공사를 정치적 상징으로 설정하고 대중을 정서적으로 동원하는 권위주의 지도자의 심리적 경향을 보여주는 한 예가 아닌가 하는 생각은 지울 수 없었습니다. 본인은 백성을 지극히 사랑하고 백성들과 조국의 미래를 위해 결단을 내려 온 힘을 집중한다면서 그 방식은 어떤 비판도 허용하지 않는 등 매우 독재적인 모습을 보였는데 이는 동서고금을 막론하고 권위주의적 국정 운영의 일반적 유형에 해당합니다.

김대중　나는 어떤 역사적 사건을 평가할 때 무엇이 민주적인 방식이고 역사발전에 도움이 되는 방식인지 따지곤 합니다. 경부고속도로는 결과적으로 성공적인 사업이고 한국경제에 좋은 파급효과를 가져왔다고 생각합니다. 경부고속도로의 사후적 결과만 보면 박정희 씨의 결단과 추진력 그리고 미래 준비에 대해 긍정적으로 평가할만 합니다. 하지만, 한참 다음에 드러난 결과만을 보고 전체를 평가하는 것은 단면적이고 표피적일 수 있습니다. 마치 박정희 시기에 경제성장에 성공했으니 다른 모든 것을 정당한 것으로 평가해야 하며, 다른 지도자였다면 같은 경제성장을 이루지 못했을 것이므로 박정희 체제를 비판해서는 안 된다는 등의 논리가 우리 사회 한 편에 자리 잡고 있다고 생각합니다. 물론 그 반대의 흑백 논리도 마찬가지입니다. 나에 대한 평가도 예외가 아니겠지요. 경부고속도로 건설을 추진하는 과정에서 나타난 다양한 문제점은 사후의 결과에 대한 긍정적 평가와 무관하게 진지하게 검토되고 비판받아야 마땅합니다. 이것이 다면적이고 민주적인 평가 방식이며 진정으로 역사발전을 기대할 수 있는 시각이라 생각합니다. 사실 경부고속도로 건설 과정에 나타난 특징들은 권위주의 시대가 아니었으면 상상할 수 없는 것이었습니다. 그리고 그러한 방식이 아니더라도 성공 가능성이 없지는 않았다는 개방적 사고가 필요합니다. 민주화 이후 민주적인 방식으로 더 혁신적이고 성공적인 사업을 이루어낸 곳이 바로 우리나라 아니겠습니까.

> 이 고속도로는 만년 대계로 하는 것이기 때문에 조속한 문제가 아니다. 무엇 때문에 이렇게 서두르느냐. 좀 더 충분한 측량과 현지답사와 모든 계획을 세워가지고 하나하나 다져가면서 하는 것이 좋지 않으냐. 그런데도 건설부 장관은 막무가내 밀고 나갔다. 이래가지고 요새도 그렇지만 한때는 우리나라 건설부가 고속도로에 열중해서 장관이하 전부 고속도로 소리를 해야 청와대에 접수를 딴다. 그래 가지고 건설부가 고속도로에 집중되어 가지고 밀고 나간 결과가 이와 같은 엉터리 설계를 가지고 오늘과 같은 사태를 빚어냈어요.
> l 김대중, 「제7대 국회 상임위원회 제69회 제4차 건설위원회(1969년 4월 21일)」, 『김대중 전집 II』, 제6권, p.39.

삼선개헌

사회자   1969년 삼선개헌은 대통령 3연임을 금지한 헌법을 개정하여 장기 집권의 제도적 기초를 마련함으로써 기존의 민주주의 제도를 무력화한 사건이었습니다. 결과적으로는 유신체제로 가는 첫 단추가 되었다고 볼 수 있습니다. 삼선개헌을 앞두고 야당과 사회세력은 물론 여당 내부에서도 이를 반대하는 목소리가 많았고 상당한 정치적 소용돌이가 있었습니다. 삼선개헌을 관철하기 위한 논리와 이를 반대하는 논리는 극명하게 대립되었고, 그 과정에서 표출된 주장들은 1970년대 한국 정치를 바라보는 거울이 아니었나 생각합니다. 한 분은 국민을 위하여 독재자로 불리는 것도 개의치 않겠다고 하였고, 다른 한 분은 국민과 역사를 두려워한다면 독재자의 길을 멈추라고 하였습니다. 두 분이 당시에 삼선개헌을 각각 어떻게 인식하고 각자의 목적을 달성하기 위해 어떤 전략과 주장을 펴셨는지 말씀해 주십시오.

박정희　1969년은 나에게는 물론 한국 정치사에도 커다란 변곡점이 된 해입니다. 1969년 1월 신년사에서 나는 건설과 국방을 1969년의 국정지표로 제시하였습니다. 1968년 1월 북괴에 의한 미 해군 정보수집함 프에블로호 납치사건과 김신조 일당의 청와대 습격사건으로 북괴의 도발과 위협이 격화되면서 우리의 안보는 풍전등화와 같았습니다. 솔직히 우리의 안보 역량은 아직 충분치 않았고 미국을 믿을 수도 없는 상태에서 나에게는 국방이 곧 건설이었고 건설이 곧 국방이었습니다. 경제적으로도 우리는 북괴에 많이 뒤지고 있던 상태였습니다. 제2차 경제개발 5개년 계획도 이제 겨우 절반 정도 진행된 상황이었지요. 여기에서 그만두는 것은 우리나라의 경제와 국방 모두를 중도에 포기하거나 방치하는 것이나 다름없었고, 혁명의 목표를 달성하지 못한 채 혁명을 유산시키는 것이나 마찬가지였습니다. 어쨌든 이 같은 위기상황을 극복하고 우리나라가 모든 면에서 그래도 안정적인 국면으로 접어들 때까지는 흔들림 없는 전진이 필요했던 것입니다.

박정희　1969년 1월 1일 내가 작성한 "중단하는 자는 승리하지 못한다"라는 1969년 신년 휘호는 나 자신에게 보내는 메시지였고, 그러한 위기감과 고민을 많은 국민들도 함께 하고 있었다고 생각합니다. 나는 국민투표에 즈음한 특별담화문에서 나의 솔직한 심정을 밝혔습니다. "솔직히 말해서, 다사다난할 1970년대를 맞이함에 있어, 국민이 허용한다면 70년대의 전반기만은, 정권의 변동없이 현 체제를 그대로 밀고 나가는 것이 국가발전에 도움이 되는 일이며, 국가안보와 경제의 기초를 다지는 길이 된다고 믿어 이 개헌안이 발의된 것입니다." 나도 국민투표를 통해 국민들의 동의를 얻어야 하는 입장이었기 때문에 최선을 다해 국민들을 설득해야 했습니다. "그러나 나는 지금도 내가 아니면 안 된다는 자만심은 추호도 없습니다. 다만, 60년대 후반기에서 모처럼 되찾은 이 안정의 분위기를, 변동없이 70년대 초반까지 좀 더 굳히고 다져 보자는 것이며, 내 손으로 벌려 놓은 이 방대한 건설사업들을, 내 책임으로 매듭지어 보자는 생각에서 그런 것이며, 또 모처럼 움직이기 시작한 우리의 전진 대열을, 쉬었다가 다시 짜기는 쉬운 일이 아니기 때문에, 그대로 좀 더 전진을 계속해 보자는 뜻에서 그러한 것입니다."[55]

박정희 그때 야당은 말할 것도 없고 여당 내부에서도 반대 목소리가 없지 않았습니다. 양순직, 예춘호 의원 등은 1969년 2월초 공화당 의원총회에서 내 업적을 역사에 새기기 위해서라도 개헌은 안 된다고 반대했습니다. 김종필도 같은 논리로 처음에는 개헌에 반대했습니다. 정구영 의원을 중심으로 개헌반대 서명운동도 전개된 것을 기억합니다. 이같은 거센 반대에 김성곤, 길재호, 백남억, 김진만 등 공화당의 4인방과 이후락 비서실장, 김형욱 중앙정보부장이 내 뜻을 관철하기 위해 노력한 것은 잘 알려진 사실입니다. 김종필을 설득하는 것도 쉽지 않았습니다. 내가 김종필의 손을 잡은 채 "임자밖에 없어. 임자가 날 도와야지 누가 날 도울 거야. 날 도와주고 조금 남은 일 더하게 해 줘. 이번 한 기만 더 하겠다는 건데, 그것도 안 되겠어? 이번 같이 죽자고 혁명 해놓고, 혼자 살려고 그래? 60년대엔 빈곤을 거의 퇴치했는데, 70년대엔 중화학공업을 일으켜 선진국으로 가는 길을 열어야 할 것 아니냐. 이 길을 같이 가자." 나는 이때 나도 모르게 눈물을 글썽였어요. 같이 혁명을 이루던 순간들이 스쳐가고 뭔지 모를 답답함에 울컥했지요. 뜻은 이해하나 개헌의 명분이 없다고 주저하는 김종필을 서너번 불러서 설득했습니다. "우린 혁명을 하지 않았나. 그 이전에 있었던 모든 질서와 체제 일체를 부정하고 새

---

55 박정희, 「국민투표 실시에 즈음한 특별 담화문(1969년 10월 10일)」, 『박정희 대통령 연설기록』, 대통령 기록관.

제6대 대통령 선거 대구 수성천변 유세(1967년, 국가기록원 제공). 이 유세에 앞선 공화당 대통령 후보 수락 연설에서, 박정희는 "이제 우리는 조국 근대화 작업의 제2단계에 들어서고 있습니다. 이 작업은 촌각도 중단할 수 없으며, 이 전진은 잠시도 멈출 수가 없습니다"라고 말했다.

제3부 역사적 대화: 박정희와 김대중이 얽혀 살아온 역사 현장들

로운 세상을 만들려고 혁명을 했어. 그 정신에서 볼 때 3선개헌이 아니라 4선개헌이라도 필요하면 할 수 있는 것 아니냐.[56] 내가 힘드니 당신이 나서서 도와 달라는 설득에 김종필도 "정 그러시면…하시지요"라고 뜻을 굽히게 된 것입니다.

박정희　당시 야당은 거세게 반대하였습니다. 이 자리에 있는 김대중 씨가 반대 운동을 주도했다고 해도 과언이 아닙니다. 하지만 나는 야당이 독재자라 비난해도 개의치 않겠다고 공언했습니다. 어쨌든 1969년 10월 17일 실시된 국민투표에서 77.1%의 투표율에 65.1%의 찬성으로 삼선개헌이 마무리되었습니다. 나는 전폭적인 지지에 감사하면서도 막중한 책임감을 느끼지 않을 수 없었습니다. 조국 근대화의 전진 대열에 단결하여 매진할 수 있게 되었는데, "그 길에는 여야도 없고 관민도 없었던 것입니다."[57] 나는 투표 결과를 보면서 한편으로는 안도했고 다른 한편으로는 70년대를 준비할 의지와 확신에 가슴이 벅차 올랐습니다.

　　　　야당의 반대를 무릅쓰고라도 국가와 민족을 위해 도움되는 일이라면, 내 소신껏 굽히지 않고 일해 온 나의 태도를 가리켜 그들은 독재자라고 말하고 있습니다. 야당이 나를 아무리 독재자라고 비난하든, 나는 이 소신과 태도를 고치지는 않을 것입니다. 또 앞으로 누가 대통령이 되든, 오늘 우리 야당과 같이 반대를 위한 반대의 고질이 고쳐지지 않는 한, 야당으로부터 오히려 독재자라고 불리우는 대통령이 진짜 국민 여러분을 위한 대통령이라고 나는 생각합니다. 영구집권, 야당은 이 정권이 영구집권을 꾀하고 있다고 비방하고 있습니다. 남은 임기마저 채우지 않고, 국민의 의사가 그러하다면 혼연히

56　김종필, 『김종필 증언론 1』, 서울: 와이즈베리, 2016, pp.370-374.

57　박정희, 「국민투표 실시 결과에 대한 담화문(1969년 10월 18일)」, 『박정희 대통령 연설기록』, 대통령 기록관.

미련없이 물러서겠다는 생각으로 나는 이 국민투표에 임하고 있습니다…영
광의 후퇴가 얼마나 아름다운 것인가도 나는 잘 알고 있으며, 또 이때 수많은
동정을 나에게 쏟아 줄 국민여러분의 두터운 인정을 나는 잘 알고 있습니다.
그러나 다가오는 70년대를 깊이 생각한 끝에, 나는 나를 버리고 국가를 위해
한번 더 십자가를 지겠다는 결심에서 나는 이 길을 택한 것입니다.

Ⅰ 박정희, 「국민투표 실시에 즈음한 특별담화문(1969년 10월 10일)」, 『박정희 대통령 연설기록』.

김대중　　박정희 씨는 삼선개헌 결과에 가슴이 벅차올랐을지 모르지만, 나
를 포함한 많은 야당 의원들은 국회 본회의장에서 삼선개헌을 저지하기 위
해 농성을 하고 있었고, 투표 이후에는 박정희 하야를 외치며 삼선개헌 원천
무효를 주장했습니다. 집권 여당은 1969년 9월 14일 새벽 2시 경찰들의 호
위를 받으며 자기들만 모여 국회 별관에서 개헌안을 처리했습니다. 5·16 군
사 쿠테타를 일으킨 비슷한 시간대인 새벽이었습니다. 그 후 국민투표도 강
압적인 분위기에서 치러졌습니다. 이게 어떻게 제대로 된 민심이고 민주적
절차인지 묻고 싶습니다. 야당으로서 이를 저지하기에는 역부족이었습니
다. 박정희 씨가 독재자가 되기로 해 작정하고 민주절차를 파괴하는데 당해
낼 재간이 없었습니다. 더구나 지방자치제가 도입되지 않은 상태에서 자신
의 정치적 이해를 위해 전국의 모든 공무원을 동원하는 현실에서 무력감을
느끼지 않을 수 없었습니다. 내가 평생 지방자치제 도입을 위해 노력한 것에
는 이 같은 연유도 있었습니다. 개헌반대 진영은 야당은 물론이고 학생, 지식
인, 종교인 등 각종 사회세력이 총망라되었지만, 최고 권력자가 마음먹고 모
든 국가기관을 총동원하여 밀어붙이는 데는 불가항력이었습니다.

김대중　　신민당 유진오 총재는 "삼선개헌은 민주주의가 돌아오지 않는 다리
이며, 이 다리를 넘어서는 날에는 평화적 방법으로 민주주의를 되찾을 길이
영원히 막힐 것"이라며 반대입장을 분명히 한 바 있습니다. 국회 내에서 삼

선개헌을 저지하는 데는 결과적으로 실패했지만, 여하튼 삼선개헌 반대 움직임은 박정희 씨와 몇몇 주도 세력에게 위협이 될 정도로 강했다고 볼 수 있습니다. 권력 내부에서 김종필 세력과 반김종필 세력 간의 알력과 투쟁이 다시 발생하게 된 계기가 되기도 했습니다. 나는 어떻게든 삼선개헌만은 막아서 민주주의가 중단되는 일이 없도록 해야 한다는 생각을 가졌고, 삼선개헌은 박정희 씨가 종신집권으로 가는 길이라는 불길한 예감을 오래전부터 갖고 있었습니다.

김대중　1969년 7월 19일, 효창운동장에서 삼선개헌 반대 시국 대연설회가 열렸는데, 정부의 갖은 반대와 위협에도 불구하고, 수많은 청중들이 모여들어 발디딜 틈이 없었습니다. 박 정부가 갑자기 예비군 훈련을 소집하는 등 청중이 모이지 못하도록 갖은 공작을 펼쳤음에도 수많은 인파가 몰려든 것입니다. 연단에 오르자 사람의 바다에 내가 떠있는 기분이었습니다.[58] 나는 삼선개헌은 민주주의 국체를 변질시키는 시도라 생각했고 이를 저지해야 한다는 연설을 했는데, 공화당의 상징인 황소 이야기로 청중들을 설득했습니다. "지난 6월 28일 자 조간신문을 보니까 경기도 안성에서 황소 한 마리가 미쳐 가지고 주인 내외간을 마구 뿔로 받아 중상을 입혔습니다. 마을 사람들이 이 황소를 때려 잡으려고 몽둥이를 들고 나섰지만 잡지 못해서 마침내 지서 순경이 와 가지고 칼빈 총을 다섯 방이나 쏘아서 기어이 때려 잡았습니다. 나는 이 신문을 보고 '과연 천도가 무심치 않구나.' 이렇게 생각했습니다. 왜? 대한민국에서 황소를 상징으로 한 공화당이 지금 미쳐 가지고 국민 주권을 때려 잡을 삼선개헌 음모를 하니까 상징 짐승인 황소까지 같이 미쳐서 주인한테 달려든 것입니다, 이것이에요." 공화당은 1963년 선거에서부터 황소를 상징으로 삼고, "새 일꾼에 한 표 주어 황소같이 부려보자"는 선거구호를 사용해

58　김대중, 『김대중 자서전 1』, 서울: 삼인, 2019, p.194.

왔습니다. 황소 이야기에 청중들은 환호하고 공감했고 15분간의 짧은 연설에 20여 회에 넘는 박수갈채를 보내 주었습니다.

김대중 이것은 내가 연설을 잘해서가 아니라 삼선개헌을 반대하는 민중의 저항의식이 반영된 것이라 할 수 있습니다. 그 연설에서 나는 예언처럼 말을 이어갔습니다. "박정희 씨여! 당신은 지금 입으로는 점잖은 소리 뭐라고 뭐라고 하지만 당신 내심으로는 헌법 고쳐 가지고 71년 이후에도 영원히 해 먹겠다는 시커먼 배짱 가지고 있는 것 사실 아니오? 삼선개헌은 무엇이냐? 이 나라 민주국가를 완전히 1인 독재국가로 이 나라의 국체를 변혁하는 것이여! 3선 독재가 통과되는 날, 삼선개헌이 통과되는 날에는 대한민국 헌법 제1조 1항 대한민국은 민주공화국이다 하는 조문을 장사지내는 날이다 이 말이여!" 나는 박정희 씨에게 제2의 이승만이 되지 말고 공화당은 제2의 자유당이 되지 말 것을 간곡하고 단호하게 경고했습니다. 사실 이대로 가면 박정희 씨가 비극적인 독재자의 최후를 맞게 될 것이라는 예감과 불길함을 떨칠 수 없었습니다. 박정희 씨는 당시 국민과 역사를 두려워하지 않은 것처럼 보였지만, 나는 국민과 역사를 거스를 수 없다는 확신을 갖고 있었습니다.

> 마지막으로 이 사람은 온갖 정성과 온갖 결심으로써 박정희 씨에게 마지막 충고하고 호소합니다. 박정희 씨여! 당신에게 이 나라 민주주의에 대한 일편의 양심이 있으면, 당신에게 국민과 역사를 두려워할 지각이 있으면, 당신에게 4·19와 6·25 때 죽은 우리 영령들 죽음의 값에 대한 책임이 있으면 어떠한 일이 있더라도 3선개헌 만은 하지 마라. 만일 당신이 3선개헌을 했다가는 이 조국과 국민들에 대해서 말할 수 없는 죄악을 가져올 뿐 아니라 박정희 씨 당신도 내가 몇 월 며칟날 그렇게 된다고 날짜와 시간은 말 못하지만 제2의 이승만 씨가 되고 제2의 아유브 칸이 되고 공화당이 제2의 자유당이 된다는 것만은 해가 내일 아침 동쪽에서 뜬 것보다도 더 명백하다는 것을 나는 경

고해 마지않는 바입니다. 국민 여러분이여! 국체의 변혁을 꿈꾸는 3선개헌을 분쇄합시다.

ㅣ 김대중, 「3선개헌 반대 시국 대강연회에서의 연설(1969년 7월 19일)」, 『김대중 전집 II』, 제6권, pp.115-116.

1971년 대선

사회자 1971년 4월 27일에 치러진 제7대 대통령 선거는 한국 정치사에서 수준높은 정책대결이 시작된 첫 번째 정책선거로 평가받고 있습니다. 선거과정도 긴박했고 그 결과도 90여만 표라는 근소한 차이였습니다. 하지만, 이 선거를 바라보는 두 분의 생각은 완전히 달랐고, 이 선거결과는 이후 전개된 한국 정치와 두 분 정치역정도 너무나도 대조적이었습니다. 박정희 대통령은 이 선거를 치르면서 더 이상 선거가 필요없는 정치체제를 구축하기 원했고, 김대중 대통령은 이 선거결과를 두고 전투에서는 졌지만 민주주의를 위한 전쟁에서는 이겼다고 했습니다. 이후 한 분은 유신체제를 선언했고, 다른 한 분은 정치권력의 본격적인 탄압을 받게 되는 계기가 되었습니다. 이 선거를 치르면서 두 분이 가진 생각과 정책은 무엇이었고, 선거를 전후로 겪은 사건 등을 설명해 주십시오.

박정희 1971년 대선은 나로서는 매우 걱정되는 선거였습니다. 내가 많은 득표를 얻지 못할 것이라는 걱정이 아니라, 대통령을 뽑는 선거운동과 유권자의 태도를 보고 이래서 어떻게 내가 추구하는 한국적 민주주의와 우리의 안보를 확보할 수 있을까 하는 걱정이었습니다. 나는 1971년 대선 유세를 통해 나의 절박한 심정을 국민 여러분께 최대한 소상하게 설명하고 호소하고자 했습니다. 한마디로 요약하면, 거세지는 북괴의 도발에 앞서 우리가 한 고비만 넘기면 안보와 경제건설에서 한 시름 놓을 수 있다는 것이었습니다. 나는 유세에서 다음과 같이 내 생각을 밝혔습니다. "우리는 조금만 더 노력하면 우리나라도 잘 살 수 있다는 자신을 갖게 되었습니다. 국민 여러분들도 그러한 자신을 가지고 계실 줄 압니다. 이 정도로 우리가 만족하여 살겠다고 하는 생각을 가지지 말고, 지금까지 우리가 몇 년 동안 참고 이만큼 건설을 했으니까, 앞으로 몇 년 동안만 더 피땀 흘려 노력을 하면 보다 더 잘 살 수 있고, 공산당의 위협을 막을 수도 있고, 우리 후손들에게 알차고 보람된 유산을 남겨줄 수도 있는 부강한 국가를 건설해 보자는 것입니다."[59] 내가 보는 1970년대는 우리나라에게 커다란 고비였습니다. "70년대는 확실히 우리 민족을 위해서 대단히 중요한 연대입니다. 70년대 중에도 특히 그 전반기, 앞으로 향후 3, 4년이 대단히 중요한 시기입니다. 우리는 이때를 우리나라 안보의 하나의 커다란 고비요, 또한 시련기라고 보아야 하겠습니다. 우리는 이 고비를 어떻게 하든지 잘 넘겨야 되며, 이 고비를 잘 넘기기만 하면, 70년대는 우리가 아주 잘 살 수 있는 소위 대망의 70년대가 될 수 있다고 믿습니다. 그렇게 되었을 때, 그때 가서는 김일성이도 꼼짝 못할 것입니다."[60]

박정희　　그래서 1971년의 선거구호도 "혼란 없는 안정 속에 중단 없는 전진을"으로 정한 것입니다. 사실 1970년대를 준비하고 책임져야 할 나로서는 비장할 수밖에 없었습니다. 나는 사실 당시에 국민들에게 이같은 심정을 전하면서 감정적으로 울적하기도 했고 국민들에게 감성적으로 호소하기도 했습니다. 1971년 4월 26일 제2차 방송 유세가 기억에 남습니다. "나는 대통령으로서, 국민 여러분들의 그 건설에 지친 모습과 고생들을 보았을 때마다, 그 딱딱한 구호를 바꾸어 건설의 속도를 늦추어서, 잠시나마 여러분들의 고

59　박정희, 「1971년 대선 서울 유세(1971년 4월 25일)」, 『박정희 대통령 연설기록』, 대통령 기록관.

60　박정희, 「1971년 대선 춘천 유세(1971년 4월 15일)」, 『박정희 대통령 연설기록』, 대통령 기록관.

생을 덜어 주었으면 하는 심정이 한두 번이 아
니었음을 솔직히 말씀드리는 바입니다. 그러
나 국민 여러분! 나는 그때마다 오늘의 고생
을 내일로 미루다가는, 내일에는 몇 갑절의 고
생을 우리는 겪게 될 것이 너무나 뻔하기 때문
에, 좀 더 이 고생을 참고 견뎌 낼 것을 당부해
왔던 것입니다. 이러한 나의 고충은, 정녕 한
어려운 가정을 일으켜 나가야 할 책임이 있는
한 가장의 심정과도 같다 할 것입니다.[61]" 나는
이어서 "유권자 여러분! 오늘 이 자리에서 분
명히 말씀드리거니와, 내가 이런 자리에 나와

제7대 대통령선거 포스터(1971년,
박정희대통령기념관 홈페이지)

서 여러분에게 나를 한번 더 뽑아 주십시오 하는 정치 연설은 오늘 이것이 마
지막이라는 것을 확실히 말씀드립니다[62]"라고 밝히기도 했습니다.

박정희   돌이켜 보면 그때 혹시 선거에서 국민들의 전폭적인 지지를 얻지
못했을 때, 우리나라의 국운이 꺾이는 것은 아닌가 하는 조바심과 위기감이
나를 엄습했던 것 같습니다. 그리고 줄곧 한국적 민주주의를 지향해온 중요
한 과제는 정치적 민주주의보다 국민들이 배불리 먹고 풍요롭게 하는 경제
적 민주주의라 생각했습니다.[63] 이 점에서 서구식 민주주의와 야당에서 제기

61 박정희, 「제2차 선거방송 유세 연설(1971년 4월 26일)」, 『박정희 대통령 연설기록』, 대통
령 기록관.

62 박정희, 「1971년 대선 서울 유세 연설(1971년 4월 25일)」, 『박정희 대통령 연설기록』, 대
통령 기록관.

63 『조선일보』, 1975년 2월 11일. 박정희는 허만 칸 박사를 접견하면서, "현실적으로 민주화
와 공업화라는 두 개의 과제를 동시에 추진할 수 있느냐는 것은 중요한 검토대상이 되어 왔
지만, 민주화를 한다는 것이 비단 정치적인 면에서만 국한된다면 민주화의 실질적인 의의
는 감소되는 것"이라고 말하며, 본인 특유의 경제적 민주화 개념을 사용한 바 있다.

한 대중민주주의를 납득할 수 없었습니다. 그리고 나의 생각을 여전히 많은 국민들이 동감해주신다고 생각했습니다.

박정희   1971년 4월 25일, 장충단 공원 청중들에게 연설문을 읽어 나가면서 내가 무슨 생각을 했고, 연설 후 보좌진에게 처음 한 말이 무엇이었는지 아십니까? 당시 북괴가 선거에 개입하여 혼란을 일으킬 수 있다는 첩보들이 보고되는 상황이었습니다. 관에서 동원된 군중도 많았지만, "그 군중이 나는 참 무서웠어. 군중이 혼란을 일으키면 결국 무력을 동원해야 진정이 돼요. 내가 4·19 때 부산 계엄사무소장이었는데 그런 꼴을 보았어요." 만약 이 집회에서 북괴가 모략전을 펴서 경찰관 복장을 한 간첩에게 총을 쏘게 하면 걷잡을 수 없는 상황이 벌어질 수 있다는 위기감에 노심초사했습니다. 나는 자리로 돌아와 수행원에게 맨 처음 물은 말은 "휴전선에 이상이 없느냐"였고, 청와대로 돌아와 군중들이 다 해산했다는 보고를 받고 저녁을 먹었습니다.[64] 그 전 4월 18일 같은 장소에서 신민당 김대중 후보가 유세하는 것을 보면서 군중들을 저렇게 자극하여 국민들이 흥분상태에 빠진다면 어떻게 민주주의가 제대로 발전할 수 있을까라는 생각을 하던 터라 더 무서웠던 겁니다.

박정희   선거 결과를 접하고 나는 답답한 마음에 김종필을 불러 섭섭함을 토로한 적이 있습니다. "나는 그래도 빈곤을 추방하려고 열심히 일을 했어. 한 10년 열심히 해서 이제 굶지 않을 정도는 됐어. 내가 영구집권한다는 것도 아니고 말이야…그랬는데 김대중이가 뭔데 차이가 그것 밖에 안나나." "김대중과 비교해서 국민들이 나를 대접하는 게 겨우 이 정도인가. 우리나라 같은 경우 선거 바람이 잘 못 불면 엉뚱한 사람이 당선될 가능성이 얼마든지

---

64   조갑제, 『박정희의 결정적 순간들』, 서울: 기파랑, 2019, p.504.

있어.[65] 그랬을 때 과연 이 나라가 일관성 있게 자유민주주의 체제를 유지할지 의심스러워. 그래서 내가 심각하게 걱정을 해." 나도 어쩔 수 없는 나약한 한 명의 인간인지라 혼신을 다해 내 애국심과 진정성, 그리고 밤낮 안가리고 일한 나의 노력이 충분히 인정되지 않고 있다는 개인적 차원의 서운함을 떨치기 힘들었던 모양입니다. 1972년 6월 어느 날 홍종철 사정특보, 동 훈 비서관과 청와대 뜰에서 점심을 하면서 우연히 장충단 공원 연설이 화제가 된 적이 있는데, 나는 무심결에 탁자를 탁 치면서, "이제 그 따위 선거는 없어!"[66]라고 내뱉은 것이 기억납니다. 1971년 대선 당시 이후락 정보부장과 여러 선거 참모들이 승리를 낙관하기 힘드니 "이번이 마지막이다"라는 말을 유세 연설에서 꼭 선언하라고 나에게 여러 차례 채근한 적이 있습니다. 나는 이 말을 순순히 수용하기 힘들었습니다. 그래서 위에 말씀드린 것과 같이 에둘러서 표현한 것입니다. 1971년 대선은 나에게 위기감과 서운함, 그리고 운명적 결의가 뒤섞여 나타난 사건이라고 할 수 있겠습니다.

우리나라의 국가 안보를 4대 강국에다 떠맡기자는 4대국 보장 운운하는 이야기가 나오고, 또 야당이 집권을 하면 향토 예비군을 무조건 없애 버리겠다, 또는 야당이 집권하면 남북 교류를 당장에 시작하겠다는 것입니다. 나는 이런 소리를 듣고 이 사람들이 아직도 정신을 못차리고 있구나 하는 생각을 했어요. 여러분들은 4대국 보장이라는 것이 무슨 이야기인지 대충 아시리라고 생각하는데, 이거 아주 큰일 날 소리입니다. 우리 대한민국이란 나라는 원래 땅덩어리가 조그만 데다가, 그나마 남북이 두 동아리로 분단되어 북에는 이 지구상에서도 가장 호전적이고 또 도전적인 북한 괴뢰 집단이 도사리고 앉아 있고, 또 그 뒤에는 중공이다, 소련이다 하는 세계에서도 가장 힘이 센

65 서중석, 「서중석의 현대사 이야기, 131회: 40대 기수론이 젖비린내? 박정희도 두려워했다」, 『프레시안』, 2015년 11월 29일.

66 조갑제, 『박정희의 결정적 순간들』, 서울: 기파랑, 2019, pp.500-510.

공산 대국들이 김일성 괴뢰 집단을 적극적으로 밀어주고 있는 상황을 볼 때 결국 우리나라는 이러한 강대국들 틈바구니에 살고 있는 셈인데, 우리 힘만 가지고는 앞으로 자주국방을 어떻게 한다, 국가안보를 어떻게 한다 하는 것은 도저히 불가능하고 자신이 없으니까 공연히 안 될 일 가지고 우리가 버둥거리지 말고 차라리 우리나라의 문제를 몽땅 들고 이 사람들을 찾아가서 여러분들한테 잘 부탁합니다 하고 갖다 맡기자는 주장입니다.

| 박정희, 「1971년 대선 대전 선거유세 연설(1971년 4월 10일)」, 『박정희 대통령 연설기록』.

김대중 나는 1971년 대선에서 죽음을 각오하고라도 박정희 씨의 당선을 저지하기 위해 최선을 다했습니다. 나는 이미 박정희 정권이 삼선개헌에서부터 종신집권을 위한 수순을 밟고 있었다고 확신했습니다.[67] 여기에서 내가 지면 한국의 민주주의는 끝장나고 총

연설하는 모습(1971년, 김대중도서관 제공)

통제가 시작될 것이 너무나도 눈에 선했기 때문입니다. 1970년 11월 14일에 열린 효창운동장 연설에서 나는 나의 의지를 강조하는 것으로 유세를 시작했습니다. "…만일 이 나라가 명년에도 정권교체를 하지 못하고 또다시 박정희 대통령이 지배한다 할 것 같으면 우리의 조국과 우리 국민의 운명은 어떠한 비극 속으로 떨어질지 모르는 일입니다. 그러므로 나는 나 개인의 영화보다도 내 사랑하는 조국과 국민을 이 고난으로부터 구출하기 위해서는 명년에 어떠한 일이 있어도 승리를 해야만 합니다. 나는 내 앞에 첫째도 승리, 둘째도 승리, 셋째도 승리만이 있을 뿐입니다."

---

67   우연인지 필연인지 1969년 10월 17일 삼선개헌을 위한 국민투표가 실시되었고, 정확히 3년 뒤 같은 날, 1972년 10월 17일, 유선헌법이 선포되었다.

김대중　나는 1960년대와 1970년대를 박정희 씨와 정반대로 인식하고 전망했습니다. 나는 "박정희 씨가 지배한 1960년대를 '건설을 빙자한 개발독재의 시대'로 규정했습니다. 이제 내가 이끌어 나아가고자 하는 70년대는 국민 대중이 이 나라 주인이 되고 이 나라의 행복을 차지하는 희망에 찬 대중의 시대로 이끌고자 하는 것입니다"[68]라고 새로운 비전을 제시했습니다. 나는 또한 북괴 김일성 집단에 대항하는 전략에 관해서도 박정희 씨와 다른 생각을 가져왔습니다. 박정희 정권이 장기집권의 명분으로 북괴로부터의 위협 증가를 매번 강조했는데, 나는 그것이 진실되지 못하고 바르지도 않는 방법이라 생각했습니다. 박정희 씨가 추구하던 개발독재가 아니라 내가 생각하는 민주주의가 더 효과적인 승공과 멸공의 길이라는 점을 유권자들에게 강조한 것입니다. "김일성이는 박정희 후보의 상대가 아니라 3,000만 국민의 대결 상대요, 여러분과 나의 대결 상대인 것입니다. 동시에 우리는 이 나라에서 지금 김일성이에게 승리를 가져다 주고, 공산당에게 승리를 가져다 주도록 독재와 부패와 특권경제를 하고 있는 오늘의 박 정권의, 오늘의 정치야말로 공산당을 키워주는 온상인 것입니다. 그리고 나는 여러분에게 말합니다. 우리는 다 같이 오늘의 공산당을 키워주는, 공산당을 승자로 만든 박 정권의 독재와, 썩은 정치와, 특권경제가 종식되지 않으면 장차 공산당에게 승리할 수 없다는 것을 여러분에게 말씀드리면서, 우리가 공산당에게 이기기 위해서는 박 정권을 이번에 기어이 종식해야 한다는 것을 여러분에게, 나는 여러분에게 호소하는 것입니다."[69]

김대중　민주주의에 관해 박정희 씨는 자신만의 독특한 개념을 갖고 있어서 내가 갖고 있던 그것과는 차이가 너무 컸습니다. 나의 이 같은 비장한 각오

68　김대중, 「서울 효창운동장에서의 7대 대통령 선거유세 연설(1970년 11월 14일)」, 『김대중 전집 II』, 제6권, pp.382-383.

69　김대중, 「제7대 대통령 선거 서울 장충단 공원 유세 연설(1971년 4월 18일)」, 『김대중 전집 II』, 제6권, p.472.

와 국민들의 민주주의에 대한 열망을 비웃기라도 하듯 집권 여당은 정권연장을 위해 말그대로 모든 선거에서 부정을 저질렀습니다. 나의 선거유세를 방해하고 탄압하기 위해 정보기관은 1971년 1월 27일 내 집에 폭파사건을 일으켰고, 심지어 1971년 2월 5일에는 신민당 대통령 후보 선거대책본부장 정일형 박사의 봉원동 자택을 전소시킨 적도 있습니다.[70] 박정희 정권은 내가 예비군 폐지를 주장했다고 하여 빨갱이라 매도했고, 나를 지지하면 용공분자라며 공포 분위기를 조성했습니다. 중앙정보부는 경상도 지역에 전라도 사람들이여 단결하라는 흑색선전물을 조직적으로 살포하고 주민들의 지역감정을 자극하여 동서분열을 서슴치 않았습니다. 여론조작을 위해 막대한 금품을 뿌렸고, 집회에서는 대규모 청중동원이 이루어져 집회장에 야당 청중은 걸어가고 여당 청중은 차에 실려 간다는 말이 퍼져있을 정도였습니다.

김대중   1971년 4월 18일 장충단공원에서 열린 유세는 아직도 기억에 생생합니다. 당일 장충단 공원 일대는 환호와 흥분의 도가니였습니다. 경찰의 저지 속에서도 100만 군중이 광화문까지 가두행진을 벌였고 김대중과 정권교체를 외쳐댔습니다. 당일 오픈카를 타고 종로에서 출발하여 연설회장으로 향했는데 장충체육관 근처에서 밀려드는 인파 때문에 차를 움직일 수 없어 걸어갔습니다. 차에 같이 타고 있던 통일당 당수 양일동 씨가, "동생 끝났네"라고 했고 유진산 씨도 고개를 끄덕이며 좋아하던

제7대 대통령선거 포스터(1971년, 김대중도서관 제공)

기억이 지금도 눈에 선합니다. 실제로 나는 그날 마지막에, "여러분! 7월 1일

70 김대중, 『김대중 자서전 1』, 서울: 삼인, 2019, pp.218-233.

은 청와대에서 새로운 대통령 취임식을 올리는 날입니다. 7월 1일에 청와대에서 만납시다"라며 연설을 마쳤습니다.

김대중　나는 정권교체를 바라는 거대한 민심의 파도를 타기 위해 최대한 구체적이고 시의적절한 정책을 제시하려 노력하였습니다. 부정부패 일소, 중앙정보부 폐지, 지방자치제 실시, 각급 학교의 육성회비 폐지, 향토예비군과 학생 교련 폐지, 그리고 대중민주주의의 구현 등을 약속했습니다. 그리고 텔레비전에서 정책 토론을 하자고 박정희 씨에게 수차례 요구했으나 박정희 씨가 거절했습니다. 방송토론이 성사되었더라면 한국의 선거사에서도 더욱 의미있는 정책선거가 되었을 텐데 여태 아쉬움으로 남아 있습니다.[71] 주변 4강의 국제적 조약에 의한 한반도 안전보장과 남북 교류를 주장한 4대국 안전보장론도 사실은 이미 동서 간의 데탕트가 시작된 국제적 환경을 미리 읽고 이를 적극적으로 활용하자는 전략이었는데, 박정희 씨는 이를 용공으로 몰아갔습니다. 1970년 10월 30일 외신 기자클럽 연설에서도, 나는 1970년대는 전 세계적으로 각국의 현실적 이해관계를 바탕으로 한 협상과 절충의 시대가 되고 있다고 공개적으로 선언한 바 있습니다.[72] 이같은 국제적인 조류를 역행해서는 우리의 외교가 성공할 수 없다는 것을 확신하고 있었습니다. 나의 이같은 정책을 용공으로 몰아세우던 박정희 씨가 선거 다음 해인 1972년에 남북회담과 7·4 남북 공동성명을 추진하였습니다. 나의 정책을 가져간 것이지요. 나를 용공으로 매도하던 것을 생각하면 억울하기 짝이 없는 일이지만, 남북이 형식적으로나마 만났다는 데 위안을 삼았습니다.

김대중　나는 지금도 선거에 진 것이 아니라 개표에 진 것이라 믿고 있습니

71　김대중, 『김대중 자서전 2』, 서울: 삼인, 2017, p.213.

72　김대중, 「서울 외신기자 구락부 초청 만찬 연설문(1970년 10월 30일)」, 『김대중 전집 II』, 제6권, p.366.

제7대 대선 장충단 공원 유세(1971년, 김대중도서관 제공). 김대중은 이 연설에서 "이번에 정권교체를 하지 못하면 이 나라는 박정희 씨의 영구집권의 총통시대가 오는 것입니다"라고 주장했다.

제3부 역사적 대화: 박정희와 김대중이 얽혀 살아온 역사 현장들

다. "부정선거를 그대로 볼 바에는 피를 보고야 말겠다고 일어설 때 가능하다고 했는데 이번에도 그러한 상황이었는데 거기까지는 끌고 가지 못했어…역량도 부족하고 국민들의 성숙도도 아직 거기까지는 안 갔고. 그러나 그것이 밑거름이 돼가지고 그 다음에 민주화가 된 거지."[73] 선거가 끝난 후 나의 심경은 내가 1971년 4월 29일 『동아일보』와의 다음 인터뷰에 그대로 담겨있습니다. "개인적으로는 내가 할 수 있는 최선을 다해 싸워 하느님과 양심에 부끄러움이 없으며, 지금은 낙선의 고민보다도 그저 담담한 심정입니다. 다만 이 나라 민주주의의 장래가 암담하여 나의 고민은 낙선 그것보다 앞날에 대한 걱정으로 차 있습니다." 나는 박정희 후보에게 하고 싶은 말이 무엇이냐는 기자의 질문에 "박 후보는 나의 말이 통할 사람이 아니기 때문에 할 말이 없소. 내 개인으로는 박 대통령에게 축하의 화분을 보낼 수 없는 선거전이 된 것을 슬프게 생각할 따름입니다"[74]라고 대답한 기억이 납니다.

명년에는 어떠한 일이 있어도 정권이 교체되어야 할 것입니다. 민주주의 국가에서는 한 사람이 아무리 길게 집권하더라도 8년 이상 집권해서는 안됩니다. 박정희 대통령이 그만두어야 하는 이유가 많지만 그중에서 가장 근본적이고 제1차적인 이유는 설사 박정희 대통령이 정치를 잘했다 하더라도 이제 10년 했으니까 그만두는 것이 민주주의를 살리는 첫째 이유가 되는 것입니다. 하물며 박정권 10년 동안 이 나라는 독재와 부패와 몇 사람 만이 잘사는 특권경제의 길로 달려 왔습니다…또한 대단히 외람된 말이지만, 나는 박정희 대통령에 대해서 이 김대중이를 그렇게 얄보지 말라고 전하고 싶어. 내가 비록 6척이 못되는 사람이지만 내 자랑이 있다면 지금까지 단 한번도 독재자 앞에 굴복해 본 적이 없고 국민의 적의 편에 서 본 일이 없습니다. 나는

73 김대중, 「김대중 구술사 인터뷰, 13차(2006년 12월 19일)」, 연세대학교 김대중도서관 소장; 류상영, 「김대중과 1971년 대통령 선거」, 류상영 외 편저, 『김대중과 한국야당사』, 서울: 연세대 대학출판문화원, 2013, pp.143-170.
74 김대중, 「『동아일보』와의 인터뷰(1971년 4월 29일)」, 『김대중 전집 II』, 제6권, pp.506-509.

지금까지 끝내 어떠한 부정과 강압과도 싸워왔어. 비록 내가 한 때 좌절한 적은 있어도 내가 굴복당한 일은 없어.

I 김대중, 「서울 효창운동장에서의 7대 대통령 선거유세 연설(1970년 11월 14일)」, 『김대중 전집 II』, 제6권, pp.382-394.

전태일

사회자　1970년 11월 13일 평화시장 내 봉재공장의 재단사 전태일의 분신은 한국 노동운동사에 커다란 전환점이었습니다. 경제성장을 위해 희생한 노동자들의 열악한 현실이 사회에 알려지고 근로기준법 등의 최소한의 법적 보호가 필요하다는 것을 한국사회가 공감하는 계기가 되었습니다. 이 사건은 한국의 노동운동의 본격화는 물론 민주화 운동에도 커다란 영향을 남겼습니다. 또한, 한 '아름다운 청년'의 죽음은 그간의 노동집약적 공업화 전략이 한계에 봉착했음을 방증하였고 결과적으로 자본집약적 중화학공업화 선언의 배경이었다는 해석도 가능하다고 봅니다. 두 분이 당시 전태일 분신을 어떻게 인식하였는지 말씀해 주십시오. 아울러 한국의 노동 현실에 대한 어떤 전략과 정책을 추구하셨는지 들려 주십시오.

박정희　사실 이 사건은 나에게도 근로자들의 복지와 노동환경을 곰곰히 생각하게 하는 계기가 되었습니다. 그동안의 경제개발 5개년 계획이 성과를 낼 수 있었던 것도 헌신적인 근로자들의 노력 덕분이라는 것은 나도 여러 번 강조한 바 있습니다. 하지만, 돌이켜 보면 나에게는 기업주와 근로자 등에 대한 계층 구분이나 계급적 인식이 없었습니다. 오직 민족과 나라를 위해 국민 모두가 단결하여 너와 나 또는 기업가와 근로자 구분 없이 노력해야 한다는 민족적 당위성에 집중하고 있었습니다. 나는 전태일 분신 사건을 통해 비로소 국가적 목표와 경제적 분배에서 계급 간 차이가 있을 수 있다는 현실을 처음 느끼게 되었습니다. 어떻게 보면 이것도 우리가 모두 가난했던 시기에서 벗어나 어느 정도 잘사는 사람이 생기면서 발생한 현상이라고 보아야겠지요.

박정희   나는 전태일의 분신을 극한 투쟁방식이라 보고 자제해야 한다고 생각했지만, 처음 겪는 사건이라 놀라기도 했고 매우 안타까웠습니다. 나는 11월 16일 시신이 안치된 성모병원에 이승택 노동청장을 보내 유족을 만나 전태일이 요구한 8개 항목의 실천을 약속했고 평화시장 대표로부터 각서를 받도록 했습니다.[75] 전태일이 발송하지 못하고 남긴 탄원서 내용을 접하게 된 후, 개인적으로 많은 것을 생각하게 되었습니다. 이 청년이 쓴 「대통령에게 보낸 탄원서」의 내용은 잠시나마 내 가슴을 먹먹하게 했습니다. "각하께선 저들의 생명의 원천이십니다. 혁명 후 오늘날까지 저들은 각하께서 이루신 모든 실제를 높이 존경합니다. 그리고 앞으로도 길이길이 존경할 겁니다. 삼선개헌에 관하여 저들이 알지 못하는 참으로 깊은 희생을 각하께선 마침내 행하심을 머리 숙여 음미합니다. 끝까지 인내와 현명하신 용기는 또 한번 밝아오는 대한민국의 무거운 십자가를 국민들은 존경과 신뢰로 각하께 드릴 것입니다…각하께선 국부이십니다. 곧 저희들의 아버님이십니다. 소자된 도리로써 아픈 곳을 알려 드립니다. 소자의 아픈 곳을 고쳐 주십시오. 아픈 곳을 알리지도 않고 아버님을 원망한다면 도리에 틀린 일입니다. 저희들의 요구인 1일 14시간의 작업시간을 단축하십시오…."[76]

박정희   전태일은 과격한 노동운동가도 직업적인 반체제 운동가도 아니었

---

75   『조선일보』, 1970년 11월 17일.

76   이 탄원서는 KBS 〈역사저널 그날〉, 283회("인간선언-우리는 재봉틀이 아니다"), 2020년 10월 31일 방송에서 소개된 바 있다. 이 자료는 전태일기념관 홈페이지의 노동역사사료 부분에 전태일 열사가 직접 쓴 일기 등 생전 수기 모음집(제목: "나는 절대로 타협하지 않을 것이다") 파일(00880202.pdf)에 소개되어 있다. 하지만, 박정희 대통령에 대하여 언급한 부분은 빠진 채 요구사항만 적혀있다. 탄원서의 내용을 감안하면 삼선개헌 이후에 작성된 것으로 추정된다. 이 자료는 전태일 열사의 친필 수기가 그대로 소개된 것이 아니라 추후에 기념관측에서 수기로 재작성 편집하여 올려놓은 것으로 보인다. https://archive.taeil.org/#4392

습니다. 그는 나와 함께 조국 근대화와 경제성장을 위해 땀을 흘리고 헌신한 우리 국민의 한 사람이었습니다. 우리가 급히 경제성장을 하면서 미처 신경을 쓰지 못한 취약계층의 현실이 하나하나 드러나고 갈등의 씨앗들이 뿌려지고 있는 상황이 반영된 현상이었습니다. 그래서 나는 두 달 뒤 1971년 연두 기자회견에서 한국의 노사문제에 대해 다음과 같이 강조했던 것입니다. "이 문제는 우리가 두 가지 측면에서 관심을 가지고 다루어야 될 줄 압니다. 하나는 근로자의 노동 환경과 복지 향상이라는 면과 또 한 가지 근로자의 복지 향상, 노동환경의 개선도 중요하지만 우리 경제도 계속 성장해 나가면서 노동자들의 복지 향상이라든지 임금문제 같은 것도 개선해 나가야 되겠다는 두 가지 측면이 있다고 생각합니다. 경제의 발전이라는 문제와 근로자들의 생활 환경, 임금문제, 복지 향상은 상호 밀접한 관련이 있는 것이 사실입니다. 따라서, 어느 한 쪽 면만 치중해서 다룰 수는 없는 문제가 아닌가, 즉 경제발전을 위해서는 또는 기업이 살기 위해서는 노동자의 복지 향상이라든지 하는 문제는 돌볼 겨를이 없다, 노동자는 희생을 해야 된다는 이런, 즉 극단적인 정책을 우리는 절대로 쓸 수 없는 동시에, 노동자의 복지 향상이라든지 또는 노동환경의 개선, 노동자를 위해서는 기업이 쓰러지거나 경제성장을 희생해야 한다는 이런 극단적인 정책도 쓸 수 없다는 것입니다. 그러니까 결국은 기업과 노동자가 같이 살아야 된다, 공존해야 된다, 기업도 살고 노동자의 복지도 향상시키는 두 가지가 같이 병행해 나가도록 합리적인 방안을 모색해야 하겠다는 것입니다."

박정희　　하지만, 그 당시 나는 한국의 노동여건이 이전보다 개선되고 있었다고 생각했고, 이전 5년간 연평균 임금 상승률도 20.7%에 이르러 5%대의 선진국들에 비해 많아지고 있다고 판단했습니다.[77] 우리 경제는 제3차 경

77　박정희, 「1971년 연초 기자회견(1971년 1월 11일)」, 『박정희 대통령 연설기록』, 대통령 기록관.

제개발 5개년 계획을 앞두고 수출경쟁력을 높여야 할 긴급한 과제를 안고 있었는데, 나로서는 한국의 임금 상승률이 높아 해외투자가들이 투자를 꺼린다는 이야기에 가장 신경이 쓰였던 게 사실입니다. 내가 여러 계기로 기업인들이 전태일이 주장한 근로기준법 준수 등에 신경을 써 기업주와 근로자의 협력적 관계가 형성되도록 독려했지만, 아무래도 수출과 국제경쟁력과 노동생산성 향상의 국가적 과제들을 더 우선순위로 두었음을 부인하고 싶지 않습니다. 내 눈에는 민족중흥을 위해 산업역군으로서 땀흘리는 근로자의 모습이 더 아름다워 보였습니다. 사실 전태일 사건이 일어나기 전부터 나는 기존의 경공업을 중심으로 한 노동집약적 공업화가 수출시장에서 한계를 드러내고 있음을 알고 있었습니다. 1973년에 중화학공업화 전략을 선언한 것도 이러한 한계를 극복하고 산업구조를 고도화하여 자본집약적이고 기술집약적인 공업화 전략으로 전환하기 위한 것이었습니다. 우리나라가 가난을 벗어나는 데 피와 땀과 눈물을 흘린 근로자들과 국민들에게 다시 한번 감사드리고 싶습니다. 아울러 오늘날 우리가 누리고 있는 생활도 전태일 같은 희생자가 있었기에 가능했다는 사실을 국민들은 잊지 말아야 할 것입니다.

그 동안 우리 근로자들은 남다른 희생 정신과 강인한 생산적 저력을 과시하였으며, 역사에 길이 남을 흐뭇하고도 보람찬 업적을 이룩해 놓았습니다. 어려운 여건과 넉넉치 못한 생활 조건하에서도 꾸준히 땀흘려 일한 노고의 대가로서, 우리는 지난해만 하더라도 10억 불의 수출 목표를 거뜬히 달성했고, 내년부터는 민족의 완전 자립과 번영의 시금석이 될 3차 경제개발 5개년 계획에 돌입할 만반의 준비 태세를 갖추게 되었습니다…역사적으로 볼 때 경제의 발전 과정에 있어서는, 기업의 '성장'과 근로자의 '복지'문제가 서로 엇갈리기 때문에, 이것을 어떻게 하면 잘 조정하느냐 하는 어렵고도 힘든 과제가 부단히 제기되어 왔던 것을 돌이켜 볼 수 있습니다…이러한 노사 관계에 관한 역사의 기록만 보더라도, '잘 되는 민족'과 '못 되는 민족'의 차이가 두드러지게 나타나기 마련입니다. 우리 나라의 근로자나 기업인들은 이러한 경제 성장의 과거와 우리의 현실에 비추어, 그 어느 길을 택할 것인가에 대해 느끼는 바가 많아야 할 것입니다. 공익을 생각지 않는 철저한 이기주의나 극한 투쟁 방식을 우리는 굳이 본받을 필요가 없다고 생각합니다. 그보다도 문제 해결을 위해서 봉공 의식이나 '융화, 협동'과 같은 우리 민족 고유의 지혜와 미덕을 발휘해야 하겠다는 것이 나의 소신입니다.

┃ 박정희, 「제13회 근로자의 날 치사(1971년 3월 10일)」『박정희 대통령 연설기록』

김대중　일찍이 1950년대부터 한국의 노동 현실과 대중경제를 고민해 온 나는 22세의 청년 전태일의 분신 사건을 접하고 바로 올 것이 왔구나 하는 생각이 들었습니다. 개인적으로 너무 안타까운 심정을 금치 못했고, 이같은 상황을 미연에 개선하는 데 역할이 미흡했던 점에서 야당 의원으로서도 자괴감을 떨칠 수 없었습니다. 개발독재 방식이 더 이상 작동하기 힘들겠구나 하는 판단도 들었습니다. 신민당은 11월 23일 특별조사위원회를 구성하여 정부의 노동정책 개선을 촉구하고 전태일의 유언을 실현하기 위한 법적·제도적 장치를 마련하기 위해 노력을 기울였고, 그 사건과 관련하여 연행된 서울대생들의 석방을 위해 노력했습니다.[78] 나는 대선 연설에서 "서울 평화시장의 피복 노동자 전태일 씨의 분신 자살은 결코 일개 피복직장의 노동조건에 대한 반항이 아니라 실로 현 정권의 반근로자적 노동정책에 대한 항의인 것이며 오늘의 절망에 찬 사회현실에 대한 일대 경종이라며 반성해야 한다. 현 정부는 건설이라는 이름 아래 엄연한 실정법인 근로기준법의 준수에 전혀 관심을 두지 않고 이를 사실상 사문화시켜 버렸다. 노동자들의 근로조건 개선의 요구를 외면하며 공화당 정권이 지금까지 노동문제에 관심이 있었다면

78　『조선일보』, 1970년 11월 24일.

그것은 어떻게 하면 노동조합을 그들의 정치적 도구로 만드느냐 하는 것 뿐이었다"라고 성토했습니다. 이어서 "건강하고 적정한 수입의 노동자 존재는 그들 자신의 이익이 되는 것이 아니라, 국가 경제의 안정적 발전의 기초가 되며 반공의 주요 요건이 되는 것이다. 경제건설이 어느 정도 이루어질 때까지는 근로자의 희생이 불가피하다는 식의 18세기적 경제정책에 젖어 있는 현 정부의 사고방식은 너무나도 위험하다"[79]고 비판했습니다.

김대중   그리고 정부의 왜곡된 경제전략과 노동정책은 그렇다 치더라도 더 큰 문제 중 하나는 당시 한국의 노동조합들이 제대로 된 역할을 못했다는 점입니다. 청년 전태일의 주장은 이미 갖추어진 근로기준법을 준수하고 노동환경과 처우를 개선해 달라는 것이었습니다. 전태일이 주장했듯이 그것은 기업주에게도 그리 무리가 되지 않는 수준의 요구였습니다. 전태일이 대통령에게 쓴 탄원서를 보면 참 눈물 날 정도로 안쓰럽고 애처로운 호소가 많습니다. 한국 사회에 지배하고 있던 유교적이고 권위적인 문화와 박정희 정권의 정치적 억압 속에서, 무한히 순수한 한 청년이 강한 생명의 나무가 되었다고 보아야 할 것입니다. 대통령에게 보내는 탄원서는 전달되지 않았다 하더라도, 전태일이 동료들을 위해 노동청 등 각계 각층에 여러차례 탄원을 하고 개선을 요구한 사실에 주목해야 합니다. 하지만, 어느 기관에서도 성의 있는 대답은 없었고 오히려 경찰을 동원하여 감시와 탄압을 했습니다. 어느 한 군데 호소할 곳 없는 가난하고 힘없는 청년이 마지막 수단으로 자신의 몸을 불살라 한국 노동운동에 촛불같은 역할을 한 것입니다. 이때 한국의 노동조합은 무엇을 했습니까. 사실 전태일은 노동조합에서도 보호를 받지 못하고 외면당했습니다.

---

79   김대중, 「전주에서 열린 7대 대통령 선거유세 연설문 초안(1970년 11월 21일)」, 『김대중 전집 Ⅱ』, 제6권, pp.395-396.

김대중　나는 1955년 10월 『사상계』에 실린 「한국 노동운동의 진로」라는 글에서 이승만 정부의 억압적 노동정책과 어용화된 노동조합을 강하게 비판한 바 있습니다. 한국의 노동운동은 정부의 억압정책이 문제긴 하지만 노동운동 지도자들이 제대로 역할을 수행하지 못한 것은 물론 농민과의 연대에도 실패했습니다. 나는 노동자들에 대한 제대로 된 교육과 보호 그리고 노동조합 지도자들의 각성이 있지 않으면 정부의 정보정치의 간섭과 어용조합의 한계를 벗어나지 못한다고 지적해 왔습니다. 따라서 전태일의 거룩한 희생을 살리고 앞으로 닥쳐올 파국을 대비하여 노동자의 정당한 지위확립을 위한 획기적인 조치를 단행해야 한다고 주장했습니다. 사업장 전수조사를 통한 처우개선, 노동자의 경영참여, 그리고 양심적이고 창의적인 기업인에 대한 적극 협력 등을 구체적인 대안으로 제시했던 것입니다. 이같은 조치없이 어떻게 노사관계가 발전하고 전태일 정신이 구현될 수 있겠습니까. 최근 일부 노동운동에서 보이는 성숙하지 못한 이기적인 행태도 노동운동의 발전과 제대로 된 역할수행을 위해 반성해야 할 과제라 생각합니다.

김대중　그리고 더 근본적으로는 특권경제를 없애고 대중들이 참여하고 주인이 되는 대중경제와 대중민주체제가 실현되어야 했습니다. 나는 박정희 씨가 노동자들을 산업화의 역군으로 동원하여 칭송만 하지 말고, 보다 구체적인 처우개선과 공정한 분배를 추구했으면 하는 아쉬움이 있습니다. 하지만, 노동 인권과 복지는 최고지도자나 기업주의 시혜로 이루어지는 것이 아니고, 대중경제가 제도적으로 구현되고 민주주의가 질적으로 발전함으로써 확보될 수 있는 것입니다. 전태일 열사가 남긴 "근로기준법을 지켜라", "우리는 기계가 아니다", "내 죽음을 헛되이 마라"라는 유언은 한국 노동운동의 기폭제가 되었을 뿐만 아니라 한국 민주화 운동의 마중물이 되었습니다. 이후 전태일 열사의 어머니 이소선 여사는 한국 노동운동과 민주화운동의 어머니로 평생을 사셨습니다. 전태일 열사가 떠나고 얼마 뒤 나는 수유리 근처 움막

집에서 살고 있던 이소선 여사를 찾아가 위로해 드렸습니다. 나는 이소선 여사를 비롯한 유족들이 함께 생활할 수 있도록 동대문 근처에 집을 마련해 드리기도 했습니다.[80] 마석 모란공원 민족민주열사 묘역에 묻혀 있는 전태일 열사가 어머니 옆에서 그리고 민주화 동지들과 함께 하느님의 거룩한 은혜 아래 평화롭게 영면하길 기도드립니다.

　　나는 전태일 씨의 의거를 고발 정신의 정수라고 봅니다. 그는 가난한 서민의 아들로 태어나서 가난한 서민을 위하여 싸우다가 가난한 서민을 위해 그의 몸을 불살랐다. 그는 노동자의 무자비한 희생 위에 경제성장의 가화만을 추구하는 정부 권력과 싸웠으며, 그는 노동자의 신음을 외면한 채 권력과 기업주와의 결탁 아래 어용봉사에 급급한 사이비 조합과 싸웠으며, 그는 18세기적 미몽에서 무력하고 어린 노동자들을 염가로 혹사하는 기업주와 싸우다 더욱 큰 승리와 희생을 위해 자신을 희생시킨 것이다. 단언하거니와 만일 정부와 우리가 이 기회에 전태일 씨의 죽음을 헛되게 하지 않는 획기적인 개혁을 단행하지 않는다면, 제2, 제3의 전태일은 속출할 것이고 경제건설 자체의 혼란은 물론 중대한 사회적·정치적 파탄조차 면치 못할 것이다. 나는 신민당이 집권하면 노동 3법을 전면 재정비하여 자유로운 노동조합 운동의 보장, 근로기준법상의 갖가지 맹점의 시정, 그리고 각급 노동위원회에 대한 강력한 집행명령 및 제재권 부여를 단행할 것이다. 그리하여 근로자의 적극적인 참여와 정당한 처우 획득을 통해서 이 나라 경제의 건전하고 명랑한 발전을 아울러 실현시킬 것이다.

ǀ 김대중, 「연두 기자회견: 대중반정을 실현하자(1971년 1월 23일)」, 『김대중 전집 Ⅱ』, 제6권, p.419.

80　김대중, 『김대중 자서전 1』, 서울: 삼인, 2019, p.227.

새마을운동

1970년부터 시작된 새마을운동은 근대화를 위한 지역사회 개발의 성공적인 사례로 여겨지고 있습니다. 가난한 개발도상국가에서 경제발전과 빈곤퇴치를 위한 농촌개발 운동이었는데, 전 세계적으로 논의되고 있는 국제협력개발의 대표적인 사례로 다루어지기도 했습니다. 물론 새마을운동을 정치적 동원체제와 감시기제로 이해하는 시각도 있습니다. 원래의 운동은 종언되었지만, 지금도 다양한 형태로 새마을운동이 살아있고 새마을지도자를 모집하고 있으며, 개발도상국과 우리의 경험을 공유하기 위한 원조프로그램에도 새마을운동이 포함되어 있습니다. 하지만, 당시부터 정치적 동원을 위한 것인지, 순수히 지역개발을 위한 것인지에 대한 논쟁이 끊이지 않았습니다. 새마을운동의 배경과 목표, 사업 내용, 그리고 이 운동이 한국 정치와 사회에 미친 영향 등에 대해 두 분은 어떤 생각을 하셨는지 말씀해 주십시오.

박정희 새마을운동 이야기를 하면 나도 모르게 기분이 좋아지고 새마을 노래가 절로 나옵니다. 나의 어릴 적 농촌의 기억과 경험, 우리나라를 가난으로부터 벗어나게 해야 한다는 나의 의지, 내가 추구하던 조국 근대화와 민족중흥, 그리고 5·16 혁명을 완수하기 위한 단계별 과제 등이 모두 하나로 집약된 운동이 아니었나 생각됩니다. 나는 처음부터 누가 정권을 담당하든 농촌의 재건 없이 국가재건은 불가능하고 하물며 민족경제의 복원 운운하는 것은 한갓 말장난에 불과하다고 생각해 왔습니다. 나는 "한국에 솟는 태양은 동해에서가 아니고 농촌의 산이나 들이어야 한다. 여기에서 우리의 희망은 밝아오기 때문이다"라고 공언해 왔습니다.[81] "농촌을 하루속히 근대화 하겠다는

---

81 박정희, 『국가와 혁명과 나』, 서울: 향문사, 1963, p.49.

것은 한마디로 농민들이 후진적인 굴레에서 조속히 벗어나게 하는 것입니다. 그동안 우리는 조국의 근대화를 위해 농업의 발전 없이는 공업의 발전도 어렵다는 점에서 중농 정책을 아울러 추진해 왔습니다…문제는 우리 농어민들이 어떠한 정신과 자세로 무엇을 위해 노력하느냐에 달려 있다고 믿습니다. 자립하겠다는 의욕이 있느냐 없느냐, 스스로 돕는 자조自助적인 노력이 있느냐 없느냐, 무엇인가 창조하고 개척해 나가는 생산적인 기상에 불타 있느냐 없느냐! 한마디로 잘 살아보겠다는 의지와 노력만 있으면 잘 살 수 있다는 자신을 가지고 분발 하느냐, 안 하느냐에 농촌 근대화와 우리 농어민의 생활 향상이 좌우되는 것입니다.[82]"

박정희　이즈음 내가 새마을운동의 3대 정신과 방향을 구상하고 정책화한데는 유석창 씨가 1967년에 발간한 『조용한 혁명: 선도농가를 위하여』[83]라는 책도 큰 영향을 주었습니다. 당시 한국의 농촌 현실을 분석하고 농촌 개발을 위한 정신과 방향을 제시해주어 정책적으로 큰 도움이 되었습니다. 이 책은 제목부터 마음에 들었습니다. 그가 제시한 대로 새마을운동은 말 그대로 조용한 혁명이었습니다. 이러한 조용한 혁명이 받쳐주지 않는다면 5·16 혁명의 목표도 완수하지 못했을 것이라 생각합니다. 그리고 이러한 새마을운동의 목표를 구체적으로 실현하기 위한 핵심 사업 중 하나가 쌀자급과 식량안보였습니다. 통일벼 사업은 개발과정에서 여러 차례 실패를 경험했고 자연재해에 어려움을 겪었지만, 1973년부터 효과를 발휘하기 시작했습니다. 전국 쌀 생산량이 1974년에는 3천만 석을 돌파했고 1977년에는 4천만 석을 돌파했습니다. 쌀 맛도 좋았다고 생각합니다. 마침내 1977년 통일벼가 세계 최고 수준의 수확량을 달성했습니다. 그 해 나는 쌀자급을 선언했

82　박정희, 「제2회 농어민 소득증대 특별사업 경진대회 치사(1970년 11월 11일)」, 『박정희 대통령 연설기록』, 대통령 기록관.

83　유석창, 『조용한 혁명: 선도농가를 위하여』, 서울: 건국대 출판부, 1967.

고, 14년 동안 금지되어온 쌀 막걸리 제조 금지를 해제했습니다. 내가 그토록 강조해 온 또 하나의 혁명, 즉 녹색혁명이 결실을 맺기 시작한 순간이었습니다.

박정희 1960년대의 보릿고개를 겪지 않아도 되는 단계를 넘어 쌀을 자급할 수 있는 단계에 이르렀으니 그 의미를 아무리 강조해도 지나치지 않을 것입니다. 게다가 1977년은 농가소득이 도시 가계의 연평균 소득을 추월하는 해였습니다. 농촌의 소득증대 정책이 효과를 거둔 것이지요. 정부에 의한 추곡수매제와 이중곡가제도로 농민들의 소득이 늘어난 것도 사실이지만, 전반적으로 근면, 자조, 협동의 새마을운동의 정신이 농민들의 정신과 생활에도 각인되면서 농촌경제가 활기를 띠고 농촌이 개발된 것입니다. 나는 이같은 새마을운동의 성공에 아직도 높은 자부심과 만족감을 느끼고 있습니다. 이러한 점에서 1974년 12월, "새마을운동은 유신이념의 실천도장"이라는 휘호를 써서 여러 곳에 배포하기도 했습니다. 새마을운동은 1970년 4월 22일 전국 지방장관회의에서 내가 새마을운동을 공식 제창하기 이전부터 농어민 소득증대사업으로 이미 시작되었다고 보아야 합니다.

박정희 1970년 11월에 있었던 경진대회에서 충북 출신 농부 하사용 씨의 비닐하우스 재배 사례와 가난에서 벗어나려는 인생 이야기는 나를 포함한 모든 참가자들을 감동시켰습니다. 추운 겨울에 우연히 바람에 날린 종이에 덮힌 채소가 종이의 보온효과 때문에 얼지 않고 살아나는 것을 보고 비닐하우스 재배를 성공시킨 농부였습니다. 가난을 벗어나기 위한 새마을운동의 정신을 그대로 실천한 농부였습니다. 나는 강연 후 그를 불러 대상을 주면서 "참으로 훌륭한 일을 하셨습니다. 하사용 씨야 말로 무에서 유를 창조한 산증인이십니다"라고 칭찬했습니다. 상암동에 있는 내 기념도서관 전시실에 하사용 씨의 인터뷰 비디오가 상영되고 있는 것으로 알고 있습니다. 하사용 씨는 내 재임기에 언제라도 일하다 흙 묻은 복장으로 청와대에 들릴 수 있는 새마을운동의 영웅이었고, 나는 그를 우리 모든 국민의 훌륭한 교사로 불렀던 것입니다.

박정희　1972년 4월 나는 새마을 노래를 작사 작곡하여 발표하고 전국의 모든 마을에서 아침에 마치 군대의 기상 나팔소리처럼 틀도록 하였습니다. "새벽종이 울렸네. 새아침이 밝았네. 너도 나도 일어나 새마을을 가꾸세. 살기 좋은 내 마을 우리 힘으로 만드세"로 시작되어 4절까지 이어진 노래였지요. 교사경험을 살려 이 노래를 만들었지만, 하사용 씨 등의 사례가 나한테 준 영감이 컸습니다. 어쨌든 농촌에 대한 나의 애정과 집념은 유별났고, 새마을운동의 현장을 돌아보는 일은 무엇보다 즐겁고 보람찬 일이었습니다. 나는 1979년 초 새마을운동이 충분한 성과를 낸 시기에도 농촌 개발에 대한 정책을 지속하고 싶었습니다. 당시 9만 5천 호로 계획된 농가주택 개량사업 규모가 안정화를 채택한 신현확 부총리에 의해 3만 호로 줄어들었는데, 나는 그와 논의를 하다가 "이건 내 통치 철학입니다. 내가 농업개발에 대한 집념이 있는데, 당신이 내 집념을 꺾을 작정이요?"[84] 하며 책상을 치면서 화를 냈던 적이 있습니다. 사실 나는 어렸을 때부터 "명예의 노예가 된 영웅보다는 태양을 등에 지고 대지를 일구는 농부가 보다 고귀하고 아름답다"라고 쓴 시도[85] 있습니다. 그리고 새마을지도자 대회를 할 때면 육영수가 참가한 새마을지도자들과의 환담에서 저 분은 대통령이 안 되었으면 고향 구미의 새마을지도자를 했을 것이라고 말한 적도 많았습니다.

박정희　어쨌든 새마을운동을 집행하는 과정에서 정부는 공짜보다는 업적

84　신철식, 『신현확의 증언』, 서울: 메디치, 2017, pp.272-273.

85　박정희, 「대자연(1936년에 쓴 시)」, 『박정희 시집』, 서울: 기파랑, 2017, p.22. 이 시는 박정희가 1936년, 대구사범 5학년 때 『교우회지』 제4호에 발표한 것이다.

에 따라 보상하는 시스템을 도입하였고 이는 마을 간의 경쟁을 촉진하면서 좋은 성과를 가져온 것 같습니다.[86] 이 운동은 생활태도와 정신개조 없이는 성공하기 힘든 것이었지만, 국민들이 적극 협력하고 공감하여 큰 효과를 보았다고 생각합니다. 그간 내가 정치적으로 이용하고 농민들을 사회적으로 동원하기 위해 새마을운동을 벌였다는 비판이 있었습니다. 호사가들이나 이론가들은 그같은 비판을 할 수 있을 것입니다. 하지만, 나는 추호도 그런 생각이 없었고 정치적으로 이용하려는 어떠한 시도도 철저히 배격했습니다. 1970년대 초에 공화당 사무총장이 새마을지도자들을 당원으로 가입시키자는 안을 보고한 바 있습니다. 나는 너무나도 불쾌했습니다. 나는 김정렴 비서실장에게 "누구를 막론하고 새마을운동을 정치적으로 이용해선 안된다…단 한 사람이라도 새마을지도자를 새로운 당원으로 가입시켜서는 안된다"[87]라고 말하고, 비서실이 항상 체크하여 보고하도록 엄명했습니다. 누가 어떤 논리로 새마을운동을 비판하든 그 운동은 농민과 마을 그리고 나라를 잘 살게 하는 국민이 주체였다고 생각합니다. 내 다음 정권부터 새마을운동이 변질되려는 것을 보고 많이 아쉽고 안타까웠습니다.

　　농촌의 근대화, 우리 농촌을 하루 바삐 부흥시키는 데 있어서는, 종전에 해오던 정부의 여러 가지 지원 자금의 뒷받침 등도 다 필요하겠지만, 그것만 가지고는 농촌 근대화가 성공할 수 없다 하는 결론을 얻었습니다. 즉 재정적인, 물질적인 또는 기술적인 이러한 지원과 아울러, 오히려 그것 보다도 더 앞서서 우리 농민들의 정신 개발이 앞서야만 농촌의 근대화가 이루어질 수 있다는 것입니다. 이것이 농촌 근대화의 성패를 판가름하는 관건이라는 결론에 도달해서, 작년부터 우리는 전국 농촌 방방곡곡에 '새마을 운동'을 전개했습니다. 이 새마을 운동의 밑바탕이 되는 그 정신을 우리는 새마을 정신이다, 이렇게

86　고병우, 『새마을운동, 이렇게 시작됐다』, 서울: 기파랑, 2020.
87　김정렴, 『아, 박정희』, 서울: 중앙 M&B, 1997, p.258.

부르고 있습니다. 새마을 정신이라는 것은 무엇이냐, 농민들의 자조, 자립, 협동 정신, 이것이 곧 새마을 정신입니다. 이러한 정신이 우리 농민들 가슴속에서 자발적으로 우러나고 우리 농촌 방방 곡곡에서 이 정신이 팽배하게 늘어날 때, 비로소 지금 우리 정부가 추진하고 있는 모든 시책이 성과를 거둘 수 있고, 또한 우리 농촌이 부흥하고 우리 농촌의 근대화를 이룩할 수 있는 것입니다.

| 박정희, 「1972년 연두 기자회견(1972년 1월 11일)」, 『박정희 대통령 연설기록』.

김대중　　나는 새마을운동에 대해 야당 정치인으로서 여러 방식으로 비판했습니다. 새마을운동이 정치적으로 악용되는 것을 막고 감시하기 위해 목소리를 높인 점도 없지 않습니다. 하지만, 당시 우리나라 농업 현실과 산업구조를 감안하면 농민의 소득증대와 구매력 향상 측면에서 새마을운동이 좋은 정책 대안이었다는 점에는 대체로 공감합니다. 최소한 농업개발이나 농민 소득증대를 통해 한국의 경제개발과 산업화를 견인하는 전략으로서 1960년대 초부터 확산된 소위 내포적 공업화 전략에서는 박정희 씨와 내 주장에 큰 차이가 없습니다. 나는 박정희 씨의 개발독재론에 대한 대항 전략으로서 대중경제론을 주창했지만, 그 대중경제론 내에서도 농민과 농업 우선 전략에는 박정희 씨의 정책과 유사한 점이 여러 군데 있었습니다. 나는 대중경제론에서 농업을 중시하면서 "후진국 경제개발 과정에 있어서 농업을 비롯한 1차산업의 이중적 역할이 충분히 인식되고 수행되지 않으면 일체의 개발계획이 그의 집행과정에서 와해되고 만다는 것을 인식하지 않으면 안된다. 이중곡가제를 통하여 농가소득의 획기적 증가를 주장하는 것도 다름 아닌 공업화 과정에 있어 전통적 산업의 이중적 역할에 착안한 때문이고 한편 농업을 비롯한 1차산업의 비약적인 발전이야말로 대중경제의 이념을 현실적으로 충족시켜 줄 것이기 때문이다"[88]라고 인식했습니다. 나는 1970년대 초 한국이 겪은 불

88　김대중, 「『신동아』 기고문, 대중경제를 주창하다(1969년 11월 1일)」, 『김대중 전집 II』, 제6권, p.200.

경기의 큰 원인도 농촌의 구매력이 없었기 때문이라고 봤습니다. 농촌의 구매력이 살아나려면 농촌의 수익 창출을 위해 투자를 해주어야 하고 쌀과 보리 농사 그리고 축산업 등의 수지가 맞도록 해주어야 하지 않겠습니까. 내가 이중곡가제를 강력히 제안한 것도 이같은 논리에 따른 것이었습니다.

김대중　대중경제론의 내포적 공업화 전략은 자립적 국민경제를 실현한다는 점에서, 민족주의적 성격이 강했던 초기 박정희 씨의 제1차 경제개발 5개년 계획의 내포적 공업화 전략과 유사했습니다. 나도 초기 대중경제론에서 농업육성과 농민의 구매력 향상, 그리고 국내자본 조달을 강조했습니다. 신생독립국이고 자본과 기술이 부족하며, 무엇보다도 한국전쟁으로 산업시설이 완전히 파괴되고 인구의 83% 이상이 농업에 종사하던 현실에서 우리에게 남은 선택지는 많지 않았습니다. 당시의 농업문제에 대한 박정희 씨와 나의 정책이 크게 다를 수 없었고 일반적인 것이었다고 볼 수 있습니다. 실제로 미국 학계에서도 후진국 경제발전론이나 단계적 근대화론이 활발히 연구되었고 이 논리가 우리나라에도 1950년대부터 다양한 채널을 통해 전파되었습니다.[89] 이같은 시각은 1960년대에도 그대로 이어져 미국 국무부가 1965년에 출간한 한국경제에 대한 보고서에도 유사한 정책들이 제시되어 있었습니다.[90] 한마디로 중농정책은 후진국이 경제개발을 위해 채택할 수 있는 보편적인 정책이었던 것입니다. 박정희 정부가 1972년부터 쌀과 보리에 대해

89　정일준, 「미국의 제3세계 정책과 1960년대 한국사회의 근대화」, 노영기·도진순 외, 『1960년대 한국의 근대화와 지식인』, 서울: 선인, 2005, pp.21-57.

90　월트 로스토우(Walt W. Rostow)의 주도로 1965년에 출간된 한국 경제에 대한 보고서 『국가정책문서: 한국』, p.10. 로스토우 박사는 케네디 행정부에서 미 국무성 정책기획국장을 지냈고, 존슨 행정부에서는 국가안보보좌관을 지냈다. 그가 MIT 공대 경제사 교수로 있을 당시 발간한 책, *The Stages of Economic Development: A Non-Communist Manifesto* (1960)는 반(反)공산주의 시각에서 근대화와 사회진화론에 대한 새로운 개념을 제시한 것으로 당시 한국을 포함한 많은 개발도상국가들의 개발전략은 물론 세계의 자본주의 발전전략에도 많은 영향을 미쳤다.

보다 본격적으로 실시한 이중곡가제도 내가 그 전부터 누차 강조했던 정책 중의 하나였습니다.

김대중 이같은 중농정책에서의 유사성에도 불구하고, 나는 새마을운동이 너무 권위주의적 형태로 추진되고 있다는 점과 보이지 않은 폐해들을 낳고 있다는 점에 비판적인 입장을 접을 수 없었습니다. 통일벼를 농민들에게 거의 강제적으로 도입하고 하달된 재배면적을 채우기 위해 각서를 받기도 하고 거부할 시 영농자금 지원을 중단하는 일이 비일비재했던 것으로 기억하고 있습니다. 급기야 1978년에는 새로 개발된 통일벼인 노풍이 도열병에 취약해 이른바 노풍사태가 발생하였고 대흉작에 농민들의 피해가 심각해 그들의 저항도 시작되었습니다. 그 후로 통일벼 재배면적이 크게 줄어들게 된 것입니다. 그동안 농민들이 심어온 국내 토종 일반벼를 보존하면서 서서히 도입해야 하는데 너무 서두른 탓에 많은 폐해를 남긴 것입니다. 새마을운동으로 농가소득이 늘어난 것은 사실이지만, 급격한 도시화와 농촌 인력의 대규모 이농으로 농촌이 피폐화되는 결과를 가져왔습니다. 농촌과 도시가 상생하고 경제적으로 균형을 이루는 구조를 기대할 수 없게 된 것입니다. 새마을운동을 정치적으로 이용한 일이 없었다는 주장도 납득하기 힘듭니다. 박정희 씨 스스로가 새마을운동은 유신이념의 도장이라는 휘호까지 써서 배포했는데, 새마을운동의 성과를 인정한다 해도 어떻게 이것이 정치적·사회적 동원 전략과 무관하다는 것인지 되묻고 싶습니다.[91] 그리고 곳곳에서 새마을운동이 정치적으로 악용되는 현상이 발견되었습니다. 예를 들면, "새마을운동과 농촌개발 사업을 지원하는 농업협동조합이 완전히 관료화되고 조합장은

---

91 새마을운동이 단순한 농촌개발 운동이 아니고 1930년대 만주국의 집단부락에서 유래하였고 지역사회통제를 위한 것이었다는 견해도 있다. 이 해석에 따르면 새마을운동은 동아시아 냉전의 연쇄였고 아래로부터의 근대와 냉전의 체제구축을 위한 지역사회 운동이었던 것이다. 허 은, 『냉전과 새마을』, 서울: 창비, 2022.

농민이 지지하는 사람이 아니라 공화당이 지지하는 사람이 임명되지 않았습니까. 공화당 선거운동을 잘해야 농협조합장이 되었던 것입니다. 이래서 농민은 쓰지도 안 한 돈 농민 도장을 가지고 제가 멋대로 찍어서 돈 썼다가 못 갚으면 농민 집에다가 딱지 붙이고 이런 일이 도처에서 생겼습니다." 나는 "농민 스스로 자기 운명을 개척하도록 협동조합을 농민에게 맡기지 않으면 새마을운동으로 시멘트 팔아 주어 보았자 농촌을 절대로 갱생할 수 없을 것이다[92]"라고 반박한 기억이 납니다.

김대중   하지만 새마을운동은 국민들 사이에 하면 된다는 정신을 심어주는 좋은 계기가 되었다는 점에서 긍정적으로 평가하고 싶습니다. 나는 1998년 전국 새마을지도자 대회에서 우리나라가 전쟁의 폐허에서 일군 세계 열한 번째 경제대국이 된 것은 "가난을 딛고 잘 살아보자는 온 국민의 단합된 의지와 눈물겨운 노력이 있었습니다. 그리고 근면, 자조, 협동의 정신을 바탕으로 한 새마을지도자들의 열정과 헌신이 배어 있었다"고 연설한 바 있습니다. 그리고 같은 연설에서 국민의 정부가 시작한 제2의 건국운동을 소개하면서, "이제 우리는 국가의 틀을 새로이 짜는 총체적 개혁에 나서고 있습니다. 기본이 바로 선 나라를 만들고 민족의 재도약을 이룩하기 위해 '제2의 건국운동'에 국민의 저력을 모으고 있습니다. '제2의 새마을운동'이 새로운 시대로의 도약과 발전을 이끄는 원동력이 되도록 합시다[93]"라고 말해 제2의 새마을운동의 필요성을 역설하기도 했습니다.

동시에 새마을운동이라는 것은 정말로 새 '마음'운동부터 시작해야 돼. 그것도 위정자의 새 마음부터 시작되어야 해. 국민에게 봉사한다는 자들이,

92   김대중, 「5개국 순방 귀국 보고 강연(1972년 3월 11일)」, 전집 2, 6, p.617.

93   김대중, 「제2의 건국의 중심이 되는 제2의 새마을운동: 1998년 전국 새마을운동지도자 대회 연설(1998년 12월 8일)」, 『김대중 전집 I』, 제2권, pp.224-228.

농민을 위한다는 자들이 뒷구멍에서 온갖 나쁜 짓 다하면서, 호의호식하고 고층 누각에 살면서 새마을운동은 농민에게만 맡기고 농민들에만 '고생 참고 열심히 일하고, 정직하게 살고, 네 힘으로 잘 살라.'는 말이 나와? 자기는 월급갖고 안 살고 거짓말로 도둑질해 가지고 10만 원짜리 월급쟁이가 2억, 3억 집에 살고, 수십억 부동산 투자하고, 한 마리에 100만 원, 200만 원 짜리 개 갖고, 여편네 손에 3,000만 원 짜리 5,000만 원 짜리 다이아 반지 끼우고, 골프장에 다니면서 새마을운동 해라? 만일 이 정권이 국운을 걸고 진실로 이 사업을 하려면 자기들이 도둑질해서 산 집 팔고, 여편네 다이아 반지 팔고, 이렇게 해서 새마을운동에 투자하는 동시에, 30만, 50만 평 토지에서 골프 치고 있는 골프채 모조리 불태워 버리고 그 땅을 농민들에게 돌려주라 이거예요. 이렇게 했을 때 비로소 국민은 정부를 믿고 혼연일체가 되어 우리의 새로운 진로가 개척되는 것입니다.

I 김대중, 「삼단계 통일 방안에 대한 연설(1972년 6월 6일)」, 『김대중 전집 II』, 제6권, p.664.

7·4 남북공동성명

사회자   1972년 7월 4일의 7·4 남북공동성명은 한국전쟁 이후 최초의 남북대화였다는 점에서 그 의의가 적지 않습니다. 당시로서는 매우 획기적인 자주, 평화, 민족대단결이라는 조국통일 3대원칙이 천명되었습니다. 하지만, 역설적이게도 그해 10월 17일 남한에서는 유신체제가 선언되고, 북한에서는 12월에 사회주의 헌법이 채택되면서 남북 간 체제경쟁과 대립이 격화되기 시작했습니다. 당시 우리나라에는 7·4 공동성명의 배경이나 정치적 전략 등에 대한 많은 의혹과 논쟁이 있었습니다. 한 분은 7·4 공동성명을 설계하고 추진하셨고, 다른 한 분은 28년 후 2000년 6월 15일 분단 이후 최초로 6·15 남북공동선언을 이끌었습니다. 7·4 남북공동성명을 추진하시게 된 배경과 의의에 대하여, 그리고 남북통일에 대하여 어떠한 생각과 전략을 가지고 있었는지 말씀해 주십시오.

박정희　북괴의 도발이 거세지는 가운데, 나는 어떻게든 전쟁의 가능성을 낮추고 안보역량을 키워 북괴 공산주의자들을 제압할 수 있는 시간을 벌 필요가 있었습니다. 또 한편으로는 남북이 교류하고 대화하여 우리 민족의 염원인 민족통일을 이루어야 한다는 소망이 있었습니다. 나는 1968년 공화당 당원에게 보내는 특별담화에서 "우리의 궁극적인 국가목표는 우리 민족의 재통일"이고 "민주적인 통일 국가의 성취야말로 우리 민족의 지상과제"[94]라고 강조했습니다. 이에 앞서 나는 1966년 대통령 연두교서에서도 경제발전과 조국 근대화가 남북통일을 위한 것임을 강조한 바 있습니다. 그리고 아직 조국 근대화의 과제와 5·16 혁명의 목표들이 완수되지 않은 상태에서 북괴의 도발이 격화되면 국가적으로 매우 버거울 것이기 때문에 나는 남북대화를 나쁘지 않은 대응전략의 하나라 선택했던 것입니다.

박정희　1972년은 우리와 북괴의 국력차가 비슷해진 시점이어서 나 개인적으로는 북괴와의 경쟁을 내 방식대로 관리하면서 이겨낼 수 있다는 자신감이 생겼다고도 볼 수 있습니다. 대화를 시작하면서 남북한 대립과 군사경쟁이 왜 더 거세졌는가라는 의문과 비판이 제기된 사실을 잘 알고 있습니다만, 어떻게 보면 당연한 사태의 진전입니다. 남북대화를 시작했다고 하여 우리가 북한 공산집단을 합법적인 정권으로 인정하는 것도 아니고 우리의 통일 정책에 어떤 변화가 생긴 것도 아니었습니다. 더구나 북한 공산집단이 쉽게 변할 것이라고는 추호도 생각하지 않았기 때문에 우리 군의 대공 경계태세나 국방력 강화전략에는 애초부터 아무런 변화가 있을 수 없었습니다. 아마

94　박정희, 「공화당 당원에게 보내는 특별담화(1968년 8월 1일)」, 『박정희 대통령 연설기록』, 대통령 기록관.

도 북한 김일성도 나와 똑같은 생각과 자세였을 것으로 생각합니다. 오히려 나는 남북공동성명 발표로 혹시나 미군 감축이나 철수 이야기가 나오지 않을까 걱정되었습니다. 물론 나는 남북 긴장을 더 높이기 위해 대화를 시작한 것은 아니었습니다. 북한 공산집단들이 어떻게 대응하든 우리로서는 민족의 평화적 통일이라는 과제를 무한정 방치해둘 수는 없었던 것이지요. 그 어려운 민족적 과제를 위해 우리는 더욱 뭉치고 유신 개혁을 단행해야 할 필요가 더 커진 것입니다. 7·4 공동성명이 발표된 3개월이 지난 1972년 10월 27일 대한적십자사 창립 23주년 기념 치사에서 나의 이같은 생각을 다음과 같이 강조했습니다. "민족의 긍지와 명예를 위해 마땅히 성취해야 할 이 민족의 대과업은 비단 대화의 길을 트는 데 있어 획기적 계기를 마련한 대한적십자사만의 노력으로 되는 일이 아니며, 또 남북대화의 가능성을 구현하고자 하는 정부의 의지만으로 가능한 것이 아닙니다. 비로소 그 실마리가 잡힌 남북대화는 국민 모두가 힘을 모아 뒷받침해야 할 과업인 것입니다. 그러기 위해서 우리에게는 평화통일을 지향하는 민족 주체세력의 대동단결을 촉성하는 새로운 민족체제를 구축하기 위해 유신적 일대개혁이 요구되는 것입니다. 민족사에 일대전기를 이루는 이 유신적 개혁이 진행되고 있는 중차대한 이 시점에서 국민 각자는 과거 우리 민족이 슬기와 예지로 모든 난관을 극복했듯이 이 민족적 대과업을 성공적으로 이끌어 가리라고 나는 확신합니다."[95]

박정희   북한 공산주의 집단은 김일성을 중심으로 일사분란하게 뭉쳐 우리나라의 안보와 민족적 소망을 위협하고 있는데, 어떻게 하면 우리가 그들을 이기고 우리의 평화적 민족통일을 이루어낼 수 있을까요. 정부의 힘만으로도 군대의 힘만으로도 불가능합니다. 전 국민의 총화 단결과 대화와 인도적 교류를 통해 민족동질성을 조금이라도 회복하여 그들의 도발을 늦추고, 다

---

95   박정희, 「대한적십자사 창립 23주년 기념 치사(1972년 10월 27일)」, 『박정희 대통령 연설 기록』, 대통령 기록관.

른 한편으로는 그들을 힘으로 이길 수 있는 방법을 계속 경주하지 않으면 안 되었던 것입니다. 당시 북한 대표단이 "남과 북이 함께 몇 만 명의 군대를 줄이자"고 했을 때 나는 단호히 거절했습니다. 그는 "서로에게 좋은 제안인데 왜 그러냐"는 질문에, 나는 "북쪽은 8만 명을 줄여도 호루라기 한번 불면 간단하게 다시 모이지만, 남쪽은 그렇지 않다. 남쪽에서는 호루라기를 불고 꽹과리를 친다고 해서 다시 늘릴 수 있는 게 아니다[96]"라고 대답한 적이 있습니다. 한편, 야당의 대선후보였던 김대중 씨가 1971년 대선에서 제시한 국제정치적 인식이나 남북대화의 필요성도 곰곰이 생각해 보면 일리있는 것이었습니다. 국제적으로도 동서 데탕트와 화해무드가 본격화되고 있던 것이 사실입니다. 선거 과정에서야 너무 낭만적이고 용공적인 생각으로 들렸지만, 우리가 대비만 철저히 한다면 결국은 내가 생각한 통일이라는 민족주의적 과업에도 도움이 될 것이라는 생각이 들었습니다. 하지만, 북한 김일성 집단은 쉽게 변화되지 않았고 7·4 남북공동성명의 정신도 금방 사그라져버려 안타까웠습니다.

이 대화의 목적은 어디까지나 한반도에서 다시는 동족상잔의 전쟁이 일어나지 않도록 하며 나아가서는 평화통일의 실마리를 찾아보자는 데 있는 것입니다. 그러면 전쟁의 위험을 제거하고 평화를 유지하기 위해서는 우리가 과연 무엇을 해야 하겠습니까? 평화는 그것을 지킬 수 있는 힘이 있을 때 비로소 유지되는 것이며, 힘의 뒷받침 없는 평화는 허무한 환상에 지나지 않는다는 역사의 교훈을 우리는 잘 알고 있습니다. 따라서 남북이 서로 대화를 시작했다고 해서 우리 국방의 필요성이 경감된 것은 절대 아닙니다.

ㅣ 박정희, 「국군의 날 유시(1972년 10월 1일)」, 『박정희 대통령 연설기록』.

---

96 박근혜, 『절망은 나를 단련시키고 희망은 나를 움직인다』, 서울: 위즈덤 하우스, 2007. p.201. 이 말은 박근혜 의원이 2002년 5월 11일, 평양을 방문하여 김정일 위원장과 면담을 하는 과정에서, 김정일 위원장이 7·4 공동성명과 관련하여 전달해 준 이야기이다.

김대중   나는 7·4 남북공동성명에 대해 기본적으로 찬성하는 입장이었습니다. 내가 1971년 대통령 후보 선거 공약으로 주장한 내용과 일치하는 것인데다, 나도 그 같은 시도가 필요하다고 생각했던 터라 반대할 이유가 없었습니다. 하지만, 박정희 씨의 갑작스런 제안과 관련된 일련의 정치적 조치들을 생각하면, 아무래도 남북대화에 대한 박정희 씨의 의도가 무엇인지 의구심을 떨칠 수 없었습니다. 많은 국민들이 박정희 씨의 갑작스레 변화된 말과 정책을 혼란스럽게 생각한 것도 사실이고요. 어디까지가 진실인가? 북한은 왜 이런 합의를 했을까? 박정희 씨는 진정 남북화해의 뜻이 있는가? 의문이 꼬리를 물었습니다. 그렇지만 나는 받아들이기로 했습니다.[97] 어차피 남북화해와 평화적 남북통일은 지난 선거에서 내가 먼저 주창한 것이었습니다. 1972년 7월 13일 외신기자 클럽에서 행한 "남북성명과 나의 주장"이라는 연설에서 다음과 같이 내 견해를 분명히 했습니다. "남북성명을 접한 나의 결론은 원칙적으로는 이를 지지 환영하면서도, 박정희 대통령은 이와 같은 정책을 추진할 자격이 없으며, 또 그는 지금 이 민족의 성스럽고도 중대한 과업을 자기의 영구집권에 악용하고 있지 않나 하는 의혹을 짙게 하고 있다는 사실입니다…나는 그동안 박정희 대통령의 전쟁 지향적이고 폐쇄적인 대북한 정책에 반대하고, 평화적이며 개방적인 정책을 주장해 왔습니다. 특히 작년의 대통령 선거기간 중에는 남북교류와 공산권 외교의 추진, 그리고 미·일·중·소 4대국에 의한 한반도에서의 평화보장책을 선거공약으로 내세웠던 것입니다. 최근에는 남북 간의 평화적 공존, 제반 교류의 확대, 그리고 평화적 통일을 골자로 하는 3단계 통일론을 제창한 적도 있습니다. 나의 이러한 주장을 선거 중은 물론 그 이후에도 맹렬히 비난했을 뿐만 아니라 북한으로부터의 침략이 임박했다고 비상사태까지 선포한 박 대통령이 이제나마 그의 그릇된 정책을 포기하고 이와 같은 일대 정책 전환을 해왔다는 것은 일단 환영할만 한

---

97   김대중, 『김대중 자서전 1』, 서울: 삼인, 2019, p.260.

것이라고 나는 생각하는 것입니다.[98]"

김대중   그러면서 박 정권이 평소에 나를 항상 매도하였기 때문에 같은 연설에서 나의 입장을 다시 한번 강조하고 싶었습니다. "여기서 내가 한 가지 강조할 것은 나는 결코 환상적인 평화주의자가 아니라는 사실입니다. 나는 한반도에서의 완전한 평화가 보장되기 위해서는 민주 이념에 투철한 정예의 국군과 한미방위조약의 계속적인 강력한 유지가 절대로 필요하며, 침략에 대한 응징 능력을 갖추지 않은 평화공존은 하나의 망상에 불과하다고 굳게 믿고 있습니다."

김대중   그러면서도 한편으로는 매우 혼란스럽기도 했고 불쾌하기도 했습니다. 내가 4대국 안전보장론과 남북 교류 확대를 주장했을 때 박정희 씨는 나에게 극도의 반감을 표시했었거든요. "김일성이 피리를 불면 김대중은 거기에 맞춰 춤춘다. 김대중이 북을 치면 김일성이 박자를 맞춘다고 흑색선전을 했지만, 선거가 끝나고 불과 2개월도 지나지 않아 남북적십자 회담을 시작했습니다. 아니 2개월 전에 그렇게도 내 주장에 반대했던 사람이 2개월 후에는 어떻게 이렇게도 생각이 바뀌는 것인가, 추리조차 못하겠어요." 나는 박정희 정권이 항상 무슨 일만 있으면 북한의 김일성이 곧 쳐들어온다고 위기를 조성하는 것에 대해 참으로 납득이 가질 않았습니다. 김일성이가 무슨 전가의 보도도 아닌데 말입니다. 그런데 이번에는 갑자기 교류를 한다고 하니 국민들은 어느 말을 믿어야 할지 갈피를 잡을 수 없는 것이지요. 이런 상황에서는 사람들이 찬성도 반대도 할 수 없고 어떤 견해를 밝힐 수가 없는 것입니다. 찬반 견해를 밝혔다가 박 정권의 정책이 바뀌면 정책에 반대한다고 핍박하든지, 아니면 빨갱이나 용공으로 잡혀갈 수 있는 형국이었던 것입니다.

---

98   김대중, 「남북성명과 나의 주장(1972년 7월 13일)」, 『김대중 전집 II』, 제6권, pp.671-675.

김대중   나는 김일성이 곧 쳐들어온다는 주장을 아주 터무니없는 위기 조장이라고 생각했습니다. "나는, 김일성이 지금 남쪽을 공격할 수도 없고 하지도 않을 것이라 판단합니다. 왜냐하면, 김일성은 그렇게 어리석지 않기 때문입니다. 적어도 20여 년간 북한을 지배해 온 사실만 보더라도 그 사람 나름대로의 능력과 식견이 있는 것이라고 생각합니다. 또 지금 한국에는 4만 명에 달하는 주한미군이 있고 핵무기는 물론, 수십 곳의 비행장에 언제라도 전투기가 올 수 있습니다. 게다가 국군이 60만 명입니다. 지금 상황에서 북한이 쳐들어온다면 김일성은 이기기는커녕 반드시 패배합니다."[99] 나는 객관적인 국제정세와 남북관계를 구체적으로 분석하여 합리적인 판단과 제언을 했음에도 불구하고, 권력을 잡은 사람들이 이 견해를 색깔정치에 악용하거나 흑색선전을 해 기막힐 따름이었습니다. 나는 박정희 정권이 남북대화를 이번에는 거꾸로 정권 강화와 국민들의 관심을 호도하는 수단으로 삼는 것이 아닌가 하는 의구심을 지울 수 없었지만, 기왕에 시작된 남북대화가 성공적으로 이어지길 간절히 바랐습니다. 하지만, 얼마 되지 않아 대화는 식어버렸고 7·4 남북공동성명의 3원칙은 남북 간 체제경쟁과 대립을 위한 명분으로 변질되어 버렸습니다.

김대중   당시 남과 북은 자신들의 권력강화를 위해 서로를 필요로 하는 적대적 공생관계였지 않나 생각됩니다. 내가 김정일 위원장과 2000년에 발표한 6·15 남북공동선언은 합의의 수준이나 범위 등에서 7·4 남북 공동성명과 많이 다르지만 주요 원칙이나 문구만을 보면 대동소이하다고 봅니다. 하지만, 절차와 진행방식, 그리고 성과에서는 커다란 차이가 있습니다. 나는 이 선언을 추진하기 전에 주변 강대국들과 국제사회로부터 협력을 구할 외교적 관계를 조성했습니다. 남북의 자주적 외교 성격이 강했지만, 미국을 비롯한

---

99   김대중, 「제8회 재일한국청년동맹 전국 동계강습회에서의 기념 강연(1972년 2월 27일)」, 『김대중 전집 II』, 제6권, pp.576-577.

북한의 김정일 위원장과 6·15 남북공동선언 발표(2000년, 김대중도서관 제공)

주변의 강대국들이 적극 협력했던 것입니다. 나는 민족주의적 시각에서 남북의 적극적인 대화가 필요하다고 생각했고 민족정서를 감출 수 없었지만, 분단이 냉혹한 국제정치의 산물이었듯이 분단 극복과 통일도 국제정치의 벽을 넘지 않으면 안된다고 생각했던 것이지요. 그리고 1972년과 2000년의 가장 큰 차이는 민주정부에 의하여 협상이 진행되었다는 사실입니다. 내가 오래전부터 누차 강조해 왔듯이 독재체제를 유지해온 북한의 권력층이 옛날이나 지금이나 여전히 가장 무서워하고 부담스러운 것은 민주주의입니다. 그동안 남북 간에 화해와 신뢰의 순간들이 많았음에도 불구하고, 아직도 북한의 핵문제가 해결되지 않아 못내 아쉽고 안타깝습니다. 남북 간의 신뢰와 교류 협력, 우호적인 국제정세로 궁극적으로 북한의 민주주의, 핵문제의 근원적 해소로 한반도에 지속가능한 평화와 민족통일이 찾아오기를 간절히 소망하고 바라고 있습니다.

1948년에 있었던 실패로 돌아간 남북협상 이래 처음으로 우리 민족끼리 서로 평화적으로 얼굴을 맞대고 얘기하게 된 실마리가 되었다 하는 의미에서 중대한 민족적 의의가 있는 것이고, 이것이 바로 통일하고 직결되는 것은 아니지만 통일을 향한 먼 길에 대해서 한 가닥 희미하나마 그 길을 비춰준 광명이 떠올랐다는 데 대해서 여러분과 더불어 이 적십자 회담을 크게 환영하고 이것이 성공되기를 바라 마지않는 것입니다.

Ⅰ 김대중, 「3단계 통일방안에 대한 연설(1972년 6월 6일)」, 『김대중 전집 Ⅱ』, 제6권, p.633.

유신과 중화학공업화

사회자   1972년 10월 17일에 발표된 유신체제와 1973년 1월 12일 공식화된 중화학공업화 전략은 박정희 시대를 규정하는 대표적인 두 가지 사건이었고 동전의 양면과 같은 관계로 인식되고 있습니다. 이 두 조치는 많은 논쟁을 낳았고 한국현대사에 커다란 빛과 그림자를 남겼습니다. 특히, 유신체제는 시작단계에서부터 집권층 내부에서도 많은 이견이 있었고 그 결말에 대한 역사적 해석에서도 극명하게 찬반이 엇갈리는 부분입니다. 하지만, 민주화 역사에서 유신체제는 부정적인 평가를 떨쳐내기 힘든 것이 사실입니다. 한 분은 유신체제를 이끌어간 장본인이었고, 다른 한 분은 유신체제에 정면으로 저항한 야당 정치인이었습니다. 유신체제와 중화학공업화를 추진하게 된 배경과 전략, 그리고 이에 저항했던 전략은 무엇이었습니까. 그리고 두 분은 상대방의 입장을 어떻게 평가하고 있는지 말씀해 주십시오.

박정희   유신은 전적으로 내가 구상하고 내 생각과 전략대로 밀어붙인 게 맞습니다. 내가 유신체제를 구상하고 있을 때 주위의 많은 사람들이 주저하고 말리는 분위기였음을 잘 알고 있었습니다. 하지만, 나는 이것을 내게 주어진 역사적 사명이라 생각하고 결단했습니다. 사실 1969년 삼선개헌에서부터 유신을 구상하고 있었는지 모릅니다. 힘들고 환영받지 못하는 일이었지만, 내가 운명으로 생각한 이상 굳이 피하고 싶지 않았고 평소 내 성격대로 더 강하게 갈 길을 간 것입니다. 1974

내 一生 祖國과
民族을 爲하여
1974. 5. 20.
大統領 朴正熙

유신시절 자신의 심정과 의지를 담은 휘호
(1974년, 박정희대통령기념관 홈페이지)

년 5월 20일, 당시 국외적으로는 월남전의 패색이 짙어지고 있었고 국내적으로는 유신체제에 대한 저항이 거셀 때, 나는 "내 일생 조국과 민족을 위하여"라는 휘호를 썼습니다. 이는 유신체제에 대한 나의 생각과 운명적 결말을 가장 잘 표현하고 있지 않나 생각됩니다. 나는 국내외적 도전이 격화되는 현실을 목도하면서 비상체제 없이 우리나라의 안보와 민주주의가 지켜질 수 있을지, 그리고 5·16 혁명 과제 중의 하나인 잘 사는 나라를 완성할 수 있을지에 대한 고민을 하지 않을 수 없었습니다. 내가 본 1970년대 초반은 평상시가 아니라 비상시국이었고 이를 극복하기 위해 비상체제가 필요했습니다.

박정희　나는 이미 1972년 연두 기자회견에서 다음과 같이 비상체제의 필요성을 강조한 바 있습니다. "우리는 지금 북괴와 여러 가지 분야의 국력을 비교해 볼 때 우리가 훨씬 더 앞서고 있지만, 군사 분야만은 그렇지 못하다는 것입니다. 그런데, 국력을 우리가 한데 뭉쳐서 잘 조직화하면 북괴보다도 훨씬 더 강한 힘이 나올 수 있는데, 그런 상태가 되어 있지 못하다는 것입니다. 그렇기 때문에 비상체제라는 것이 필요하고 국력을 한 곳에 결집할 수 있는 체제와 조직이 필요합니다. 그렇게 하자면, 우리의 자유를 어느 정도 제한하는 한이 있더라도, 국가안보를 위해서는 이것을 기꺼이 감수하겠다는 우리 국민들의 마음 자세가 되어 있어야 되겠다고 나는 생각합니다. 이것을 불편하다, 고통이다, 이렇게 생각지 마시고 외적의 침략으로부터 국가를 보위하고, 우리 스스로의 생명과 재산을 보호하기 위해서 다 하는 것이라는 이해만 된다면 이를 불편하게 혹은 고통스럽게 생각지 않으리라고 생각합니다. 나는 우리의 이러한 각오가 서 있고, 우리들의 마음의 준비가 되어 있다면, 총력안보 체제니, 비상체제니 하는 것은 문제없다고 생각합니다. 이것으로 나는 모든 문제가 다 해결이 된다고 봅니다.[100]" 나는 국회를 해산하고 비상계엄령을 발표하면서 나의 유신에 대한 생각을 다시 한번 밝히고 국민들의 협조를 호소했습니다. "나는 지금 우리 민주체제에 그 스스로를 지켜나가며, 더욱 발전할 수 있는 활력소를 불어 넣어주고, 이를 바탕으로 하여 남북대화를 굳게 뒷받침해 줌으로써 평화통일과 번영의 기틀을 마련하고자 이 개혁을 단행하는 것입니다. 조국의 통일과 번영을 바라는 그 마음으로 우리 국민 모두가 한 마음 한 뜻이 되어 이 비상조치를 지지할 것으로 믿기 때문에, 나는 앞에서 밝힌 제반 개혁이 공약한 시일 내에 모두 순조로이 완결될 것으로 믿어 마지않습니다.[101]"

박정희   나는 그해 12월에 열린 통일주체국민회의 개회식 연설에서 통일과업을 위한 제도로서 유신의 정당성을 주장한 바 있습니다. "나는 이 민족의 지상 명령에 따라 남북대화를 적극 전개하고, 나아가서는 통일과업을 효과적으로 수행하기 위하여는, 무엇보다도 먼저 제도와 체제의 재정비가 선행되어야 한다고 믿었던 것입니다. 이것이 바로 10월 유신의 당위성이며, 민족사적인 요청인 것입니다. 다시 말하면, 10월 유신은 올바른 역사관과 주체적 민족사관에 입각하여, 우리 민족의 안정과 번영, 그리고 통일 조국을 우리 스

100 박정희, 「1972년 연두 기자회견(1972년 1월 11일)」, 『박정희 대통령 연설기록』, 대통령 기록관.
101 박정희, 「10월 17일 대통령 특별 연설(1972년 10월 17일)」, 『박정희 대통령 연설기록』, 대통령 기록관.

스로의 힘과 예지로써 쟁취하고 건설하자는 데에, 그 궁극적인 목적이 있는 것입니다."[102] 심지어 나는 그해 3·1절 기념 축사에서 "유신정신은 3·1 운동 정신과 같다"고 강조할 정도로 유신에 대해 강한 확신을 갖고 있었습니다.

박정희   내가 유신에 대해 더 절박하게 느끼게 된 작지만 결정적인 계기가 하나 더 있습니다. 남북조절위원회의 북한측 대표로 온 박성철의 언동을 보면서 적잖게 놀랐습니다. 박성철은 당시 북한 권력서열 10위 내에 있었고 김일성의 측근 중의 측근이었는데도, 내 앞에서 수첩을 꺼내 깨알같이 적어 온 내용을 한자라도 틀릴세라 긴장하며 인사말까지 낭독하더군요. 나는 이 장면을 보면서 북한 김일성 집단이 얼마나 경직되어 있으면서도 강한지를 느꼈고, 이들과의 대화나 협상에서 이기기 위해서는 국내 결속과 체제강화가 필요하다는 것을 절감했던 것입니다.[103]

박정희   게다가 "나는 미국을 믿지 않았습니다."[104] 베트남 전쟁에서 미국의 분열상과 베트남의 패배상은 내가 우리나라의 안보를 더욱 걱정하게 하는 국제적 배경이 되었습니다. 나는 유신선포를 앞두고 하비브 주한 미국대사에게 발표 하루 전에야 통보했고, 미국의 부정적인 반응에도 아랑곳하지 않았습니다. 어차피 유신은 국내 문제고 우리의 안보와 경제발전을 책임질 사람은 미국이 아니라 나와 국민들이었기 때문이었습니다. 달리 말하면 유신의 목표는 "미군의 도움이 없이도 나라를 지킬 수 있는 국가 위기관리 체제를 구축"[105]하는 것이었습니다. 1972년 10월 23일, 일시 귀국한 유양수 주베트남대사와

102 박정희, 「통일주체국민회의 개회식 개회사(1972년 12월 23일)」, 『박정희 대통령 연설기록』, 대통령 기록관.
103 김정렴, 『아, 박정희』, 서울: 중앙 M&B, 1997, p.160.
104 김종필, 『김종필 증언록 1』, 서울: 와이즈베리, 2016, p.57.
105 김종필, 『김종필 증언론 1』, 서울: 와이즈베리, 2016, p.57.

미국이 준비한 베트남 전쟁 휴전안을 논의하면서, 미국과 베트남에 대한 실망감과 유신의 필요성에 대한 내 걱정과 다짐을 말하던 장면이 지금도 생생하게 떠오릅니다. "민주주의도 좋고 자유도 다 좋지만 공산주의와 대결하는 미국의 국론이 저렇게 분열되어 수습을 못한다면 미국에 대한 자유세계의 신뢰는 떨어질 것이다. 우리는 결코 미국에만 의존해서는 안된다. 베트남을 보라! 자주국방을 하려면 중화학공업을 중심으로 경제를 발전시켜야 한다. 경제발전을 이룩하기 위해선 국력의 낭비를 막아야 한다. 효율의 극대화, 국력의 조직화가 유신선포를 한 이유이다."[106] 나는 이같은 북괴와의 대치국면 속에서 안보상의 위기감과 절박함에 1977년 2월 서울시를 연두 순시하는 자리에서 행정 수도 이전 구상을 밝히고 이후 구체적으로 진척시킨 적도 있습니다. 통일될 때까지만이라도 임시적으로 수도를 휴전선에서 조금 더 남쪽으로 옮겨두자는 생각이 들었던 것입니다.

박정희   유신체제의 가장 구체적인 과제와 목표는 중화학공업화와 자주국방이었습니다. '자립경제와 자주국방'은 유신체제와 분리될 수 없습니다. "유신체제는 곧 중화학공업화였고 중화학공업화는 곧 유신체제였습니다."[107] 그리고 중화학공업화는 곧 자주국방을 위한 방위산업이었던 것입니다.[108] 유

---

106 조갑제, 『박정희의 결정적 순간들』, 서울: 기파랑, 2019, pp.531-532.

107 오원철, 『박정희는 어떻게 경제강국 만들었나』, 서울: 동서문화사, 2006, pp.145-153; 김형아, 『박정희의 양날의 선택: 유신과 중화학공업』, 서울: 일조각, 2005, pp.278-290; 류상영, 「박정희정권의 중화학공업 전략과 방위산업: 구조-행위자 모델에서 본 제약적 선택」, 『세계정치』, 제31집 2호 (2010), pp.135-166.

108 1979년 여름 밤 박태준을 만난 박정희는 "자주국방 계획을 완수하는 날, 그날로 국군의 날 행사처럼 보란 듯이 시가행진을 하고 사열받고, 즉시 하야성명을 발표하고 청와대를 떠나서 시골 농부와 같은 사람으로 돌아가는 거야. 뭐 그리 먼 일은 아니야. 준비가 잘 되고 있어"라고 말한 바 있다. 카터의 미군철수 제의와 인권외교의 압박, 그리고 유신체제에 대한 저항에 지쳤던 박정희는 이 자리에서 박태준에게, "왠지 모르겠어. 나는 여기까지가 아닌가 하는 느낌이 들어"라고 말한 바 있는데, 박태준은 박정희의 이 말이 마지막 운명을 예견하는 것으로 가슴에 남아 있다고 회고한 바 있다. 이대환, 『광복70년 대한민국의 위대한 만남』, 서울: 아시아, 2018, p.405.

울산 공업단지 부지 시찰, 가운데는 이병철 삼성그룹회장(1962년, 박정희대통령기념관 홈페이지)

울산 현대조선소 시찰, 가운데는 정주영 현대그룹회장(1973년, 박정희대통령기념관 홈페이지)

제3부 역사적 대화: 박정희와 김대중이 얽혀 살아온 역사 현장들

신체제 없이도 자립경제를 위한 중화학공업화와 자주국방을 위한 방위산업을 그렇게 효율적이고 성공적으로 추진할 수 있었다고 생각하는 것은 당시 현실을 모르고 하는 이야기라 생각합니다. 중화학공업화가 없었다면 현재 우리나라가 누리고 있는 국제적 위상과 경쟁력, 그리고 윤택한 삶은 기대하기 어려웠을 것입니다.[109] 당시도 그랬고 지금도 이에 대한 비판이 있는 것을 알고 있지만, 당시의 냉혹하고 엄중한 현실을 생각하면 그러한 비판은 너무도 이상적이고 낭만적인 것이지요. 물론 나는 어떠한 비판에도 내가 포기해서는 안 되고 역사의 흐름을 방관해서는 안 되며 모두 반대하더라도 그길은 나에게 주어진 역사적 책무이자 운명이었다는 생각은 지금도 변함이 없습니다.

박정희   내가 「1972년 10월 17일 대통령 특별선언」 말미에, "나 개인은 조국통일과 민족중흥의 제단 위에 이미 모든 것을 바친 지 오래입니다"라고 비장하게 말씀드린 기억이 나는데, 이는 내가 가진 조국과 민족에 대한 사상과 정신, 그리고 나의 인생관과 사생관이 모두 반영된 자기 고백이었지 않나 생각합니다. 하지만, 나는 유신체제가 영구적인 체제가 아니라 "공약한 시일 내"까지만 적용되는 것이라는 생각을 갖고 있었습니다. 당시 김종필 총리에게도 여러 차례 이같은 혁명적 조치들은 목표를 달성할 때까지만 한시적으로 유지하겠다는 생각을 밝힌 바 있습니다.[110] 사실 나는 일사불란한 단결된 체제를 원했지만, 중앙정보부가 건의한 통일주체국민회의를 통한 대통령 선출 방식에 대해서는 개운치 않게 생각했고 이 법안을 거부하지 않은 것을 못내 후회했습니다.[111] 결국, 수출경쟁력 향상, 고속 경제성장, 그리고 자주국방을 위한 방위산업과 무기개발의 진전 등 유신의 성과들이 나타나기는 했

109 김정렴, 『김정렴 회고록: 한국경제정책 30년사』, 서울: 중앙일보·중앙경제신문, 1992, pp.314-330.
110 김종필, 『김종필 증언록 1』, 서울: 와이즈베리, 2016, p.57.
111 김정렴, 『아, 박정희』, 서울: 중앙 M&B, 1997, p.169.

지만 동시에 유신에 대한 저항이 거세지면서 나도 많이 지쳐갔고 유신헌법을 개정하여 자리에서 물러나기 위한 여러 조치들을 준비하고 있었습니다. 나 스스로도 유신체제가 불가피했지만 비정상적인 방법이었기 때문에 얼마 후에 이를 정상으로 되돌릴 생각과 구상을 하고 있었던 것입니다.

박정희　돌이켜 보면, 나는 유신체제를 선언하고 난 후 역사가 주는 중압감과 개인적인 스트레스에 많이 수척해지기도 했고 담배를 더 많이 피우게 되었습니다. 유신체제를 완전한 대안이라 생각하지는 않았고 정상적인 방법이 아니라 비정상적인 방법이라는 점은 특별담화문에서도 공개적으로 말씀드린 바 있습니다. 내가 주위에 유신의 정당성을 여러

수출 100억 달러 달성 기념식
(1977년, 박정희대통령기념관 홈페이지)

번 강조한 것도 사실은 의구심과 불안감을 해소하고 확신을 더 강화하기 위한 나의 심리적 반응이었을 수 있습니다. 누군가는 결정하고 가야 할 길을 내가 간 것이지요. 5·16 군사혁명 시기와 비교하여 우리나라의 모든 상황이 많이 발전해 있었고 국민들의 호응도 그때와는 다르다는 것을 감지할 수 있었는데, 이는 유신체제 전 시기에 걸쳐 나를 괴롭히고 짓누른 것이기도 했습니다. 요컨대 더 가시적인 성과를 보여야 하는데 그것이 쉽지 않았고 그만큼 더 초조하여 스트레스를 받았다는 의미이기도 합니다. 물론 내자 육영수가 세상을 떠난 후 내게 찾아온 공허함 등 개인적인 여건도 나를 괴롭힌 또 하나의 요인이었습니다. 많은 보람과 회한이 남지만 후회는 없습니다. 평가는 역사의 몫일 터이고, 나는 나에게 주어진 역사적 책무와 역할을 피하지 않고 혼신을 다해 온 몸으로 해냈다고 생각할 뿐입니다.

우리도 오늘의 현실에 대처하고 시대적 사명을 완수할 수 있는, 우리 자신의 생산적인 이념과 제도를 마땅히 가져야만 합니다. 그 이념이 바로 10월 유신의 기본 정신이며, 그 제도가 지금 유신적 대 개혁을 통해 정립되고 있는 것입니다. 10월 유신은, 되찾은 우리 민족의 위대한 자아를 바탕으로 하여, 안정과 번영, 그리고 통일의 새 역사를 창조해 나가기 위한 민족 의지의 창조적 발현입니다. 이 유신은 우리의 운명을 우리 스스로의 힘으로 개척해 나가려는 위대한 한국인의 사상과 철학의 확립이며, 그 실천인 것입니다. 따라서 나는 이 숭고한 유신 이념을 구현하기 위해, 전 국민의 절대적인 지지 속에 국정 전반에 걸친 일대 개혁을 단행해 나갈 것입니다…그리하여, 이 위대한 유신의 횃불을 무궁한 조국의 영광과 더불어, 길이 우리 후손들에게 물려 줍시다.

┃ 박정희, 「제8대 대통령 취임식 취임사(1972년 12월 27일)」, 『박정희 대통령 연설기록』.

김대중 유신체제는 누가 뭐라 해도 한국의 민주주의 역사에서 매우 불행하고 어두운 시기였습니다. 뿐만 아니라, 나 자신이 겪은 탄압은 말할 것도 없고 박정희 씨 개인에게도 매우 불행한 선택이었다고 생각합니다. 나는 1972년 10월 11일 일본에 도착하여 다리 치료를 받고 19일 귀국할 예정으로 호텔에 있었는데, 최서면이 전화를 해 17일 오후 7시에 중대발표가 있을 것이라 했습니다. 나는 일본에 갈 때마다 초등학교 친구 김종충[112]의 도움을 받았는데 그날도 둘이서 텔레비전을 보고 있었습니다. 불길한 예감이 들었고 올 것이 왔다는 생각이 스쳤습니다. 우리는 한동안 말이 없었습니다. 민주화를 열망하

---

112 하의보통학교 동창인 재일교포 김종충은 한민통 국제부장으로서 납치사건 이전부터 일본 내에서 김대중의 활동을 돕는다. 망명과 감시하의 김대중과 이희호는 주로 일본 언론의 한국 특파원이나 외국인들을 통해 국내외 민주화투쟁에 대한 비밀서간을 교환했다. 김대중은 발각될 것을 대비하여 서신의 발신자 이름을 가명으로 쓰기도 하였다. 『김대중-김종충 서간집』은 약 50편으로 구성되어 있고 김종충이 기증하여 김대중도서관에 소장되어 있다. 연세대학교 김대중도서관 편, 『김대중 저작 목록집』, 서울: 대학문화출판원, 2015, pp.137-141.

던 국민들이 겪을 슬픔과 분노가 떠올랐습니다. 나는 목숨을 걸고 유신정권과 싸우기로 마음 먹었습니다. "지도자는 국민과 원칙을 위한다 하더라도 순교자를 자처할 필요는 없다. 그러나 그 길 밖에 없을 때는 순교자가 되는 것을 피해서는 안된다."[113] 다음 날 유신쿠데타를 반대하는 성명을 발표했습니다. "박정희 대통령의 이번 조치는 통일을 말하면서 자신의 독재적인 영구집권을 목표로 하는 놀랄 만한 반민주적 조치다. 이는 완전한 헌법위반 행위인 동시에 한국의 민주역량을 통해 북한과 호각의 입장에서 하루속히 조국 통일을 성취하려는 국민의 염원을 무참하게 짓밟는 것과 다름없다."[114]

김대중 이어서 1972년 10월 27일 헌법개정안이 공고된 날 나는, 박정희 정권이 북한 공산 획일체제와 닮아가기 시작했다고 지적하면서, "박 대통령의 행위에 대해 계속 투쟁해 나갈 결의를 명백히 다짐함과 동시에 자유를 사랑하는 우리 국민의 준엄한 심판이 반드시 내려질 것을 확신한다."는 성명서를 발표했습니다. 나는 곧 일본에서 미국으로 망명의 무대를 옮겨 유신정권에 대한 저항을 이어갔습니다. 당시 아내가 정보부원의 감시를 뚫고 외국 방송사 기자 등을 통해 보내온 서신의 내용은 나를 몸서리치게 만들었습니다. "박정희 씨만 이 나라에 존재하고 그의 명만이 법이요, 모든 죽은 자들의 묘지가 되어 버린 이곳에서 숨이라도 크게 쉬면 무슨 소린가 놀란 그들이 벌을 내릴까 두려운 심정입니다. 특히 그들이 미워하는 대상은 당신이므로 그리 아시고 더 강한 투쟁을 하시되, 국민을 자유롭게 해방시키려고 급히 서두르지는 마세요."[115]

김대중 일본이나 미국에서 한국의 정세를 걱정하는 많은 인사들과 조직들이 나를 도와주고 나의 민주화투쟁에 동참해주었습니다. 모든 강연과 일정에

---

113 김대중, 「지도자와 순교(1974년 2월 13일 일기)」, 『김대중 전집 II』, 제8권, p.573.
114 김대중, 「계엄령에 대해(1972년 10월 18일)」, 『김대중 전집 II』, 제7권, p.1.
115 김대중, 『김대중 자서전 1』, 서울: 삼인, 2019, p.275.

박 정권의 정보요원들이 따라붙어 감시하고 방해공작을 폈지만, 각국 유력인사들의 성원 속에서 나는 눈코 뜰새없이 바쁘게 일정을 소화해냈고 현지 네트워크를 넓혀 나갈 수 있었습니다. 하지만 외롭고 서러운 일정이었습니다. 1973년 6월 16일 미국 달라스행 비행기 속에서 망명객의 서러움을 「내 마음의 눈물[116]」이란 시로 달래기도 했습니다. "내 마음의 눈물은 끝이 없구나, 자유 찾는 벗들의 신음소리가 남산과 서대문에 메아리치고, 마산의 의거탑이 검은 보 쓰고, 수유리 영웅들이 통곡하는데, 내 마음의 눈물이 어이그치리, 내 마음의 눈물이 끝이 없구나, 허기진 어린이가 교실에 차며, 메마른 여공들이 피를 토하고, 꽃같은 내 딸의 육체를 탐내, 외국의 건달들이 떼지어 오는데, 내 마음의 눈물이 어이 그치리." 나는 미국과 일본에서 망명생활을 하면서도 박 정권에 공작과 왜곡의 빌미를 주지 않으려고 무척 노력했습니다.

김대중　해외 민주화 운동 조직인 〈한국민주회복통일촉진국민회의〉를 만들어 활동하면서 두 가지 원칙을 고수했습니다. 하나는 대한민국 절대 지지였고, 다른 하나는 선 민주회복 후 통일이었습니다. 통일을 우선하는 운동세력이나 미국에 망명정부를 세우자는 제안에 나는 단호히 반대했습니다. 박 정권의 용공조작과 음해전략에 말려들어 그들에게 탄압의 명분만 주고 정작 민주화에는 실패할 것이 자명했기 때문입니다.[117] 게다가 민주화는 우리 국민의 힘으로 되는 것이지 미국이나 일본이 대신 만들어 주는 것이 아니라고 믿었고, 미국에도 독재를 지원하는 일을 중단하라고 요구하면서 내정간섭에 반대하는 입장을 분명히 했습니다. 나는 미국과 일본을 오가며 유신정권의 폭력성을 고발하고 민주화 운동을 지속해 나갔습니다. 박정희 씨는 그즈음 나를 죽도록 미워하고 부담스럽게 생각함과 동시에 해외를 돌아다니며 유신체제를 비판

---

116 김대중, 「내마음의 눈물(1973년 6월 16일)」, 『김대중 전집 II』, 제7권, p.216.
117 김대중, 『김대중 자서전 1』, 서울: 삼인, 2019, p.280.

하는 일이 비겁하다고 비난한 것으로 기억합니다.[118] 박 정권은 일본 자민당 인사를 시켜 부통령을 시켜주겠다고 회유하고, 내 아내에게는 빨리 귀국하지 않으면 신변에 문제가 생길 수 있다는 어조로 협박을 거듭했습니다.

김대중   박 정권이 국가조직을 이용해 아무런 보호막 없이 해외에서 활동 중인 나를 노릴 수 있겠다는 생각에 불쾌하고 우려가 없지 않았지만, 활동을 접을 생각은 추호도 없었습니다. 유신체제 기간에 얼마나 많은 민주화 인사들이 탄압과 고문에 시달리고 헌법과 민주주의가 유린당했는지 이루 헤아릴 수 없습니다. 1974년 1월 8일 제1호에서 제9호까지 긴급조치가 시행되면서, 유신체제의 폭력성과 비인간성은 나날이 심해졌습니다. 예를 들면, 박 정권의 비상보통군법회의는 1974년 7월 서도원, 도예종 등 8인에 대해 인민혁명당 재건의 혐의를 씌워 사형선고를 내렸고 항소도 기각한 채, 사형선고 18시간 만에 모두 사형을 집행했습니다. 국제법학자협회는 이 날을 '사법사상 암흑의 날'로 선포하기도 했는데, 이 사건은 유신체제 하의 대표적인 인권유린사건이었습니다. 이희호는 내 영어 가정교사로 집을 찾는 미국인 평화봉사대원 더글라스 리드에게 손으로 목이 잘리는 제스처를 하면서 작은 목소리로 이 정권은 사람 목숨을 파리 목숨보다 가볍게 다룬다고 전하기도 했습니다.[119] 어떻게 자신의 정치적 목적을 위해 이렇게 법적 절차와 인권을 무시한 채 인간의 생명을 앗아갈 수 있는지 너무도 참담했습니다. 희생자들과 유족들에게 국가는 무엇이고 안보와 경제는 무엇이었겠습니까.

김대중   1975년 8월 17일 약사봉에서 희생된 독립군 출신 민주통일운동가 장준하의 의문사도 개탄스럽기는 마찬가지입니다. 장준하 씨는 그 일을 당하

---

118 김영삼, 『김영삼 회고록 2』, 서울: 백산서당, 2015, p.85.

119 장신기, 「인혁당 사건, 장준하 의문사 직후 김대중이 한 말」, 『오마이뉴스』, 2021년 11월 18일.

기 얼마 전인 7월 29일 나를 찾아와 유신체제 철폐와 새로운 전국 조직을 출범시키자는 내용의 밀담을 나누었습니다. 나는 그날 장준하 씨에게 "그렇게 혼자 다니셔도 됩니까?"라고 물었고, 그는 "설마 놈들이 날 어떻게 하겠소"라고 대꾸했습니다. 나는 납치사건도 겪었던지라 불길하기도 해서, "그래도 혼자는 절대 다니지 마십시오. 세상이 너무 험합니다[120]"라고 당부한 기억이 납니다. 이같은 폭력과 만행에도 희생자와 가족은 물론 모든 국민들이 침묵을 강요당했습니다. 특히, 우리 집은 모든 것이 도청되고 감시되던 상황이었기에 이 같은 만행에 소리내어 욕도 할 수 없었습니다. 실제로 우리 부부는 중요한 사안은 거실에서도 필담으로 소통한 후 종이는 파쇄하곤 했습니다. 의문사진상규명위원회는 2002년 9월 이 인혁당 사건을 중앙정보부에 의한 간첩 조작 사건으로 판명하였고, 2005년 12월 국정원의 과거사진실규명위원회도 이 사건을 중앙정보부의 조작으로 결론지었습니다. 이후 이 사건은 재심을 통해 무죄 판결이 내려졌습니다. 이렇게 억울한 사건이 한두 건이 아니지 않습니까. 유신체제에서 행해진 많은 판결들이 줄줄이 뒤집히고 억울한 사연들이 30여 년이 지나서야 풀리는 기막힌 일들이 이어지고 있습니다. 나 또한 박정희 정권의 철저한 탄압에 너무나 고통스러운 시기를 견뎌야 했습니다.

김대중　1976년 명동성당에서 발표한 3·1 구국선언은 재야인사들이 이심전심으로 유신을 종식시키고 민주주의를 회복하려는 저항운동이었습니다. 당일 신구교가 함께한 기도회에서 문동환 목사는 모세가 가나안을 가기 전 민족의 주도권을 여호수아에게 넘겨 주었듯이 박정희도 이 시점에서 물러난다면 역사에서 높은 평가를 받을 것이라고 설교했습니다. 이어서 작은 체구의 이우정 교수가 또렷한 어조로 민주구국선언서를 낭독했고 맨 마지막에 민주주의 만세를 불렀습니다. 나를 포함하여 함석헌, 윤보선, 정일형, 윤반웅,

---

120 김대중, 『김대중 자서전 1』, 서울: 삼인, 2019, p.327; 고상만, 『장준하, 묻지 못한 진실』, 서울: 돌베개, 2018. pp.288-293.

3·1민주구국선언 재판 일에 피고인 가족들과 함께 한복을 입고 참석하는 이희호 여사
(1976년, 김대중도서관 제공)

이우정, 문동환, 안병무, 서남동, 이문영 등 총 10명이 서명했습니다. 나는 3
월 8일 새벽에 끌려가 곧바로 서대문의 서울구치소에 수감되었습니다. 당시
추가로 수감된 문익환 목사, 함세웅 신부 등과 함께 푸른색 수의를 입고 차가
운 독방에서 감옥투쟁을 이어갔습니다.

김대중　　이때 수감된 인사들은 모두 유신권력을 두려워하지 않았고 감옥과
법정을 민주주의 교육장으로 만들었습니다. 내가 박정희 씨를 내 증인으로
신청하는 바람에 판사와 검사들이 매우 난처해 하던 표정이 지금도 생생합
니다. 나는 최후 진술에서 "3·1 민주구국선언에 참가하지 않았더라면 제 마
음이 얼마나 괴로웠겠습니까. 옥중에 있게 된 것이 너무 감사합니다. 나는 판
결에 관심이 없습니다. 그 누구도 증오하지 않습니다"라고 했습니다. 나는 항
소심에서 징역 5년을 선고받고 1977년 4월 1일부터 진주교도소에서 수감
생활을 시작하였고, 같은 해 신병치료를 위한 인도적 조치로 서울대 병원으

로 이감되었으나 거기는 겉으로는 병실이었지만, 실상은 감옥과 다르지 않았습니다. 당시 구속된 인사들의 부인들이 우리의 실상을 고발하고 석방을 요구하는 투쟁을 벌여 국제적으로도 큰 반향을 일으켰습니다.[121] 그분들과 민주시민들의 성원과 동참을 어떻게 잊을 수가 있겠습니까.

김대중   다시 말하지만, "비상사태, 총력안보는 대한민국이 아니라 박 정권이 비상사태고, 대한민국이 아니라 박 정권 자체를 위한 총력안보"[122]였습니다. 국민의 마음속에서 유신체제가 붕괴하고 있는데 권력층만 그것을 모르는 형국이었습니다. 나는 인혁당 사건의 희생자들을 위한 공개기도회를 열고 세계에 알리다 추방당한 미국 감리교의 조지 오글 목사님과 민청학련 사건으로 추방되기도 한 한국민주화운동의 벗 패리스 하비 목사님을 국민의 정부 대통령 취임식에 초대했습니다. 그동안의 세월이 감개무량할 따름이었습니다.

김대중   박정희 씨가 유신체제의 목표로 내세운 중화학공업화와 방위산업은 어느 정도 성과를 거두었다고 생각합니다. 한국경제가 급속히 성장한 것도 수출이 다시 회복된 것도 사실이지요. 하지만, 민주주의는 없고 국가개입과 시장왜곡이 구조화된 경제체제가 지속가능할 수는 없습니다. 게다가 불평등 심화와 부패는 사회적 통합과 신뢰를 무너뜨리게 되어 있습니다. 내가 1997년 경제위기 이후 위기 극복을 위해 실시한 대대적인 개혁은 개발독재가 남긴 빛과 자산은 극대화하고 어두운 그림자와 부채는 최소화하려는 노력이었습니다. 내가 제시한 시장경제와 민주주의의 병행발전론도 같은 맥락에서 주창된 것이었습니다. 중화학공업화 전략 등에 대한 나의 구체적인 생각과 논리는 앞서 대중경제론을 소개하면서 밝힌 바 있습니다. 이 질문에 대

121 이희호, 『이희호 자서전 동행』, 서울: 웅진 하우스, 2008, pp.152-168.
122 김대중, 「삼단계 통일방안에 대한 연설(1972년 6월 6일)」, 『김대중 전집 II』, 제6권, pp.647-648.

한 나의 답변은 그것으로 갈음하고자 합니다.

김대중 　대신 민주화에서 국민의 역할이 얼마나 중요한지 평소 가지고 있던 생각을 말씀드리면서 유신체제에 대한 나의 비판과 소회를 마무리하고자 합니다. 민주주의는 피를 먹고 자란다는 격언이 생각납니다. 미국의 독립선언서 작성을 주도하고 자유를 옹호한 제3대 대통령 토마스 제퍼슨이 남긴 말입니다. 한국도 마찬가지입니다. "민주주의라는 나무는 국민의 피를 먹고 자라는 것입니다. 국민이 희생하지 않고 국민이 용기를 내지 않고서는 성취할 수 없습니다. 김대중이 하나가 아무리 용기를 내본들, 야당 국회의원 몇 사람이 결사적으로 싸운다 해도 국민이 감싸주지 않고 국민이 일어나지 않으면 얻을 수 없습니다. 오직 최후의 결정권자는 국민입니다."[123] 이 말은 내가 1972년에 한 강연의 대목이지만 한국의 민주주의를 잘 지켜나가고 키워나가기 위해서는 여전히 새겨볼 만하다고 봅니다. 1987년 이후 한국의 민주주의는 여러 차례 도전받고 위기를 경험했지요. 이제 한국은 민주주의의 모범국입니다. 민주주의를 더 내실화하여 어떤 권력자나 정치집단도 자신들의 권력이나 경제적 이익을 위해 민주주의의 가치나 절차를 훼손하고 싶은 유혹을 느끼지 못하도록 해야 할 것입니다. 민주주의라는 나무는 잘 가꾸지 않으면 언제 어디서나, 그리고 어느 정권에서나 고사할 수 있는 것이란 말입니다.

　　이번의 개헌안은 한마디로 독재적 군림과 영구집권의 야망으로 불탄 박 대통령의 목적을 달성시켰고, 직접선거로는 도저히 승리할 가능성이 완전히 없어진 그의 안전한 당선을 노린 일종의 총통제의 개헌이다. 이에 따라 그가 작년의 대통령 선거 당시 자신이 3선을 국민에게 호소하면서 '이번이 마지막이다'라고 말한 국민과 세계에 대한 공약은 휴지조각이 되어 버렸다. 나는 선거 당시 '만약 이번에 평화적으로 정권이 교체되지 않으면 박 정권의 교체

---

123 김대중, 「5개국 순방 귀국 보고 강연(1972년 3월 11일)」, 『김대중 전집 II』, 제6권, p.626.

가능성은 완전히 말살되며 가공할 만한 총통제시대가 온다'라고 되풀이 경고했는데 불행하게도 이 예언이 적중했다…나는 국민과의 공약을 깨고 민주주의적인 건국이념과 헌법을 짓밟은 박 대통령의 행위에 대해 계속 투쟁해 나갈 결의를 명백히 다짐하는 동시에, 자유를 사랑하는 우리나라 국민의 준엄한 심판이 반드시 내려질 것을 확신한다.

| 김대중, 「개헌에 대해(1972년 10월 27일)」, 『김대중 전집 II』, 제7권, p.2.

김대중 납치사건

사회자　1973년 8월 8일 일본 동경에서 벌어진 김대중 납치사건은 정치권력이 한 야당 정치인의 생명과 인권을 위협하고 일본의 국가주권을 훼손한 매우 폭력적이고 시대착오적인 사건이었습니다. 이 사건은 한국 국내정치는 물론 한일 간 외교에도 큰 영향을 미쳤습니다. 이 사건을 두고 누가 최종 명령자인지, 그리고 목적이 단순 납치인지 아니면 살해인지 등에 대해 해석과 주장이 첨예하게 대립하고 있습니다. 기타 어느 나라 정보기관이 납치사건을 알아내고 중단시켰는지 등에 대한 사실 확인도 미진합니다. 아마도 이 사건에 대한 두 분의 해석은 차이가 클 것으로 생각됩니다. 한 분은 당시 납치사건을 일으킨 정권의 최고권력자였고, 다른 한 분은 납치를 당한 장본인입니다. 위에 제기된 주요 쟁점과 시비들에 대해 각자 말씀해 주십시오.

박정희　나는 김대중 납치사건을 유감으로 생각합니다. 엉뚱하게도 중앙정보부가 나를 위한답시고 저지른 일이니 나도 그 책임으로부터 자유롭지 않기 때문입니다. 의도와 책임에 대해 그동안 많은 오해와 불신이 있었음을 압니다. 하지만 나는 그렇게 비열하고 구차스러운 짓은 하지 않습니다. 1973년 8월 8일, 점심 식사를 마치고 집무실로 들어가자마자 김정렴 비서실장이 김대중 납치소식을 알리는 외국 통신사 영문 기사를 들고 들어와 보고하였습니다. 나는 매우 놀라고 제발 큰 일이 없기를 바랐습니다. 이 사건이 한일관계와 국제사회에 미칠 부정적 효과를 우려했습니다. 나중에 중앙정보부 해외공작단이 벌인 일이라는 것을 알게 된 후 나는 몹시 불쾌했고 너무 화가 났습니다. 8월 14일 오전 이 사건 관련 긴급대책회의를 가졌는데, 하루 전 다그치는 나에게 이후락 정보부장이 이 사건을 실토한 바 있습니다. 너무 낙담하고 화가 치밀어 총리 김종필에게도 "임자는 몰랐어?"하고 물었더니 "아, 제가 어떻게 압니까?"라는 대답이 돌아왔지요. 이어서 나는 "이후락, 이 자가 그를 옆에다 갖다 놓고 나서야 나한테 이야기를 하는 거야"라고 되뇌이던 기억이[124] 납니다. 이 일은 나를 돕는 것이 아니라 완전히 망치려고 작정한 것이나 마찬가지였습니다.

박정희　이미 엎질러진 물이었고 나는 어떻게 처리할지 고민할 수밖에 없는 상황이었습니다. 나의 정치 역정 중 가장 난처하고 황당한 사건이었습니다. 김대중 씨가 말한 것처럼, 나는 그가 해외를 돌면서 정부를 비판하고 체제를 부정하는 행동을 계속하는 것을 보고 무척 짜증이 났고, 그가 비겁하고 떳떳하지 못하다고 생각하며 미워한 것은 사실입니다. 그의 행동은 눈에 가시와 같았던 것도 사실입니다. 국내에서 모든 국민이 북괴의 위협에 맞서 조국 근대화와 민족중흥의 과업에 피땀을 흘리고 있는데, 왜 저런 식으로 행동하는지 도저히 이해할 수 없었고 괘씸하기 짝이 없었습니다. 각종 루트를 통해 김대중 씨의 귀국을 설득한 것도 사실입니다. 하지만 납치 살해라니 말이 된다고 보십니까. 이에 대해서는 사건의 진상에 귀 기울일 필요가 있다고 생각합니다.

박정희　처음 납치사건을 보고 받은 후 김정렴 비서실장에게 후속보도가 없는지 확인했습니다. 나는 김 실장에게 김대중 씨의 납치가 사실이라면 다음

124 조갑제, 『박정희의 결정적 순간들』, 서울: 기파랑, 2019, pp.554-565.

의 네 가지 경우를 상정할 수 있다고 했습니다. "첫째, 우리 중앙정보부의 공작, 둘째, 일본 우익의 소행, 셋째, 재일 거류민단의 과잉충성 행위, 그리고 마지막으로 김대중 씨계 하부의 조작극일지 모른다.[125]" 나는 모든 부서에 관련 여부를 체크하고 보고하도록 했습니다. 그리고 중앙정보부의 이용택 수사국장을 따로 불러 다그쳤고 진상이 무엇인지 신속히 조사해서 나에게만 보고하라고 지시했습니다. 결국, 이후락 중앙정보부장의 머리에서 나온 계획이라는 것을 알게 되었습니다. 이 부장의 설명의 요지는 이랬습니다. "김대중 씨가 한민통을 만들어 그 의장에 취임하면 망명정부의 수반 행세를 할 것이라는 정보가 들어왔다. 망명정부의 수반 자격으로 북한을 방문하여 김일성과 만나면 연방제 통일에 합의할 것이고 북한 측은 한국정부를 괴뢰시 할 것이다. 진행 중인 남북대화도 중단될 것이다. 김대중을 평양으로 데리고 가려는 북한의 공작이 진행중이고 김대중 씨도 주변 인물들에게 의견을 묻고 있다는 첩보가 들어왔다. 그래서 한민통 결성대회를 하기 전에, 북한이 손을 쓰기 전에 그를 잡아 온 것이다.[126]"

박정희 경위야 어쨌든 내가 책임을 피할 수 없는 사건이 되어버렸는데 나는 국내에서도 많은 비판을 받게 되었고, 국제적으로 특히 일본에 큰 망신을 당하게 된 것입니다. 1973년 9월 7일 조선일보의 선우휘 주필은 진상을 밝힐 것을 촉구했고, 야당과 사회세력의 비판과 반발은 거세게 지속되었습니다. 나의 해명이 먹힐 리 없었고 명분에서 이길 수 없는 싸움이었습니다. 나는 선우휘 주필의 동생인 선후련 공보비서관과 술을 하면서 "그 놈 말이야. 머리가 좋고 빨리 돌아간다고 내가 중용했더니만, 시키지도 않는 일을 해가지고 나를 국제적으로 망신시키고 있어…그게 바로 과잉충성이오"라고 말한 적

---

125 김정렴, 『아, 박정희』, 서울: 중앙 M&B, 1997, p.175.
126 오효진, 「이후락 증언: 김대중 납치사건의 진상은 이렇다」, 『월간 조선』, 1987년 10월호.

이 있습니다. 김종필도 내가 직접 관련이 없다는 사실에 안도했고, 윤필용 사건으로 손상된 그에 대한 나의 신임을 회복하려 "이후락이 재주 부리다 저지른 일"[127]이라고 증언했습니다. 오래 전 내 딸 근혜도 내가 오해받는 것에 힘들었는지 당시의 사정을 인터뷰에서 남긴 바 있습니다. "그 날 아침 식사를 하는 자리였어요. 아버님, 어머님, 그리고 저, 이렇게 셋이 앉아 있었죠. 아버님이 신문을 펼치시더니 '아니, 이게 어떻게 된 거야', 하고 놀라시면서 신문을 어머님에게 넘겨주시더군요. 어머님도 놀라시더니 두 분께서 누가 이런 짓을 했을까 하고 이야기하시는 것을 들었습니다. 아버님은 북괴가 김씨를 납치해 놓고 우리 소행으로 덮어씌우려는 것 같다고 말씀하시더니, 집무실로 서둘러 내려가셨습니다. 아버님은 이 사건으로 뒤에 누명을 쓸 것을 걱정하셨는지 검찰 고위간부를 불러 사정을 자세히 이야기해두었다고 합니다."[128]

박정희　더 큰 일은 일본과의 관계악화였습니다. 나는 일본을 잘 아는 김종필[129]을 특사로 보내 사태를 수습해 나갔습니다. 일본에 대해 공식·비공식 채널을 다 동원하여 사건 진화에 최선을 다했습니다. 나는 다나카 일본 수상에게 친서를 보냈는데 그 편지에서 "최근 의외의 김대중 사건이 일어나 일시적이나마 양국 사이에 물의가 생긴 것은 대단히 불행한 일이며 본인은 각하와 귀 국민에게 유감의 뜻을 표하는 바입니다"라고 사과했고, 일본의 다나카 수상은 "이로써 김대중 사건은 외교적인 결착을 짓고 일한관계에 공정하고도 순조로운 발전이라는 양 국민 공동의 염원이 달성되길 기원합니다"라고 화답함으로써 사건이 정치적으로 마무리되었던 것입니다. 일본과의 관계가 일단락되기를 기다렸다가 1973년 12월 3일, 나는 이후락 부장을 해임 조치했습니다.

127 김종필, 「김종필 증언론: 소이부답」, 『중앙일보』, 2015년 7월 13일.
128 조갑제, 「박대통령의 청와대 일기 원본」, 『월간 조선』, 1989년 4월호, p.314.
129 김종필, 『김종필 증언록 1』, 서울: 와이즈베리, 2016, pp.443-447.

박정희　돌이켜 보면, 내 등잔 밑에서 벌어지는 많은 인의 장막과 충성경쟁에 대해 충분히 경계하지 못했던 것 같습니다. 내 원칙과 기대와 다르게 일어나는 역설적인 현실, 그리고 권력 속에서 길을 잃는 현상을 피하지 못한 것이 사실입니다. 1975년 2월, 유신체제 2년 후 신임을 묻는 국민투표 후에 적은 내 일기 한 구절로 나의 대답을 대신하고 싶습니다. "이번 국민투표는 공명 제일주의로 깨끗한 국민의 심판을 받겠다는 일념에서 관계장관과 지방장관들에게도 직접 수차 투개표 과정에서 절대로 부정행위가 있어서는 용서하지 않겠다고 설명을 하고 확인을 했기 때문에 어느 때 보다 공정하게 실시된 것으로 확신한다…말단에서 혹 과잉충성하는 분자가 비위를 저지르지나 않을까 염려된다."[130]

　　…한일 양국은 가장 가까운 우방으로서 과거의 모든 불행한 역사를 청산하고 새롭고 꾸준한 노력으로 양국 국민 사이의 우의가 돈독해지고 양국 정부 간 정치, 경제, 사회 및 문화의 모든 분야에 있어서 상호 유익한 협력관계가 날로 증진되고 있음은 매우 기쁜 일로 생각합니다. 그런데, 최근 의외의 김대중 사건이 야기되어 일시적이나마 양국 사이에 물의가 생긴 것은 대단히 불행한 일이며 본인은 각하와 귀 국민에게 유감의 뜻을 표하는 바입니다. 그러나 이 사건으로 양국 간의 기본적이고도 전통적인 선린 우호관계에 어떠한 균열도 초래되어서는 안될 줄 생각합니다. 또 양국 간에 다시는 유사한 사태가 일어나지 않도록 최대의 노력을 경주함으로써 상호 신뢰와 우호를 증진하는 데 더욱 기여하고자 합니다. 한일 양국의 긴밀한 관계에 비추어 본인은 김종필 국무총리를 파견하여 한일 양국의 관계 증진을 위한 현안문제들을 협의하도록 하였습니다…

Ⅰ 박정희, "다나까 가꾸에이 일본국 수상에게 보낸 친서(1973년 11월 1일)," 「김대중 납치 사건, 1973 v.2 동 사건을 위요한 한·일 간의 외교교섭 및 수사협력, 10-11월 (공개번호 5666)」, 국립외교원 외교사료관 소장 자료. 이 서신은 1973년 11월 2일 김종필 국무총리가 일본의 다나까 가꾸에이 수상과의 회담에서 전달되었다.

---

130 박정희, 「국민투표, 또다시 중책을 맡다(1975년 2월 12일 일기)」, 『박정희 시집』, 서울: 기파랑, 2017, p.103.

김대중　나는 납치사건을 지금도 해결되지 않은 채 미제로 남아 있는 사건이라 생각하고 확실한 진상규명과 책임자 사과를 요구하는 바입니다. 이는 박정희 씨가 지시한 사항이고 단순 납치가 아니라 살해하려 한 사건이었다는 점을 의심치 않습니다. 그래서 그 명칭도 김대중 살해 미수사건이라 불러야 한다고 생각합니다. 내가 겪은 경험과 이 사건을 다루는 박정희 정권의 태도로 보아 나의 의심이 틀리지 않다고 확신합니다. 내 생각을 뒷받침하는 정황들은 차고 넘칩니다. 설령 박정희 씨의 주장대로 자신의 직접 지시가 없었다 하더라도 어떻게 그런 사건이 벌어질 수 있었는지에 대해 보다 명확한 진상규명과 진실된 사과가 있어야 할 것입니다. 나는 노무현 정부의 과거사위 발표의 결과에 대해서 유감으로 생각했습니다. 사건의 핵심에 대한 규명에 실패한 채 애매하게 처리되었기 때문입니다.

김대중　1973년 7월 10일 다시 미국에서 일본으로 돌아온 후 나를 도와주던 비서 겸 경호원들이 말하기를 수상한 사람들이 내 거처와 동선을 감시하고 있다고 했습니다. 유신체제가 독기를 더하고 있던 시기라 섬뜩했지만 경호를 늘려 투쟁을 이어가야 했습니다. 1973년 8월 8일, 도쿄의 그랜드 팔레스 호텔 2211호에 묵고 있던 통일당 당수 양일동 의원과 김경인 의원을 만나 국내 정치상황과 시국 대응방안을 얘기하고 나오는 도중 복도에서 괴한들에게 납치당했습니다. 나를 옆방으로 끌고 가 침대에 내팽개치고 손수건으로 내 입을 틀어 막았는데, 이후 엘리베이터를 통해 지하의 승용차에 태워 중앙정보부가 운영하던 안가로 이동했습니다. 손발은 결박당한 채 코만 제외하고 입은 청테이프로 막았고, 오사카항에서 공작선인 용금호의 좁은 공간으로 밀어 넣어진 것입니다. 그 후 30분 정도 바다로 나가 그들은 나를 갑판으로 끌어내 칠성판 같은 판자 위에 눕히더니 송장처럼 내 몸을 위, 아래, 가운데로 나뉘어 묶었습니다. 두 손목에는 30-40킬로그램 무게의 돌인지 쇳덩이 같은 것을 매달았습니다. "이만하면 바다에 던지더라도 풀리지 않겠지?"라는 소리를 들을 수 있었습니다. 나는 매일 하느님께 기도했고 납치차량으로 이동 중에도 기도했습니다. 하지만 이 순간에는 바다 속에 던져질 두려움에 금방 고통이 사라지겠지 하고 포기를 했으나 곧 "살아야 한다. 아직 할 일이 너무 많다. 상어에게 하반신을 뜯어 먹히더라도 상반신만이라도 살고 싶다"고 생각을 바꾸어 먹었습니다. 나는 나도 모르게 예수님께 살려달라고 기도하고 매달렸습니다. 그 때 하늘에서 비행기 소리와 함께 선실에 있던 그들이 비행기다라고 외치며 갑판으로 뛰어 올라가는 소리가 들렸고 배가 속력을 내어 달리더니 어느 순간 주위가 조용해진 것을 느꼈습니다.

김대중　이후 이틀 정도 배에 더 머물다 어느 농가로 끌려갔고 8월 12일에야 정보원 사람 같은 이가 나에게 회유와 협박을 했습니다. "왜 선생은 해외에서 국가에 반대하는 투쟁을 벌이는 겁니까?" "내가 반대하는 것은 독재정권이지 국가가 아니오." "국가가 정권이지, 국가와 정권이 다를 게 무엇이란 말이오?" 한 두 시간 정도 차를 달려 달빛이 밝은 밤에 그들은 동교동 우리집 근처 골목에 나를 내려주었습니다. 1973년 8월 13일 밤 몰려 온 보도진을 향해 기자회견을 했습니다. 수장되기 직전 예수님께 살려달라고 기도한 대목을 소개하면서 서러움과 살아있다는 기쁨이 교차하여 나는 눈물을 참을 수 없었습니다.[131]

　　　　오늘 피랍 1주년을 맞이하니 참으로 만감이 함께 얽히는 심정을 금치 못하겠다. 참으로 인간의 생사란 예측할 수 없다. 그와 같은 절체절명의 환경에서 살아 돌아와 오늘 1년의 해를 맞이하다니, 인명재천을 무어라 부인할 수 있을 것인가. 나는 지금도 바다와 육지를 전전하는 6일 동안 나 자신이 시종

---

131 김대중,『김대중 자서전 1』, 서울: 삼인, 2019, pp.287-300.

자기도 상상치 못했던 침착과 판단을 잃지 않으며 천주님에 대한 신앙을 잃지 않았던 것을 스스로에게 감사한다.

| 김대중, 「사건 1주년(1974년 8월 8일 일기)」, 『김대중 전집 II』, 제8권, pp.605-606.

김대중　나는 이후 몇 번의 인터뷰에서 이 사건에 대해 박정희 씨를 포함한 누구도 미워하지 않겠다고 다짐했지만, 독재권력에 한 인간의 인권과 주권이 이렇게 폭력적으로 침해당해도 되는가에 대해서는 분노하지 않을 수 없었습니다. 우선 박정희 씨는 겉으로는 특별수사본부를 설치하였으나 사실상은 사건의 진실을 은폐하고 자작극으로 모는 등 왜곡하는 데만 신경을 썼습니다. 이 사건은 총 46명이 9개조로 나누어 암호명 KT라는 이름 하에 조직적으로 감행된 것입니다. 그런데도 박정

6일만에 납치에서 생환된 후 기자회견
(1973년, 김대중도서관 제공)

희 씨는 이후락 부장을 바로 해임하지 않고 다른 관련자들에 대한 처벌도 하지 않은 채 대부분 보직을 다시 주고 생활을 봐 주었으며, 일본에 대해서도 거액의 뇌물을 제공함으로써 정치적으로 해결하기에 급급했습니다. 심지어 일본경찰이 납치현장에서 지문을 채취하여 범행이 적나라하게 밝혀진 김동운에 대해서도 정부는 보호하고 숨기는 데 열중했습니다. 그는 주한 일본대사관 1등 서기관으로 위장해 있던 국정원 공작원이었는데, 한일 간의 정치적 결탁에 따라 그를 품위손상 혐의로 해임하는 데 그쳤습니다. 중앙정보부 공작원이면서 주일 한국 대사관 공사로 작전에 참여한 김기완은 박정권의 보호 아래 김재권으로 개명 후 미국으로 망명했습니다. 김동조 외무장관은 니시야마 일본 대사와의 협의에서 "본건 수사결과 김동운의 동경에서의 언동은 일본 경찰 당국의 혐의를 받는 등 국가공무원으로서 자질과 품위에 어

굿난 것으로 보아 공무원직을 사직케 한다"[132]고 했었지요.

김대중　국내에서의 박정희 정권의 대응은 물론 일본과의 결탁도 그랬고, 사건 해결이 아닌 봉합에 그친 것입니다. 나는 박정희 씨가 이후락의 과잉충성에서 비롯된 일이라는 주장에 동의하기 어렵습니다. 어떻게 그렇게 어마어마한 일을 최고 권력자의 지시나 묵인없이 벌일 수 있을까요. 당시 해외언론들도 이 사건은 박정희 씨의 암묵적 허락하에 이루어진 것이란 해석을 하고[133] 있었습니다. 이 때문에 한미관계도 더 나빠질 수밖에 없었지요. 2007년 실시된 〈국정원 과거사건 진실 규명을 통한 발전위원회〉도 누가 지시했는가에 대해 "박 전 대통령의 직접 지시 가능성을 배제할 수 없으며, 최소한 묵시적 승인은 있었다고 판단된다"는 결론을 내렸습니다. 1980년 서울의 봄이 왔을 때 이후락은 내 동향 친구 최영근 의원에게 납치사건은 박정희 씨의 지시에 따른 것이었다고 털어놓은 적이 있습니다. 박정희 씨가 어느 날 그를 불러 "김대중을 없애라"했고, 그가 차일피일 미루자 그를 다시 불러 "당신, 시킨 것 왜 안 하느냐, 총리와도 다 상의했다. 빨리 해라."라고 다그쳤으며, 이후락은 부하들이 반대하는데도 명령을 따를 수밖에 없었다고 증언한 것입니다. 나는 그의 말을 믿습니다. 이후락이 세상이 변했다고 보고 고해성사를 한 것이라 생각합니다.[134] 진실위의 내용 중에는 공작 추진에 반대하던 이철희 정보차장보에게 "나는 하고 싶어서 하는 줄 알아"라며 이후락이 역정을 냈고, 주일 대사관의 김 공사가 "박 대통령의 결재를 확인하기 전에는 공작을 수행하지 않겠다"고 버티다 곧 적극 협조한 정황 등도 기록되어 있습니다.

김대중　앞서 박정희 씨가 소개한 이후락의 생각은 그동안 박정희 씨 본인을

132 『연합뉴스』, 2006년 3월 30일.
133 『동아일보』, 1974년 12월 7일.
134 김대중, 『김대중 자서전 1』, 서울: 삼인, 2019, pp.305-306.

비롯하여 유신체제 권력층 모두가 평소에 나를 음해하고 탄압하던 상투적인 논리였습니다. 빨갱이다, 체제를 부정한다, 망명정부를 세운다, 김일성과 통한다, 무모하게 통일을 추진한다 등이었습니다. 실제로 나를 납치한 호텔방에도 일부러 북한공작원이나 일본 야쿠자의 소행인 것처럼 위장하기 위해 북한산 담배나 야쿠자들이 사용한 실탄 등을 일부러 흘려 놓았던 것 아닙니까. 어쨌든 내가 살해 미수 공작에서 살아난 데도 많은 분들의 노력이 있었습니다. 납치 당일 오후, 일본에 망명 중이던 지인 정경모 씨가 납치 소식을 들은 직후 한민통 행사차 미국에서 날아와 도쿄 호텔에 머물던 임창영 씨를 찾아가 상의했고, 임창영 씨가 그레고리 핸더슨 교수에게 급히 국제전화를 넣어 키신저 미국 국무장관에게 알리도록 당부했습니다. 아마도 핸더슨 교수는 하버드대학의 제롬 코헤인 교수에게 알리고 제롬 코헤인 교수는 전 주일 대사 라이샤워에게 연락하고 라이샤워는 키신저에게 연락했을 것으로 추측됩니[135]다. 주한 미대사관과 CIA도 긴박하게 움직인 것으로 압니다. 그리고 나의 경호원들로부터 소식을 들은 지인 우쯔노미야 도쿠마 의원도 일본 경시청과 법무부에 바로 전화를 해 나를 구출하기 위하여 백방으로 노력했습니다. 관련자 분들께 은혜를 입은 것이고 감사의 말씀을 드립니다. 바다에 수장되기 까지 촌각을 다투는 시간에 용금호 상공의 헬리콥터 소리는 내 생명을 살린 예수님의 구원의 손길이었던 셈입니다. 후에 김대중도서관의 구술사 인터뷰에 응한 미국 중앙정보국의 이 지역 책임자였던 전 주한 미국 대사 돈 그렉은 그것이 미국 비행기였는지, 일본 자위대 비행기였는지 즉답을 피했습니다.

김대중 이 사건은 유신체제의 본질과 한계를 스스로 노출시킨 것이었고 국내외적으로 비판과 저항이 거세지는 하나의 계기가 되었습니다. 국내에서는 납치사건 진상 규명을 요구하는 대학생들의 시위가 이어졌고 이에 대한 정

---

135 정경모, 『정경모 자서전, 시대의 불침번』, 서울: 한겨레출판, 2010, pp.220-226.

권의 탄압은 1974년부터 긴급조치로 나타났습니다. 일본에서는 우연히도 납치 당일 나와 야스에 요스케 편집장의 대담「한국 민주화에의 길」이 실린 일본의 대표적 비평지 『세계』 9월호가 발매되어, 100만 부가 팔려 나갔고, 한국의 민주화와 나에 대한 관심이 폭발했습니다. 미국에서도 납치사건과 같은 인권침해 사건은 정파를 막론하고 상상하기 힘든 것입니다. 앞서 박정희 씨는 이후락이 사건을 저질러 자기를 난처하게 만들었다고 했지만, 사실 이 사건은 박정희 정권이 나를 가장 난처하게 만든 것이었습니다. 나는 죽음 직전까지 간 피해자인데, 국민의 정부 대통령으로서 피해자인 내가 가해자의 입장을 대신해서 사과를 해야 하는 난처하고 기구한 상황이었지 않습니까. 내 재임기에 이 사건에 대해 말을 아낀 이유도 여기에 있습니다. 더구나 1980년대 전두환 정권이 거짓 음모로 내게 사형선고를 내린 혐의도 납치사건에 박정희 정권이 음해 조작하고 써먹은 한민통 사건을 다시 연루시킨 조작이었으니까요. 유신체제가 뿌린 씨앗이 전두환 정권에서 독버섯이 되어 다시 한번 나의 생명과 인권, 그리고 한국의 민주주의를 죽이려 한 것입니다.

두 팔을 앞으로 묶고 50킬로그램 정도의 물체를 달고 발에도 같은 무게의 물체를 매달아 상하좌우 옴짝달싹 못하게 했다. 입에 재갈을 물려 눕혀 놓았다. 그들은 저희들끼리 "그렇게 하면 빠진다", "솜이불을 덮어야 안 떠오르지", "후까상어…"하는 말을 주고 받았다. 그들은 전부 한국어로 말했으며 경상, 충청, 전라, 경기도의 액센트도 있었다. 한국어를 아주 잘 하는 것으로 미루어 재일 교포는 아닌 게 분명했다. 나는 이제 마지막 던져질 단계라고 생각했다. 죽음을 각오하고 마지막으로 예수님께 기도했다. 당분간 내 대신이 없으니 살려달라고 했다 얘기 도중 약 2분 동안 말을 잇지 못하고 울음을 터뜨리며 흐느꼈다. 이 때 갑자기 발동소리, 비행기 엔진소리 같은 소리가 터져 나오면서 미친 듯이 배가 요동쳤다.

l 김대중, 「납치 생환 직후 가진 『동아일보』 기자회견(1973년 8월 13일)」, 『김대중 전집 II』, 제7권, p.306.

10·26

사회자　10·26, 1979년 10월 26일은 한국 현대 정치사에 잊지 못할 사건으로 기록될 것입니다. 개인적으로나 역사적으로나 우리에게는 매우 비극적이고 불행한 일이 아닐 수 없습니다. 한 분은 불꽃 같은 생을 마감하게 되고, 다른 한 분은 또 다른 격동의 파도 앞에 서게 됩니다. 5·16 이래 역사를 만든 한 분에게는 10·26이 단순한 파국이 아니라 역설적으로 5·16의 완성일지도 모르겠습니다. 그리고 한 사람의 죽음이 독재체제의 구조적 종언으로 직결되지는 않았습니다. 10·26은 한국 사회와 인간들에게 많은 역사적 과제와 성찰의 시간을 갖게 했습니다. 우리가 현대사의 길목에서 만난 인간, 권력, 정치, 역사, 그리고 좌절과 희망 등이 한 편의 영화처럼 스쳐 지나가는 순간입니다. 두 분의 말씀을 통해 한국현대사의 한 페이지를 되새겨보는 시간을 가질 수 있을 것 같습니다.

박정희　오늘의 대화를 마무리할 시간이 된 것 같습니다. 이제 거의 반세기 가까운 세월이 흘러 나도 모든 것을 내려놓고 조금은 담담한 마음으로 자신의 삶을 한 번쯤 되돌아보는 것도 괜찮지 않을까 생각합니다. 자신의 운명을 아는 사람이 몇이나 될까요. 혹시 어렴풋하게 운명이 다가오는 것 같은 느낌이 올 때도 있지만 그에 대비하여 피하는 방법을 알고 대응하는 사람은 과연 어떤 사람일까요. 특히 정치 권력의 현장에서 운명이 소용돌이 치거나 언뜻 일부 모습을 드러낼 때 그것을 알아챌 수 있는 경우는 극히 드물 것입니다. 그 운명에 부딪히기로 작정한 사람이든 피하려 노력한 사람이든, 산자든 죽은 자든, 어떤 일이 일어나고 난 후에야 그것이 운명이었음을 알게 되지요. 그러나 간혹 운명을 개척하는 사람에게는 그의 인생이 곧 운명이고 역사일 수도 있을 것입니다. 그렇지만 자신의 운명을 만들어 간 사람이라 해도 자신에게 닥칠 운명의 법칙을 다 알 수 있는 것은 아니지요. 이것이 인생이고 운명이고 역사입니다.

박정희   지금 이 순간 내가 삶의 마지막 해에 가졌던 보람과 의지의 파편들을 모아 보고 싶네요. 내 생애 마지막 해였던 1979년 신년사의 대목이 떠오릅니다. "우리 세대가 굳세게 살아가고 있는 이 시대야말로 유구한 민족사에서 볼 때 새 역사 창조의 천재일우의 기회요, 민족중흥의 분수령입니다. 따라서 각계 각층의 국민 모두가 한 사람도 뒤지는 일 없이 국가건설에 기꺼이 참여하고 다 함께 땀 흘려 일하는 데서 시대적 사명을 느끼고 보람을 찾아 풍요한 고도산업 사회 속에 인정과 의리가 넘치는 복지 사회를 기필코 건설해야 합니다. 친애하는 국민 여러분! 보람찬 미래는 의지와 땀으로 창조되는 것입니다. 우리에게는 자신과 긍지가 있습니다. 원대한 이상이 있습니다. 어떠한 난관도 슬기롭게 극복하고 우리 모두의 이상을 착실히 구현해 나갈 수 있는 힘이 있습니다.[136]"

박정희   그리고 그 일이 있었던 당일 오전 삽교천 방조제 준공식 행사장에서의 연설은 내 생애 마지막 연설이었습니다. "이와 같은 방대한 규모의 삽교천 지구 종합 개발 사업이 모두 끝나게 될 1983년경에 가면 우리나라의 모든 농촌이 한해와 수해를 모르는 근대적인 과학 영농을 하게 되고, 토지 이용률의 확대로 식량증산은 물론 농가 소득도 획기적으로 증대될 것입니다. 그림 같은 자연의 풍치를 끼고 새 집들이 들어서 날로 탈바꿈해 가고 있는 우리나라 농촌이 쾌적하고 편익한 문화생활의 보금자리가 될 날은 멀지 않았습니다. 오늘의 이 모든 보람찬 성과는 그동안 우리가 근면, 자조, 협동의 새마을 정신으로 굳게 뭉쳐서 구슬땀을 흘려 온 보람인 것이며, 앞으로도 우리의 노력은

---

136 박정희, 「1979년 신년사(1979년 1월 1일)」, 『박정희 대통령 연설기록』, 대통령 기록관.

꾸준히 지속되어야 할 것입니다.[137]" 그 행사장을 가는 기내에서 나는 신이 났습니다. 농촌시찰은 항상 신나는 일이었지만, 그 날은 그 전날 내가 추곡수매가를 전년 대비 22% 인상하여 농민들에게 보너스를 준 다음 날이어서 유난히 더 만족스러웠습니다. 10% 인상을 고집하는 경제기획원과 20% 인상을 요구하는 농수산부가 타협을 하지 못한 상황에서 내가 일방적으로 22%로 확정했거든요. 지금 생각하면 내가 평생 애착을 가진 농업과 농민에게 남긴 마지막 선물이었던 셈입니다. 나는 뿌듯한 기분으로 관계자들을 치하하였고 우리 농촌의 미래 발전상을 그리며 벅차오르는 가슴을 주체할 수 없었습니다.

박정희　　하지만, 돌아오는 길에 들린 KBS 대북 방송 중계소 준공식에서부터 내 안광은 비어 있었고 목소리는 힘을 잃었으며 무엇인지 몰라도 기진맥진했다고 하더군요. 그 이상한 변화를 직접 겪으면서도 깨닫지 못하는 사이에, 나를 오랫동안 지켜보았고 내 옆에 있던 김성진 문공부장관은 그 조짐을 느꼈는지 불안감에 떨었다고 합니다.[138] 지금 생각하면 내 주위에 며칠 사이에 몇 가지 불길한 조짐과 증상이 있었던 게 아닌가 싶습니다. 하지만, 별로 신경 쓰고 싶지 않았고 마음에 담아 둘 필요가 없는 이야기들이었습니다. 그때 나 자신도 알 수 없었지만, 지나보니 근혜에게도 나의 마지막 순간이 감지되고 있었던 모양입니다. 그날 텔레비전으로 삽교천 준공식 장면을 보던 근혜는, "하지만 이상하게도 그날따라 아버지의 얼굴이 유난히 하얗게 보였다. 흑백텔레비전으로 시청하는 건데도 아버지는 안색이 유난히 하얗게 보였다. 이상하게도 이 세상 분이 아닌 것 같이 느껴졌다[139]"고 기억했습니다. 나는 평소 외

---

137 박정희, 「삽교천 방조제 준공식 치사(1979년 10월 26일)」, 『박정희 대통령 연설기록』, 대통령 기록관.

138 조갑제, 『박정희의 결정적 순간들』, 서울: 기파랑, 2019, pp.751-759.

139 박근혜, 『절망은 나를 단련시키고 희망은 나를 움직인다』, 서울: 위즈덤하우스, 2007, pp.137-138.

식을 할 때면 인터폰을 통해 식구들에게 알렸는데, 그날은 근혜가 손님 접견 중이라 비서관에게 먼저 저녁식사를 하라 메시지만 남기고 궁정동으로 향했습니다. 그게 마지막 길이었고 가족들에게 정식 작별인사도 하지 못한 셈이 되었습니다.

박정희 그날의 사건에 대해 구차스러워 별로 언급하고 싶지 않지만, 몇 가지는 남기고 싶습니다. 우선 김재규는 법정 진술에서 '야수의 마음으로' 나를 쏘았고 10·26은 '자유민주주의 회복을 위한 혁명'이라 주장했는데, 어떻게 받아들여야 할지 모르겠습니다. 1979년 8월 YH사건으로 유신체제에 대한 사회적 저항이 거세지고 있을 무렵, 김재규는 나에게 더욱 강경한 '긴급조치 10호'안을 만들어 발표하자 한 적이 있습니다. 나는 "강경조치만 쓰면 시국이 조용해지느냐"며 그를 공개적으로 질타했습니다.[140] 여러 가지로 김재규가 불안해하고 불만이 쌓일 일들이 많았던 걸로 압니다. 노태우가 회고한 것처럼, "군인들의 상식으로는 김재규야말로 아들이 아버지를 살해한 것 이상의 패륜아"[141]였던 것이지요. 김재규가 괘씸하기 짝이 없지만, 그도 나의 동향 후배이며 육사 동기였고 5·16에 참여한 군인이었기에, 내가 심은 권력의 씨앗이 낳은 운명의 장난이겠지요. 크게 보면 내가 한계점으로 치닫고 있는 유신체제를 간파하지 못했고 소위 충성경쟁으로 치닫는 권력 내부의 불협화음을 조절하지 못함으로써 발생한 일입니다. 김종필이 나중에 이야기한 것처럼, "삼엄한 경호는 아무 소용이 없었다. 적은 내부에 있었다."[142] 또 다른 촉발의 계기는 차지철 경호실장의 월권과 비선조직, 그리고 과잉충성과 충성경

---

140 김정렴, 『아, 박정희』, 서울: 중앙 M&B, 1997, p.337; 고상만, 『장준하, 묻지 못한 진실』, 서울: 돌베개, 2018, pp.273-274.

141 노태우, 『노태우 회고록 (상)』, 서울: 조선뉴스프레스, 2011, p.231.

142 김종필, 『김종필 증언록』, 서울: 와이즈베리, 2016, p.521.

쟁이었던 것입니다.[143] 김정렴 비서실장이 청와대에 계속 남아 있었다면 이같은 비극이 없었을 것이라는 말이 있지만, 애초에 차지철을 경호실장으로 추천한 사람도 김 실장이니 어떻게 보면 복잡한 운명과 인연의 끈들이 마지막에 나를 통해 터지고 말았다고 봅니다.

박정희   이 사건 배후에 미국이 있었던 게 아닌가 하는 호사가들의 억측들이 많습니다. 물론 나와 미국 사이에 핵무기 개발이나 인권문제 등으로 긴장된 일들이 많았습니다. 사실 나는 항상 미국의 도움이 없이도 우리의 안전을 보장하고 경제를 발전시킬 수 있는 체제 구축을 위해 노력했습니다. 미국이 우리의 국익을 위해 움직인다고 생각하는 사대주의적이고 나약한 자세와 태도를 나는 내내 경멸했습니다. 다 아시다시피 미국이 나와 내가 추구한 전략이나 체제를 견제하거나 좌절시킨 적도 없지 않았습니다. 힘없고 가난한 약소국의 책임자로서 쓰라린 기억도 있습니다. 하지만, 1979년 대한민국은 더 이상 미국이 마음대로 우리 국내정치에 간섭하거나 독단적으로 무슨 일을 꾸릴 수 있는 옛날의 그런 나라가 아니었습니다. 미국도 그런 위험한 도박을 원치 않았고 항상 우리의 국내정치의 흐름에 따라 움직이는 경향을 보였습니다. 그만큼 모든 분야에서 우리나라가 성장했던 것이고 그것도 유신체제가 가져온 결실의 하나라 보고 싶습니다. 1961년 11월 14일, 새로운 제국으로 올라선 강대국 미국의 케네디 대통령을 백악관에서 처음 만났을 때, 가난하고 약한 나라의 무명의 지도자로 키도 작고 얼굴도 까무잡잡한 내가 왜 굳이 검은 썬글라스를 벗지 않았는지 그 의미와 오기를 생각해 보았으면 합니다.

박정희   어쨌든 그 일은 내 기대와는 다르게 운명적으로 일어나 버렸습니다. 운명이라면 운명이고 역사라면 역사입니다. 1961년 혁명정부에서 재무부

---

143 김성진, 『박정희를 말하다: 그의 개혁정치 그리고 과잉충성』, 서울: 삶과 꿈, 2006.

유신철폐를 외친 부마항쟁 당시 부산시청 앞 탱크와 장갑차(1979년, 김탁돈 촬영, 부마민주항쟁재
단 제공). 반유신투쟁이 거세지자 10월 18일 부산에 계엄령이 선포되었고, 10월 20일에는 마산과
창원에 위수령이 내려졌다. 그리고 6일 후 유신체제는 막을 내리게 되었다.

장관을 지낸 천병규가 그날을 묘사한 다음의 구절이 씁쓸한 메아리로 들려옵니다. "절대 권력자가 제일 가깝고 신뢰하는 자의 총탄에 쓰러지고 말았다. 역사가 전환하는 순간이었다. 물리적으로 폭음은 들을 수 없지만 천지가 진동하는 것 같았다. 그렇다고 해서 내 자신 이 역사의 과정을 헤치고 나갈 능력은 없었고 그럴 생각도 없었다. 다만 역사의 위력에 눌려 순종할 도리밖에 없었다.[144]" 내가 그날 마지막 남긴 말, "나는 괜찮아"라는 짧은 한 마디가 지금도 여전히 당시의 내 마음을 잘 보여주고 있다고 생각합니다.

박정희　어차피 내가 결단하여 만든 길이었고 굳이 피하고 싶지 않은 나의 몫이었으며 역사의 한 격랑이었습니다. 나는 내 방식대로 살았고 죽음도 내 방식대로 맞은 것입니다. 물론, 내가 5·16 혁명 때나 그 후 정치의 길이 내키지 않아 민정이양 등을 두고 주저하고 번민할 때 김종필이 더 단호하고 결연하게 나를 밀어 부친 적도 있습니다. 그랬던 김종필도 자신의 정치인생을 마무리하면서 남긴 "정치는 정치인 본인에게는 허업虛業[145]"이라는 말이 떠오릅니다.[146] 만, 내가 1979년 10월 17일에 쓴 마지막 일기에는 내가 걸어온 삶의 방식이 담겨 있습니다. "7년 전을 생각하니 감회가 깊으나 지나간 7년간은 우리나라 역사에 기록될 중요한 시기이기도 하다. 일부 반체제 인사들은 현 체

144 천병규, 『천마 초원에 놀다』, 서울: 백상재단, 1988, p.302.

145 김종필, 「김종필 증언록: 소이부답」, 『중앙일보』, 2015년 10월 28일.

146 김종필은 박정희가 남긴 유산과 역사적 자산에 대하여, "은인은 잊혀도 은혜는 남는다는 말이 있다. 박정희는 잊혀도 그가 남긴 민족중흥과 조국 근대화, 자주국방과 하면 된다는 정신은 영원할 것이다"라고 증언했다. 김종필, 『김종필 증언론 2』, 서울: 와이즈베리, 2016, p.59. 머지않아 김대중이 민주화에 대하여 남긴 유산과 역사적 자산에 대하여도 우리가 똑같이 증언하게 될지도 모르겠다. 아니 벌써 그같은 증언이 우리 사회에 공명하고 있는지도 모른다. 하지만, 멀리 보면 그것도 역사의 발전이고 진화이다. 함석헌의 표현을 빌리자면, 씨앗이 뿌려지고 순이 돋고 줄기가 나고 꽃이 피고 그 꽃이 떨어지면 열매가 영글며 그것이 새로운 씨앗이 되고 다시 그 씨앗이 새로운 한 시대를 시작한다. 노자의 유무상생론의 철학에 의하면 이러한 현상은 우리가 살고 있는 세계의 존재형식이고 역사발전의 흐름일지도 모른다.

제에 대하여 집요하게 반발을 하지만 모든 것은 후세에 사가들이 공정히 평가하기를 바랄 뿐."[147] 나는 평소에 막걸리와 담배를 즐겼습니다. 즐거울 때는 막걸리를 마시고 괴로울 때는 담배를 피웠습니다. 특히, 고민이 되거나 어려운 일을 결정해야 할 때는 줄담배를 피우는 것이 습관이었습니다. 내 사진에 담배피우는

김포 들녁에서 모내기 후 씻으며 웃는 모습
(1979년, 박정희대통령기념관 홈페이지)

장면이 많은 것도 그 때문입니다. 담배를 피우다 흩어지는 연기를 바라보며 깊은 생각에 잠기곤 했습니다. 1951년 10월 30일, 한국전쟁 중에 내가 쓴 시 「담배 연기와도 같은 인생이여」가 기억납니다. 내가 왜 이 시를 적었는지 잘 모르겠습니다만, 이 시를 읊조리면서 전쟁 같았지만 허무했던 인생에 대한 소회를 마치고자 합니다.

하늘도 자고 땅도 자고 사람도 잠자는 고요한 밤, 벌레 소리 처량히 들려오는 어두운 가을 밤, 길게 내뿜는 담배연기만 어둠 속에 흡수되어 버리고, 캄캄한 어둠 속에 한없이 헤매고 찾아도, 담배연기처럼 걷잡을 수 없는 길고 고요한 가을 밤, 길고 아득한 유구한 역사 속에 찰나 찰나의 생명을 연결하는 인간이, 그러나 찰나에 사라질 담배 연기처럼 사라져 버릴 인간이란 것을 알면서도, 찰나가 기쁘고 찰나가 섧다는 것을 인생이라 일컬으면서도 몹시도 허둥지둥하는 것이 어리석고 가엾구려, 담배 연기와도 같은 인생이여!, 호호 창창한 내일의 역사의 막幕 그 속에 무한한 기대와 희망조차 없이, 그러나 막

147 박정희, 「역사가 나를 평가하리라(1979년 10월 17일 일기)」, 『박정희 시집』, 서울: 기파랑, 2017, p.164. 싱가포르 리콴유 수상이나 해외 학자들에 의한 박정희 평가에 대하여는 안병훈 엮음, 『사진과 함께 읽는 대통령 박정희』, 서울: 기파랑, 2017, pp.462-463.

연히 기다려지는 인생의 삶, 지구는 돌고 역사는 가고 세월 흐르고 인생은 늙고, 밤이 가면 내일 새 날이 온다는 것은 가을밤 어둠 속에 사라지는 연기처럼 삭막한 인생의 부질없는 노릇이여.

ǀ 박정희, 「담배 연기와도 같은 인생이여(1951년 10월 30일)」, 『박정희 시집』, pp. 23-24.

김대중　박정희 씨의 시 낭송을 들으며 나도 큰 상념에 잠기게 되네요. 1979년 10월 27일 새벽 4시 전화벨 소리가 나를 깨웠습니다. 로스앤젤레스에 사는 지인에게서 걸려온 전화였습니다. "박 대통령이 총격으로 사망했다고 해요. 미국 언론이 그렇게 보도하고 있다고 합니다." "누가 그런 짓을?" "여기서도 그건 아직 모르나 보오. 누군가가 정말 큰 일 날 짓을 한 모양입니다.[148]" 급히 라디오를 켜보니 정부 대변인이 유고를 발표했습니다. 커다란 무엇인가에 한 방 얻어맞은 기분이었고, 알 수 없는 충격과 놀라움이 뇌리를 스쳐 지나갔습니다. 우리 부부는 잠시 말을 잃고 멍하니 있다가 정신을 차렸습니다. 곧 사건의 대강을 알게 되었습니다. 김재규 중앙정보부장이 부마항쟁의 처리 방식을 두고 박정희 씨에게 질책을 받고 월권을 일삼은 강경파 차지철에 격분하여 두 사람에게 총격을 가했다는 것이었습니다. 사실 나는 당시에도 가택연금 상태에 있었고 철저한 감시 하에 있었기 때문에 전화와 몇몇 인편이 외부와 연락을 할 수 있는 유일한 통로였습니다. 우리 내외는 며칠간 기쁘지 않느냐라는 질문을 많이 받았습니다. 그러나 우리는 결코 박정희 씨의 불행한 죽음을 기뻐하지 않았습니다. 장기 독재의 종식은 환영할 일이었지만 암살이라는 폭력은 정당화될 수 없는 비열한 행동이었기 때문입니다. 나는 많이 애석해 했습니다. 그리고 못내 아쉬웠습니다. 박정희 씨와 눈을 마주 보며 육성으로 대화를 나누는 게 중요하고 꼭 그렇게 해보고 싶었습니다. 내 철학에는 불의가 불의를 단죄할 수 없으며 그것은 정의가 아니었습니다. 그

---

148 이희호, 『이희호 자서전 동행』, 서울: 웅진 하우스, 2008, p.183.

리고 박정희 씨의 갑작스런 죽음으로 민주화운동의 흐름이 단절되고 왜곡되지나 않을까 우려했습니다.

김대중 얼마 후 군사법정에서 김재규는 의인처럼 행동했고 자신은 이 사건을 10·26 혁명이라 규정했습니다. 나는 『뉴스위크』와의 인터뷰에서도 김재규를 의인으로 보는 시각과 운동에 반대했습니다. "민주주의는 국민의 힘으로, 선거를 통해 이루어지며 쿠데타나 암살로 얻어지는 것이 아니다." 이는 평화와 민주주의에 대한 나의 변함없는 사상이고 종교적 신념이었습니다. 나와 민주화운동을 함께한 재야인사들 중에 그를 의인으로 보는 시각이 있었습니다.[149] 그를 변호한 강신옥 변호사도 김재규가 아니었으면 박정희 독재가 10년은 더 갔을 것이라 했지요. 나는 이같은 입장 때문에 평소 나와 뜻을 같이한 민주화 동지들로부터도 비판을 받은 적이 있습니다. 하지만, 심지어 사형선고를 앞둔 1980년 9월 13일 법정 최후 진술에서도 나는 이 입장을 굽히지 않았고 지금도 같은 생각입니다. "일부에서 김재규에 대한 구명운동이 있었습니다. 그러나 저는 민주주의는 국민의 힘에 의해 이룩되는 것이지 암살이나 쿠데타에 의해 이룩되는 것은 아니라고 외신기자에게 이야기한 바 있습니다. 대통령을 살해한 사람을 처벌하는 것은 국법질서에 의해 당연하다고 생각합니다."[150]

김대중 누구에게나 유한한 인생에서 허무하고 부질없는 것이 한두 가지가 아니겠지만, 정치와 권력의 한 복판은 더 비정한 것 같습니다. 그렇게 충성스럽게 보이던 차지철 경호실장도 피흘리는 박 대통령을 놔두고 화장실로 도

149 김삼웅, 『박정희 평전』, 서울: 앤길, 2017, pp.44-453.
150 김대중, 「김대중 내란음모 조작사건 관련 최후진술(1980년 9월 13일)」, 『김대중 전집 II』, 제9권, pp.212-213. 이는 김대중이 육군본부 계엄보통군법회의 제18회 공판에서 한 최후진술이다. 그는 9월 13일 사형선고를 받게 된다.

망쳤고, 독재정권을 에워싸고 있던 사도들은 연기처럼 흩어졌지요. 그 당당했던 18년 5개월 10일의 철권통치는 신기루처럼 사라졌습니다. 독재정치는 이처럼 허망했습니다. 영화는 뜬 구름이요 권력은 물거품이었습니다.[151]

김대중 어쨌든 10·26은 우리에게 많은 것을 생각하게 하는 계기가 되었습니다. 나한테도 마찬가지였습니다. 나는 사형선고를 받게 될 법정에서 남긴 1980년 9월 13일의 최후 진술에서 박정희 씨의 국장을 보고 느낀 것을[152] 말했습니다. "작년 11월 3일 박 대통령의 국장을 집에서 단 1초도 빼놓지 않고 지켜보았는데, 아직도 내 기억에 깊게 남아 있는 것은 김수환 추기경이 한 '우리 모두에게 박 대통령의 죽음의 뜻을 하느님께서 깨닫게 해 주십시오'라는 말이었습니다."[153] 이 추도사에서 김수환 추기경은 "…주여, 인자로히 주의 종 박정희를 돌아보소서. 이제 이 분은 대통령으로서가 아니라 한 인간으로서 주님 앞에 엎드려 주님의 자비를 빌고 생명을 목말라합니다. 인자하신 주여, 이 분의 영혼을 받아주소서…또한 우리 모두의 마음도 밝혀 주시어 이 분

---

151 김대중, 『김대중 자서전 1』, 서울: 삼인, 2019, p.356.

152 전두환, 『전두환 회고록 1』, 서울: 자작나무 숲, 2017, pp.512-513. 전두환은 소위 김대중 내란음모사건 조작과 불법 연행 및 체포를 김대중의 죄질이 하도 나빠 최규하가 더 이상 못 참고 승인한 것이라고 주장함으로써 사실을 은폐 왜곡하고 그 책임을 의도적으로 흐리고 있다. 그리고 이 사건을 광주와 호남이라는 지역감정 문제로 호도하려는 의도도 관찰된다. "최규하 대통령은 스스로 한시적인 과도정부를 자처하고 있었지만, 그렇다고 해서 시간만 때우며 지나갈 수는 없는 것이었다. 더욱이 위기관리를 자신의 가장 중요한 소임으로 인식하고 있던 최 대통령으로서는 사회불안과 정치적 위기를 조성하는 김대중 씨의 이러한 파괴적 행태를 그대로 방치할 수 없었다…최 대통령은 김대중 씨를 체포해 수사해야 한다는 나의 보고를 단 한마디 이견도 없이 승인했다. 최 대통령도 호남지역 사람들이 김대중 씨에 대해 갖고 있는 애정과 기대감, 또 그러한 김 씨가 어떤 이유로든 체포된다거나 하는 일이 생길 경우 호남 민심을 크게 자극할 것이라는 점을 충분히 살필 수 있었을 것이다. 그러나 당시 국가의 생존마저 장담할 수 없다고 느낀 최 대통령의 위기감은 그러한 우려를 덮을 만큼 컸을 터였다." 물론 당시 최규하 대통령의 이중적인 태도와 역할에 대하여도 많은 비판적 논쟁이 있고, 그의 행동은 당시 김대중, 김영삼 등 주요 정치지도자들과 사회세력에 의해서도 많이 비판받은 바 있다. 이에 대해서도 정확한 사실이 규명될 필요가 있다.

153 김대중, 『김대중 자서전 1』, 서울: 삼인, 2019, pp.392-393.

사형선고를 받은 재판 모습, 옆은 문익환 목사(1980년, 김대중도서관 제공)

의 죽음 속에 담긴 의미를 깨닫고 의롭고 밝은 나라 건설을 위해 한마음 한뜻
이 되게 하소서…"라고 기도하였습니다. 이 구절에서 김수환 추기경은 박정
희 씨를 대통령 호칭 없이 그냥 박정희라고 불렀습니다. 이는 고인이 권력자
였든 이름없는 사람이었든 관계없이 하느님 앞에 서 있는 한 인간으로서의
박정희 씨를 대하는 종교지도자의 철학과 자세를 보여주는 장면이었습니다.
나는 이 구절에서 카톨릭 신자로서 종교적 전율을 느꼈고, 아직까지도 그 순
간의 신앙적 경종이 떠나지 않고 있습니다. "박 대통령의 죽음은 그 개인으로

---

154 이 추도사의 구절은 속세의 뜻으로 누군가를 비판하거나 폄하하는 것이 아니라, 하느님 앞
에 서게 된 가엾고 평범한 한 인간을 위한 김수환 추기경의 경건한 기도를 보여준 대목이었
다. 그리고 이는 한국현대사에서 몸소 실천하고 보여주었던 김수환 추기경 본인의 빛과 소
금과 같은 역할과 종교적 자세가 반영된 장면이기도 하였다. 국장을 지켜보면서 이 기도에
귀 기울였던 많은 사람들에게는 김수환 추기경의 이 기도와 메시지가 커다란 경종과 깨달
음으로 다가왔었다.

보자면 더 이상의 불행은 없을 것이나 유신이 가고 새로운 시대가 다가오는 역사적 계기였습니다. 우리에게는 민주주의에 대한 거대한 희망이 봇물 터지듯 솟아올랐습니다. 그러나 5·17 계엄령의 전국 확대로 우리의 민주주의는 심상치 않은 시련을 맞이하였습니다."

김대중   나는 10·26 이틀 뒤 1979년 10월 28일, 나의 입장을 담은 짧은 성명서를 우선 발표했습니다. 다시 정신을 차리고 지금부터 무엇을 어떻게 해야 할 것인가를 생각하기 시작했습니다. 가장 먼저 혼란한 틈을 타 도발을 할지도 모를 북한에 대해 우려하고 경고하는 일이었습니다. 그 다음 민주회복을 위한 국민들의 지혜와 협력을 모으는 일이었습니다. 생각해 보면 참 공교로운 일입니다. 1971년 대선 당시 장충동 공원 연설 현장에서 박정희 씨는 격앙된 군중들을 불안하게 여겨 단상에서 내려온 직후 수행원에게 38선 경계에 이상이 없냐라고 물었다고 했는데, 10·26 직후에 나는 권력자가 갑자기 사라진 틈에 북한이 오판할까 두려워 제일 먼저 이에 대한 경고 메시지를 보냈으니 말입니다. 박정희 씨와 나는 개인적으로나 국가적으로 참 복잡한 인연인 것 같습니다.

김대중   〈고故 박정희 대통령 서거에 관한 성명〉은 사실 처음 미국에서 영어로 발표한 것입니다. 내가 가택연금 상태라 외부와 접촉할 수 없었고, 미국에 있는 민주화 동지 이근팔 씨에게 내 구술을 영어로 옮겨 먼저 발표하게 한 것입니다.[155] 하지만, 나는 그때 한반도 안보상황을 우려한 나머지 한국 방위에 대한 미국의 경각심 제고와 한국 민주화에 대한 미국의 올바른 인식 촉구 목적도 있었습니다. 어쨌든 나는 권력의 공백과 혼돈의 국면에서 10·26이 초래할지도 모를 부정적 파장을 최소화할 방도에 노심초사했습니다. 10·26

---

155 장신기, 「박정희 서거 직후, 김대중의 애도성명서 최초공개」, 『오마이뉴스』, 2017년 10월 26일.

263일간의 연금생활을 기록한 달력(1979년, 김대중도서관 제공)

직후 위기 정국에 대한 나의 생각은 앞서 말한 최후 진술에 잘 담겨 있습니다. "10·26 사태가 없었으면 부마사태는 아마 전국으로 확대되었을 것입니다. 그러나 10·26이 나는 바람에 민주와 유신 간에 승자도 패자도 없는 상황을 만들어 놓았습니다. 나는 기독교 신자이기 때문에 모든 것을 하느님의 섭리와 결부시켜 생각하는데, 10·26은 곧 유신세력과 민주세력이 협력해서 이 나라를 이룩해 나가라는 하느님의 섭리라고 보았습니다. 나는 10·26 후 무엇보다도 국가안보, 경제안정, 민주회복이 중요하다고 생각했으며, 이를 위해서는 최규하 과도정부와도 협력해야 한다고 판단했습니다. 나는 일관해서 정치보복 없는 국민 화해를 주장했으며 이런 의미에서 최 정부에 대화도 요청하고, 나의 납치사건에 관련된 사람들을 용서하겠다고 말했습니다. 또한 정국의 안정이 필요하다고 주장했는데 이는 혼란이 야기되면 민주 문제도 문제고, 우리 국민들이 이제는 혼란을 통하지 않고서도 민주주의를 얻을 수 있다는 판단과, 만일 계엄 하에서 분란이 일어날 경우 군과의 충돌이 불가피하며, 이렇게 되면 민주화를 바라지 않는 세력에 역이용 당할지 모른다는 우려 때문이었습니다.[156]" 나는 당시 나의 우려가 우려로 끝나기를 간절히 기도했습니다.

김대중   하지만, 당시 "박정희 대통령은 암살됐지만, 사실상 변한 건 없었습니다.[157]" 유신체제 하에서 특권을 누렸고 그 특권을 잃어버리고 싶지 않은 사람들은 주요 요직에 그대로 남아 있었던 것입니다. 그렇다고 나는 증오심이나 정치보복, 그리고 폭력적 방법이 대안이 될 수 있다고 생각해 본 적은 없습니다. 10·26 이후 한참이 지난 12월 8일에야 긴급조치 9호가 해제되었습니다. 당일 날 발표한 성명에서 나는 우리의 갈 길과 나의 개인적인 소망을 호소했습니다. "우리는 지금 전례 없이 위험하고 중대한 시점에 처해 있다. 과오를 범한 사람은 반성하고 고통을 받은 사람은 관용하는 정신으로 이를 극복하는 민족의 슬기와 역량을 보여야 할 시점이다. 나도 박 정권 아래서 약간의 고통을 겪은 사람이지만, 나는 내가 겪은 쓰라림이 이 나라에서 다시 되풀이되지 않기를 나의 신앙과 양심에 비추어 바라는 바이다.[158]"

김대중   이어서 1980년 3월 1일 3·1절 61주년 기념 기자회견에서, 7년 만에 공식적으로 자유로운 입장에서 국민 여러분을 대하게 된 나는 다시 정치보복의 종식을 외쳤습니다. "오늘 우리의 정치현실에서 가장 긴급하게 요청되는 정신이 있다면, 그것은 한편으로는 화해와 단결의 정신이며 다른 한편은 반성과 자기갱신의 정신입니다. 과거에 부당하게 고통당했던 피해자들은

---

156 김대중, 「김대중 내란음모 조작사건 관련 최후진술(1980년 9월 13일)」, 『김대중 전집 II』, 제9권, pp.212-213.

157 김대중, 「파이스턴 이코노믹리뷰와의 인터뷰(1980년 2월 22일)」, 『김대중 전집 II』, 제9권, p.35.

158 김대중, 「긴급조치 9호 해제에 즈음하여(1979년 12월 8일)」, 『김대중 전집 II』, 제9권, p.17.

반성하는 어제의 가해자들을 용서하고 포용해야 합니다…나도 인간이라 중심에 한이 없는 것은 아닙니다. 그러나 용서와 사랑을 최고의 덕으로 가르쳐 주신 하느님의 뜻에 순종하기 위해서 그리고 새로운 민주 역사를 선도적으로 엮어 나가기 위해서 저는 이 모든 사건을 불문에 붙이기로 결심했습니다. 지난날 많은 민주인사와 저를 괴롭혔던 정치보복은 종지부를 찍어야 합니다. 이제부터는 그러한 보복의 악순환이 우리 정치풍토에서 말끔히 사라져야 할 것입니다.[159]"

김대중　하지만, 유신체제의 그림자는 그렇게 쉽게 걷히지 않았습니다. 민주화 운동의 압력이 거세지고 있던 단계에 불행히도 폭력적으로 찾아온 10·26, 그리고 유신체제의 강고한 구조는 또 다른 폭력을 불러왔고 한국은 또다시 전두환의 신군부 독재를 견뎌야 했습니다. 한국 사회는 1987년 6월 민주화 이행까지 7년 여의 세월을 다시 기다려야 했습니다. 나 역시 유신이 남긴 그림자와 다시 싸워야 했습니다. 모든 것이 하느님의 뜻이라고 생각합니다. 하지만, 또한 나의 인생이자 운명이었고 역사였다고 생각합니다.

　　　먼저 고故 박정희 대통령의 서거에 대해 깊은 애도의 뜻을 표합니다. 저는 또한 정치적인 차이를 떠나 한국 국민 전체가 단합되어 있다는 점을 강조하면서 북한이 현 상황을 오판하지 말 것을 경고하는 바입니다. 우리는 모든 형태의 내부 혼란을 피해야 합니다. 그러나 현재의 어려움은 오로지 우리 국민이 원하고 있는 민주주의 제도의 회복을 통해서만 해결될 수 있습니다. 모든 국민의 지지와 협력을 확보할 수 있는 민주 정부만이 국민의 행복과 안전을 보장할 수 있습니다.

| 김대중, 「고故 박정희 대통령 서거에 관한 성명(1979년 10월 28일)」, 『김대중 전집 II』, 제8권, p.541.

---

159 김대중, 「7년 만에 국민 여러분을 대하며(1980년 3월 1일)」, 『김대중 전집 II』, 제9권, p.48.

사회자 긴 시간 진지한 대화에 감사드립니다. 김대중 대통령은, 성사되지 못했지만, 1958년 6월 당시 강원도 인제 육군 제7사단장으로 있던 박정희 대통령을 만나러 부대를 찾은 적이 있고, 두 분이 잠시라도 만난 것은 1968년 1월 1일 새해 인사차 당시 김대중 의원이 청와대로 박정희 대통령을 찾아간 게 처음이자 마지막이었습니다. 김대중 대통령은 여러 차례 박정희 대통령을 직접 만나 시국을 논의하고 싶어했고, 박정희 대통령은 여건이 여의치 않아 만남에 나서지 않았지만 내심 언젠가는 한번 만나고 싶었을 것으로 생각됩니다. 직간접적으로 있었을 육영수 여사와 이희호 여사의 만남과 교감[160]에서 호감도 작용했을 것입니다. 어쨌든 두 분이 반세기가 더 지나 처음으로[161] 허심탄회한 대화를 나누셨습니다. 격정도 있었고 환희와 슬픔도 있었습니

---

160 육영수 여사와 이희호 여사는 생전에 세 번 만났다. 이희호 여사는 결혼 전 1961년 9월 여성단체협의회 주최 전국여성대회를 마치고 김활란 등 여성지도자들과 함께 청와대를 방문하여 육 여사 바로 뒤에서 사진을 찍었고, 국회의원 부인들 초청 오찬에 참석하여 서로 악수한 적이 있으며, 1971년 대선 선거운동 중 전주에서 육영수 여사의 뒷모습을 본 적이 있다. 이희호 여사는 자신의 자서전에서 육영수 여사에 대하여 "남편의 독재를 많이 염려한 것으로 알려진 청와대 속 야당으로 국민들의 사랑을 받았던 분"이었다고 평가하였고, 전주에서 보았던 뒷모습에 대하여 "뒷모습 역시 우아하고 품격이 있어 보였다"고 회고한 바 있다. 그리고 이희호 여사는 이화여전에 입학했을 때 육영수 여사가 다닌 배화여고 출신인 친구가 있어 이후로 그녀에게서 육영수 여사에 대한 이야기를 가끔 들을 수 있었다고 한다. 이희호, 『이희호 자서전 동행』, 서울: 웅진 하우스, 2008, p.151.

161 엄밀한 역사적 맥락이나 의미가 있다고 보기는 힘들지만, 육영수 여사와 이희호 여사가 모두 한때 학생들을 교육하는 직업에 종사했었다는 사실은 흥미롭다. 나이로는 육영수 여사(1925년생)가 이희호 여사(1922년생)보다 세 살 아래이다. 육영수 여사는 1942년 3월 서울에 있는 배화여자고등 보통학교를 졸업한 후, 1945년 10월부터 약 1년 반 동안 중학교 과정인 옥천공립 여자전수학교에서 가사 담당 교사를 지낸 바 있다. 육영수 여사는 고향 옥천의 죽향국민학교를 졸업할 당시부터 친구들에게 장래희망이 교사라고 즐겨 말했던 것으로 알려져 있다. 육영수 여사의 어머니와 영부인으로서의 일화는 박근혜, 『나의 어머니 육영수』, 서울: 사람과 사람, 2015에 많이 담겨 있다. 이희호 여사는 1944년 3월 이화여자전문학교 문과를 졸업한 후 다시 1950년 서울대 사범대학을 졸업하였다. 그 후 1958년 미국 스칼릿대학 대학원 사회학과에서 석사를 마쳤으며, 귀국 이후 수년간 이화여자대학교 사회사업과 강사를 역임한 바 있다. 이후 이희호 여사는 대한여자청년단(YWCA) 총무 등을 역임하며 여성운동에 투신하였다. 이희호 여사가 당시 이화여대에서 사용한 강의 노트의 일부는 현재 연세대학교 김대중도서관 전시실의 이희호 여사 코너에 전시되어 있다.

제3부 역사적 대화: 박정희와 김대중이 얽혀 살아온 역사 현장들

다. 서로에 대한 비판과 분노도 있었고 이해와 공감도 있었습니다. 서로에 대한 섭섭함과 아쉬움, 고마움, 그리고 자신에 대한 인간적인 회한도 숨기지 않으셨습니다. 리더의 고뇌와 결단도 있었지만, 민초들의 애절함과 민중의 바다도 있었습니다. 그리고 세계관이 달랐던 두 분이지만, 두 분이 만든 역사와 각자 세상에 대한 열정과 치열한 삶, 그리고 철저한 자기규율과 혼신의 노력에는 크게 다를 바가 없었습니다. 두 분이 부딪힌 역사의 소용돌이와 무게가 지금 이 자리에서도 느껴집니다. 어떤 방향이든 역사의 평가는 이어지고 논쟁은 남겠지만, 우리가 두 역사의 주역을 이해하고 두 분이 남긴 역사적 자산을 키워나가는 데 소중한 성찰의 기회가 되었다고 생각합니다. 이것으로 오늘의 대화를 마무리하겠습니다. 감사합니다.

청년과의 대화: 박정희와 김대중이 말하는 청년

사회자 마지막으로 청년과의 대화 시간을 가져 보겠습니다. 한국의 청년들은 두 분이 만들어 놓은 역사의 흐름과 사회 구조 속에서 현재를 살아가고 있고 미래를 살아가게 될 것입니다. 두 분의 청년 시절, 두 분이 생각하는 청년과 청춘, 지도자로서 당시 청년을 위해 고민한 일들, 그리고 현재 한국의 청년에게 하고 싶은 말씀이 무엇인지 듣고 싶습니다. 현재 우리의 청년들이 어떻게 응답하고 두 분께 무엇을 되물을지 매우 흥미롭고 기대가 됩니다. 아시다시피 중국 고전에는 인생과 나이에 대한 이야기가 많이 있습니다. 15세는 학문에 뜻을 두는 지학志學, 20세는 갓을 쓰는 나이라는 약관弱冠, 30세는 마음이 확고해지고 스스로 서는 나이라는 이립而立, 40세는 사리에 미혹하지 않을 나이라 하여 불혹不惑, 50세는 하늘의 명을 깨닫는 나이인 지천명知天命, 그리고 60세는 귀가 순해서 들으면 그대로 이해한다는 이순耳順이라고 말했습니다. 우선 두 분이 청년 시기에 무엇을 경험하였는지 본인들의 청춘을 간략히 소개해 주십시오.

박정희 1937년 3월 25일 대구사범을 졸업할 당시 나는 21살이었습니다. 그해 바로 문경보통학교에서 교사생활을 시작했습니다. 만주군관학교에 입학한 1940년 1월 4일은 24살이었습니다. 해방과 한국전쟁을 경험할 때가 각각 29살, 34살 때입니다. 그 후 45살 때 5·16 군사혁명을 거행하였고, 47살인 1963년 12월 17일 제5대 대통령에 취임했습니다. 나와 5·16 군사혁

명을 주도한 김종필도 1961년 당시 36살이었습니다.[1]

1965년 6월경 내가 경부고속도로를 구상하면서 포항 종합제철에 대한 과업을 미리 맡긴 박태준은 38살이 었습니다.[2] 나의 20대는 일제 강점기 어두웠던 울분과 좌절의 시기였고, 나의 30대는 한국전쟁과 가난 속에 서 혁명과 민족개조를 꿈꾸던 시기였습니다. 하지만, 내가 청춘을 바친 조국도 아직은 막 성장을 시작한 청 년이었습니다. 그리고 그 조국 근대화와 민족중흥의

대구사범 졸업 앨범 사진
(1937년, 박정희대통령
기념관 홈페이지)

과업에 참여한 핵심 인물들은 군인이든 관료든 일반 국민이든 모두 청년이었 다고 해도 과언이 아닙니다.

김대중   나는 22살에 해방을 맞이하였고, 1947년 2 월, 24살에 목포해운공사를 설립하여 사업을 시작했 습니다. 한국전쟁이 발발한 해에 27살이었는데, 같은 해 목포일보를 인수하여 사장을 지냈습니다. 31살이 던 1954년 5월 20일 3대 민의원에 무소속으로 출마했 다가 낙선하고, 1956년 9월 25일 33살에 민주당에 입 당했습니다. 1967년 6월 8일, 내가 7대 국회의원 선거 에서 목포에서 당선될 때 44살이었고, 1971년 4월 27

목포 공립 상업학교 시절
(1942년, 김대중도서관
제공)

---

1   2018년 6월 23일 서거한 김종필은 그의 증언록을 남기는 과정에서, "이제 저의 마지막도 멀지 않았습니다. 사랑하는 이들과 아름다운 이별을 고할 때가 다가오고 있습니다…저는 기꺼이 사랑하는 아내가 누워있는 양지바른 그곳에 함께 누울 생각입니다. 그리고 가끔 나 를 찾는 사람들이 있거든 거기 누워 그저 미소지으며 묵묵히 그들의 이야기를 들어 줄 것입 니다"라고 말했다. 김종필, 『남아 있는 그대들에게』, 서울: 스노우폭스북스, 2018, p.228. "JP가 말하는 대한민국 한국현대사"라는 부제로 중앙일보가 연재한 그의 증언론의 제목이 「소이부답(笑而不答)」인데, 이는 중국의 시인 이백의 「산중문답」이라는 시에서 나오는 표 현으로, 미소만 짓고 대답하지 않는다는 뜻을 품고 있다.

2   이대환, 『광복 70년 대한민국의 위대한 만남, 박정희와 박태준』, 서울: 아시아, 2018, p.38.

일 제7대 대선에 도전했을 때가 48살이었습니다. 지나고 보니 20대는 사업을 시작한 시기였고, 30대는 정치에 발을 들여 세상을 바꾸는 꿈을 키운 시기였네요. 어떻게 보면 그 시대 청년 창업가였다고 볼 수 있습니다.

사회자　　1946년 노벨문학상을 받은 독일의 문호 헤르만 헤세는 『청춘은 아름다워』라는 소설에서 청춘의 사랑, 아픔, 좌절을 서정적으로 그려냈습니다. 청년과 청춘은 전쟁 중이나 평화 시에나 한 사회와 개인에게 낭만과 좌절, 고뇌와 희망을 말해주는 상징이었습니다. 청년이란 용어는 1896년 도쿄 유학생들의 잡지에서 처음 등장했는데, 1920년 12월 2일 서울에서 조선청년연합회가 결성되어 청년의 단결된 힘으로 민족운동을 전개한 바 있습니다. 당시 청년은 새로움과 신문명의 대명사였습니다. 두 분이 전쟁과 근대화 시기에 개인적으로 경험한 청춘의 아픔과 사랑은 어떠했습니까.

박정희　　나는 1950년 11월, 아버지의 강권에 결혼했던 김호남과 이혼하고 1950년 12월 12일 육영수와 재혼했습니다. 김호남과는 9년간 부부관계였으나 동거 기간은 1년 미만이어서 사랑보다는 좌절과 미안함이 더 큰 관계였습니다. 1947년 12월 동료 군인 박경원의 결혼식에서 마주친 이화여대를 중퇴한 한 여인과 잠시 동거했는데 사형선고를 받아 그 여인이 떠났고, 나는 그 여인을 한참 찾아다녔었지요. 나로서는 목숨을 잃을 뻔도 하고 사랑하던 여인을 잃어 불행하고 비참한 시절이었습니다.[3] 1950년 12월 12일, 내가 34살 육군 중령 시절 장인의 반대를 무릅쓰고 육영수와 대구 계산동 천주교 성당에서 결혼식을 올렸습니다. 전쟁 중인데다 결혼 직후 강원도 9사단 사령부로 이동했지만 내 생애 처음으로 가정에서 안락한 청춘과 청년의 낭만을 맛보지 않았나 생각됩니다. 나는 당시에 그림 그리기를 좋아했고 직접 카메라를 들

3　조갑제, 『박정희 1』, 서울: 까치, 1992, pp.138-141; 조갑제, 『박정희의 결정적 순간들』, 서울: 기파랑, 2019, pp.120-123.

대구 계산동 천주교 성당에서 육영수와 결혼, 주례는 허억 대구시장, 대구사범 은사 김영기가 신부를
이끌고 입장(1950년, 조선일보 제공)

고 아내 육영수와 아이들의 사진을 찍는 일도 즐겨 했습니다. 내 방식의 낭만

이었고 청춘이었습니다.

김대중　　나는 보통학교 6학년 때부터 목포상업고등학교 다닐 때까지 약 4년

간 등굣길에 마주치며 마음에 둔 여학생이 있었습니다. 체구는 작았지만 눈

이 아주 영롱하게 빛났고 얼굴은 매우 예뻐 보였습니다. 아침마다 나 혼자 설

레이다가 결국 그 여학생도 내 마음을 알게 되었고 상업학교 졸업후 딱 한번

극장에 같이 간 적이 있습니다. 나는 공부하는 학생이 그런 것에 빠지면 안

된다는 생각을 했었고, 남녀 학생이 함께 다니면 불호령이 떨어지던 시절이

었습니다. 황순원의 소설 『소나기』에 나오는 이야기와 비슷한 소년 시절 풋

서울 체부동 이희호의 외삼촌댁 한옥에서 이희호와 결혼, 주례는 조향록 목사
(1962년, 김대중도서관 제공)

풋한 첫사랑이었던 셈이네요.[4] 1945년 4월 9일 차용애와 결혼했는데, 1959년 8월 28일 차용애가 병환으로 세상을 떠나게 되었습니다. 전쟁의 소용돌이에서 고생을 많이 했고, 내가 정치에 몸을 던진 후에는 어렵게 미장원에서 사무를 보면서 가족을 건사했는데 너무도 슬프고 애처로왔습니다. 어린 홍일이와 홍업이를 남기고 떠난 어미의 마음이 오죽했겠습니까만, 나도 많이 울었습니다. 1962년 5월 10일, 민주화의 동지이자 반려자 이희호와 재혼했습니다. 좌절과 역경 속에서 모든 것이 암울했을 때, 고통받는 38세 청년인 나에게 하느님이 주신 축복 같은 사람이었습니다. 그때 이희호 주위에서는

---

4   김대중, 『김대중 자서전 1』, 서울: 삼인, 2019, p.44.

아이 둘 딸린 빈털터리 홀아비와 왜 만나냐며 결혼에 반대했습니다. 이희호와 나의 사랑은 하느님이 엮어준 것이라 생각합니다. 신앙의 힘과 서로에 대한 사랑과 존경심, 그리고 역사발전에 대한 확고한 신념이 있었기에 그 어려운 민주화의 길에 동행할 수 있었다고 생각합니다.

사회자　두 분도 청년이었고 또 격동의 청년기를 보냈습니다. 하지만, 두 분은 많은 기간을 청년들의 역량을 모으고 청년들의 삶을 개선하기 위해 노력해야 하는 위치에 있었습니다. 두 분이 당시 청년들을 보면서 무엇을 생각했고 어떤 일화가 있는지 소개해 주십시오.

박정희　지금의 청춘들이 보면, 우리 세대는 요즘 말로 어쩔 수 없이 꼰대가 될지도 모르겠습니다. 하지만, 우리 시대의 청춘들은 더 어려운 가난과 싸워야 했고 국가와 인생에 대하여 더 절실하게 고민하고 땀 흘렸습니다. 지금 청년들의 부모 세대와 조부모 세대에 해당하는 이야기입니다. 나는 그들과 함께 땀 흘렸고 나부터 더 노력해야 한다는 책임감과 소명감을 떨칠 수 없었습니다. 나는 일한 적이 없어 너무 고운 소녀의 손이 밉다는 시를 쓴 적도 있습니다.[5] 나에게는 땀 흘려 일하고 스스로 돕는 청년이 아름다운 청춘이었습니다. 낮에는 산업현장에서 일하고 밤에는 야간학교에서 공부하는 청소년 근로자들의 모습을 보고 가슴이 벅찼고 눈시울이 뜨거워진 기억을 잊을 수 없습니다. 내 시대의 우리 청춘들은 우리나라나 개인 할 것 없이 스스로 돕지 않으면 가족이 굶어야 했고 죽을지도 모를 시기를 견뎌냈습니다. 죽느냐 사느냐의 문제였지요. 그 청춘들의 피와 땀과 눈물이 지금의 우리를 있게 했습니다. 이 점을 잊거나 폄훼해서는 절대 안될 것입니다. 그때 땀 흘린 청년들이

5　박정희, 「이등객차에 불란서 시집을 읽는 소녀야(1961년 중반의 시)」, 『박정희 시집』, 서울: 기파랑, 2017, p.25. 이 시를 소개하면 다음과 같다. "땀을 흘려라! 돌아가는 기계소리를 노래로 듣고, 이등객차에 불란서 시집을 읽는 소녀야, 나는 고운 네 손이 밉더라."

이제는 노년이 되었지요. 나는 노년에도 생활고와 외로움에 시달리는 그 시대의 청춘들의 뉴스가 들릴 때마다 안타깝습니다.

> 영등포 지역에 있는 청소년근로자 야간학교 수업상황을 시찰하였다. 영등포공고, 영등포여상, 대방여중 등을 둘러보았다. 직장을 다니는 학생들이었지만 여학생, 남학생 다들 머리를 학생형으로 단정하게 다듬고 산뜻한 교복을 입고 앉아서 진지한 태도로 열심히 공부하는 모습에 귀엽고 대견하다기보다는 눈시울이 뜨거워짐을 금할 수 없었다. 다만 한 가지 그들에게는 가정이 빈곤하다는 죄 하나만으로 남과 같이 그렇게도 원하던 상급학교를 진학하지 못하고 직장을 택하게 되었던 것이다. 친구들이 고등학교 교복을 입고 학교에 가는 것을 보고 어린 마음에 부럽다기보다 나는 왜 못가느냐 하고 자기 스스로의 처지를 원망도 하고 부모와 가정을 원망하기도 하였을 것이다. 그렇게도 한스럽던 일이 이제 소원이 성취되었다. 야간이나 주간이나 자기 자신의 노력 여하에 달렸다. 가르치는 교사들도 그들의 열성에 감동하여 열과 성을 다하여 가르치고 또 보람을 느낀다고 하는 말을 듣고 흐뭇하기만 하다. 이 학생과 교사들을 위하여 무엇인가 도와주어야겠다고 다짐하면서 돌아왔다. 이들의 앞날에 행복이 있기를 마음속에서 기원하였다.
> ┃ 박정희, 「일하면서 배우는 청년들(1977년 4월 19일 일기)」 『박정희 일기』 pp.142-143.

김대중 시대마다 개인별로 다 사정이 있을 수 있지만, 청춘은 아름다워야 한다고 생각합니다. 어려움 속에서도 빛나는 것, 그리고 지나보면 아름다운 추억으로 남는 것이 청년이고 청춘이지 않나 생각됩니다. 나는 삼선개헌안이 통과되던 해인 1969년 10월 가족과 함께 이화여대 강당에서 영국의 팝가수 클리프 리처드의 공연을 보러 갔습니다. 학생들의 괴성과 열광의 도가니에 음악을 제대로 들을 수 없을 지경이었습니다. 그런데 가장 큰 소리를 내는 무리가 거의 중고생들이었고, 대학생들은 이들을 보고 "저것들 미쳤네, 미쳤어"라고 말하는 것을 보았지요. 나는 저토록 열광하는 젊은이들이 젊음을 발산할 마땅한 통로가 없기 때문이라는 생각을 했습니다. 우리 모두에게 미래는 불투명하고 암울했지요. 경제는 고단하고 힘들었습니다. 정치는 청춘을 숨막히게 했습니다. 그 속에서 우리 아이들이 주눅 들지는 않았는지, 꿈을 잃지는 않았는지 걱정이 되었습니다.[6]

사회자　두 분은 우리 현대사에서 누구보다도 혁신적이고 열정적인 청년이었습니다. 두 분 스스로도 그렇게 생각하실 것으로 생각합니다. 아마도 두 분은 나이와 무관하게 인생의 모든 역정과 역사의 현장에서 청년과 청춘으로 살았다고 회고하실지도 모르겠습니다. 두 분이 청년으로 살면서 현재를 바꾸고 미래를 개척하기 위해 품은 생각과 구상을 말씀해 주십시오.

박정희　나는 암울하고 부패하고 무능한 현실을 뒤엎고 새로운 국가와 민족, 그리고 시대를 창조하기 위해 5·16 군사혁명을 주도했고 성사시켰습니다. 국가와 민족의 장래를 생각하고 가난에 허덕이는 국민들을 생각하면서 더 이상 무능하고 썩어빠진 기존 정치체제와 관습을 두고 볼 수 없었습니다. 자유당과 민주당 모두 다 청산되어야 할 구체제였습니다. 4·19 의거의 정신마저 유산되고 있는 시점에 더 이상 무너지고 정체해가는 조국을 가만히 보고만 앉아 있을 수는 없었습니다. 특히 군부 내부의 타락할 대로 타락한 고위층은 혁명 없이는 개혁될 수 없는 지경이었습니다. 나의 청춘은 암울하고 희망이 없는 현실을 저항과 혁명으로 바꾸어내는 결단의 원동력이었고, 이같은 운명적 과업에 내 청춘을 바쳤습니다. 5·16 군사혁명의 거사를 시작했을 때 내 나이 45살이었으나 내 각오와 결단 만은 청년이었습니다. 1960년 4월 24일 부산 범어사에서 열린 4·19 혁명 희생자 합동 위령제 연설, "이 나라의 진정한 민주주의의 초석을 위하여 꽃다운 생명을 버린 젊은 학도들이여!…여

6　김대중, 『김대중 자서전 1』, 서울: 삼인, 2019, pp.197-198.

러분의 애통한 희생은 바로 무능하고 무기력한 선배들의 책임인 바, 나도 여러분 선배의 한 사람으로서 오늘 같은 비통한 순간을 맞아 뼈아픈 회한을 느끼는 바입니다…여러분들의 못다 이룬 소원은 기필코 우리들이 성취하겠습니다"라는 조사 내용은 청년이었던 내가 가졌던 열정과 꿈의 또 다른 단면이었습니다.[7]

김대중 나는 청년기에 사업을 시작했습니다. 사업도 꽤 잘되고 돈도 많이 벌었습니다. 하지만, 나는 이승만 정권의 무능과 부정, 그리고 독재를 보면서 더 이상 참을 수가 없었습니다. 내가 33살이었던 1956년에 민주당에 입당하였고 대변인 등을 거치며 정책개발에서 두각을 보였지만, 내가 몸담았던 민주당도 나름의 한계가 많았습니다. 앞서 언급한 바 있지만, 5·16 군사 쿠데타가 났을 때 장면 총리나 윤보선 대통령 등의 대응을 보면서 한심스러웠고 무력감을 느꼈습니다. 게다가 사회조직으로서 노동조합은 그 역할과 정체성을 잃은 지 오래되어 32살 되던 1955년 10월 『사상계』에 노동조합의 개혁을 촉구하는 「노동운동의 진로」라는 글을 싣기도 했습니다. 여러 한계와 아쉬움이 지속되던 민주당 내에서도 드디어 소장파를 중심으로 1970년에 40대 기수론이 나오게 되었고, 이는 나 자신이 개혁을 위해 정계에 진출하던 초심을 다지는 계기가 되었습니다. 말하자면 40대 기수론은 민주당 내의 기성세대와 기득권층에 대한 청년의 반란이었고, 보수야당이 변화되는 계기가 되었습니다. 아시다시피 나는 민주당 신파에 속한 비주류였는데 극적으로 1971년 대선 후보로 선출된 이후, 신선한 정책을 개발함으로써 정계는 물론 사회의 중심에 새로운 세대와 세력이 수혈되도록 노력했습니다. 청년이야말로 이같은 정치개혁에 새로운 바람을 넣어줄 소중한 자산입니다. 나는 대선 공약에서도 청년이 꿈과 희망을 잃지 않고 미래의 주역이 될 수

---

7   김종신, 『영시의 횃불』, 서울: 기파랑, 2011, pp.51-55.

청년사업가로서 목포상선주식회사와 목포일보를 운영하던 시절(1951년, 김대중도서관 제공)

있도록 대통령 직속으로 청소년문제위원회를 설치하는 공약을 제시하기도
하였습니다.

나는 우리 젊은이들이 오늘날 무엇을 고민하고 있고 또 장래의 어떤 문
제를 걱정하고 있는가를 살펴서 이들에게 내일의 역군으로서의 꿈과 희망을
불어넣어주기 위해 대통령 직속으로 청소년문제위원회를 설치할 계획이다.
단지 가난 때문에 공부를 하지 못하는 시골 청년들에게 외로움을 덜어 주고
면학의 길을 열어주기 위해 1단계로 면 단위마다 야간 중학을 세우며 또 라
디오와 TV 방송 교육을 실시하겠다. 헌법에 엄연히 의무교육을 받도록 되어
있음에도 불구하고 아직도 초등학교 교육에 돈을 받는 것은 민주국가로서
커다란 수치가 아닐 수 없다.

| 김대중, 「대구에서 열린 대선 유세 연설 요지(1971년 4월 25일)」 『김대중 전집 II』 제6권,
  p.502.

사회자 박정희 대통령은 1968년부터 경부고속도로를 건설하였고, 김대중 대통령은 1988년부터 정보고속도로를 구축하였습니다. 지금 생각하면, 20년의 시차가 있지만, 이 두 사업 모두 매우 혁신적이고 미래지향적인 투자였다고 생각합니다. 이 두 프로젝트는 청년층과 미래세대를 위한 양질의 일자리 창출에 효과적인 수단이기도 했습니다. 그 추진과정에 많은 어려움과 비판이 있었지만, 강력하고 일관된 리더십으로 완성하게 되었다고 생각합니다. 두 분이 왜 프로젝트를 구상하였고 어떻게 성공시켰는지 들려주십시오. 이같은 선견지명과 결단 그리고 미래를 위한 비전과 도전은 지금의 청년들에게도 필요한 덕목들이 아닌가 생각합니다.

박정희 경부고속도로는 내가 오래전부터 구상한 국가 대역사의 하나였습니다. 독일 아우토반을 달려 본 이후 구체화된 것이지만, 고속도로와 교통 물류의 혁신 없이 어떻게 경제성장을 기대할 수 있겠습니까. 거의 상식적인 이야기입니다. 그러나 막대한 돈이 들어가는 경부고속도로 건설에 대해 많은 비판이 있었고 시행착오도 많았습니다. 그렇다고 갑자기 이 구상을 한 것은 아닙니다. 많이 고민하고 공부하고 연구했습니다. 경부고속도로에 미쳤던 것이지요. 나는 이 미래지향적 프로젝트를 위해 세계적인 미래학자와도 여러 번 만나 장시간 토론하고 영감을 얻었습니다. 특히 미국 허드슨연구소의 허만 칸 박사는 후진국의 경제발전과 역사, 리더십 그리고 세계의 대격변과 미래에 대한 연구 성과가 있었고, 일본과 싱가포르 등 지도자들을 만나 토론하고 좋은 조언을 했습니다. 그는 1962년에 이미 「생각할 수 없는 일을 생각하다」라는 글을 썼는데 이 글은 1973년에 번역되어 한국에도 소개되었습니다. 나도 소위 미래학에 관심을 갖고 복잡계 등의 경제학 원리에 대해서도 많이 배웠습니다. 허만 칸이 1960년대 중반부터 서울을 자주 들렸고 나는 그가 올 때마다 집무실에서 차를 마시며 몇 시간이고 질문하고 대답한 기억이 있습니다. 미래 한국의 비약적 발전에 대한 확신, 공업화와 미래 투자, 우수한 인력의 활용, 경부고속도로 등 큰 경제기반이 가져올 다양한 파급효과에 대해 배우고 확신을 가지게 되었던 것입니다. 이러한 건설 이야기를 하고 미래를 논의할 때면 내가 청년으로 돌아간 느낌을 받았습니다. 몸은 고단하고 마음은 초조해도 얼마나 기대되고 희망찬 시간이었는지 모릅니다. 경부고속도로를 시작할 때 나는 아직 40대 였고, 실무진은 대부분 30대 청년이었습니다.

김대중　박정희 씨의 경부고속도로가 산업화의 대동맥이라면, 내가 구축한 정보고속도로는 정보화의 대동맥이라 할 수 있습니다. 나 역시 정보고속도로를 결단할 때 고민했고 주위에는 비판과 만류, 그리고 회의적인 시각도 많았습니다. 1997년 경제위기를 맞아 국가 경제는 부도 위기에서 휘청거렸고 거리에는 직장과 가정을 잃은 사람들이 줄을 잇는 한편 연일 재벌들의 대형 부도 소식이 이어졌습니다. 상위 30개 대규모 기업집단 중에 경제위기를 전후로 19개 재벌이 쓰러지던 상황이었지요. 금융과 산업도 하루 견디기도 힘들던 절체절명의 시기였고 국민들도 밀려오는 고통과 불안에 눈물 흘릴 때 4대 개혁을 추진할 수 밖에 없었습니다. 복지 수요는 폭증했고 금고는 비어 있었습니다. 하지만, 이러한 위기 속에서도 미래 먹거리를 위해 미리 투자하지 않으면 안 되었습니다. 나는 취임사에서도 정보화 혁명의 중요성과 이에 대한 대비를 강조했습니다. 나는 일찍이 감옥에 있을 때 앨빈 토플러 Alvin Toffler 박사의 미래학과 디지털혁명에 관한 서적 『제3의 물결』을 읽고 영감을 받았습니다. 당시 고등학생으로 대학진학을 고민하던 청춘 홍걸이에게도 이 책을 읽어 보도록 옥중서신을 보냈던 적이 있습니다.[8] 정보화를 설계하면서 앨빈 토플러 박사를 초청하여 많은 이야기를 나누고 조언을 구했습니다.[9] 그는

8　김대중, 「은혜와 감사(1981년 5월 22일)」, 『옥중서신 1』, 서울: 시대의 창, pp.207-223.

9　김대중, 『김대중 자서전 2』, 서울: 삼인, 2017, pp.67-68.

이 책 이외에 『미래의 충격』, 『부의 미래』 등의 저술에서도 한발 앞서 미래를 예측하고 있었습니다. 나는 정식으로 프로젝트를 주어 한국이 어떻게 경제 위기를 극복하고 개혁을 추진해야 할지, 그리고 벤처기업을 어떻게 활성화하고 정보화에 앞서갈 수 있을지를 타진했습니다. 그렇게 탄생한 것이 정보고속도로이고 초고속 정보통신망이었습니다. 더불어 인터넷 교육과 컴퓨터 보급이 이루어졌고, 거기에 청년들의 창의성이 더해지면서 한국이 IT 강국으로 발돋움하게 된 것입니다. 이 정보고속도로가 없었다면 지금 우리나라와 청년들이 누리는 정보강국의 창의성이나 인터넷게임, 각종 혁신적인 스타트업, 그리고 세계적인 한류는 불가능했을 것입니다. 내가 대통령에 취임할 때 74살이었지만, 내 마음과 생각만큼은 누구 못지않은 청년이었습니다.[10] 나는 누구보다 유연하고 혁신적으로 사고했고 열정적으로 일했습니다.

---

10 한국현대사 연구자인 성공회대 한홍구 교수는 2013년 어느 세미나에서, 2009년 6월 11일 "행동하는 양심이 되자"는 생애 마지막 연설을 하던 김대중이 가장 청년이었다고 평가한 바 있다. 김대중은 이 연설에서 위기에 처한 민주주의를 지키기 위하여 악의 편에서 방관하지 말고 각자 힘이 없으면 침묵하지 말고 벽에다 욕이라도 하라고 역설했었다. 이 유명한 외침은 『동아일보』 1975년 3월 8일 자에 게재된 "국민 여러분께 호소합니다: 동아를 지킵시다"라는 광고문에서 김대중이 "행동하지 않는 양심은 결국 악의 편입니다"라고 주장하면서 처음 알려졌다. 이후 김대중은 1975년 4월 19일 어느 시국강연회에서 국민들에게 본격적으로 이 메시지를 던지기 시작하였다. 김대중은 함석헌이 만든 잡지 『씨알의 소리』 창간 5주년 시국강연회에서 유신에 대한 국민들의 저항과 각성을 촉구하면서 아래와 같이 촉구하였다. "행동하지 않은 양심은 결국 악의 편이고 방관은 최대의 수치이며, 비굴은 최대의 죄악입니다. 생각하는 국민, 행동하는 국민이어야만 살 수 있습니다…떳떳이 나와서 싸울 수 있는 사람은 싸우고, 떳떳이 나와서 싸우기 어려운 여건에 있는 사람들은 익명으로라도 엽서로, 전화로, 민주주의를 위해서 싸우는 사람들을 격려해서 그분들이 좌절하지 않도록 해 주어야 합니다." 이후 한 달도 지나지 않은 1975년 5월 13일 가장 포괄적이고 전면적인 탄압 내용을 담은 '대통령 긴급조치 9호'가 공포된 바 있다. 이 시국강연회의 내용은 "안보의 정자세"라는 제목으로 이루어진 매우 긴 연설로서 『김대중 전집 II』, 제8권, pp.126-149에 실려 있다. 이 연설의 동영상 원본은 김대중도서관에 소장되어 있다. 이 원고의 내용과 실제 동영상에서 전달된 강연의 내용이 정확히 일치하지는 않는다. 대체로 당시 김대중은 주요 개념과 핵심 구절 및 전개 순서만 준비한 채 대중연설에 임해서 자신의 생각을 펼쳤다. 당시 연설내용을 녹취하거나 이를 기고문 형태로 잡지 등에 게재하는 출판 과정에서 정치적 여건이나 출판사 사정 등으로 약간 편집되었을 것으로 판단된다.

사회자　어느 시대에서나 청년들의 고뇌와 도전은 있었습니다. 지금의 청년들도 좌절과 불안, 그리고 낭만과 희망을 품고 현재와 미래에 대한 쉽지 않은 도전의 길에 나서고 있습니다. 두 분이 강조하셨듯이 청년들은 미래의 주역들이고 희망을 가꾸어 나가야 하는 세대입니다. 하지만 시대가 발전하였음에도 그들이 처한 현실이 녹록치 않은 것이 사실입니다. 청년들에게 어떤 말을 남기고 싶습니까. 마지막으로 청년들을 위해 우리 사회가 고민하고 공감해야 하는 부분은 무엇일지 고견을 듣고 싶습니다.

박정희　참 어려운 질문입니다. 나의 청년 시절은 지금 청년들의 부모님과 조부모님의 청년 시기와 비슷합니다. 그 시대 청년들은 고된 하루의 일상을 마치고 집으로 돌아와 가족들의 격려 속에 청춘의 낭만을 느끼지 않았을까 생각됩니다. 영화 〈국제시장〉에 나온 주인공의 인생이 바로 우리 세대 청년의 모습이었습니다. 나도 중요한 국가적 사업이 순조롭게 진척되거나 완성이 되었을 때 안도감을 느끼면서 얼핏 청년의 낭만적인 기분이 들었던 것 같습니다. 혁명을 꿈꾸던 시절 동지들과 술자리로 돌아간 느낌이 들기도 했습니다.[11] 어느 시대에나 어려움은 있습니다. 김대중 씨가 나를 평가해 주었듯이, 그 시대의 청년들은 '하면 된다'는 의지가 넘쳐났고 실제로 무에서 유를 창조하듯 오늘의 대한민국을 만들었습니다. 그때는 정신 똑바로 차리고 열심히 나아가면 그곳이 바로 길이었습니다. 아무것도 없었으니까요. 경제는 고속 성장으로 이어졌고 도전정신을 갖고 땀 흘리면 그곳이 바로 양질의 일자리였습니다. 하지만, 현재는 많이 발전했음에도 저성장시대에 접어들어 빛의 속도와 가혹한 경쟁, 짜여진 사회구조 하에서 청년들이 좌절하고 더 힘들어 하고 있는 것으로 알고 있습니다.

11　이대환, 『광복 70년 대한민국의 위대한 만남, 박정희와 박태준』, 서울: 아시아, 2015, p.404.

박정희   개발시대의 청년들은 농업적 근면성만 있어도 앞서 가는 상대를 추격할 수 있었습니다. 열심히 일하고 배우다 보면 양적 학습이 어느 순간 질적 혁신으로 변하는 기술의 진보를 경험했습니다. 우리 세대는 남의 나라 자동차 엔진을 해체하고 다시 조립하는 과정을 반복하는 리버스 엔지니어링으로 자동차기술을 습득함으로써 혁신을 이루어냈습니다. 경제에는 갑작스런 기적이 없습니다. 열심히 도전했기 때문에 한강의 기적이 가능했던 것입니다. 그리고 모두 가난하고 못살았

육군대학 졸업후 포천주둔 6군단 부군단장 준장 시절(1957년, 정운현 제공)

기 때문에 상대적인 박탈감이나 빈부격차가 덜했지요. 옆을 돌아다 볼 필요도 없었고 앞만 보면 되었습니다. 이 점은 개발시대가 더 마음 편했을지도 모릅니다. 하지만, 청년 여러분들이 다 경험하고 있듯이 추격전략이나 학습전략만으로는 개인, 기업, 나라 할 것 없이 생존하기 힘든 세상이 되었습니다. 시대적 상황이 끊임없는 혁신과 창조를 요구하기 때문입니다. 경제적·사회적 격차가 벌어져 청년들이 느끼는 좌절감도 더 커졌다고 보아야겠지요. 앞을 보고 뛰다가도 자꾸 옆을 보면서 비교하게 됩니다. 하지만 어느 시대나 청년들은 젊음과 투지로 도전함으로써 난관을 극복했습니다. 우리세대가 겪은 기아선상의 절대빈곤은 없는 오늘의 청년들은 더 큰 도전을 통해 성공해 갈 수 있을 것으로 믿습니다. 현재의 우리 청년들은 많은 분야에서 우리세대 청년들을 뛰어 넘었습니다. 우리 청년들이 더 좋은 미래를 만들어 갈 수 있도록 국가가 미래지향적인 투자를 늘려나가고, 사회구조와 행정체계도 젊게 바꾸는 등 배려해야 할 것입니다. 청년 여러분, 큰 뜻을 품고 열심히 실천해 나가시기 바랍니다. 좌절하고 도전하는 우리 청년들이 어려운 난관을 강인하게 잘 헤치고 나아가 기필코 미래의 우리 국가와 민족의 주인공이 되도록 격려

하고 치하하고 싶습니다.

특히, 오늘 이 자리에는 우리나라의 젊은 청년 남녀 유권자 여러분들이 많이 나와 계십니다. 나는 우리나라의 젊은 청년들을 누구보다도 좋아합니다. 왜냐하면, 여러분들은 앞으로 이 나라의 주인공이 될 사람들이기 때문입니다. 이 나라의 모든 살림살이를 여러분들에게 맡겨야 하고, 또한 이것을 책임질 분들이 바로 여러분 젊은 청년들이기 때문입니다.

┃박정희, "1971년 대선 서울 유세(1971년 4월 25일)」,『박정희 대통령 연설기록』.

김대중   박정희 씨도 나도 길은 달랐지만 모두 갑갑한 현실에 대해 분노하던 청년이었습니다. 당시 각자가 생각하고 있던 시대정신을 구현하기 위해 고뇌했다고 볼 수 있겠지요. 아마 지금 청년들의 비판의 대상이 되는 사람들도 당시는 비슷한 생각을 가진 청년들이었을 것입니다. 지금의 청년들도 다음 세대들에게 어떤 평가를 받을지 고민하게 되는 시점이 올 것입니다. 어쩌면 나이가 아니라 생각과 행동이 청년을 결정하는 것

31살의 청년 김대중
(1954년, 김대중도서관 제공)

같습니다. 하지만, 시대는 우리의 예상보다 훨씬 빠른 속도로 변화하고 더 어려운 도전을 요구하고 있습니다. 그렇다고 너무 고민하거나 좌절하지 마십시오. 이미 개인적인 창발성이 지배하는 환경 속에도 우리 청년들이 많은 성과를 내고 있지 않습니까. 참 자랑스러운 청년들이고 민족입니다. 나는 일찍이 1963년 11월 26일, 제6대 국회의원 선거에서 당선된 뒤, 신문에 "우리는 서생적 문제의식과 상인적 현실감각을 아울러 갖추어야 한다"라고 말한 적이 있습니다.[12] 1997년 10월 20일 『조선일보』가 초청

---

12   김대중, 「성자들이 가는 길(1981년 6월 23일)」, 『옥중서신 1』, 서울: 시대의 창, 2009, p.226.

366
박정희와 김대중의 대화

한 명사 강연에서 나는 "청년들이여 바르게 살면서 내일에 대비하자"고 했고, "미지의 망망 대해를 항해하게 될 청년들에게 위로와 격려를 보낸다"고 했습니다. 1997년 경제위기 속에서 창업의 시대가 시작되었지만, 요즈음 우리 청년들의 성공사례는 무척 자랑스럽고 기대됩니다. 중국의 창업자 알리바바의 마윈 회장이 몇 해 전 한국을 방문하여 한국의 산업구조와 생태계를 진단하면서, 이제 태양처럼 큰 재벌회사 몇 개가 지배하는 것이 아니라 영롱하게 반짝이는 작은 별들이 빛나는 산업 생태계를 지배할 것이라 말한 적이 있습니다. 창업에 도전하는 패기있고 창의적인 청년들에게 큰 성원을 보냅니다.

김대중 하지만, 반짝이는 별들을 위해 그리고 빛나지 않아도 자기만의 색깔로 아름답게 살아가는 수많은 별들을 위해 사회와 정치는 항상 고민하고 혁신해야 할 것입니다. 최근 청년들의 분노를 사고 있는 공정과 정의문제도 마찬가지입니다.[13] 1982년 11월 2일 감옥에서 이희호에게 보낸 옥중서신에서, "분배의 공정은 우리나라 경제에 대한 아킬레스건적인 문제로 제기되는데, 이것은 국민의 단결, 사회의 안정을 위해 긴급한 문제일 뿐 아니라 안정된 국내시장을 기업에 제공하는 데도 아주 중요한 것입니다"[14]라고 썼습니다. 같은 맥락에서 "가난이 두려운 것이 아니다. 가장 두려운 것은 가난한 자들이 자신의 가난을 억울하다고 생각하는 것이다. 그러한 사회는 아무리 물질적 성장이 있더라도 건강한 사회라 할 수 없다"[15]고 주장한 바 있습니다. 이는 계층 간의 문제 뿐만 아니라 오늘의 청년문제 등 세대 간 갈등을 해소하는 데도 염두에 두어야 할 관점이라고 생각합니다. 그렇다면 어떻게 해야 할까요. 결국, 정

---

13 류상영, 「한국사회의 공정과 정의: 어떻게 보아야 할 것인가?」, 『동아시아재단 정책논쟁』, 제162호, 2021년 7월 14일.

14 김대중, 「한국 경제문제에 대한 관견(1982년 11월 2일)」, 『옥중서신 1』, 서울: 시대의 창, 2009, p.462.

15 김대중, 「근대화와 민주주의(1982년 9월 23일)」, 『옥중서신 1』, 서울: 시대의 창, 2009, p.440.

치의 역할이 중요해집니다. "현대 정치는 그 기능적인 측면을 너무 강조한 나머지 정치의 왜소화, 비인간화를 촉진하여 정치 본래의 목적인 인간의 행복을 박탈하고 있다. 우리는 정치의 도덕적 측면을 더 강조하여 인간을 위한 정치의 본래의 목적을 강화시켜야 한다. 그러나 우리의 도덕은 시대에 따라 변하는 만큼 이에 적절히 발 맞추어 나감으로써 정치의 정체 내지는 반동화를 막는 데도 유의해야 한다.[16]" 충분하지는 않지만 이미 민주화가 이루어진 한국에서 이제는 민주주의의 내실을 기하고 질을 높혀 성숙한 사회를 만드는 데 일조하는 것이 정치의 역할입니다. 청년을 포함한 국민들의 삶과 민생이 위협받지 않도록 세심하고 성공적인 정책을 펴는 것이 정부의 역량입니다. 과거처럼 한 쪽의 이념만으로 해결책을 주도하는 단계는 지났습니다. 빵과 자유 중에서 하나만 선택하는 시대가 아닙니다. 사실 1960년대와 1990년대도 마찬가지였는데, 우리가 마음의 여유를 갖지 못했던 것이지요. 어떻게 최적의 지속가능한 이념조합과 정책조합을 만들어낼 것인가가 중요하겠지요. 요즈음 정치가 선거를 위한 기술이 되고 싸움을 위한 술수가 되는 모습에 안타까운 마음이 가시지 않지만, 결국 "정치의 요결은 국민에게 희망을 주는 데 있다. 아무리 자유와 빵이 풍족해도 내일에의 희망이 없으면 국민은 행복할 수 없다.[17]" 이러한 정치의 본질과 역할이 회복될 때 청년들의 창발성은 피어날 것이고 청년들의 도전은 더 좋은 결실을 맺을 것으로 확신합니다. 오늘을 살아가는 이 땅의 모든 청년들의 고민과 노력에 공감하면서 큰 박수와 격려를 보냅니다. 하느님의 축복이 함께 하시길 기도하겠습니다.

시련은 사람에게 많은 고통을 줄 수 있다. 누구나 고통을 기뻐하는 사람은 없다. 그러나 고통이 반드시 우리를 불행하게 하는 것은 아니다. 정의와

---

16 김대중, 「연금 및 감시 중 작성한 일기(1974년 7월 27일)」, 『김대중 전집 II』, 제8권, p.603.
17 김대중, 「내가 믿는 길(1970년 5월 5일 수필)」, 『김대중 전집 II』, 제6권, p.267.

진리를 추구하는 과정에서 겪은 고통은 그에게 보람을 줄 것이며 이웃과 국민을 위한 일에서 겪는 고통은 오히려 행복감을 가져다 줄 것이다. 왜냐하면 그는 당대에건 후세에건 반드시 역사와 국민으로부터 그에 충당하고 남을 보상을 받고도 남을 일이기 때문이다.

l 김대중, 「고통(1974년 9월 16일 일기)」, 『김대중 전집 II』, 제8권, p.609.

사회자   청년 박정희와 청년 김대중을 만날 수 있었습니다. 청년 김대중과 청년 박정희를 통해 현재의 청년들이 공감과 영감을 얻었으면 좋겠습니다. 마지막으로 두 분이 청년들에게 전해 달라는 말씀이 있습니다. "현재를 살아가는 청년들이여! 당신들의 젊음이 부럽다." 이 대화에 응해주신 두 분과 경청해주신 오늘의 청년들께 다시 한번 감사드리면서 청년과의 대화를 마치도록 하겠습니다.

박정희와 김대중의 연보

| 박정희 연보 |

일자	내용
1917.11.14.	경북 선산군 구미면 상모리에서 부친 박성빈과 모친 백남의의 5남 2녀 중 막내로 태어나다.
1926.04.01.	구미 공립보통학교에 입학하다.
1932.03.26.	구미 공립보통학교를 졸업하다.
1932.04.01.	대구사범학교를 제4기로 입학하다. 일본인 10명, 조선인 90명 등 총 100명 중 51등으로 입학하다.
1934.05.	대구사범학교 3학년 때 금강산 수학여행을 가 온정리에서 「금강산」이란 글을 적다. 이는 현존하는 박정희의 글과 글씨 중 가장 오래된 것이다.
1936.04.01.	19세 되던 해 부친의 강권으로 16세의 김호남과 결혼하다.
1936.08.24.	대구 80연대에 입소하여 군사훈련을 받다.
1937.03.25.	대구사범학교를 졸업하다.
1937.04.01.	문경보통학교(문경서부공립심상소학교)에 발령되어 3학년 담임으로 교사 생활을 시작하다.
1939.03.31.	『만주신문』에 만주군관학교 입학을 위하여 썼던 혈서가 소개되다.
1940.01.04.	만주군관학교 제2기 예과생도 채용 고시에 합격하여 만주국 공보에 게재되다.
1940.03.31.	문경보통학교 교사를 사임하다.
1940.04.04.	만주군 신경 소재 육군 군관학교 제2기 예과에 입학하여, 제3중대 제3구대에 배속되다.

1940. 가을.	창씨개명을 지시받은 후 일주일 동안 귀향하여 다카기마사오(高木正雄)로 개명하다.
1942.03.23.	만주군관학교 제2기 예과를 수석으로 졸업하여 졸업식에서 대표 연설을 하다.
1942.03.23.	만주국 푸이 황제로부터 우등상과 금시계를 받은 후 거수경례하는 사진이 『만주신문』 2면에 게재되다.
1942.03.	관동군 부대에 배치되어 5개월 동안 사병과 하사관 생활의 경험을 시작하다.
1942.10.01.	만주군관학교 동기생 이한림 등과 함께 일본 국내 소재 일본육군사관학교 유학생대에 편입하다.
1944.04.20.	일본 육군사관학교를 3등으로 졸업하고 소련과 만주 국경지역 주둔 관동군 부대에서 3개월간 견습사관 훈련을 받다.
1944.07.01.	일본군 육군소위로 임관하여 열하성 흥륭현 반벽산 주둔 만주군 보병 8단에 배속되다.
1945.09.21.	일본 만주군 출신 다른 장병들과 함께 대한민국 임시정부 산하 광복군 제3지대 주평진 대대에 편입되어 제2중대장에 피임되다.
1946.04.09.	소속된 평진대대와 함께 베이징을 출발하여 텐진에서 미해군 수송선을 타고 부산항에 도착하다.
1946.09.24.	조선경비사관학교 제2기생으로 입학하여 조국에서 군인 생활을 시작하다.
1946.10.05.	셋째 형 박상희가 대구 10월 항쟁 기간 중 혼란했던 현장에서 폭도로 오인되어 경찰에 피살되다.
1947.09.27.	대위로 진급하여 조선경비대 사관학교 제1중대장에 전보되다.
1948.11.11.	여순반란 사건과 관련한 숙군과정에서 남로당 조직책 혐의로 체포되어 조사를 받다.
1949.02.08.	군법회의에서 사형이 구형되고 얼마 후 무기징역으로 감형과 집행정지가 이어지다.
1949.05.	육군정보국 전투정보과에 비공식 문관으로 근무를 재개하다.
1950.06.25.	모친 제사를 위해 구미 고향집에 잠시 들린 사이 한국전쟁이 발발하여 야간 열차로 바로 상경하다.
1950.06.30.	비공식 문관에서 소령으로 복직하고 전투정보과장으로 발령받다.
1950.10.25.	국군 9사단이 창설되고 사단장 장도영의 참모장 중령으로 근무하다.

1950.11.01.	김호남과 호적상 법적으로 이혼하다.
1950.12.12.	대구 계산동 천주교 성당에서 육영수와 결혼하다.
1951.05.10.	대구집에서 보름간 요양 중 소속 부대인 9사단이 중공군의 대공세로 궤멸 상태에서 후퇴하게 되다.
1951.05.25.	대구 소재 육군정보학교 교장으로 부임하다.
1952.10.	포병으로 전과하여 광주 포병학교에서 4개월간 교육을 받다.
1953.12.31.	『이순신 전기』를 다 읽고 그 책갈피에 「북진통일」이라는 글을 적어 놓다.
1954.01.17.	미국 육군 포병학교 고등군사반 단기 유학을 위해 도미하다.
1954.10.18.	광주 육군포병학교의 교장에 부임하다.
1957.09.03.	강원도 인제군 소재 제7사단장에 부임하다.
1960.01.21.	부산 군수기지사령부 초대 사령관에 부임하다.
1960.04.24.	부산 교외 범어사에서 열린 4·19 희생자 합동위령제에서 민주주의를 위해 투쟁한 학생들을 격려하는 조사를 발표하다.
1960.05.02.	송요찬 육군참모총장에게 3·15 부정선거의 책임을 지고 물러나라는 서한을 발송하다.
1960.09.10.	육군 작전참모부장에 발령되어 김종필 등 정군파 장교들과 군사혁명을 논의하게 되다.
1960.12.08.	16인 하극상 사건 등과 관련하여 대구 2군 부사령관으로 좌천되다.
1961.04.18.	금오산에 올라 5·16에 대한 비장한 결의를 다지며 실패시 돌아오지 않겠다는 내용을 담은 「국민에게」와 「향토 선배에게」라는 시를 써서 둘째 매형 한정봉에게 맡기다.
1961.05.16.	5·16을 일으키고 여섯 개 조항의 혁명공약을 발표하다. 혁명공약은 당시 군사혁명위 위원장 장도영 중장 이름으로 발표되었다. 이 공약은 "은인자중하던 군부는…"으로 시작되었다.

박정희와 김대중의 대화

1961.05.19.	군사혁명위원회를 국가재건최고회의로 개칭, 의장으로 취임하고 최고위원과 혁명내각을 발표하다.
1961.05.25.	농어촌 고리대 정리령을 공포하고 6월 8일 자로 고리채 정리에 착수하다.
1961.07.22.	경제정책을 총괄할 경제기획원을 설립하고, 경제개발 5개년 계획을 시작하다.
1961.11.14.	미국 케네디 대통령과 한미 정상회담을 갖다.
1962.03.01.	첫 저서 『우리 민족의 나갈 길』을 출간하여 '행정적 민주주의'의 필요성을 강조하다.
1962.06.09.	지하자금 동원을 위하여 화폐개혁을 단행하지만 한 달여만에 실패하다.
1962.11.12.	김종필 중앙정보부장과 오히라 일본 외상 간에 '김종필-오히라 메모'로 알려진 한일 국교정상화의 기본 원칙이 합의되다.
1963.02.18.	여야 정치인들이 5·16 혁명정신 계승과 정치보복 금지 등 9개항의 조건을 지킨다면 자신은 민정에 불참하겠다고 선언하다.
1963.05.27.	민주공화당 대통령 후보에 지명되다.
1963.08.30.	강원도 철원군 제5군단에서 전역식을 하고 군복을 벗다. 이 날 "다시는 나 같은 불행한 군인이 나오지 않기를 바란다"는 말을 남기며 눈물을 쏟았다.
1963.09.01.	저서 『국가와 혁명과 나』를 발간하다. 이 책은 박상길이 박정희의 구술을 기초로 초고를 정리하고 박정희가 최종 점검하여 완성되었다. 박상길은 한국의 미래와 국제정세에 관한 『우주탄선언』(1948)을 출간하여 세간에 알려졌다. 그는 만주국 봉천학원 정경과를 졸업하고, 무소속으로 제4대 국회의원을 지낸 바 있다. 박상길은 1964년부터 1965년까지 청와대 대변인겸 대통령 비서실 공보비서관을 지냈다.
1963.09.05.	제5대 대통령 선거 공화당 후보로 서울고등학교 교정에서 열린 유세 연설에서 처음으로 "민족적 민주주의" 개념을 공식화하다.
1963.10.17.	대통령 선거에서 야당의 윤보선 후보를 누르고 당선되다.
1963.12.17.	제5대 대통령에 취임하고 제3공화국을 발족하다.
1963.12.06.	서독을 방문하여 정상회담을 개최하고 방문 기간 중 한국인 광부 및 간호사들을 만나 위로하면서 눈물을 흘리다.

1964.03.26.	한일회담 반대운동이 거세지자 한일회담에 대한 특별 담화문을 발표하다.
1964.11.30.	수출 목표 1억 불을 달성하고, 1965년부터 수출진흥확대회의를 개최하기 시작하였는데 14년간 총 135차례 직접 참석하여 회의를 주재하고 수출을 독려하다. 이 날을 수출의 날로 정하다.
1965.05.18.	존슨 대통령과의 정상회담을 마치고 한국군의 월남파병과 한국 내 군사력 강화 등의 내용을 담은 공동성명을 발표하다.
1965.06.22.	일본 총리관저에서 양국 외무장관이 한일 기본조약 문서에 조인하다.
1965.09.20.	월남파병 전투부대 제1진으로 선정된 해병 제2여단 결단식에 참석하여 격려하다.
1965.12.18.	중앙청에서 한일 국교정상화를 위한 한일 조약 비준서가 교환되다.
1966.03.07.	브라운 주한 미대사와 한국의 외교장관 사이의 각서가 체결되다. 여기에는 한국군의 월남 증파에 대한 대가로 미국이 제공하기로 한 각종 군사적·경제적 지원 내용이 담겨 있다.
1966.10.06.	한국과학기술연구소 기공식에 참석하다. 이는 5월에 열린 박정희-존슨 공동성명에서 합의된 사업의 하나이다.
1966.11.01.	한국을 방문한 미국의 존슨 대통령과 정상회담을 하다.
1967.04.29.	장충단 공원 대선 유세 연설에서 경부고속도로 건설을 처음으로 공약하다.
1967.07.01.	제6대 대통령에 취임하다.
1968.01.01.	새해 인사차 청와대를 예방한 김대중 의원을 처음으로 만나 잠시 대화하다.
1968.12.21.	경부고속도로 서울-수원 구간, 경인고속도로 서울-인천 구간 개통식에 참석하다.
1969.07.25.	3선개헌을 위한 국민투표를 실시할 것에 대한 담화를 발표하다.
1970.04.01.	포항종합제철 기공식에서 박태준 사장, 김학렬 경제기획원 장관과 함께 기공 버튼을 누르다.
1970.10.05.	수원 농촌진흥청 시험 논에서 통일벼 '기적의 볍씨'를 첫 수확하는 벼베기를 하다.

1971.04.25.	"혼란없는 안정 속에 중단없는 전진을"이라는 선거구호 아래 진행된 제7대 대통령 유세 장충단 공원 연설을 하다.
1971.12.06.	안전보장상 중대한 시점에 처해 있다며 국가비상사태를 선언하다.
1972.04.26.	친필로 새마을운동 기획서를 작성하고, 이전에 새마을노래를 작사 작곡하다.
1972.08.03.	'경제의 안정과 성장에 관한 긴급명령'을 선언하여 금융부담에 허덕이는 재벌들을 돕기 위하여 사채를 동결하는 8·3 조치를 단행하다.
1972.10.17.	10월 유신을 선포하고 전국에 비상계엄을 선언한 후 국회를 해산하고 정당 및 정치활동을 금지하도록 하다.
1972.12.01.	7·4 남북공동성명의 후속 조치로 청와대를 방문한 박성철 부수상 등 남북 조절위원회 북측 대표단을 접견하다.
1972.12.27.	새벽 3시 공화당 의원 111명과 무소속 의원 2명만이 참석한 가운데 대통령에게 비상대권을 부여하는 '국가보위에 관한 특별조치법안'이 3분 만에 통과되어 공포되다.
1973.01.12.	연두 기자회견에서 중화학공업화를 선언하여 자주국방과 자립경제의 기틀을 세우다.
1973.07.03.	조강 연산 103만 2천 톤 생산역량을 갖춘 포항종합제철 준공식에 참석하고, 당일 울산 현대조선소에 들러 정주영 회장으로부터 설명을 듣고 격려하다.
1973.11.01.	김대중 납치사건에 관해 사과하고 한일관계를 복원하기 위해 일본의 다나까 가쿠에이 수상에게 친서를 쓰고, 다음 날 김종필 총리가 다나까 수상과의 회담에 전달하도록 하다.
1974.01.08.	개헌운동 등 유신체제에 대한 저항을 억제하기 위해 긴급조치 1호를 선포하다. 이후 연이어 긴급조치 9호까지 발표하게 된다.
1974.08.15.	8·15 기념식에서 재일교포 문세광이 쏜 총탄에 육영수 여사가 서거하다.
1974.08.20.	아내 육영수를 잃은 슬픔을 「한 송이 흰 목련이 봄바람에 지듯이」라는 시로 남기다.
1975.04.30.	월남이 월맹에게 무조건 항복한 날 일기에 "참으로 비통하기 짝이 없다"고 쓰다. 충무공의 필사즉생 필생즉사 구절을 언급하며, "지키지 못하는 날에는 다 죽어야 한다. 죽음을 각오한다면 결코 못 지킬 리 없으리라"라고 쓰다.

1975.05.21.	김영삼 신민당 총재와 정치정세와 민주화 등에 대하여 회담하다.
1975.08.28.	26일부터 열린 한미 연례안보협의회에 참석한 슐레진저 미 국방장관은 한국에 핵무기 개발 포기 압력을 가하고 이에 포기각서를 적어 주다. 대신 다양한 안보공약을 얻어내다.
1977.01.28.	국방부 순시에서 "핵무기와 전투기를 제외하고 모든 무기를 국산화할 것"을 천명하다.
1977.02.10.	안보상의 이유로 수도를 남쪽으로 옮기는 임시 행정수도 건설 구상을 밝히다.
1977.12.22.	100억 달러 수출 달성 기념식에 참석하다.
1978.01.18.	연두 기자회견에서 "방위산업 육성으로 헬리콥터 생산은 이미 시작됐고 80년대 중반엔 전자병기와 항공기가 국내에서 개발되도록 할 것"이라고 밝히다.
1978.06.30.	한국정신문화연구원 개원식에 참석하여 민족문화 창달을 강조하다.
1978.07.06.	통일주체국민회의 선거에서 99.9% 찬성으로 제9대 대통령에 당선되다.
1978.09.26.	국산 미사일 1호 백곰 발사장면을 참관하다. 백곰의 성공적 발사로 한국은 세계 7번째 유도탄 개발국이 되다. 일기에 "역사적인 시험발사가 있었다"고 기록하다.
1979.07.01.	방한한 미국 카터 대통령과 미군철수, 인권, 그리고 방위비 분담 증액 등 한미 현안에 대하여 두 차례 정상회담을 하다. 1차 회담에서 주한 미군철수의 위험성에 대하여 총 45분간의 강의 조의 발언을 했고 이에 카터는 크게 불편해 하다.
1979.10.17.	"후세에 사가들이 공정히 평가하기를 바랄 뿐"이라는 내용의 마지막 일기를 남기다.
1979.10.26.	삽교천 방조제 준공식에 참석하여 생애 마지막 연설을 하다.
1979.10.26.	궁정동 안가에서 만찬 도중 김재규 중앙정보부장이 쏜 총탄에 맞은 후 "나는 괜찮아"라는 마지막 말을 남긴 채 향년 62세를 일기로 서거하다.
1979.11.03.	오전 10시 중앙청 광장에서 열린 영결식을 시작으로 국립묘지에 안장되는 국장이 거행되다.

일자	내용
1924.01.08	전라남도 무안군(현재 신안군) 하의면 후광리에서 부친 김운식과 모친 장수금의 3남 1녀 중 장남으로 태어나다.
1934.05.12	하의공립보통학교(현재 하의초등학교) 2학년으로 편입하다(편입 이전 덕봉 서당에서 초암으로부터 서당수업 받은 것을 인정받아 2학년으로 편입).
1936.09.02	목포로 이사하여 목포제일공립보통학교(현재 목포북교초등학교)로 전학 하다.
1939.04.05	목포공립상업학교(현재 전남제일고등학교)에 수석으로 입학하여 1943년 12월 23일 졸업하다.
1944.05	전남기선주식회사에 경리직원으로 취업하다.
1945.04.09	차용애와 결혼하다.
1945.08.15	해방이 되다. 해방 직후 건국준비위원회 목포지부에 참여하면서 정치 사회 활동을 시작하다. 그 후 1946년 초 좌우합작을 지지하여 조선신민당에 참여하였으나 1946년 가을 좌익세력과 갈등을 빚고 탈당하다.
1947.02	목포해운공사를 설립하여 사업을 시작하다. 1948년 말경에 상호를 동양 해운으로 변경하다.
1950.06.25	사업관계로 서울에 있던 중 한국전쟁이 발발하다. 7월 20일경부터 도보로 고향에 돌아오다.
1950.08.10	목포에 도착하여 피신했으나 2일 만에 공산군에 붙잡혀 조사받은 후 8월 말경 목포형무소에 수감되다.
1950.09.28	목포형무소에서 탈출하여 구사일생으로 목숨을 구하다. 당시 220명의 수감자 중에서 80명이 함께 탈출에 성공하다.
1950.10	생환 이후 해운업을 재개함과 동시에 『목포일보』를 인수하여 1952년 3월 까지 사장으로 재임하다.
1951.03	동양해운 상호를 목포상선주식회사로 변경하다.
1952.05.25	이승만 대통령이 장기집권을 위하여 부산을 중심으로 한 23개 시·군에 계엄령을 선포하여 부산정치파동이 발생하다. 이 사건을 계기로 김대중은 반독재 민주화를 위하여 정계 진출을 결심하다.

1952.07	회사를 부산으로 옮기고 상호를 흥국해운으로 변경하다. 김대중은 당시 임시 수도인 부산에 머물면서 주요 인사들과의 교분을 쌓아가다.
1954.05.20	3대 민의원 선거에서 무소속으로 출마하여 낙선하다.
1955.04	서울로 올라오다. 이후 '동양웅변전문학원' 원장으로 취임하고, 한국웅변협회 부회장이 된다. 또한 한국노동문제연구소의 주간으로 활동하는 등 다양한 사회활동을 전개하다.
1956.06.02	노기남 대주교실에서 김철규 신부의 집전으로 영세를 받다. 대부는 장면 박사이며 세례명은 토마스 모어로 하다.
1956.09.25	민주당에 입당하다. 민주당에 입당한 후 장면의 지도 하에 민주당 신파로 활동하다.
1958.04	4대 민의원 선거에서 민주당 후보로 강원도 인제에 출마하였으나 자유당 정권에 의한 후보등록 방해사건이 발생하여 선거에 출마하지 못하다. 김대중은 이 사건에 대하여 '선거 무효 및 당선 무효 소송'을 제기하였고 이에 승소하여 재선거를 치르게 되다.
1959.06.05	4대 민의원 강원도 인제 재선거에 민주당 후보로 출마하였으나 낙선하다.
1959.08.28	부인 차용애 여사가 사망하다.
1960.07.29	5대 민의원 선거에 강원도 인제에 민주당 후보로 출마하였으나 낙선하다.
1960.09	민주당 대변인으로 임명되어 8개월 동안 활동하다.
1961.05.13	인제지역 보궐선거에서 민주당 후보로 출마하여 당선되다. 그러나 5·16이 발생하여 국회의원 선서도 하지 못하다.
1961.05.23	군사 정권에 의해 연행되어 조사를 받은 후 1961년 8월 5일에 석방되다.
1962.05.10	이희호 여사와 재혼하다.
1962.05.19	반국가행위 혐의로 연행되어 조사를 받은 후 1962년 6월 24일 석방되다.
1963.07.18	민주당이 재건되어 대변인에 임명되다.

1963.11.26	6대 국회의원 선거에서 민주당 후보로 목포에서 출마하여 당선되다.
1964.04.20	국회 본회의에서 김준연 의원에 대한 구속동의안 상정 지연(필리버스터)을 위해 5시간 19분 동안 발언하다. 이는 국회 최장시간 발언 기록으로 인정받아 기네스 증서를 받다.
1965.05.03	민중당이 창당되다. 김대중은 민중당에서 대변인과 정책심의위원회 의장직을 역임하다.
1967.02.07	신민당이 창당되어 대변인으로 활동하다.
1967.06.08	7대 국회의원 선거에서 신민당 후보로 목포에 출마하여 당선되다.
1968.01.01	새해 인사차 청와대를 방문하여 박정희 대통령을 처음으로 만나 잠시 대화하다. 이것이 생전 유일한 만남이었다.
1969.07.19	3선개헌 반대 시국 대강연회에서 〈3선개헌은 국체의 변혁이다〉라는 제목으로 연설하다.
1969.11.01	『신동아』에 「대중경제를 주창한다」라는 제목의 논문을 기고하다.
1970.09.29	신민당 전당대회 2차 투표 끝에 예상을 뒤엎고 대통령 후보로 지명되다.
1971.02.04	워싱턴 내셔널프레스클럽에서 기자회견을 갖고 3단계의 단계적 통일 방안을 제시하다.
1971.04.18	서울 장충공원 유세에서 정권교체를 하지 못할 경우 박정희 대통령이 영구집권을 획책할 것이라고 강조하다. 7대 대선에서 4대국 안전보장론과 대중민주 체제 등의 구현 등을 제시해 큰 호응을 얻다.
1971.04.27	7대 대통령 선거에서 낙선하다.
1971.05.24	목포에서 광주로 이동하던 중 의문의 교통사고를 당하다. 교통 사고의 후유증으로 인하여 보행에 어려움을 겪게 되다. 두 번째로 죽을 고비를 넘기다.
1971.05.25	8대 국회의원 선거에서 국회의원(전국구)에 당선되다.
1972.07.13	7·4 남북공동성명 발표 직후 서울외신기자구락부의 초청을 받아 〈7·4 남북성명과 나의 주장〉이라는 제목으로 연설을 하여 7·4 공동성명은 박정희 대통령이 영구집권에 악용하려는 데 목적이 있다고 강조하다.

1972.10.11	다리 부상 치료를 위해 일본 도쿄로 떠나다. 1972년 10월 17일 박정희 대통령의 유신 선포 소식을 도쿄에서 알게 된 다음 날 10월 18일 도쿄에서 유신 반대 성명을 발표하고 반유신 투쟁을 위하여 망명하다.
1973.08.08	일본 도쿄 그랜드 팔레스 호텔에서 한국의 중앙정보부 요원에게 납치당하다. 구사 일생으로 목숨을 구한 후 6일 뒤인 8월 13일 동교동 자택으로 돌아오다. 납치과정에서 김대중은 두 번의 죽을 고비를 넘기다.
1976.03.01	명동성당에서 함석헌, 문익환, 윤보선, 정일형 등 민주인사 10인과 공동으로 '3·1 민주구국 선언'을 발표하다. 이 사건으로 구속되어 5년형을 선고받다.
1977.04.14	진주교도소로 이감되다. 진주교도소에서 김대중은 8통의 옥중서신을 보내다.
1977.12.19	진주교소도에서 서울대병원 감옥병동으로 이감되다. 서울대병원 감옥병동에서 서신 작성이 금지되자 당국의 감시를 피해 못으로 눌러 쓴 옥중서신을 작성하다.
1978.12.27	서울대병원에서 형집행정지로 석방되다.
1979.05.29	신민당 대표를 뽑는 전당대회 기간 중 충무로 중식당 아서원에서 '민권의 밤' 행사를 열고 있던 김영삼계를 방문하여 지지연설을 하다. 지지세가 더 컸고 한일관에서 행사를 하던 이철승계를 김영삼계가 극적으로 누르는 역사적인 연설이 되다. 당시 김대중은 가택연금 중에 깜짝 등장했던 것이다.
1979.10.28	〈고 박정희 대통령 서거에 관한 성명〉을 발표하다. 당시 연금 중이었기 때문에 이근팔을 통해 미국에서 영문으로 먼저 발표되게 되었다.
1979.12.08	1979년 10월 26일 박정희 대통령 서거 이후에도 연금이 지속되다가 이날 연금이 해제되다.
1980.03.01	복권되다.
1980.03.26	YWCA 수요강좌에서 〈민족혼〉이라는 제목으로 9년 만에 대중연설을 하다. 그 이후 김대중은 한신대학교, 동국대학교 등 여러 곳에서 대중강연을 개최하여 민주화 운동을 전개하다.
1980.05.17	신군부에 의해서 체포되다. 당시 수십 명의 군인들과 형사들이 신발을 신은 채 안방까지 들이닥쳤다.

1980.09.17	19차 선고공판에서 국가보안법, 반공법, 계엄법, 외환관리법 위반죄가 적용되어 검찰의 구형대로 사형을 선고받다.
1980.11.21	내란음모사건으로 수감된 이후 첫 번째 옥중서신을 쓰다. 수감기간 중 총 29통의 옥중서신을 작성하다.
1981.01.23	대법원 전원합의체는 서울형사지법 대법정에서 열린 상고심에서 상고를 기각하여 사형을 확정하다. 사형이 확정된 직후 정부는 사형에서 무기형으로 감형하다.
1981.01.31	육군교도소에서 청주교도소로 이감되다.
1982.12.23	형집행정지로 석방되어 미국 워싱턴으로 떠나다. 미국 망명 기간 동안 미국, 유럽을 비롯한 각국의 주요 인사들과 교류하고 해외의 주요 언론에 대한 기고 및 인터뷰, 미국 대학에서의 강연 등을 통해 한국의 민주화를 위한 국제적 여론 조성에 힘쓰다. 또한 한국인권문제연구소를 설립하여 한국 민주화를 위한 미국 교포사회의 역량을 강화시키는 데에 노력하다.
1984.09.12	한국 귀국결정 성명을 발표하다.
1985.02.06	미국을 떠나 귀국길에 오르다. 2월 7일 도쿄에 도착하여 2월 8일 서울에 도착하다. 귀국 시 김대중의 암살 위기에 대응하기 위하여 하비 목사 등 미국 각계의 인사들이 귀국행 비행기에 동행하다.
1985.03.18	민주화추진협의회 공동의장에 취임하다.
1986.02.12	민추협 사무실에서 개헌 천만인 서명운동을 시작하다.
1986.11.05	전두환 정권이 직선제 개헌을 수용한다면 다음 대통령 선거에 출마하지 않는다는 조건부 불출마론을 선언하다. 이 선언은 전두환 정권에 의해서 수용되지 않았다.
1987.04.08	가택연금조치를 당하다. 6월 25일 새벽 0시에 연금이 해제될 때까지 78일간 가택 연금조치 되다. 1973년 8월 13일 서울로 납치된 이후 1987년까지 김대중은 여러 차례 가택연금조치를 당하였다.
1987.06.29	노태우 민정당 대표가 6·29 선언에서 김대중의 사면복권을 발표하고 1987년 7월 9일 사면복권되다.

1987.09.08	16년 만에 광주시를 방문, 5·18 광주항쟁 희생자 묘역에 처음으로 참배하여 유가족 및 부상자, 광주시민들을 위로하고 통곡하다.
1987.11.12	평화민주당을 창당하고 대통령 후보로 추대되다.
1987.12.16	13대 대통령 선거에서 낙선하다.
1988.04.26	13대 국회의원 선거에서 전국구 의원으로 당선되다. 이 선거에서 제1야당으로 부상한 평민당은 여소야대 국회 상황에서 5공청산과 광주민중항쟁 진상규명 등 개혁과정에서 주도적인 역할을 하다.
1990.10.08	지방자치제 실시 등 4개 항의 요구조건을 내걸고 단식에 돌입하여 10월 20일까지 단식투쟁을 전개하다.
1991.04.09	3당 보수대연합에 대응하기 위하여 재야인 신민주연합과 연합하여 신민주연합당을 창당하고 총재로 선출되다.
1991.09.16	신민당과 민주당이 합당하여 민주당이 창당되고 이기택과 함께 공동대표 최고위원으로 선출되다.
1992.03.24	14대 국회의원 선거에서 전국구 의원으로 당선되다.
1992.05.26	민주당의 대통령 후보로 선출되다.
1992.12.18	제14대 대통령선거에서 낙선하다. 다음날 19일 의원직 사퇴와 정계은퇴를 선언하다.
1993.01.26	영국 케임브리지대학 객원연구원 자격으로 6개월 동안 유럽공동체(EC)와 독일 통일의 과정 및 전망 등을 연구하기 위해 출국하여 1993년 7월 4일에 귀국하다.
1994.01.27	아태평화재단을 창립하여 이사장으로 취임하다.
1994.05.12	워싱턴 내셔널프레스클럽에서 연설하다. 이 연설에서 한반도 전쟁 위기를 해소하기 위하여 빌 클린턴 미국 대통령에게 지미 카터 전 미국 대통령을 대북특사로 파견할 것을 제안하다.
1995.07.18	신당 창당과 정계복귀를 선언하다.
1995.09.05	새정치국민회의를 창당하고 총재로 선출되다.

1995.09.12	『김대중의 3단계 통일론: 남북연합을 중심으로』가 출간되다.
1997.05.19	새정치국민회의 대통령 후보로 선출되다.
1997.11.06	김종필 자민련 총재, 박태준 의원과 함께 만나 디제이티(DJT) 연대를 통해 연말 대선 승리와 정권교체를 선언하다.
1997.12.18	제15대 대통령선거에서 당선되다. 헌정사상 최초로 평화적인 정권교체를 하다. 대통령 당선 직후부터 IMF 경제위기 극복을 위한 노력을 기울이다.
1998.01.18	국민과의 대화를 하다. 한국 경제가 처한 위기상황을 언급하고 국민의 힘을 모아서 당면한 경제위기를 극복하겠다는 뜻을 밝히다.
1998.02.25	제15대 대통령에 취임하다.
1998.07.01	냉전시대의 반인권적 조치였던 사상전향제도를 폐지하다.
1998.10.08	오부치 게이조 일본 총리와의 정상회담을 통해 21세기를 향한 새로운 파트너십을 위한 공동선언에 합의하다.
1998.11.12	중국 국빈 방문 중 장쩌민 중국 국가주석과 정상회담에서 양국 관계를 지금까지의 선린우호관계에서 한 단계 높여 '21세기 협력동반자관계'로 설정키로 합의하다.
1998.12.16	제2차 아세안+한·중·일 정상회의에서 '동아시아 비전그룹' 구성을 제안하다.
1999.01.06	교원노조법이 국회에서 통과하여 전교조가 10년 만에 합법화되다.
1999.09.13	동티모르 유엔평화유지군 참여를 결정하다.
1999.11.23	민주노총이 합법화되다.
2000.01.15	의문사 진상규명에 관한 특별법, 민주화 운동 관련자 명예회복 및 보상법, 제주 4·3 사건 진상규명법 등 3대 민주개혁법을 제정하다.
2000.01.20	새천년민주당이 창당되어 총재로 선출되다.

2000.03.09	한반도의 냉전구조 해체와 항구적 평화 및 남북 간 화해협력을 위한 베를린 선언을 발표하다.
2000.06.13	평양을 방문하여 분단 이후 최초로 남북정상회담을 개최하다. 6월 15일에 6·15 남북공동선언을 발표하다.
2000.07.27	국민기초생활보장법 시행규칙이 제정되다.
2000.08.15	남북이산가족 상봉이 성사되다.
2000.09.08	푸틴 러시아 대통령과의 정상회담에서 경원선과 시베리아횡단철도의 연결 등 남북한과 러시아 간 경제협력을 추진키로 합의하다.
2000.09.18	경의선 연결 기공식이 열리다.
2000.10.13	한국 민주주의와 한반도 평화 및 제3세계 인권 신장에 기여한 공로로 노벨 평화상 수상자로 선정되다. 12월 10일에 수상하다.
2001.01.18	중학교 무상의무교육을 2002학년도부터 3년에 걸쳐 단계적으로 실시 발표 하다.
2001.05.24	국가인권위원회법이 제정되다.
2001.08.23	IMF로부터 차입한 자금을 당초 계획보다 3년 조기 상환하여 IMF 관리체 제에서 벗어나다.
2001.11.05	제5차 아세안+한·중·일 정상회의에서 동아시아자유무역지대(EAFTA) 창설과 민·관 합동으로 구성되는 '동아시아 포럼' 설치를 제안하다.
2002.02.20	방한한 부시 대통령과 경의선 남측 최북단 도라산역을 방문하다.
2002.05.06	민주당을 탈당하다.
2002.05.31	2002 한일 월드컵이 개최되다.
2002.07.27	광주 망월동 5·18 묘지를 국립묘지로 승격하다.
2002.11.01	'대한민국 전자정부'(www.egov.go.kr) 시스템이 개통되다.
2002.11.06	초고속 인터넷 가입자 1천만 명을 돌파하다.

2003.02.24	〈위대한 국민에의 헌사〉라는 제목의 대국민 퇴임인사를 발표하고 청와대를 떠나 동교동 집으로 돌아오다.
2003.05.27	사단법인 통일맞이 늦봄 문익환 목사 기념사업회가 제정한 제8회 '늦봄 통일상' 수상자로 선정되다.
2003.08.21	퇴임 후 첫 외부강연으로서 서울 인터컨티넨탈호텔에서 열린 '2003 하버드 국제학생회의' 개막식에서 〈아시아의 미래와 한반도 평화〉라는 주제의 특별 연설을 하다.
2003.11.03	연세대학교 김대중도서관 개관식에 참석하다. 김대중도서관은 김대중이 아태평화재단의 건물과 자료를 연세대학교에 기증해 설립된 아시아 최초의 대통령도서관이다.
2004.01.29	'1980년 김대중 내란음모사건' 재심 선고 재판에 참석해 사형선고를 받은 지 23년 만에 무죄를 선고받다.
2006.07.27	집무실에서 연세대학교 김대중도서관이 추진하는 구술사 사료작업을 위해 류상영 도서관장의 질문으로 제1차 녹화를 하다.
2006.11.02	노무현 대통령 등 각계 인사들이 참석한 가운데 열린 연세대학교 김대중 도서관 전시실 개관식에 참석하고 그 이후에 연세대학교에서 열린 김대중 도서관 후원의 밤 행사에 참석하다.
2006.11.04	김대중도서관을 방문한 노무현 대통령 부부와 전시실을 함께 관람하고 사저에서 오찬을 함께하다.
2009.04.24	고향 하의도를 방문하다. 이는 마지막 고향 방문이 된다.
2009.05.29	노무현 전 대통령 영결식에 참석하다.
2009.06.11	〈6·15로 돌아가자〉라는 제목으로 여의도 63빌딩 국제회의장에서 열린 6·15 공동선언 9주년 기념행사에 참석해 〈행동하는 양심이 되자〉라고 외치다. 이는 생전의 마지막 대외행사 참석이자 연설이 된다.
2009.07.13	감기 및 미열이 있어 정밀검진을 위해 연세대학교 세브란스병원에 입원하다.
2009.08.18	향년 85세의 일기로 오후 1시 45분 세브란스병원 중환자실에서 가족들이 지켜보는 가운데 서거하다. 8월 23일 국회에서 국장으로 영결식이 거행되다.

참고문헌

강상중·현무암,『기시 노부스케와 박정희』, 서울: 책과 함께, 2010.

고다니 히데지로·김석야·이명호,『김종필과 박정희 1, 2』, 서울: 프로젝트 409, 2016.

고병우,『새마을운동, 이렇게 시작됐다』, 서울: 기파랑, 2020.

고상만,『장준하, 묻지 못한 진실』, 서울: 돌베개, 2018.

권노갑·김창혁,『권노갑 회고록: 순명』, 서울: 동아 E&D, 2014.

김건우,『대한민국의 설계자들: 학병세대와 한국 우익의 기원』, 서울: 느티나무책방, 2017.

김경재,『김형욱 회고록: 혁명과 우상』, 서울: 인물과 사상사, 2009.

김기승,「민주당 정권의 경제계획에 관한 연구」, 조 광 편,『장면총리와 제2공화국』, 서울: 경인문화사, 2003.

김대중,『김대중 자서전 1, 2』, 서울: 도서출판 삼인, 2019.

김대중,『대중경제론』, 서울: 청사, 1986.

김대중,「대중경제를 주창한다」,『신동아』, 1969년 11월호.

김대중,『옥중서신 1: 김대중이 이희호에게』, 서울: 시대의 창, 2009.

김대중,『인생은 아름답고 역사는 발전한다, 김대중의 마지막 일기』, 서울: 김대중도서관, 2009.

김대중,「한국 노동운동의 진로」,『사상계』, 1955년 10월호.

김삼웅,『김대중 평전 1, 2』, 서울: 시대의 창, 2010.

김삼웅,『박정희 평전』, 서울: 앤길, 2017.

김상집,『윤상원 평전: 1980년 5월, 광주를 지킨 최후의 시민군 대변인 윤상원의 삶과 죽음』, 서울: 동녘, 2021.

김성진,『박정희를 말하다: 그의 개혁정치 그리고 과잉충성』, 서울: 삶과 꿈, 2006.

김수길 외,『금고가 비었습디다』, 서울: 중앙 M&B, 2003.

김영삼,『김영삼 회고록 1, 2, 3』, 서울: 백산서당, 2015.

김옥두,『다시 김대중을 위하여』, 서울: 살림터, 1995.

김용식,『희망과 도전』, 서울: 동아일보사, 1987.

김용환,『임자, 자네가 사령관 아닌가』, 서울: 매일경제신문사, 2000.

김재홍,『누가 박정희를 용서했는가: 동굴 속의 권력 더러운 전쟁』, 서울: 책보세, 2012.

김정렴,『김정렴 회고록: 한국경제정책 30년사』, 서울: 중앙일보사·중앙경제신문, 1992.

김정렴,『아, 박정희』 서울: 중앙 M&B, 1997.

김종신,『가난을 물리친 박정희 대통령』, 서울: 한림출판사, 1970.

김종신,『영시(零時)의 횃불: 박정희 대통령 수행기자 7년의 기록』, 서울: 기파랑, 2011.

김종태열사추모회, 『너는 불꽃이었다, 햇살이었다』, 서울: 아름다운 날, 2020.

김종필, 『김종필 증언록 1』, 서울: 와이즈베리, 2016.

김종필, 『남아 있는 그대들에게』, 서울: 스노우폭스북스, 2015.

김종필, 『새 역사의 고동: 80년대를 위한 나의 설계』, 서울: 서문당, 1980.

김종필, 「5·16혁명이 일어나기까지」, 『신사조』, 1962년 5월호.

김종필, 「미국유학기」, 『영남일보』, 1952년 1월 1일-3월 16일.

김종필, 「후진 민주국가의 리더십」, 『신사조』, 1963년 10월호.

김지태, 『나의 이력서』, 서울: 한국능률협회, 1976.

김 진, 『청와대 비서실』, 서울: 중앙일보사, 1992.

김춘복, 「작가의 말」, 장편소설 『꽃바람 꽃샘바람』 출판기념회, 2010년 10월 16일.
　　https://blog.naver.com/pilwooje/120116833887 (검색일: 2020년 11월 20일).

김택근, 『새벽: 김대중 평전』, 서울: 사계절, 2012.

김학민·이창훈, 『박정희 장군, 나를 꼭 죽여야겠소』, 서울: 푸른 역사, 2015.

김형아, 『박정희의 양날의 선택: 유신과 중화학공업』, 서울: 일조각, 2005.

김홍일, 『나는 천천히 그러나 쉬지 않는다』, 서울: 나남출판, 2001

나종석, 『대동민주 유학과 21세기 실학: 한국민주주의론 재정립』, 서울: 도서출판b, 2017.

노무현·노무현재단, 『노무현전집, 전 6권』, 서울: 돌베개, 2019.

노무현재단 엮음·유시민 정리, 『운명이다: 노무현자서전』, 서울: 돌베개, 2021.

노재현, 『청와대 비서실 2』, 서울: 중앙일보사, 1993.

노태우, 『노태우 회고록, 상권』, 서울: 조선뉴스프레스, 2011.

데이비드 돌린저·맷 밸볼켄버그, 『나의 이름은 임대운: 5·18 광주항쟁 목격자 데이비드
　　돌린저 회고록』, 안양: 호하스, 2022.

동은기념사업회, 『동은 김용완』, 서울: 동은기념사업회, 1979.

류상영, 「대중경제론에서 병행발전론까지」, 류상영·김동노 편저, 『김대중과 대중경제
　　론』, 서울: 연세대학교 김대중도서관, 2013.

류상영, 「대통령도서관은 한국사회의 미래」, 『경향신문』, 2007년 5월 2일.

류상영, 「박정희시기 한일 경제관계와 포항제철: 연속논쟁의 재해석」, 『현대일본학연
　　구』, 제33집 (2011), pp.256-285.

류상영, 「박정희정권의 중화학공업 전략과 방위산업: 구조-행위자 모델에서 본 제약적
　　선택」, 『세계정치』, 제31집 2호 (2010), pp.135-166.

류상영, 「박정희 정권의 산업화전략 선택과 국제정치경제적 맥락」, 『한국정치학회보』,
　　제30집 1호, 1996, pp.151-179.

류상영, 「엉킴 많은 역사 풀려 혼신 다했던 분」, 『매일경제』, 2009년 8월 19일.

류상영, 「1962년 박정희의 통화개혁과 한국의 민족주의」, 『현대정치연구』, 13권 3호

(2020년 겨울호), pp.119-152.

류상영, 「한국사회의 공정과 정의: 어떻게 보아야 할 것인가?」, 『동아시아재단 정책논쟁』, 제162호 (2021년 7월 14일).

류상영, 「한국의 경제발전 궤적과 박정희모델: 개발국가 논쟁을 중심으로」, 정성화 외, 『박정희시대와 한국현대사』, 서울: 선인출판사, 2006.

류상영·김민정, 「한국 민족주의의 두 가지 길: 박정희와 김대중의 연설문 텍스트 마이닝」, 『현대정치연구』, 14권 1호 (2021년 봄호), pp.87-130.

류상영·김삼웅·심지현 편저, 『김대중과 한국야당사』, 서울: 연세대 대학출판문화원, 2013.

문대골, 「함석헌과 장준하 그리고 박정희」, 페이스북 원고, 2015년 09월 04일.

문명자, 『내가 본 박정희와 김대중』, 서울: 도서출판 말, 1999.

민병래, 「김구의 평생 동지였지만 여관방을 떠돌던 독립운동가의 80대 손녀」, 『오마이뉴스』, 2021년 4월 16일.

박근혜, 『절망은 나를 단련시키고 희망은 나를 움직인다』, 서울: 위즈덤하우스, 2013.

박근혜, 『나의 어머니 육영수』, 서울: 사람과 사람, 2000.

박 도, 『만주 제일의 항일 파르티잔, 허형식 장군』, 서울: 눈빛, 2016.

박동성 외, 『여명의 기수』, 서울: 교육문화사, 1965.

박상길, 『우주탄선언』, 서울: 조양사출판사, 1948.

박상길, 『나와 제3, 4공화국』, 서울: 한진출판사, 1982.

박정희, 『국가와 혁명과 나』, 서울: 향문사, 1963.

박정희, 「나의 소년 시절」, 『월간조선』, 1984년 5월호.

박정희, 「대통령으로서의 포부와 약속」, 『여원』, 1963년 12월호.

박정희, 『박정희 대통령 연설기록』, 대한민국 대통령기록관, https://www.pa.go.kr/research/contents/speech/index.jsp

박정희, 『우리 민족의 나갈 길: 사회재건의 이념』, 서울: 동아출판사, 1962.

박정희 탄생 100돌 기념사업회 추진위원회 편, 『박정희 시집, 附 일기 선집』, 서울: 기파랑, 2017.

박지현, 「유양석, 박정희 전 대통령 내가 해드린 금니를 저세상까지」, 『월간조선』, 2019년 4월호.

박태준, 「박태준의 막후교섭 회고(1964. 1-8)」, 이도성, 『실록 박정희와 한일회담: 5·16에서 조인까지』, 서울: 도서출판 한송, 1995,

박희석, 「김대중의 통합정신」, 『월간조선』, 2017년 6월호.

배진영, 「10·26 40주년, 박정희의 오해와 진실」, 『월간조선』, 2019년 10월.

백선엽, 「백선엽 회고록, 6·25 전쟁 60년, 144, 145, 146회」, 『중앙일보』, 2010년 8월,

3, 4, 5일.

서중석, 「서중석의 현대사 이야기, 131회: 40대 기수론이 젖비린내? 박정희도 두려워했다」, 『프레시안』, 2015년 11월 29일.

서중석·김덕련, 『서중석의 현대사 이야기 9, 10』, 서울: 오월의 봄, 2017.

서중석·김덕련, 『서중석의 현대사 이야기 13, 14, 15』, 서울: 오월의 봄, 2018.

송인상, 『송인상 회고록: 부흥과 성장』, 서울: 21세기북스, 1994.

송철원, 『박정희 쿠데타 개론』, 서울: 도서출판 현기원, 2020.

신용구, 『박정희 정신분석, 신화는 없다』, 서울: 뜨인돌, 2000.

신철식, 『신현확의 증언』, 서울: 메디치, 2017.

안경환, 『이병주 평전』, 서울: 한길사, 2022.

안경환, 『황용주: 그와 박정희의 시대』, 서울: 까치, 2013.

안병훈, 『사진과 함께 읽는 대통령 박정희』, 서울: 기파랑, 2017.

안재성, 『윤한봉: 5·18 민주화운동 마지막 수배자』, 서울: 창비, 2017.

안치용, 『박정희 대미로비 X파일, 상』, 서울: 타커스, 2012.

엄상현, 「노무현의 칼, 문재인 민정수석 인터뷰: 특검 결과 불법 드러나면 DJ도 책임져야」, 『신동아』, 2003년 4월호.

연세대 김대중도서관 편, 『김대중 저작 목록집』, 서울: 연세대 대학출판문화원, 2015.

연세대 김대중도서관 편, 『김대중 전집 I』, 서울: 연세대 대학출판문화원, 2015.

연세대 김대중도서관 편, 『김대중 전집 II』, 서울: 연세대 대학출판문화원, 2019.

오원철, 『박정희는 어떻게 경제강국 만들었나』, 서울: 동서문화사, 2006.

오효진, 「김계원 증언: 내가 겪은 10·26」, 『월간 조선』, 1987년 10월호.

오효진, 「이후락 증언: 김대중 납치사건의 진상은 이렇다」, 『월간 조선』, 1987년 10월호.

이기동, 「전 중앙정보부 대공 수사관 증언: 남산 지하실에서 만난 김대중, 김홍일, 한화갑」, 『신동아』, 1999년 7월호.

이낙선, 「빗나간 화살을 향하여」, 『세대』, 1963년 8월호.

이대환, 『광복 70년 대한민국의 위대한 만남, 박정희와 박태준』, 서울: 아시아, 2015.

이도성, 『실록 박정희와 한일회담』, 서울: 한송, 1995.

이병주, 『대통령들의 초상』, 서울: 주식회사 서당, 1991.

이수강, 「동아사태 때 격려 광고 첫 의뢰인 DJ」, 『미디어 오늘』, 2006년 3월 14일.

이정훈, 「동 훈 인터뷰: 박정희 전역식 원고 불운한 군인, 내가 쓰고 이후락이 고쳤다」, 『주간 동아』, 2009년 11월 03일 (709호).

이희호, 『옥중서신 2: 이희호가 김대중에게』, 서울: 시대의창, 2009.

이희호, 『이희호 자서전 동행』, 서울: 웅진 지식하우스, 2008.

임동원, 『피스메이커: 임동원 회고록』, 서울: 창비, 2015.

장신기, 『성공한 대통령 김대중과 현대사』, 서울: 시대의 창, 2021.

장신기, 「박정희 서거 직후, 김대중의 애도성명서 최초공개」, 『오마이뉴스』, 2017년 10월 26일.

장신기, 「인혁당 사건, 장준하 의문사 직후 김대중이 한 말」, 『오마이뉴스』, 2021년 11월 18일.

장일순, 『무위당 장일순의 노자이야기』, 서울: 삼인, 2020.

재독한인글뤼카우프회, 『파독광부 45년사』, 서울: 재독한인글뤼카우프회, 2009.

전두환, 『전두환 회고록 1』, 서울: 자작나무 숲, 2017.

전재호, 『박정희 대 박정희: 개혁과 반동사이 박정희 제자리 찾아주기』, 서울: 이매진, 2018.

정경모, 『정경모 자서전: 시대의 불침번』, 서울: 한겨레출판, 2010.

정경모, 『찢겨진 산하』, 서울: 한겨레출판, 2002.

정순자, 「DJ는 나의 두 번째 아버지」, 『충청 리뷰』, 2005년 5월 12일.

정영진, 『실록소설 청년 박정희 1』, 서울: 리브로, 1997.

정영진, 『실록소설 청년 박정희 2, 3』, 서울: 리브로, 1998.

정운현, 『실록 군인 박정희』, 서울: 개마고원, 2004.

정일준, 「미국의 제3세계 정책과 1960년대 한국사회의 근대화」, 노영기·도진순 외, 『1960년대 한국의 근대화와 지식인』, 서울: 선인, 2005.

정일형, 『오직 한 길로』, 서울: 을지서적, 1991.

정태익, 「정태익 전 청와대 외교수석의 외교비사 6」, 『프리미엄 조선』, 2014년 3월 3일.

조갑제, 「박대통령의 청와대 일기 원본」, 『월간 조선』, 1989년 4월호.

조갑제, 『박정희 1』, 서울: 까치, 1992.

조갑제, 『박정희의 결정적 순간들』, 서울: 기파랑, 2019.

조용경 엮음, 『각하! 이제 마쳤습니다. 청암 박태준 글 모음』, 서울: 한송, 1995.

좌승희, 『새마을운동, 왜 노벨상감인가』, 서울: 청미디어, 2020.

주성영, 『한국문명사의 두 거인, 박정희와 김대중』, 서울: 누벨끌레, 2022.

천병규, 『천마 초원에 놀다』, 서울: 백상재단, 1988.

최서면, 『최서면에게 듣다 1, 2』, 서울: 나남, 2020.

최진석, 『생각하는 힘, 노자인문학』, 서울: 위즈덤하우스, 2020.

타카끼 다이조, 『박정희 김대중 세기의 화해』, 서울: 동광출판사, 1997.

한국정신문화연구원 현대사연구소 편, 「황용주 증언론: 비판적 지식인에서 현실 참여자로」, 『격동기 지식인의 세 가지 삶의 모습』, 성남: 현대사연구소, 1999.

한석정, 『만주모던: 60년대 한국 개발체제의 기원』, 서울: 문학과지성사, 2016.

한홍구, 『유신: 오직 한사람을 위한 시대』, 서울: 한겨레출판, 2014.

한홍구, 『장물바구니』, 서울: 돌아온 산, 2012.

함석헌, 「5·16을 어떻게 볼까」, 『사상계』, 96호, 1961년 7월호.

허문영, 「박정희 전 대통령 통역관 백영훈 씨에게 듣는다」, 『동아일보』, 2013년 4월 1일.

허 은, 『냉전과 새마을: 동아시아 냉전의 연쇄와 분단국가체제』, 서울: 책과 삶, 2020.

Carter J. Eckert, *Park Chung Hee and Modern Korea: The Roots of Militarism, 1866-1945*, Cambridge, Mass.: The Belknap Press of Harvard University Press, 2016.

Ingu Hwang, *Human Rights and Transnational Democracy in South Korea*, Philadelphia: University of Pennsylvania Press, 2022.

Rhyu, Sang-young, "Chaebol," Jeonghun Han, Ramon Pacheco Pardo, and Yongho Cho, eds., *The Oxford Handbook of South Korean Politics*, London and New York: Oxford University Press, 2022.

Rhyu, Sang-young, "Leadership." Chung-in Moon and Jae M. Moon eds., *The Routledge Handbook of Korean Politics and Public Administration*, New York: Routledge, 2020.

Rhyu, Sang-young, "Stirring up debate on a Korean Caesar: Book review of *Park Chung Hee and Modern Korea* by Carter J. Eckert," *Global Asia*, vol.11, no.4 (winter 2016), pp.126-128.

Rhyu, Sang-young, *The Spirit of Korean Development*, Seoul: Yonsei University Press, 2015.

Rhyu, Sang-young and Seok-jin Lew, 2011 "Pohang Iron and Steel Company," In *The Park Chung Hee Era; The Transformation of South Korea*, eds., Byung-kook Kim & Ezra F. Vogel, Cambridge, MA: Harvard University Press, pp.322-344.

U.S. Department of State, "Report of The Korea Task Force(June 5, 1961)," RG59, Department of State, *Decimal Central Files*, 1960-1963.

William H. Overholt, "Saving Korea: Park Chung Hee and Kim Dae Jung," an early draft prepared for a conference to celebrate the hundredth birthday of Park Chung Hee, Daegu, 2017.

World Bank, *The East Asian Miracle: Economic Growth and Public Policy*, New York and London: Oxford University Press, 1993.

和田春樹, '解說' 金大中, 『民主救國の道: 講演と論文(1973-1989)』, 東京: 新教出版社, 1980.

椎名悅三郎, 『記錄, 椎名悅三郎, 下』, 東京: 椎名悅三郎追悼錄刊行會, 1982.

박정희와 김대중의 대화
우리들의 자화상
The Dialogue between Park Chung-hee and Kim Dae-jung
A Self-portrait of Contemporary Korean History
By Sang-young Rhyu

초판 1쇄 인쇄 2022년 9월 5일
초판 1쇄 발행 2022년 9월 10일

지은이 류상영
펴낸곳 논형
펴낸이 소재두
등록번호 제2003-000019호
등록일자 2003년 3월 5일
주소 서울시 영등포구 당산로 29길 5-1 502호
전화 02-887-3561
팩스 02-887-6690
ISBN 978-89-6357-263-5 03340
값 20,000원